儒家文明省部共建协同创新中心研究成果

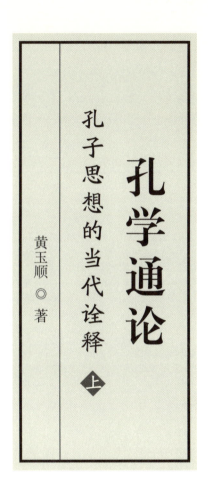

孔学通论

孔子思想的当代诠释

上

黄玉顺 ◎ 著

齊魯書社
·济南·

图书在版编目（CIP）数据

孔学通论 : 孔子思想的当代诠释 / 黄玉顺著.

济南 : 齐鲁书社, 2025. 1. -- ISBN 978-7-5333-5058
-1

Ⅰ. B222.25

中国国家版本馆CIP数据核字第2024HH9392号

责任编辑　刘　强
装帧设计　亓旭欣

儒家文明省部共建协同创新中心研究成果

孔学通论 : 孔子思想的当代诠释
KONG XUE TONGLUN KONGZI SIXIANG DE DANGDAI QUANSHI

黄玉顺　著

主管单位	山东出版传媒股份有限公司
出版发行	齐鲁书社
社　　址	济南市市中区舜耕路517号
邮　　编	250003
网　　址	www.qlss.com.cn
电子邮箱	qilupress@126.com
营销中心	（0531）82098521　82098519　82098517
印　　刷	山东华立印务有限公司
开　　本	880mm×1230mm　1/32
印　　张	20.5
插　　页	4
字　　数	490千
版　　次	2025年1月第1版
印　　次	2025年1月第1次印刷
标准书号	ISBN 978-7-5333-5058-1
定　　价	128.00元（上下册）

目　录

壹　综论

贰　本源论

叁 正义论

肆　道德论

伍　超越论

捌　杂论

壹 综论

第一章

孔子"仁"观念的层级性

【作者按】本文节选自《爱与思——生活儒学的观念》，四川大学出版社 2006 年版，第 83~87 页；四川人民出版社 2017 年增补本，第 94~98 页。

我们知道，"爱"，在儒家的话语当中，也表达为"仁"。所以，我们必须专门来谈谈"仁"的问题。

我这里想首先顺便谈一下这么一个问题：儒家有很多词语，或者说，汉语中有很多词语，你是不能概念化地、简单化地去理解它的。但是，近代西学东渐以来，对中国哲学的研究和把握，往往存在着这样的问题：概念化、凝固化。比如，20 世纪 80 年代兴起了所谓"范畴热"，专门逐个逐个地研究中国哲学里的某个范畴，力图给它一个准确的定义。但是，一直到今天，这样的努力也总是失败的。比如说，孔子所说的这个"仁"，简直就是"仰之弥高，钻之弥坚，瞻之在前，忽焉在后"，实在难以捉摸，我们只好"喟然叹曰"① 了！这个"仁"到底在说什么？其实没说"什么"；就是说，"仁"不是一个固定的"东西"。不是固定的东西，那怎么办呢？过去还有一种形而上学的处理方式，那就是像编字典一样，列举它的第一个意义、第二个意义……但是，这些不同的"义项"之间是什么关系，也是无法揭示出来的，至多说：这个"仁"字有哪些不同的用法。至于这些不同用法之间究竟是什么样的关系呢？也不知道。其实，这同样是一种"范畴"研究。殊不知，你既称之为"范畴"，就已经把它形而上学化了：范畴正是形而上学的东西。

我现在这么说——这也是我自己的一种体会吧：当我以"观念的层级"这么一种观念来把握中国传统的一些词语的时候，我就觉得真是"左右逢源"了，基本上都能讲得通，没有什么问题。

比如说，对于孔子所说的"仁"，我可以做全面的梳理。我可以说：孔子哪些时候是在说"本源之仁"，哪些时候是在说"形上之仁"，哪些时候又是在说"形下之仁"。那么，这就意味着：孔子的"仁学"这么一种建构，我们过去对它的把握走向了两个极端。一个极端：基本上是沿着宋明儒学的形而上学方式来把握它。于是我们发现，这样去理解孔子，孔子就是一个纯纯粹粹的形而上学家。还有另一个极端，比如现在的某位学

① 《论语·子罕》。

者，他的理解，就是把孔子完全海德格尔化。我对他的评价是很高的，他的工作走在中国哲学的最前沿。发展①的学位论文，就是走的这位学者的路子。但是，在他那里，你会觉得，孔子就是一个生存哲学家、存在哲学家。而我自己的理解是：这两个极端都是偏颇的。

我是这样来理解孔子的，我会说：孔子之伟大，恰恰就在于他的观念层级的丰富性。他的整个观念，恰恰完整地体现了轴心时期的不同层级的观念建构，就是：在本源的生活领悟上，建构了儒家形而上学的一些核心观念，并落实到了形而下学的构造当中。那是"根深叶茂""源远流长"的。他的仁学，我就是这样来看的：在孔子那里，在什么情形下，他会从本源说起，从存在本身、生活情感本身说起；在某些情况下，他所说的"仁"可能是形而上的天道，类似后来孟子所讲的"心性"，是绝对主体性；又在哪些情况下，他所说的"仁"可能只是一种形而下的道德情感，甚至是一种道德原则、道德要求。

比如，"克己复礼为仁"②，这句话很值得分析一下：这个"仁"到底是哪个层级上的仁？他说"克己"，似乎是克服主体性，那么，这是回到本源吗？这是本源之仁吗？不是。因为："克己"是为了"复礼"，回复到"礼"；而"礼"，在儒家的观念中，是说的各种各样的规范建构，是形而下的事情。所以，

---

① 崔发展，四川大学哲学系 2001 级研究生。其硕士学位论文为《孔子"君子不器"说的生存论解读》，中国儒学网（www.confuchina.com）。

② 《论语·颜渊》。

我会说：这句话里的"仁"是说的形下之仁。但是孔子在另一
个地方又说："人而不仁，如礼何？人而不仁，如乐何？"① 显
然，这里"仁"乃是作为"礼"的前提、先行的观念的，既然
如此，如果说"礼"是形而下的，那么这个"仁"就应该是形
而上的了。这样的形上之仁，其实就是孟子之所谓"性"，就是
"德性"。所以孔子说："天生德于予。"② 这跟《中庸》所说的
"天命之谓性"是一个意思。然而孔子还说"仁"就是"爱"：
"樊迟问仁。子曰：'爱人。'"③ 这样的"仁"，作为"爱"，就
是纯真的生活情感。也就是说，我觉得，这里的"仁"就是本
源之仁。

　　永之的论文，谈到了后来儒家所讲的"天地万物一体之
仁"，谈得很好。④ 对于这个"天地万物一体之仁"，我们今天
可能会有两种不同的把握。一种是传统形而上学的把握，就是
说，"无善无恶"那么一个"心之体"⑤，是这么一个至善的本
体。不管你怎么解释，这个本体，它总是一个作为形而上存在
者的终极根据。它就是那个唯一绝对的存在者。另外一种把握

---

①　《论语·八佾》。

②　《论语·述而》。

③　《论语·颜渊》。

④　石永之，四川大学哲学系 2002 级研究生，现任职于山东社会科学院
儒学研究所。其硕士论文为《阳明子的至善论及其当代意义》，未刊。

⑤　《王阳明全集》卷三十五《年谱三·六年丁亥九月》，吴光等编校，上
海古籍出版社 1992 年版。这是著名的"王门四句教法"："无善无恶是心之体，
有善有恶是意之动，知善知恶是良知，为善去恶是格物。"

方式是"天地万物一体之仁"。如果我从本源处去理解，这就意味着——如果用海德格尔的话来说，天地万物的"共同存在"，用我的话来说，这就是"共同生活"。天地万物共同生活，意味着一种"无分别相"。这种无分别相意味着：天地万物作为存在者，其实不存在。这里没有现成的存在者，只是"无"。轴心时期之后的儒家，偶尔也会有这样的体验，最著名的就是周敦颐"窗前草不除"的问题①，那就意味着回到大本大源的"生"，回到生活情感的"仁"。

这样一种理解方式，实际上就是说的生活本身的本源情境。而此种情境，儒家命名为"仁"，显然是在说情感。关于"仁"字表达情感，在训诂当中是不大看得出来的。过去对"仁"字的训诂，基本上都是很形而上学化的解释。从许慎开始讲"仁，从人、二"②，到谭嗣同的《仁学》，直到康有为讲"仁，从二人"③，都是形而上学的解释，反正是有点像今天所说的"主体间性"（inter-subjectivity），还是以主体性存在者为先行观念。我说，他们那是一种不透彻、不本源的把握方式。

顺便说一下，许慎的《说文解字》，我们经常要用到的，但是要注意，《说文解字》已经是形而上学时代的东西了。举个例子，比如"性情"。许慎对"性""情"是怎么解释的呢？他说，"性，人之阳气，性善者也"；"情，人之阴气，有欲者"。

---

① 周敦颐：《周敦颐集》卷九，中华书局1990年版。
② 许慎：《说文解字》。
③ 康有为：《中庸注》。

这个解释，极其糟糕。许慎的很多解释都是不对的。文字学界的学者说，许慎的许多解释都不符合汉字史的事实。现在我们会说：许慎之所以如此，是因为他的很多观念是很成问题的，那是轴心时期以后的形而上学观念。对许慎影响比较大的，比如《易传》，就是轴心时期晚期的一种形而上学建构。其实，很多观念，按照过去的训诂，是很难讲清楚的。当然，你可以这么说：无论从"人、二"、还是从"二人"，都是两个人之间的关系；两个人之间的什么关系呢？情感关系；两个人之间的什么情感关系呢？爱。但我可以问：这两个人、两个主体本身，又是从哪儿来的？这是文字学、训诂学不能解释的。其实，不是先有了"仁者"这样的存在者，然后才有"仁"即爱的情感，而是先有了"仁"，然后才给出了"仁者"。

所以，对于这个"仁"，跟刚才讲的感触、情绪、感情一样，我首先是从本源处来讲。然后，我们才说：思孟学派那里，对它进行"扩而充之"之后，它就成为"性"，成为形而上的一个终极根据；然后再用它来说明我们的"义"、我们的"礼"、我们的制度构造等等问题。这就是说，"仁"在儒家那里是有着不同层级的观念。而这种不同的层级，它的构造，是在中国的轴心时期完成的，然后成为两千多年以来的儒家思想正宗，成为我们的传统哲学的基本思考方式。

所以，我们现在的工作就是历史地还原。我要说明的是：仁、爱的不同的层级，究竟是怎么生成的？这个问题，一方面是一个思想史的课题，我们可以说这是中国"思想"的还原、中国"哲学"的还原；但另外一方面，当我们这样去还原思想史或哲学史的时候，我们其实是在回归我们自己的生活本身。这才是我们的真正的目的所在。这种还原、回归，从历时性来讲，是回到最远处；但这恰恰是回到了最近处，回到了当下，回到了我们自己的生活本身，回到了我们的生活情感。然后，我们才能由此出发，重建我们的形而上学，重建我们的制度。

第二章

再论孔子"仁"观念的层级性

【作者按】 本文节选自《爱与思——生活儒学的观念》，四川大学出版社 2006 年版，第 210~213 页；四川人民出版社 2017 年增补本，第 238~243 页。

关于作为儒家核心思想的"仁"，存在着种种误读，而其中最严重的误读，就是混淆了形下之仁、形上之仁与本源之仁。在孔子那里，"仁"本来就有着这样三种不同层级的用法：仁首先是作为本源的生活情感的"爱"，然后才可能是作为形而上学的根据的"性"，最后才可能是作为道德原则的"善"。

可是，人们通常把儒家的仁爱仅仅理解为一种形下之仁：一个伦理概念。诚然，儒家之所谓"仁"经常是作为伦理概念来使用的。在这种意义上，仁是伦理层级上的善。所以，孔子才说："苟志于仁矣，无恶也。"① "仁"在这里与"恶"相对，

---

① 《论语·里仁》。

它显然是说的道德的"善"；这种善是以主体性的"志"为其前提的。下面一段是很典型的对仁的具体道德规定：

> 子张问仁于孔子。孔子曰："能行五者于天下，为仁矣。"请问之。曰："恭、宽、信、敏、惠。恭则不侮，宽则得众，信则人任焉，敏则有功，惠则足以使人。"①

并且，《论语》记载："樊迟问仁。子曰：'居处恭，执事敬，与人忠。'"② 这也显然是在说具体的道德实践。这些"仁"都是说的君子当行的道德原则，所以孔子才说："君子而不仁者有矣夫，未有小人而仁者也。"③ 孔子还说："人而不仁，如礼何？"④ 仁在这里直接导向作为规范构造的礼，它本身显然就是作为礼的奠基前提的"义"即伦理学意义上的正义原则。这种正义原则要求："志士仁人，无求生以害仁，有杀身以成仁。"⑤ 孔子又说："里，仁为美。择不处仁，焉得知？"⑥ 仁在这里是作为"知"即智的选择，即"未知，焉得仁？"⑦ 它显然是主体的道德抉择。孔子还常谈到"为仁"，更是在说道德实

---

① 《论语·阳货》。
② 《论语·子路》。
③ 《论语·宪问》。
④ 《论语·八佾》。
⑤ 《论语·卫灵公》。
⑥ 《论语·里仁》。
⑦ 《论语·公冶长》。

践，这里，仁已经被现成化甚至工具理性化了：

> 子贡问为仁。子曰："工欲善其事，必先利其器。居是
> 邦也，事其大夫之贤者，友其士之仁者。"①

最典型的是孔子提出的被人们称为"道德金律"（the Golden Rule）的伦理原则："夫仁者，己欲立而立人，己欲达而达人"②；"己所不欲，勿施于人"③。仁在这里以主体性的"欲"，即"我欲仁"④，亦即为善去恶之欲为前提。在这种道德规范下，"克己复礼为仁；一日克己复礼，天下归仁焉"⑤、"君子笃于亲，则民兴于仁；故旧不遗，则民不偷"⑥，这已经具体到君主的政治伦理的层级了。孔子以上所说，都是作为伦理原则的形下之仁。

然而这种形下之仁的根据何在？如果说康德会问：数学何以可能？自然科学何以可能？那么我们也会问：伦理学又何以可能？这就是说，形下之仁必须接受破解。破解就是追本溯源：形下之仁何以可能？生活儒学的回答就是：它的根据是形上之仁。在这种意义上，仁是哲学形而上学层级上的性。孔子之所

---

① 《论语·卫灵公》。
② 《论语·雍也》。
③ 《论语·颜渊》。
④ 《论语·述而》。
⑤ 《论语·颜渊》。
⑥ 《论语·泰伯》。

以罕言"性"①，是因为他之所谓"仁"已经包含着这层意义。

在下面这段记载中，孔子从形下之仁追溯到形上之仁：

> 富与贵，是人之所欲也；不以其道得之，不处也。贫
> 与贱，是人之所恶也；不以其道得之，不去也。君子去仁，
> 恶乎成名？君子无终食之间违仁，造次必于是，颠沛必
> 于是。②

得富贵之道、处贫贱之道，都是具体的道、伦理的仁；它们的根据，却是须臾不可离却的形上之仁。这种作为本体之性的仁，是很难持守的："回也，其心三月不违仁；其余，则日月至焉而已矣。"③

说到仁性很难持守，孔子另有一种说法："子曰：'南人有言曰："人而无恒，不可以作巫医。"善夫！''不恒其德，或承之羞。'子曰：'不占而已矣。'"④ 仁性乃是恒常之性，而持守仁性就是"恒其德"。这就表明，这种仁性，孔子也称作"德"。当然，孔子之所谓"德"有时是说的形下之仁的道德；但有时则是说的形上之仁的德性：孔子所说的"天生德于予"⑤，正是

---

① 《论语·公冶长》："夫子之言性与天道，不可得而闻也。"
② 《论语·里仁》。
③ 《论语·雍也》。
④ 《论语·子路》。
⑤ 《论语·述而》。

《中庸》所说的"天命之谓性"。孔子说："中庸之为德也，其至矣乎!"①《中庸》解释说："喜怒哀乐之未发，谓之中。……中也者，天下之大本也。"我们知道，这种未发之"中"正是说的"性"。如今人们往往庸俗地把"中庸"理解为不偏不倚的好好先生。对这种态度，孔子称为"乡原"，说："乡原，德之贼也!"② 因为所谓不偏不倚，其实是说的不偏离作为形上之仁的性。这种性，儒家称之为"德性"。孔子所说的"志于道，据于德"③，就是以天道为实体性本体，以德性为主体性根据。德性犹如爱美好色，乃是天性，故孔子感叹说："吾未见好德如好色者也。"④ 德性乃是普遍的，所以，"德不孤，必有邻"⑤。总之，以上孔子所说的"仁""德"都是形上之仁。

　　而我们必须进一步追问：这种形上之仁的本源何在？这就是说，这种形上之仁同样必须接受破解，即它必须面对这样的发问：这种形而上学何以可能？作为主体性、实体性、本体性的"性"的确立何以可能？生活儒学的回答是：形上之仁渊源于本源之仁。在这种意义上，仁是生活本源层级上的作为生活情感的爱。

　　孔子有一番话，对于我们理解形上之仁与本源之仁的关系

---

① 《论语·雍也》。
② 《论语·阳货》。
③ 《论语·述而》。
④ 《论语·子罕》。
⑤ 《论语·里仁》。

是极为重要的：

> 民之于仁也，甚于水火。水火，吾见蹈而死者矣，未
> 见蹈仁而死者也。①

这里，孔子表达了两层意思：

第一，把仁比拟为民之于水火。打水生火，饮食起居，不可离却，这是平民百姓的朴素生活。这就是说，仁不过是生活本身的事情。换句话说，孔子这里所说的仁是作为生活本身的本源之仁。这本源之仁，也就是本源之道："道也者，不可须臾离也，可离非道也。"②

第二，孔子却又特别说明：仁复又甚于、异于民之于水火。仁可以蹈，即可以践行之，这显然是在说"居仁由义"的事情③，正如孔子所说："谁能出不由户？何莫由斯道也！"④ 斯道乃是形上之道，践行斯道就是尽性；此性即仁，即形上之仁；此行即义，却是形下之仁。所以，虽然蹈水火有可能断送个体的存活，但蹈仁不会断送个体的存活。这种异于、甚于民之于水火的仁，显然已经不是说的本源之仁，而是形上之仁了。所以，孔子这番话恰恰是在说明形上之仁与本源之仁的关系：形

---

① 《论语·卫灵公》。
② 《礼记·中庸》。
③ 《孟子·尽心上》。
④ 《论语·雍也》。

上之仁渊源于却又别异于本源之仁。

　　孔子论本源之仁，最显豁的一段记载就是："樊迟问仁。子曰：'爱人。'"① 这就是说，仁就是爱的情感。爱是一种情感，这是不言而喻的。然而孔子所说的爱的情感，有两种用法：一是道德之爱，这是作为形下之仁的道德情感；一是本源之爱，这是作为本源之仁的生活情感。本源之爱乃是朴素的生活情感，是先行于生活领悟的，更不消说是先行于任何形而上学的观念构造的；形上之仁就渊源于这种本源之爱的情感。当宰予对三年之丧表示怀疑时，孔子评价道："予之不仁也！子生三年，然后免于父母之怀。夫三年之丧，天下之通丧也。予也有三年之爱于其父母乎？"② 这里所说的父母对子女的爱、子女对父母的爱，就是作为本源之仁的本源之爱。

---

① 《论语·颜渊》。
② 《论语·阳货》。

第三章

孔子仁学的现代意义何以可能

——依据生活儒学的阐明

【作者按】本文原载《理论学刊》2007 年第 10 期；收入作者文集《儒学与生活——"生活儒学"论稿》，四川大学出版社 2009 年版，第 180~195 页。

【提要】本文讨论孔子仁学的现代意义，其着眼点不是"孔子仁学"本身如何，甚至也不是其"现代意义"本身如何，而是孔子仁学的现代意义"何以可能"。这种追问以承认孔子仁学的现代意义为前提，而进一步追本溯源，揭示孔子仁学的现代意义得以成立的缘由：孔子是如何为自己的仁学"奠基"的，这种奠基性的观念何以可能容纳"现代性"？文章以"生活儒学"的思想视域来审视这个问题。

本文讨论孔子仁学的现代意义，其着眼点不是"孔子仁学"

本身如何、甚至也不是其"现代意义"本身如何，尽管我们在讨论中必定涉及这些问题；而是孔子仁学的现代意义"何以可能"的问题。"何以可能"这样的问法，乃是当代思想的最前沿、最基本的发问方式，这种方式所追问的并非某种形而上学或形而下学①的"建筑"本身如何，而是其"地基"如何。就本文的话题看，这种追问以承认孔子仁学的现代意义为展开讨论的前提，而进一步追本溯源，揭示孔子仁学的现代意义得以成立的缘由。换句话说，我们要讨论的问题是：孔子是如何为自己的仁学"奠基"的？这种奠基性的观念何以可能容纳"现代性"？

一

当代思想的发问，也就是现象学所说的"奠基"（Fundierung）问题。首先是指向形而下学的发问，其问法是："科学何以可能？""伦理学何以可能？"这其实是轴心时期（Axial Period）以来已经解决了的问题：为形而下学奠基的是形而上学、存在论（本体论）。因此，更本源的问法乃是 20 世纪思想，尤其是现象学那种指向形而上学本身的发问方式："形而上学何以可能？"

---

① 《周易》：《十三经注疏》本，北京：中华书局 1980 年影印版。"形而下学"出自《周易·系辞传》"形而上者谓之道，形而下者谓之器"，所指的是在形而上学基础上构造起来的两大基本的学术领域：知识论（关乎自然界的"天文"）、伦理学（关乎人及其社会的"人文"）。

　　奠基问题最初是由康德提出的。康德在谈到"象形而上学这种东西究竟是不是可能的"时说过："当人们看到一门科学经过长期努力之后得到长足发展而惊叹不已时，有人竟想到要提出这样的一门科学究竟是不是可能的以及是怎样可能的这样的问题，这本来是不足为奇的，因为人类理性非常爱好建设，不只一次地把一座塔建成了以后又拆掉，以便察看一下地基情况如何。"① 康德的三个著名的问题——纯粹数学何以可能、纯粹自然科学何以可能、科学的形而上学何以可能，都是奠基问题。② 但是，康德自己未能解决形而上学奠基问题，因为他所察看的"地基"乃是人类"理性"（Vernunft），这其实是形而上学"建筑"本身的事情，即并没有超越形而上学的范围。所以，海德格尔批评他说："在他那里没有以此在（Dasein）为专题的存在论，用康德的口气说，就是没有先行对主体之主体性进行存在论分析。"③ 这个批评基于这样一种判断："什么是哲学研究的事情呢？……这个事情就是意识的主体性。"④ 康德所谓"理性"即属于"意识的主体性"，而这个主体性仍然还是哲学形而

---

　　① 康德：《任何一种能够作为科学出现的未来形而上学导论》，庞景仁译，商务印书馆 1978 年版，第 4 页。

　　② 康德：《纯粹理性批判》，蓝公武译，商务印书馆 1960 年版，第 41~42 页。

　　③ 海德格尔：《存在与时间》，陈嘉映、王庆节译，三联书店（北京）1999 年版，第 28 页。

　　④ 海德格尔：《哲学的终结和思的任务》，《面向思的事情》，陈小文、孙周兴译，商务印书馆 1999 年版，第 76 页。

上学的事情，尚待奠基，即未能说明主体性本身何以可能。

　　现象学创始人胡塞尔所处理的也是奠基问题。他对"奠基"给出了一个严格定义："如果一个 α 本身本质规律性地只能在一个与 μ 相联结的广泛统一之中存在，那么我们就要说：一个 α 本身需要由一个 μ 来奠基。"① 但他所说的乃是纯粹先验意识的内在的观念奠基：如果一个观念 A 只能在与另一个观念 B 的广泛统一之中存在，那么观念 A 是由观念 B 奠基的。在胡塞尔的意识现象学中，一切都奠基于纯粹先验意识自己的"本质直观"（Wesensschau）。但在海德格尔看来，这个纯粹先验意识本身仍然是主体性的，而"任何'主体'观念——设若事先未经存在论基本规定加以净化——在存在论上都依然共同设置了 subjectum 这个假定"②。换句话说，胡塞尔现象学仍然没有超出形而上学的范围，他为形而上学的奠基所找到的仍然不是真正的"地基"，而只是形而上学"建筑"本身。

　　究其原因，海德格尔认为，那是因为轴心时期以来的哲学形而上学的思维方式，"作为形而上学的哲学之事情乃是存在者之存在，乃是以实体性和主体性为形态的存在者之在场状态"③。换句话说，这种思维方式所思的只是存在者（Seiendes、das Seiende）、存在者的存在，而不是先行于任何存在者的存在

---

① 胡塞尔：《逻辑研究》，第二卷第一部分，倪梁康译，上海译文出版社 1998 年版，第 285 页。

② 海德格尔：《存在与时间》，第 54 页。

③ 海德格尔：《哲学的终结和思的任务》，《面向思的事情》，第 76 页。

（Sein）本身；他们"遗忘了存在"。海德格尔指出："形而上学着眼于存在，着眼于存在中的存在者之共属一体，来思考存在者整体——世界、人类和上帝。形而上学以论证性表象的思维方式来思考存在者之为存在者。因为从哲学开端以来，并且凭借于这一开端，存在者之存在就把自身显示为根据。"① 这就是说，康德、胡塞尔对奠基问题的解决，都仍然是在思考存在者整体、存在者之为存在者，都是在寻求形而上学之内的"确立根据"（gruenden）、而不是之外之下的"奠定基础"（Fundierung），都仍然是形而上学的范畴，这样是不能为形而上学奠基的。

这就是说，我们必须进入一种崭新的、同时是最古老的（前轴心期的）视域——存在视域。在这样的视域下，就有了海德格尔所提出的著名的"存在论区别"（der ontologische Unterschied）观念，即关于存在与存在者之间相区别的观念。在这种观念下，形而上学奠基问题"形而上学何以可能"就转换成了这样的问题：存在者何以可能？主体性何以可能？主体性乃是一种存在者，正如客体性也是一种存在者；而任何存在者——世界、人类、上帝，都是由存在本身所给出的。

在这样的存在视域中，海德格尔重新处理了奠基问题。他说："存在问题的目标不仅在于保障一种使科学成为可能的先天

---

① 海德格尔：《哲学的终结和思的任务》，《面向思的事情》，第 68～69页。

条件，而且也在于保障那使先于任何研究存在者的科学且奠定这种科学的基础的存在论本身成为可能的条件。"① 显然，海德格尔区分了两个层面的奠基：为科学亦即形而下学奠基的是传统存在论，它探索"使科学成为可能的先天条件"；而为传统存在论亦即形而上学奠基的则是他自己所提出的"基础存在论"（Fundamentalontologie），它探索"使……存在论本身成为可能的条件"。后一种"条件"基于"存在"视域，这是"基础存在论"的课题。

但是，海德格尔的基础存在论所直接言说着的并不是"存在"本身，而是"此在的生存"；也就是说，基础存在论就是关于此在的"生存论"。这是因为，在他看来，尽管"只有以澄清和解答存在问题为前提，古代存在论才能得到充分的阐释"，但是，由于此在（Dasein）所具有的在存在者层次上、在存在论上的双重优先地位，我们只能"通过对某种存在者即此在特加阐释这样一条途径突入存在概念"②，因此，解决奠基问题的基本途径就是"此在的存在论分析"亦即生存论分析。他说："如果哲学认识的可能性和必然性确实得到了理解，生存上的解释就会要求进行生存论分析"；"对此在的生存论的分析工作本身就构成基础存在论"；"其它一切存在论所源出的基础存在论必须在对此在的生存论分

---

①　海德格尔：《存在与时间》，第13页。
②　海德格尔：《存在与时间》，第4、46页。

析中来寻找"。① 总之，"只有把哲学研究的追问本身就从生存上理解为生存着的此在的一种存在可能性，才有可能开展出生存的生存论结构，从而也才有可能着手进行有充分根据的一般性的存在论问题的讨论"。②

但是这样一来，海德格尔也就违背了自己的初衷，重新陷入了形而上学。③ 这是因为，"此在是一种存在者"④，而不是存在本身。此在是怎样一种存在者？此在作为一种身负"现成属性"的存在者，就是"人"这样一种"东西"，也就是主体性。⑤ 这样一来，某种特殊存在者仍然是存在的先行条件。难怪海德格尔自己承认他的基础存在论还是一种形而上学："基础存在论是为了使形而上学成为可能而必然要求的、人的此在的形而上学。"⑥ 这就是说，海德格尔仍然未能真正彻底地解决形而上学的奠基问题。

二

不过，海德格尔所初步触及的这个存在视域，确实是被人

---

① 海德格尔：《存在与时间》，第 19、17、16 页。

② 海德格尔：《存在与时间》，第 16 页。

③ 黄玉顺：《论生活儒学与海德格尔思想》，《四川大学学报（哲学社会科学版）》2005 年第 4 期；人大复印资料《外国哲学》2005 年第 12 期全文转载。

④ 海德格尔：《存在与时间》，第 14 页。

⑤ 海德格尔：《存在与时间》，第 24 页。

⑥ 海德格尔：《康德和形而上学问题》，邓晓芒译，收入孙周兴选编《海德格尔选集》，三联书店（上海）1996 年版，第 81 页。

类从原创时代（或曰"轴心时期"）① 以来两千多年长久遗忘了的存在的重新发现。但这也就意味着存在视域原是我们曾经拥有的，这一点，不论是对于西方人还是东方人来说都是一样的。两层奠基的观念（存在视域为形而上学奠基、形而上学为形而下学奠基）意味着：人类观念或者精神生活具有三个基本的层级，即形而下学层级、形而上学层级和本源存在层级；形而下学研究众多相对的存在者，形而上学思考唯一绝对的存在者，而本源视域则领悟着存在本身。我们在存在视域中建构了形而上学，然后在形而上学基础上构造了形而下学，这一切发生在原创时代，而在两千多年中被一再地重复着。然而原创时代以后，存在却被遗忘了。

在中国的原创时代里②，如老子建构了道家的形而上学，孔子也建构了儒家的形而上学。但我也曾指出：

> 孔子之伟大，既不在于他是"纯粹"的形而上学家，也不在于他是"纯粹"的伦理学家，更不在于他是什么"纯粹"的"存在哲学家"，而在于他的思想的丰富的层级

---

① "轴心期"（Axial Period）是雅斯贝尔斯提出的一个概念。雅斯贝斯：《历史的起源与目标》，华夏出版社 1989 年版。我所谓"原创时代"不同于"轴心期"的概念，但与"轴心期"所指称的观念史时代是相对应的。黄玉顺：《生活儒学导论》，《原道》第十辑，北京大学出版社 2005 年版。在观念史上，原创时代也就是建构形而上学、哲学的时代。

② 中国的原创时代就是诸子百家争鸣的时代，包括西周、春秋、战国时期。

性：在生活本源上建构形而上学，并将这种形而上学贯彻到作为"形而下学"的伦理原则中。①

这就是说，在孔子仁学中，观念的三个基本层级是完备的，存在视域没有被遮蔽。换句话说，孔子的仁学绝不仅仅是一种作为形而上学的"哲学"，更不仅仅是一种作为形而下学的"道德说教"，而首先是关于存在本身的领悟，或者关于生活本身的言说。

梁漱溟在阐明孔子仁学时，就是这样理解的。他在解释孔子所说的"吾十有五而志于学，三十而立，四十而不惑，五十而知天命，六十而耳顺，七十而从心所欲、不逾矩"②时说：

> 这里我们不必瞎猜所学所立……各名词之内容究竟是指什么说的。其内容我们现在都不知道，我们所能知道的，从孔子的幼年以至于老，无论不惑，知天命等，都是说他的生活。他所谓的学问就是他的生活。他一生用力之所在，不在旁处，只在他的生活。③
>
> 在孔子主要的，只是他老老实实的生活，没有别的学

---

① 黄玉顺：《论生活儒学与海德格尔思想》。

② 《论语·为政》。《论语》：《十三经注疏》本，中华书局1980年版。

③ 李渊庭、阎秉华整理：《梁漱溟先生讲孔孟》，广西师范大学出版社2003年版，第14页。

问。说他的学问是知识、技能、艺术或其他，都不对。因为他没想发明许多理论供给人听，比较着可以说是哲学，但哲学也仅是他生活中的副产物。所以本着哲学的意思去讲孔子，准讲不到孔子的真面目上去。因为他的道理是在他的生活上，不了解他的生活，怎能了解他的道理。①

在他看来，"孔家"的意思就是：存在即生活。他说：

　　照我们的意思，尽宇宙是一生活，只是生活，初无宇宙。由生活相续，故尔宇宙似乎恒在，其实宇宙是多的相续，不似一的宛在。宇宙实成于生活之上，托乎生活而存者也。这样大的生活是生活的真相，是生活的真解。②

当然，梁漱溟所理解的"生活"与生活儒学所理解的"生活"还是有区别的。梁漱溟的"生活"观念还是关于某种绝对存在者整体而非存在本身的言说，还没有彻底超越形而上学的视域③；而生活儒学的"生活"观念是：生活即存在，生活之外别无所谓存在；一切存在者都归属于生活，奠基于存在。这也就是孔子仁学的"生活—存在"观念。正是在这种生活视域中，

---

① 李渊庭、阎秉华整理：《梁漱溟先生讲孔孟》，第15页。

② 梁漱溟：《东西文化及其哲学》，商务印书馆1997年版，第56页。

③ 黄玉顺：《梁漱溟文化思想的哲学基础的现象学考察》，《文化与人生：梁漱溟先生诞辰110周年纪念文集》，重庆出版社2004年版。

孔子建构了儒家的形而上学、形而下学：

> 其实，孔子那里固然有许多"小零钱"，但也有"大钞票"，即形而上学存在论的言说。例如孔子说："天生德于予。"这也就是《中庸》所表达的："天命之谓性。"这是典型的形而上学的"大钞票"：形而上的"天"是形而下的"德"或"性"的终极根据。又如："齐景公问政于孔子，孔子对曰：'君君、臣臣、父父、子子。'"这是典型的政治哲学的"大钞票"：作为形而下的制度安排的"礼"的伦理规范。类似的言论，在《论语》中在在皆是。当然，孔子确实有许多"小零钱"——生活本源的言说。①

这就是说，孔子仁学的大本大源、源头活水，既不是既成的形而上的哲学建构，也不是既成的形而下的伦理构造，而是生活本身、存在本身，以及生活的情感显现，而首先是仁爱情感的显现。唯其如此，孔学才恰如其分地被称为"仁学"。

在孔子那里，仁爱情感并不是后来儒家哲学所说的"性"之所发之"情"。然而原创时代以来、思孟学派以后，儒家心学构造了"性—情"这样一种观念架构，形成了"性本情末""性体情用"的观念，以为"性"是形而上的人性、本体，"情"是形而下的人欲、现象。于是，这就进入了古今中外一切

---

① 黄玉顺：《论生活儒学与海德格尔思想》。

形而上学思维方式的一种共通的"本质—现象"观念架构。这样一来，一种更其本源的"情"、原初的生活情感被遗忘了，或者说被"物蔽""茅塞"了。

但在孔子那里，那样的作为形而上存在者的"性"是根本不存在的，这就是"夫子之言性与天道，不可得而闻也"①。孔子仅仅说过"性相近也，习相远也"②。但这里所谓"性"，并非后来那种心性化、先验化的"人性"，更非绝对存在者化的"本体"，而不过就是"生"的意思。这也就是告子的著名命题"生之谓性"的意义。③ 其实，孟子所驳斥的并不是"生之谓性"这个命题，而是告子下文所讲的"性犹湍水也，决诸东方则东流，决诸西方则西流"。告子认为"性"是不可把捉的，是不能把它固定化的；孟子则要"先立乎其大者""大体"④，亦即首先确立、设定一个作为心性本体的"性"。这样一来，"性"也就不再是活泼泼的"生"（生活）的意思，而是一个存在者化的东西。⑤

但孟子并没有否认"生之谓性"的意思。其实，先秦诸子百家凡是讲到"性"的时候，都是基于"生之谓性"观念的。如果孟子连这个共同的语义平台都不承认，他们之间就根本无

① 《论语·公冶长》。
② 《论语·阳货》。
③ 《孟子·告子上》。《孟子》：《十三经注疏》本，中华书局1980年版。
④ 《孟子·告子上》。
⑤ 但孟子也同孔子一样，有其关于活泼泼的"生"及生活情感、仁爱情感的言说。

法进行思想交流。今天出土的许多早期简帛文献，都直接把"性"写作"生"，学者以为出土简帛直接把"性"写作"生"是为了省事，也就是常说的"假借"。这是错误的，是受了后来的形而上学观念的影响。其实，"性"就是"生"。而这个"生"，就是作为存在本身的生活。孔子所谓"性相近""习相远"不过是说：就其生活本源而言，人与人之间是没有多大差别的；人与人之间的种种差异，是出于习染——种种形而下学的乃至形而上学的观念的习染。

然而两千年来，我们一直就被这种习染所浸渍，而遗忘了活泼泼的"生"——生活。于是，作为原初的生活情感的仁爱，就被形上地本体化、形下地道德原则化了。然而孔子思想之所以称为"仁学"，就是因为他的一切言说都是出于仁爱的；这种仁爱，就是本源性的生活情感。这种情感乃是生活本身的显现，而归属于存在本身。因此，在孔子仁学中，仁爱情感是先行于任何形而上学、形而下学的，是为所有形而上学、形而下学奠基的。

三

因此，当我们谈论"孔子仁学的现代意义何以可能"问题时，就必须有这样一种清醒的意识：孔子仁学的现代意义，既不可能奠基于其形而上的哲学建构，更不可能奠基于其形而下的伦理道德原则构造，而只可能奠基于其关于生活本源、生活情感的领悟。假如我们固守孔子的形而上学的"天德"哲学观念，或者固守孔子的形而下学的"君臣父子"伦理观念，我们就势必陷入一种"原教旨主义"的泥潭，殊不知，这恰恰是对孔子言说的生活本源的遮蔽，恰恰是对孔子仁学的基本原则的违背。

这个基本原则，也就是孔子所倡导的"损益"原则。例如对于作为形而下的社会规范的"礼"，孔子明确指出："殷因于夏礼，所损益可知也；周因于殷礼，所损益可知也；其或继周者，虽百世可知也。"[①] 这就是说，社会规范的建构，包括政治规范、道德规范、法律规范等，都应该是"与时偕行"、因时损益的。

问题在于：我们凭什么来对"礼"进行"损益"？为此，孟子给出了这样一种奠基关系：仁→义→礼→智。在这种奠基关系中，"礼"是奠基于"义"的，而"义"又是奠基于"仁"的。

礼是由义奠基的，这就是说，社会规范的构造是由正义原则奠基的。这是古今中外的一个普适原则：我们之所以要构造某种社会规范（礼），那是因为我们认为这样才是正义的（义）。"义"就是儒家的正义原则，它在语义上是与西语中的"justice"相当的，意谓公平的、公正的、正当的、恰当的、适当的、合适的、适宜的、合乎时宜的等。

儒家之"义"亦即正义原则，具有两个基本的维度：正当

———————

① 《论语·为政》。

性、时宜性。

正当性源于"仁"亦即仁爱情感；或者说，"义"是由"仁"奠基的。这也就是孟子给出的"仁→义"奠基关系。在儒家的观念中，凡是正当的，必定是出于仁爱情感的；换句话说，仁爱情感乃是正义原则的必要条件。在西方政治哲学包括启蒙思想中，没有这样的奠基观念。[①] 启蒙思想基于"人是理性的动物""人性恶""天赋权利"等观念的预设，唯独没有作为生活情感的仁爱观念。当然，反之，儒家传统可能缺乏"权利"的观念，这是当代儒家重建正义观念时必须予以解决的一个重大课题。但是无论如何，依据儒家的思想，"不诚无物"[②]，"无恻隐之心非人也"[③]，真诚的仁爱情感也是现代正义观念建构的题中应有之义。

时宜性源于"生"亦即生活；或者说，"义"也是由"时"、归根到底是由"生"奠基的。[④] 孔子的仁学不是建基于任何现成的形而上学或者形而下学观念的，而是渊源于生活、生活情感的。正是在这种意义上，孟子称孔子为"圣之时者"[⑤]，

---

① 唯有在舍勒（Max Scheler）的"情感现象学"中有一种类似儒家这样的观念，但实质上还是截然不同的："爱的共同体"是由上帝的人格、上帝之爱作为终极保障的。而儒家并没有那样的宗教形而上学的"上帝"位格。

② 《礼记·中庸》。《礼记》：《十三经注疏》本，中华书局 1980 年版。

③ 《孟子·公孙丑上》。

④ 进一步说，整个"仁→义→礼→智"皆源于"生"：一切源出于生活，一切归属于生活。

⑤ 《孟子·万章下》。

因为"时"在本源意义上是生活本身的事情：生活本身不仅共时地显现为不同的生活方式，"族类"由此得以可能，而且历时地显现为不同的生活方式，"历史"由此得以可能。生活如水，情感如流。因此，这个"时"是一个极其重要的观念。在上古汉语中，"时"是"是"的前身，而"是"是一切的最高法则、所有是非价值判断的终极尺度。① 然而这个最高法则、终极尺度，渊源于"时"，亦即源于生活本身的时间性、时宜性。这也就是古训所说的：义者，宜也。

　　而以上这两个"源于"（正当的情感、时宜的生活），其实却是"一源"：仁爱情感作为生活情感，原来就归属于生活。因此，也可以说：正当的一定是时宜的，时宜的一定是正当的。举例来说，这是一个必须澄清的问题：在生活衍流的某一种历史样式中，专制制度是时宜的、正当的；在生活衍流的另一种历史样式中，民主制度也是时宜的、正当的。所以，我们既不能以现代性的尺度去批评专制制度，也不能以前现代的或"原教旨主义"的尺度来批评民主制度。我们要做的事情就是：复归生活，重建儒学。②

　　同时，这里还有一个问题更是必须分辨清楚的：学界普遍

---

① 肖娅曼：《汉语系词"是"的来源与成因研究》，巴蜀书社2006年版，第65~70页、第303~374页。

② 黄玉顺：《复归生活、重建儒学——儒学与现象学比较研究纲领》，《人文杂志》2005年第6期；人大复印资料《中国哲学》2006年第1期全文转载。

地存在着对儒家思想的一种严重的误解，即以为儒家所倡导的仁爱仅仅是宗法血缘观念的产物。例如，有学者把中国传统社会的根本结构概括为"以'血缘性纵贯轴'为核心而展开的政治社会共同体"，以此为儒学赖以成立的"生活世界"基础①；但同时又认为，这在后来却导致了儒学的"道的错置"（misplaced-Tao）。② 问题在于：既然儒学赖以成立的社会基础就是宗法社会的"血缘性纵贯轴"，那么，儒学在今天又怎么可能避免"道的错置"而适应于现代社会的"生活世界"呢？这样一来，儒学的现代意义就是决不可能的事情了，因为现代社会早已不是什么宗法血缘关系的社会。反过来说，假如儒学确实是可以适应于现代社会的生活方式的，那必定是因为：儒学的真正本源性的奠基性观念一定不是什么宗法血缘观念。

事实正是如此。例如孟子在讲到本源性的爱的显现时，给出了这样一种生活情境：

> 所以谓人皆有不忍人之心者，今人乍见孺子将入于井，皆有怵惕恻隐之心；非所以内交于孺子之父母也，非所以要誉于乡党朋友也，非恶其声而然也。由是观之，无恻隐之心非人也，无羞恶之心非人也，无辞让之心非人也，无

---

① 林安梧：《儒学与中国传统社会之哲学省察》，（台湾）幼狮文化事业公司1996年版，第8页。

② 林安梧：《儒学与中国传统社会之哲学省察》，第133～134页。

是非之心非人也。①

在这种生活情境中，"不忍人之心"或"怵惕恻隐之心"亦即本源性的爱的显现，是"非所以内交于孺子之父母也，非所以要誉于乡党朋友也"的，当然是与宗法血缘观念毫无关系的。这也就是孟子所说的"不虑而知""不学而能"的"良知""良能"的显现。② 良知、良能绝不是什么现成的、凝固的、存在者化的东西，而就是仁爱情感的显现；这种情感显现的"现象"背后没有任何东西，"现象背后一无所有"。③ 显而易见，这种本源性的爱的显现是普适性的，是与我们身处其中的某种具体生活方式的历史衍流样式没有任何关系的。这也就是孔子仁学、儒家思想之所以能具有现代意义的缘由所在：本源性的仁爱情感的显现，是与我们是否身处现代性的生活方式之中毫无关系的。

固然，孟子在谈到良知良能时也说："孩提之童，无不知爱其亲者；及其长也，无不知敬其兄也。亲亲，仁也；敬长，义也。无他，达之天下也。"④ 这就是说，仁爱情感首先是从亲人开始的，由此"外推"，才有"亲亲而仁民，仁民而爱物"的宗

---

① 《孟子·公孙丑上》。
② 《孟子·尽心上》。
③ 诗人歌德的诗句。转引自海德格尔：《哲学的终结和思的任务》，《面向思的事情》，第80页。
④ 《孟子·尽心上》。

法伦理观念建构。① 这也就是儒家"爱有差等"观念的根据。这当然是与宗法血缘观念有联系的。然而这并不能成为否定孔子仁学的现代意义的理由，因为，问题在于，我们不要忘记了：这种宗法血缘关系，正是生活本身的一种显现样式，正是生活衍流的一种历史形态，这恰恰是生活本身的事情。这就是说，儒家曾经有的宗法伦理观念建构，恰恰正是源于生活的；而我们今天不再去坚持这种伦理观念，也恰恰是源于生活的。

这是因为：无论我们处在怎样的一种生活方式、历史形态之中，仁爱情感总是显现，而且这种显现总是"爱有差等"的"波圈"结构。② 正是在这种意义上，孔子仁学、儒家思想的仁爱观念才是超越一切历史时空的大本大源。而另一个方面，仁爱情感的显现又总是在一定的生活方式、历史形态之中呈现出来的：在前现代的历史形态中显现，便有儒家的前现代的伦理建构；在现代性的历史形态中显现，便可以有儒家的现代性的伦理建构。

这种建构，正如孟子所说："恻隐之心，仁之端也；羞恶之心，义之端也；辞让之心，礼之端也；是非之心，智之端也。……凡有四端于我者，知皆扩而充之矣，若火之始然、泉之始达。苟能充之，足以保四海；苟不充之，不足以事父母。""人皆有不忍人之心。先王有不忍人之心，斯有不忍人之政矣。

---

① 《孟子·尽心上》。
② 费孝通：《乡土中国·生育制度》，北京大学出版社1998年版，第26页。

以不忍人之心，行不忍人之政，治天下可运之掌上。"①"恻隐之心"的本源意义在于：对于任何时代的一切形而上学、形而下学的建构来说，这种仁爱之情都是其"端"，都是"火之始然、泉之始达"，都是源头活水。在这种生活本源上，我们才能"事父母""保四海"，才能"行不忍人之政"而"治天下"，才能建构形而上学、形而下学。

所以，在儒家观念中，仁爱情感乃是一切形而上学、形而下学的"基础""地基"；更确切地说，那是一切观念建构的参天大树的"水土"。孔子仁学能否在现代社会中"枯杨生华"，就取决于这种生活情感的"水土保持"工作做得如何。

---

① 《孟子·尽心上》。

第四章

儒法分野：孔子的管仲批判

【作者按】 此文原载《清华大学学报（哲学社会科学版)》2023 年第 1 期。

【提要】 孔子称管仲"如其仁"，按孟子、荀子与朱熹的解释，并非真"仁"，而属"以力假仁者霸"。这是符合孔子原意的理解。所以，孔子才批评管仲"不知礼"。孔子对管仲的批评集中于"仁"（博爱）与"礼"（制度）的关系："克己复礼为仁"意味着"礼"是"仁"的必要条件；"人而不仁如礼何"意味着"仁"也是"礼"的必要条件。因此，从管仲"不知礼"必然推论出管仲"不知仁"；反之亦然，从管仲"如其仁"（即非真仁）必然推论出管仲"不知礼"。孔子并不是说管仲不进行制度建设，而是说他不懂得制度伦理学的原理，因而其所建构的并非孔子所主张的儒家"周制"的制度，而是法家"秦制"的制度。儒法关系的历史大致可以这样勾勒：孔孟时代的儒法对立；帝制时代的儒法合流；未来可欲的儒法再度分途。

众所周知，管仲（公元前 723 年—公元前 645 年）担任齐桓公的相国，使齐国成为春秋五霸之首，功名显赫，影响深远。然而，管仲乃是法家的先驱、肇始者，其思想与孔子的儒家思想之间存在着根本的对立。因此，孔子虽然对管仲有所称许，但更有深刻的批判。那么，在评论管仲时，孔子所肯定的究竟是什么，所否定的究竟是什么？这对于我们准确地理解儒家思想及儒法关系具有极为重要的意义。

一、管仲"如其仁"："假仁"

在《论语》中，孔子四次谈到管仲，看起来对管仲似乎既有所肯定，亦有所否定。作为儒家创始人的孔子，居然肯定作为法家肇始者的管仲，这岂不是令人困惑？

（一）管仲之"德"的评价

那么，孔子究竟肯定了管仲的什么呢？先看一例：

> 问管仲。（孔子）曰："人也，夺伯氏骈邑三百，饭疏食，没齿无怨言。"[1]

邢昺解释："'人也'指管仲，犹云'此人也'。……伯氏食邑于骈邑三百家，管仲夺之使贫，但饭疏食，至于终年亦无

---

[1] 《论语注疏·宪问》，《十三经注疏》，中华书局 1980 年影印版，第 2510 页。

怨言，以其管仲当理故也。"① 管仲剥夺了伯氏的食邑，伯氏终身没有怨言，邢昺认为这是由于管仲的行为"当理"。

果真如此吗？朱熹不以为然。朱熹一方面说："盖桓公夺伯氏之邑以与管仲，伯氏自知己罪，而心服管仲之功，故穷约以终身而无怨言。"这是承续了邢昺的说法，却用了一个"盖"字，耐人寻味。另一方面，朱熹却说："荀卿所谓'与之书社三百，而富人莫之敢拒'者，即此事也。或问：'管仲、子产孰优？'曰：'管仲之德，不胜其才。子产之才，不胜其德。然于圣人之学，则概乎其未有闻也。'"② 朱熹说管仲德不胜才，这是对管仲之"德"的质疑，而归结为管仲"于圣人之学""未有闻"，这是要划清管仲与儒家的界限。

朱熹所引荀卿之言，见于《荀子·仲尼》："仲尼之门人，五尺之竖子，言羞称乎五伯。是何也？曰：然！彼诚可羞称也。齐桓，五伯之盛者也……其事行也，若是其险污淫汰也，彼固曷足称乎大君子之门哉！……俄然见管仲之能足以托国也……立以为仲父，而贵戚莫之敢妒也；与之高国之位，而本朝之臣莫之敢恶也；与之书社三百，而富人莫之敢距也。……其霸也，宜哉！非幸也，数也。……然而仲尼之门人，五尺之竖子，言羞称乎五伯，是何也？曰：然彼非本政教也，非致隆高也，非綦文理也，非服人之心也；乡（向）方略、审劳佚、畜积修斗

① 《论语注疏·宪问》，《十三经注疏》，第 2510 页。
② 朱熹：《论语集注·宪问》，《四书章句集注》，中华书局 1983 年版，第 150~151 页。

而能颠倒其敌者也，诈心以胜矣。彼以让饰争，依乎仁而蹈利者也，小人之杰也，彼固曷足称乎大君子之门哉！"①

这是荀子对管仲、齐桓公的霸道的批判："以让饰争，依乎仁而蹈利。"此可谓是对孔子评价管仲"如其仁"的诠释。这也正是孟子批判的"以力假仁者霸"，"以力服人者，非心服也"。赵岐注："霸者以大国之力，假仁义之道，然后能霸，若齐桓、晋文等是也。"② 朱熹注："假仁者，本无是心，而借其事以为功者也。"③ 孟子指出："五霸，假之也。"④ 朱熹注："五霸则假借仁义之名，以求济其贪欲之私耳。"⑤

因此，孟子在谈到"不召之臣"时说过："桓公之于管仲，则不敢召。管仲且犹不可召，而况不为管仲者乎？"⑥ 这里，孟子明确宣布自己"不为管仲"，即不做管仲那样的人。这段对话也是同样的态度："公孙丑问曰：'夫子加齐之卿相，得行道焉，虽由此霸王不异矣，如此则动心否乎？'孟子曰：'否！我四十不动心。'"⑦ 孟子为什么不动心呢？因为在他看来："五霸者，三王之罪人也。五霸，桓公为盛。"⑧ 因此，孟子明确表示："仲

---

① 王先谦：《荀子集解·仲尼》，中华书局 1988 年版，第 106~108 页。
② 《孟子注疏·公孙丑上》，《十三经注疏》，第 2689 页。
③ 朱熹：《孟子集注·公孙丑上》，《四书章句集注》，第 235 页。
④ 《孟子注疏·尽心上》，《十三经注疏》，第 2769 页。
⑤ 朱熹：《孟子集注·尽心上》，《四书章句集注》，第 358 页。
⑥ 《孟子注疏·公孙丑下》，《十三经注疏》，第 2694 页。
⑦ 《孟子注疏·公孙丑上》，《十三经注疏》，第 2685 页。
⑧ 《孟子注疏·告子下》，《十三经注疏》，第 2759 页。

尼之徒，无道桓、文之事者。"① 这也是在划清界限。

按照上述孟子、荀子、朱熹的理解，孔子那番话其实并非赞扬管仲，而仅仅是一种事实陈述而已。这就是说，对于伯氏为什么"没齿无怨言"这个问题，孔子并没有正面回答，而只是说：关于管仲这个人，曾经有这么一件事情。后来孟子、荀子、朱熹相继回答了这个问题：伯氏不是"心服"，而是"不敢"。为什么不敢？因为管仲、齐桓公有"力"，其实就是法家所强调的"势"（权势、威权），正如法家韩非所说："君执柄以处势，故令行禁止。柄者，杀生之制也；势者，胜众之资也。"②

（二）管仲之"力"的评价

孔子真正对管仲有所肯定的地方，仅见于下面这两段对话：

> 子路曰："桓公杀公子纠，召忽死之，管仲不死。曰：未仁乎？"子曰："桓公九合诸侯，不以兵车，管仲之力也。如其仁！如其仁！"③

> 子贡曰："管仲非仁者与？桓公杀公子纠，不能死，又相之。"子曰："管仲相桓公，霸诸侯，一匡天下，民到于

---

① 《孟子注疏·梁惠王上》，《十三经注疏》，第 2670 页。
② 《韩非子·八经》，《韩非子集解》，王先慎集解，中华书局 1998 年版，第 431 页。
③ 《论语注疏·宪问》，《十三经注疏》，第 2511 页。

今受其赐。微管仲，吾其被发左衽矣！"①

孔子这两段议论，涉及"力"（事功）与"仁"（仁德）两个方面。其中对管仲事功之"力"有所肯定。孔子这两段话的侧重点是不同的：

1. 第一段对话侧重的是"不以兵车"。这其实是孔子在借此表达他本人反对诸侯战争的态度。蒙培元先生曾指出："'霸诸侯'明明是'霸业'而不是'王业'，即不是'礼乐征伐自天子出'，而是'自诸侯出'；但是，他能够'一匡天下'，即匡正天下之诸侯，维护天下和平与稳定，而不致战乱不断，使人民流离失所，遭受涂炭，这就是最大的贡献。"②

确实，根据语法分析，这里的语义重点不是"九合诸侯"，而是"不以兵车"。邢昺解释：此乃"谓衣裳之会也，存亡继绝，诸夏乂安"③。所谓"衣裳之会"，出自《穀梁传》，称齐桓公会盟诸侯，"衣裳之会十有一者，未尝有歃血之盟也，信厚也"；"兵车之会四，未尝有大战也，爱民也"④。这其实是《穀梁传》对齐桓公的美化，似乎齐国争霸不是靠军事实力，而是靠仁爱信义。这其实不符合史实。

———————————

① 《论语注疏·宪问》，《十三经注疏》，第 2512 页。
② 蒙培元：《孔子与中国的礼文化》，《湖南社会科学》2005 年第 5 期。
③ 《论语注疏·宪问》，《十三经注疏》，第 2511 页。
④ 《春秋穀梁传注疏·庄公二十七年》，《十三经注疏》，第 2387 页。

不过，孔子"不以兵车"这句话本身的字面含义，确实是说的不靠武力。孔子正是这种主张："骥不称其力，称其德也。"邢昺解释："此章疾时尚力取胜，而不重德。"① 因此，"子之所慎：斋、战、疾"。邢昺指出："夫兵凶战危，不必其胜，重其民命，固当慎之。"② 孔子说过："以不教民战，是谓弃之。"邢昺解释："用不习之民，使之攻战，必破败，是谓弃之。"③ "子贡问政。子曰：'足食，足兵，民信之矣。'子贡曰：'必不得已而去，于斯三者何先？'曰：'去兵。'"邢昺指出："以兵者凶器，民之残也，财用之蠹也，故先去之。"④

当然，孔子并非反对一切战争。他说："善人教民七年，亦可以即戎矣。"⑤ 那么，孔子所反对的是怎样的战争？据《论语》载："季氏将伐颛臾。……孔子曰：'求！无乃尔是过与！夫颛臾，昔者先王以为东蒙主，且在邦域之中矣，是社稷之臣也，何以伐为？……丘也闻：有国有家者，不患寡而患不均，不患贫而患不安。盖均无贫，和无寡，安无倾。夫如是，故远人不服，则修文德以来之。既来之，则安之。……"⑥

显然，孔子所反对的是破坏西周制度的诸侯兼并战争，谓之"天下无道，则礼乐征伐自诸侯出"；他所主张的则是"天下

① 《论语·宪问》，《十三经注疏》，第 2512 页。
② 《论语注疏·述而》，《十三经注疏》，第 2482 页。
③ 《论语注疏·子路》，《十三经注疏》，第 2509 页。
④ 《论语注疏·颜渊》，《十三经注疏》，第 2503 页。
⑤ 《论语·子路》，《十三经注疏》，第 2509 页。
⑥ 《论语注疏·季氏》，《十三经注疏》，第 2520 页。

有道，则礼乐征伐自天子出"。① 这显然是坚持西周的王权封建，反对诸侯之间的争霸战争。所以后来孟子说"春秋无义战"②，也是反对诸侯争霸的兼并战争。

由此可见，管仲辅佐齐桓公争霸，这必定是孔子所反对的；孔子所肯定的管仲的行为，仅仅是"不以兵车"的和平方式。换言之，按照孔子的立场，管仲"不以兵车"的和平手段是对的，而其"九合诸侯"的争霸目标则是不对的。

2. 第二段对话侧重的是"一匡天下"。这其实是孔子在借此表达他本人维护西周封建秩序的立场。蒙培元先生曾指出：孔子"之所以许管仲以仁，主要是从制止诸侯互相征战、维护国家统一和华夏文化的功业上说的"③。但应注意，这里的"华夏文化"，在孔子那里并不是抽象的"夷夏之别"，而是有特定内涵的，那就是西周封建秩序，而非后来的皇权专制秩序。

这里尤其要注意的是：不能把孔子对管仲的肯定简单化地理解为强调统一，更不能理解为主张"霸道"。孔子固然主张统一、"一匡天下"，问题在于那是怎样的统一："霸道"的统一，还是"王道"的统一？在孔子心目中，"王道"绝非后来的皇权专制，而是西周的王权封建制度，所以，孔子强调："周监于二

---

① 《论语注疏·季氏》，《十三经注疏》，第 2521 页。
② 《孟子注疏·尽心下》，《十三经注疏》，第 2773 页。
③ 蒙培元：《孔子与中国的礼文化》，《湖南社会科学》2005 年第 5 期。

代，郁郁乎文哉！吾从周。"① 因此，朱熹特别指出，所谓"一匡天下"乃是："匡，正也。尊周室，攘夷狄，皆所以正天下也。"② 这与上文所引的孔子主张"天下有道，则礼乐征伐自天子出"乃是一以贯之的立场。

这就需要回到孔子的时代背景：当时正值中国社会的第一次大转型，即从西周的王权封建转变为自秦汉至明清的皇权专制。孔子虽然不能预知未来的皇权专制，但他对当时已显露出来的这种所谓"历史趋势"高度敏感、尽力抵制。然而这种"历史趋势"正是管仲所开启的法家所竭力主张、努力论证的。因此，就其对此"历史趋势"的立场态度而论，孔子与管仲乃是对立面：孔子维护"周制"，管仲的思想及其实践则导向后来的"秦制"。

既然如此，孔子怎么会许管仲以"仁"？关于此所谓"仁"的性质，尤其需要仔细讨论。

（三）管仲之"仁"的评价

孔子称管仲"如其仁"，按上文所举孟子、荀子与朱熹的解释，其实并非真"仁"，而属"以力假仁者霸"。这是符合孔子原意的理解。

蒙培元先生曾谈到朱熹对管仲的一个评判："盖管仲虽未得为仁人，而其利泽及人，则有仁之功矣。"③ 在朱熹看来，管仲

---

① 《论语注疏·八佾》，《十三经注疏》，第 2467 页。
② 朱熹：《论语集注·宪问》，《四书章句集注》，第 153 页。
③ 朱熹：《论语集注·宪问》，《四书章句集注》，第 153 页。

绝不是真正的仁人，即"未得为仁人"。蒙培元先生随即指出："对孔子评价管仲'如其仁，如其仁'这句话，可有不同的解释。孟子有'由仁义行'与'行仁义'以至'假仁义而行'之区分，有点近似于自律与他律之说。朱子的解释是，管仲非'仁人'而有'仁之功'，将'仁人'与'仁功'作了区分。这涉及伦理学上所谓的'动机论'与'效果论'的问题。"①

按照朱熹的这种理解，管仲之"仁"不是主观上的动机，而是客观上的效果。但是，我们今天来看，这种客观效果之"仁"也是大可商榷的，因为从历史事实看，管仲与齐桓公政治活动的客观效果，在理论上就是法家的兴起，在实践上就是通过诸侯争霸的兼并战争而否定"王权大一统"，而走向"皇权大一统"。然而这绝非孔子的立场与选择。

不仅如此，如果站在儒家的立场，那么，管仲之"仁"不仅在客观效果上是应当拒斥的，在主观动机上也是应当拒斥的。上文已经谈及，对于管仲之"仁"，孟子的定性是"以力假仁"②，荀子的定性是"依乎仁而蹈利"③，朱熹的定性是"未得为仁人"。这样的理解，符合孔子的原意。

这里的关键问题，乃是对孔子所说的"如其仁"的理解。传统的解释，往往误解了孔子的话，将"如其仁"径直解释为

---

① 蒙培元：《丁若镛的"仁学观"》，《泉州师范学院学报》2005 年第 4 期。

② 《孟子注疏·公孙丑上》，《十三经注疏》，第 2689 页。

③ 王先谦：《荀子集解·仲尼篇》，第 108 页。

"仁"。例如何晏引证孔安国的说法，把"如其仁"解释为一种赞叹："谁如管仲之仁！"邢昺也是这样理解的："更有谁如其管仲之仁！"① 这种说法来自皇侃，他引证孔安国的说法："谁如管仲之仁矣！"② 朱熹一方面说管仲"未得为仁人"，另一方面却又将"如其仁"理解为"'如其仁'，言谁如其仁者；又再言以深许之"③，不免自相矛盾。其实，哪怕仅仅从字面看，将"如其仁"解释为"谁如管仲之仁"，在语法上也是不通的，特别是硬生生地加上了一个"谁"字。

关于"如其仁"，程树德《论语集释》所列举的两家"别解"，值得留意：

1. 元代《四书辨疑》④："注言'谁如其仁'，一'谁'字该尽古今天下之人，更无人如管仲之仁，无乃许之太峻乎？仲为霸者之佐，始终事业不过'以力假仁'而已。所假之仁，非其固有之仁，岂有人皆不如之理？夫子向者言'管仲之器小哉'，又谓僭不知礼，今乃连称'谁如其仁，谁如其仁'，圣人之言，何其不恒如是邪？况经之本文'如其'上亦无'谁'字之意。王濬南曰：'"如其"云者，几近之谓也。'此解'如其'二字意近。然此等字样，但可意会，非训解所能尽。大抵'如'之为义，盖极似本真之谓，如云'如其父'、'如其兄'、'如其

① 《论语注疏·宪问》，《十三经注疏》，第2511页。
② 皇侃：《论语义疏·宪问》，中华书局2013年版，第367页。
③ 朱熹：《论语集注·宪问》，《四书章句集注》，第153页。
④ 元代《四书辨疑》一书，著者不详。

所闻'。文字语话中，似此用'如其'字者不少。以此相方，则'如其仁'之义乃可见。管仲乃假仁之人，非有仁者真实之仁，所成者无异，故曰'如其仁'也。"①

2. 清代黄培芳《云泉随札》："子路问：'管仲未仁乎?'子贡问：'管仲非仁者与?'夫子之答，皆但取其功；至于仁，俱置之不论。盖所答非所问，与答孟武伯问三子之仁一例。'如其仁'云云者，是虚拟之词，存而不论，与答'彼哉彼哉'一例。其答子贡，则并无一字及'仁'，益明《集注》以'谁如其仁'解'如其仁'，'谁'字添设，说似未安。仁者，心之德，爱之理。若不论心而但论功，是判心术、事功为二，按之前后论仁，从无如此立说也。"②

上引两家的辩驳，极具说服力，表明：孔子称管仲"如其仁"，并非许之以"仁"，而是"近乎仁""类乎仁"之意。正因为如此，后来孟子谓之"以力假仁"，荀子谓之"依乎仁而蹈利"。

二、管仲"不知礼"："小器"

孔子对管仲的批评集中于"仁"（博爱）与"礼"（制度）的关系。孔子所说的"仁"，指普遍之爱，孔子谓之"泛爱"③，

① 程树德：《论语集释·宪问中》，中华书局1990年版，第三册，第987页。

② 程树德：《论语集释·宪问中》，第三册，第987页。

③ 《论语·学而》，《十三经注疏》，第2458页。

韩愈谓之"博爱"①；孔子所说的"礼"，指社会规范及其制度。②

关于"仁"与"礼"的关系，孔子有两句话是最重要的：一是"克己复礼为仁"③，意味着"礼"乃是"仁"的必要条件。这就意味着：孔子批评管仲"不知礼"，逻辑地蕴含着管仲"不知仁"。这也再次证明上述孟子谓之"以力假仁"、荀子谓之"依乎仁而蹈利"是符合孔子的原意的；否则，孔子就会陷入自相矛盾。二是"人而不仁，如礼何"④，意味着"仁"也是"礼"的必要条件，无"仁"必无"礼"。这就意味着：从管仲"如其仁"（即非真仁）必然合乎逻辑地推论出管仲"不知礼"。

（一）管仲"不知礼"

孔子批评管仲"不知礼"，见于以下对话：

> 子曰："管仲之器小哉！"或曰："管仲俭乎？"曰："管氏有三归，官事不摄，焉得俭？""然则管仲知礼乎？"曰："邦君树塞门，管氏亦树塞门；邦君为两君之好，有反坫，管氏亦有反坫。管氏而知礼，孰不知礼？"⑤

---

① 韩愈：《原道》，《韩昌黎文集校注》，马其昶校注，上海古籍出版社1987年版，第13页。
② 参见黄玉顺：《孔子的正义论》，《中国社会科学院研究生院学报》2010年第2期。
③ 《论语注疏·颜渊》，《十三经注疏》，第2502页。
④ 《论语·八佾》，《十三经注疏》，第2466页。
⑤ 《论语注疏·八佾》，《十三经注疏》，第2468页。

孔子列举了管仲的几种表现，归结为"不知礼"：

1. "有三归"。邢昺解释："妇人谓嫁曰归。……礼，大夫虽有妾媵，嫡妻唯娶一姓。今管仲娶三姓之女，故曰'有三归'。"①

2. "官事不摄"。邢昺解释："礼，国君事大，官各有人。大夫虽得有家臣，不得每事立官，当使一官兼摄余事。今管仲家臣备职，奢豪若此，安得为俭也？"②

3. "邦君树塞门，管氏亦树塞门"。邢昺解释："邦君，诸侯也。屏，谓之树。人君别内外于门，树屏以蔽塞之。大夫当以帘蔽其位耳。今管仲亦如人君，树屏以塞门也。"③ 朱熹明确指出："此皆诸侯之礼，而管仲僭之，不知礼也。"④

4. "邦君为两君之好，有反坫，管氏亦有反坫"。邢昺解释："反坫，反爵之坫，在两楹之间。人君与邻国为好会，其献酢之礼更酌，酌毕则各反爵于坫上。大夫则无之。今管仲亦有反爵之坫，僭滥如此，是不知礼也。"⑤ 朱熹指出："斥其僭，以明其不知礼。"⑥

管仲这些表现，之所以为"不知礼"，归结为一个字："僭"，即以大夫之位，而僭诸侯之礼。显然，孔子是在维护周

① 《论语注疏·八佾》，《十三经注疏》，第 2468 页。
② 《论语注疏·八佾》，《十三经注疏》，第 2468 页。
③ 《论语注疏·八佾》，《十三经注疏》，第 2468 页。
④ 朱熹：《论语集注·八佾》，《四书章句集注》，第 67 页。
⑤ 《论语注疏·八佾》，《十三经注疏》，第 2468 页。
⑥ 朱熹：《论语集注·八佾》，《四书章句集注》，第 67 页。

礼、周制。

因此，孔子批评管仲"器小"，何晏注为"言其器量小也"①，朱熹则指出："器小，言其不知圣贤大学之道，故局量褊浅，规模卑狭，不能正身修德以致主于王道。"继而称引杨氏之说："夫子大管仲之功而小其器，盖非王佐之才，虽能合诸侯、正天下，其器不足称也。道学不明，而王霸之略混为一途。……盖世方以诡遇为功，而不知为之范，则不悟其小，宜矣。"② 这是批评管仲不知儒家的"王道"，而奉行法家的"霸道"；所谓"不知为之范"，此"范"即社会规范，亦即周礼、周制。

（二）管仲所谓"礼"

孔子批评管仲"不知礼"，绝不是空穴来风、无的放矢。

1.《齐语》所谓"礼"

我们看整部《国语·齐语》，只有两处提到"礼"，均非管仲之语，亦非儒家之所谓"礼"：

（1）"桓公自莒反于齐，使鲍叔为宰，（鲍叔）辞曰：'……臣之所不若夷吾（管仲）者五：……制礼义可法于四方，弗若也……'"③

鲍叔认为管仲能够"制礼义可法于四方"。这里要注意的是：提到"礼义"或"礼"，并不等于就是儒家，因为在当时的历史背景下，"礼"并非儒家所独有的概念，而是各家普遍使用

---

① 《论语注疏·八佾》，《十三经注疏》，第 2468 页。
② 朱熹：《论语集注·八佾》，《四书章句集注》，第 67~68 页。
③ 《国语·齐语》，上海古籍出版社 1988 年版，第 221 页。

的一个概念。法家也谈"礼"，例如《商君书》开篇《更法》就是从秦孝公的这个诉求开始的："今吾欲变法以治，更礼以教百姓。"商鞅回答："礼者，所以便事也"；"三代不同礼而王，五霸不同法而霸"；"贤者更礼，而不肖者拘焉。拘礼之人，不足与言事"；"帝王不相复，何礼之循？……殷夏之灭也，不易礼而亡"。① 其所谓"更礼"，就是把旧礼变更为新礼，实际上就是推翻既有的周制，走向未来的秦制。

（2）"桓公知诸侯之归己也，故使轻其币而重其礼。……故拘之以利，结之以信，示之以武，故天下小国诸侯既许桓公，莫之敢背……所以示权于中国也。……唯能用管夷吾、甯戚、隰朋、宾胥无、鲍叔牙之属而伯功立。"②

这里明确说，齐桓公与管仲等人所立之功乃是"伯功"（霸功）。这里所说的"礼"也并非儒家所说的"礼"，韦昭注："礼，酬宾之礼也。"③ 显然，齐桓公这种酬宾之礼，乃"拘之以利，结之以信，示之以武"，而"示权于中国"，本质上是法家"霸道"之礼。

倒是《左传》记载了管仲本人有两次谈到"礼"：

2.《左传》管仲所谓"礼"

（1）秋，盟于宁母，谋郑故也。管仲言于齐侯曰："臣

① 蒋礼鸿：《商君书锥指·更法》，中华书局1986年版，第1-5页。
② 《国语·齐语》，第247页。
③ 《国语·齐语》，第248页。

闻之：招携以礼，怀远以德。德礼不易，无人不怀。……君以礼与信属诸侯，而以奸终之，无乃不可乎？子父不奸之谓礼，守命共时之谓信。违此二者，奸莫大焉。……君若绥之以德，加之以训辞，而帅诸侯以讨郑，郑将覆亡之不暇，岂敢不惧？……夫诸侯之会，其德、刑、礼、义，无国不记。……郑必受盟。……"①

这里，管仲尽管大讲"礼""德""信""义"之类，说得颇为动听，然而究其实质，其动机是"谋郑"，其手段是"帅诸侯以讨郑"，其目标是"郑必受盟"，接受齐国的霸权。这正是孟子所批判的"以力假仁"、荀子所批判的"以让饰争，依乎仁而蹈利"。由此可见，管仲所谓"礼"并非儒家所谓"礼"，而是借以争霸的一种假名。韩愈曾说，儒家讲"道"与"德"，道家也讲"道"与"德"，两者的内涵本质是不同的："其所谓道，道其所道，非吾所谓道也；其所谓德，德其所德，非吾所谓德也。"② 我们也可以说：管仲所谓礼，非孔子所谓礼也。

(2) 冬，齐侯使管夷吾平戎于王，使隰朋平戎于晋。王以上卿之礼飨管仲。管仲辞曰："臣，贱有司也。有天子之二守国、高在，若节春秋来承王命，何以礼焉？陪臣敢

---

① 《春秋左传正义·僖公七年》，《十三经注疏》，第 1798～1799 页。
② 韩愈：《原道》，见《韩昌黎文集校注》，第 18 页。

辞。"王曰："舅氏！馀嘉乃勋！应乃懿德，谓督不忘。往
践乃职，无逆朕命！"管仲受下卿之礼而还。①

这里，周王待管仲以上卿之礼，实属迫于其霸道之势而不
得已；管仲辞而不受，看起来是"礼以行之，孙（逊）以出
之"，但实际上并非真正的"义以为质"②，而不过与上例一样，
属于"以力假仁""以让饰争"之类的姿态，用今天的话来说，
只能说明管仲"会做人"而已。否则，孔子评定管仲"不知
礼"，就不是实事求是的评判了。

三、孔子批评管仲的深意：儒家制度伦理

孔子说管仲"不知礼"，并不是说管仲不进行制度建设，而
是说他不懂得制度伦理学的原理，因而其所建构的制度并非孔
子所主张的儒家的"周制"，而是法家的"秦制"。

春秋战国时代，诸侯纷争。本来，竞争乃是人类社会的永
恒现象。孔子指出："君子无所争，必也射乎！揖让而升，下而
饮，其争也君子。"邢昺解释："'君子无所争'者，言君子之
人，谦卑自牧，无所竞争也。'必也射乎'者，君子虽于他事无
争，其或有争，必也于射礼乎。"③ 这是源自皇侃的说法，未必
确切。皇侃一方面说："君子恒谦卑自收，退让明礼，故云'无所

---

① 《春秋左传正义・僖公十二年》，《十三经注疏》，第1802页。
② 《论语注疏・卫灵公》，《十三经注疏》，第2518页。
③ 《论语・八佾》，《十三经注疏》，第2466页。

争'也"；"虽他事无争，而于射有争，故云'必也射乎'"。另一方面又说："礼：王者将祭，必择士助祭，故四方诸侯并贡士于王，王试之于射宫，若形容合礼，节奏比乐而中多者，则得预于祭，得预于祭者，进其君爵土；若射不合礼乐而中少者，则不预祭，不预祭者，黜其君爵土。"① 显然，射礼恰恰就是一种竞争。

程树德《论语集释》所引清代陆陇其《松阳讲义》的观点，值得注意："世间有一等人，惟知隐默自守，不与人争，而是非可否亦置不论。此朱子所谓谨厚之士，非君子也。有一等人，惟知阉然媚世，将是非可否故意含糊，自谓无争。此夫子所谓乡愿，非君子也。又有一等人，激为高论，托于万物一体，谓在己在人，初无有异，无所容争。此是老庄之论，亦非君子也。是皆不可不辨。"② 这三种人都是与人无争的，然而恰恰不是孔子的态度。

这就是说，孔子的意思不在"君子无所争"，而在"其争也君子"。孔子那番话的意思是：君子不与人竞争；除了像射礼那样有规则的竞争。显然，孔子区分了两类竞争：一类是诸侯争霸那样的破坏规则的竞争；另一类则是"其争也君子"，即君子之争。

何为君子之争？就是要有规则、规范，即要有"礼"。"礼"，即社会规范及其制度的建立，恰恰是要解决"如何争"的问题。例如，荀子指出："礼起于何也？曰：人生而有欲，欲而不得则不能无求，求而无度量分界则不能不争，争则乱，乱

---

① 皇侃：《论语义疏·八佾》，第54页。
② 程树德：《论语集释·八佾》，第一册，第156页。

则穷。先王恶其乱也，故制礼义以分之，以养人之欲，给人之求，使欲必不穷乎物，物必不屈于欲，两者相持而长：是礼之所起也。"① 按照这里的逻辑，既然有欲必有争，而礼是要"养人之欲"，那么，"礼"显然并非"争"的对立面。确实，荀子并不是反对"争"。在他看来，儒者也要"争名""争胜"："彼大儒者，虽隐于穷阎漏屋，无置锥之地，而王公不能与之争名"；"用百里之地，而千里之国莫能与之争胜"②；例如孔子"无置锥之地，而王公不能与之争名"，"是圣人之不得埶（势）者也，仲尼、子弓是也"③。可见荀子不反对"争"，而是主张"分争于中，不以私害之"④。这里，荀子提出了一个重要的概念："分争"。所谓"分"指"明分使群"⑤，即"制礼义以分之"。荀子认为，如果能够有"礼"即有规则地竞争，就能"争然后善"⑥。孔子其实也是这个意思：不是与人无争，而是有规则地争。孔子所谓"君子矜而不争"⑦，并不是说不要竞争，而是防止在竞争中"勇而无礼则乱"⑧。

　　春秋战国时期的诸侯纷争，这本来是人类社会的必然现象，

① 《荀子·礼论》，王先谦《荀子集解》，第 346 页。
② 《荀子·儒效》，王先谦《荀子集解》，第 137、138 页。
③ 《荀子·非十二子》，王先谦《荀子集解》，第 96~97 页。
④ 《荀子·不苟》，王先谦《荀子集解》，第 50 页。
⑤ 《荀子·富国》，王先谦《荀子集解》，第 176 页。
⑥ 《荀子·臣道》，王先谦《荀子集解》，第 257 页。
⑦ 《论语·卫灵公》，《十三经注疏》，第 2518 页。
⑧ 《论语·泰伯》，《十三经注疏》，第 2486 页。

然而有两种不同的竞争：一种是在周礼下的、尊重"周制"的竞争；另一种则是破坏周礼的竞争，这就是法家包括管仲所擅长的为争霸而进行的、导向"秦制"的兼并战争。

孔子批评管仲"不知礼"，有两个层次的意谓：

（一）管仲不知普遍性的"仁礼"

要理解孔子所说的管仲"不知礼"，首先要理解孔子所说的"礼"。在孔子的思想中，"礼"指社会规范及其制度。一方面，"礼"具有普遍性、永恒性，即凡群体生活皆需制度规范，故孔子说"克己复礼"①、"不知礼，无以立也"②；而另一方面，"礼"具有特殊性、暂时性，即历史上任何制度规范均无永恒价值，故孔子说"礼"需"损益"③，与时偕行。损益变革的价值尺度是"义"，包括两条正义原则，即正当性原则和适宜性原则：正当性原则要求制礼的动机是超越差等之爱、追求一体之仁，即"仁"（博爱）；适宜性原则要求制礼的效果适应于特定时代的基本生活方式，即"宜"（时宜）。④

上文说过，孔子由"仁"出发，主张"义以为质，礼以行

---

① 《论语注疏·颜渊》，《十三经注疏》，第 2502 页。
② 《论语注疏·尧曰》，《十三经注疏》，第 2536 页。
③ 《论语注疏·为政》，《十三经注疏》，第 2464 页。
④ 参见黄玉顺：《中国正义论纲要》，《四川大学学报（哲学社会科学版）》2009 年第 5 期；《孔子的正义论》，《中国社会科学院研究生院学报》2010 年第 2 期；《中国正义论的形成——周孔孟荀的制度伦理学传统》，东方出版社 2015 年版，第 107~125 页。

之"①，此即儒家制度伦理学的"仁→义→礼"的理论结构。管仲只是"如其仁"，即并非真"仁"，自然就不可能遵循儒家制度伦理学的正当性原则，即不可能超越差等之爱、追求一体之仁，因此，其所建构的"秦制"也就不可能是正当的、正义的制度。

（二）管仲不知特殊性的"周礼"

上文谈到，孔子所说的管仲"不知礼"，诸家的解释归为一点：僭。这是很有道理的。蒙培元先生曾指出："管仲在齐国实行了一系列改革。《论语》中并没有孔子对其改革方面的评论。但是，孔子批评过管仲的'器小'和'不知礼'。……最重要的是'不知礼'，其表现则是'僭越'。……管仲'不知礼'，实际上是说，管仲违反了周礼。"②

这里所涉及的根本问题，是"周制"与"秦制"之间的比较与评判。众所周知，孔子"从周"，主张"周制"；换言之，"周制"是儒家的选择。与之相对，"秦制"则是法家的选择，以及秦汉以来的某些"阳儒阴法"的"儒家"的选择。这里所蕴含的价值尺度，在孔子看来，不是"礼"，而是"仁"。

综上所述，对于管仲的"如其仁""不知礼"，孔子是持批判态度的。按照孔子的态度，结合历史的事实，儒法关系的历史大致可以这样勾勒：孔孟时代的儒法对立；帝制时代的儒法合流；未来可欲的儒法再度分途。

---

① 《论语注疏·卫灵公》，《十三经注疏》，第 2518 页。
② 蒙培元：《孔子与中国的礼文化》，《湖南社会科学》2005 年第 5 期。

贰　本源论

第一章

孔子"观"的本源性

【作者按】本文节选自《爱与思——生活儒学的观念》，四川大学出版社 2006 年版，第 177～184 页；四川人民出版社 2017 年增补本，第 201～209 页。

何谓"本源之观"？本源之观，其所观者既不是形而上者，更不是形而下者，而是大本大源——不仅是形而下者的本源，而且是形而上者的本源。如果说形而上者、形而下者都是存在者、"物"，那么本源就是存在本身，就是"无物"或"无"。这就是《老子》所说的"万物并作，吾以观复"①，不仅复归于作为形而上者的"道之为物"，而且"复归于无物"。② 因为"天下万物生于有，有生于无"③，所以我们作为"万物"之一，

---

① 《老子》第十六章。
② 《老子》第十四章。
③ 《老子》第四十章。

不仅要复归于形而上的"有"，而且要复归于本源性的"无"。
这就是《老子》的本源之观：观复。

这种"观复"的观念，在《周易·观卦》的卦辞中传达
出来：

> 观：盥而不荐，有孚颙若。

这就表明，我们今天所谓"观察"，原本是指的祭祀之观。
"察"字从"祭"就是证明，徐铉解释说："祭祀必天质明明察
也，故从祭。"① 由此看来，"观祭"是"观"的极其古老的
意义。

王弼注解《易·观》："王道之可观者，莫盛乎宗庙；宗庙
之可观者，莫盛于盥也。至荐，简略不足复观。故观盥而不观
荐也。"② 这就是说，此卦是讲：观之所观，乃是宗庙祭祀。但王
弼的解释也存在问题，在他看来：之所以"观盥而不观荐"，是因
为盥"盛"而荐"简略"。汉儒已有此说，李鼎祚《周易集解》
引马融："此（盥）是祭祀盛时；及神降荐牲，其礼简略，不足
观也。"后世也都采取此说：礼仪盛大便足以观，礼仪简略则不足
观。这样的解释，简直就是"凑热闹""瞧光景"的意思了！其
实，"盥"与"荐"是祭祀之中的先后程序。李鼎祚《周易集解》

---

① 许慎：《说文解字》，大徐本。
② 《周易注疏·观卦》。

引马融："盥者，进爵灌地，以降神也。"朱熹《周易本义》却解为："盥，将祭而洁手也。"马解为"降神"，是已开始祭；而朱解为"洁手"，是"将祭"而尚未开始祭。从"盥"字的字形看，应以朱说为佳。《说文解字》："盥，澡手也。从臼（象双手之形）水临皿。"这就是今天俗话说的"洗手"，而非马融所说的"进爵灌地"。正式祭祀之前，先把手洗干净，这是谈不上什么"盛"的，不过是准备"荐"亦即奉进祭品而已。孔颖达《周易正义》解释："荐者，谓既灌之后，陈荐笾豆之事。"朱熹《周易本义》说得更简明："荐，举酒食以祭也。"这是正式的祭祀活动，我们决不能说不"盛"反倒"简略"。

那么，为什么要"观盥而不观荐"呢？难道祭祀之前的洗手竟然比正式的祭祀还更值得看吗？对此，孔子有一句话尤其值得注意，可以视为就是对这一句卦辞的解释：

> 禘，自既灌而往者，吾不欲观之矣！①

禘是一种祭祀，朱熹引赵伯循之说："禘，王者之大祭也。王者既立始祖之庙，又推始祖所自出之帝，祀之于始祖之庙，而以始祖配之也。"② 这就是说，禘是既祭祖、又祭帝。③ 而

---

① 《论语·八佾》。
② 朱熹：《论语集注·八佾》。
③ 其实，在中国早期观念中，天上的"帝"曾经也是地上的"帝"，祖先与上帝是同一的。

"灌"，朱熹认为："灌者，方祭之始，用郁鬯之酒灌地，以降神也。"这跟他对《易·观》之"盥"的解释是不一致的，是继承了何晏的说法："灌者，酌郁鬯灌于太祖，以降神也。"① 然而我们认为，此处之"灌"就是《易·观》之"盥"。"灌"本是河流名，《说文》："灌，水出庐江雩娄北入淮水。"这里是假借字，"灌"就是"盥"，亦即"澡手"（洗手），而非"进爵灌地"。此后的"既灌而往者"就是"既盥而往者"，亦即《易·观》"盥而不荐"之"荐"。孔子的意思，正是《易·观》所说的"盥而不荐"。

那么，孔子为什么说"既灌而往者""吾不欲观之"呢？何晏《集解》认为："既灌之后，列尊卑，序昭穆；而鲁逆祀，跻僖公，乱昭穆，故'不欲观之矣'。"② 朱熹《集注》引赵伯循之说，虽与何晏之说略有差异，但还是认为是因为鲁祭非礼："成王以周公有大勋劳，赐鲁重祭，故得禘于周公之庙，以文王为所出之帝，而周公配之，然非礼矣。"③ 这样的解释实在过于牵强附会。试想：既然孔子"不欲观"那"既灌而往"的非礼之祭，何以偏偏又要"观"那为此非礼之祭做准备的"灌"呢？无论如何解释这个"灌"字，"洁手"也好，"进爵降神"也好，孔子之所以只观"灌"、不观"荐"，都不可能是因为什么鲁祭非礼的缘故，否则于理不通。然而朱熹曲为之解："盖鲁祭

① 何晏：《论语集解·八佾》。
② 何晏：《论语集解·八佾》。
③ 朱熹：《论语集注·八佾》。

非礼，孔子本不欲观；至此而失礼之中，有失礼焉，故发此叹也。"① 意思是：孔子本来是连"灌"也都"不欲观"的。可是，孔子既然本"不欲观"，他为什么偏偏又"观"了呢？显然，传统的解释都是不能服人的。其实，孔子说他"既灌而往者""吾不欲观之"，恰恰表明了"灌"本身却是他"欲观"的。

孔子为什么欲观"灌"或"盥"、而不欲观"既灌而往者"的"荐"？这显然取决于"盥"与"荐"之间有什么不同之处。我们回到《易·观》的卦辞上来："盥而不荐，有孚颙若。"《周易》凡言"有孚"，其义都是"有信"。孔颖达《正义》解释："孚，信也。"还解释说："颙是严正之貌；若为语辞"；"言下观而化，皆孚信，容貌俨然也"。② 这里对"颙若"的解释是不够确切的。"若"固然是"然"的意思，表示是形容词；"颙"却是"大"的意思："颙，大头也"③，引申为大。"颙若"就是今天俗语所说的"大大地""极为""非常"意，是形容"孚"即"信"的程度。"有孚颙若"就是极为诚信。这种诚信是说的在禘祭中的诚信，就是对"祖"与"帝"的诚信（其实"帝"也是"祖"，是当时那种上帝崇拜与祖先崇拜之同一的信仰）。这种诚信，就是我们通常所说的"虔诚"。《易·观》卦辞的意思在于"强调祭祀不在乎礼之厚，而在乎心

---

① 何晏：《论语集解·八佾》。
② 《周易正义·观卦》。
③ 许慎：《说文解字》。

之诚"。①《易·革》中有一句爻辞，意思与此类似："大人虎变，未占有孚。"尚"未占"，已"有孚"，正如这里的尚未"荐"，已"有孚颙若"。

由此可见，孔子那一番话的意思显然是：在禘祭中，"灌"或"盥"是虔诚的，而"自既灌而往者"如"荐"则不虔诚、或未必是虔诚的。孔子所看重的并不是祭祀的丰盛礼品，而是祭祀中虔敬、虔诚、诚信的态度。这使我们想起孔子在另一处对祭礼的看法：

> 林放问礼之本。子曰："大哉问！礼，与其奢也，宁俭；丧，与其易也，宁戚。"②

"礼之本"就是"礼之质"，就是祭礼的实质，正如朱熹所说："俭者物之质，戚者心之诚。"③孔子的意思是："荐"之礼品，与其"奢"，不如"俭"；"丧"之礼数，与其仪式之"易"（整治），不如情感之"戚"（哀伤）。由此看来，孔子所看重的乃是对祖先的情感。同样的例子还有。孔子说过：

> 居上不宽，为礼不敬，临丧不哀，吾何以观之哉？④

---

① 黄玉顺：《易经古歌考释》，巴蜀书社1995年版，第100页。
② 《论语·八佾》。
③ 朱熹：《论语集注·八佾》。
④ 《论语·八佾》。

　　所谓"临丧不哀"是说：在丧礼中，即便所"荐"的贡品如何丰盛，如果没有哀伤的情感，那就是不可观的了。于是，这就真正回到了儒家观念的大本大源：生活情感。

　　现在我们可以回到《易·观》之"观"的实质意义上来了：这里，所观的不是"荐"，而是"盥"，这就是说，所"观"的乃是情感。本源之观，乃是观情。而情作为生活情感，乃是生活本身的事情。所以，《易·观》的爻辞才说"观我生"，"观其生"。这就是说，观情就是观生。前面说过，存在本身被中国先民领悟为"存""在"，亦即被领悟为这样一种本源情境：人与草木的共同生活。现在我们知道，存在本身被领悟为"生"，亦即再次被领悟为草木的生活："生"字从"屮"，意谓草木之生。周敦颐当年"窗前草不除去"，是感觉到野草的存在"与自家意思一般"①，就是缘于他领悟到了："草"原来是与我共同生活着的"自家人"——草并不是与"人"划界的"物"，而是本源的共同生活中的"生活者"。由此，儒家才可能有"民胞物与""一视同仁"的观念。草木之生与人之生的这种"无分别智"，便是本源之观。

　　可是，情感这样的无形的事情如何能被"观"到呢？这就是我们所说的本源性的生活领悟。生活领悟并不是认识论的问题：既非所谓"感性认识"，也非所谓"理性认识"。领悟根本不是认识。因为：凡是认识，都是在"主—客"架构下进行的，

────────────

① 周敦颐：《周敦颐集》卷九。

而主与客都是存在者，都是物；然而生活领悟是在"无物"的
层级上、在先行于任何存在者的本源情境中的事情。物、存在
者恰恰是在这种领悟中才获得生成的可能。在这种本源之观中，
我们固然在"看"，但这并不是认识论意义上的观察，甚至也不
是所谓"现象学的看"。我们是在领悟着生活情感，领悟着生活
本身。

这使我们想起孔子说过的"诗可以观"。他说：

> 《诗》可以兴，可以观，可以群，可以怨；迩之事父，
> 远之事君；多识于鸟兽草木之名。①

这里，孔子明确区分了三个方面：兴观群怨；"事父""事
君"；多识鸟兽草木之名。显然，"多识于鸟兽草木之名"是知
识的问题，"足以资多识"；"事父""事君"则是伦理的问题，
"人伦之道，诗无不备，二者举重而言"。② 那么，兴观群怨又是
怎样的事情？朱熹把兴观群怨解释为形而下学的伦理问题，"感
发志意""考见得失""和而不流""怨而不怒"③，那是不对的，
跟"事父""事君"伦理问题相重复了。根据孔子思想的观念层
级，那么，兴观群怨既然是作为形而下学的知识与伦理之外的
事情，就有两种可能：或者是形而上学的事情，或者是本源的

---

① 《论语·阳货》。
② 朱熹：《论语集注·阳货》。
③ 朱熹：《论语集注·阳货》。

事情。显然，兴观群怨并非形而上学的问题，因为这里并未涉及作为形而上者的唯一存在者、绝对物，因此，兴观群怨必定是说的本源的生活情感的事情。

本源的事情乃是生活情感，而"怨"明显地正是这样的情感。我们知道，《诗经》里有许多作品都是表达怨情的，这种怨，往往出于爱。孟子在谈到舜时，曾讲过这种由爱而怨的生活情感，谓之"怨慕"：

> 万章问曰："舜往于田，号泣于旻天。何为其号泣也？"孟子曰："怨慕也。"万章曰："父母爱之，喜而不忘；父母恶之，劳而不怨。然则舜怨乎？"曰："……人少，则慕父母；知好色，则慕少艾；有妻子，则慕妻子；仕，则慕君，不得于君则热中。大孝终身慕父母。五十而慕者，予于大舜见之矣。"①

赵岐注说："慕，思慕也。"② 这里，"慕"乃是情感之"思"，而源出于"爱"，今语所谓"爱慕"。《礼记》谈到丧葬之哀："其往送也如慕"；郑玄注解："慕者，以其亲之在前"。③ 舜"号泣于旻天"之怨，乃是由于爱父母而"不得"，以至"热中"，思之慕之：由爱之而思之，由慕之而怨之。

---

① 《孟子·万章上》。
② 《孟子注疏·万章上》。
③ 《礼记正义·问丧》。

由此看来，"群"也应该是说的生活情感的事情。这种层级上的"群"，就是我们所说的作为生活的本源情境的共同生活：这里没有"尔为尔、我为我"①的分别，甚至没有人、物的分别。当远古先民用"羊群"（即"群"）来说"人群"时，他们就领悟到了这种共同生活的本源情境。

而"诗可以兴"，也是说的生活情感。朱熹把"兴"解释为"感发志意"，这原本不能说是不对的，然而关键在于：何谓"感发志意"？朱熹是这样解释"兴"的："兴者，先言他物以引起所咏之辞也。"② 这样一来，"他物"便成了先行的东西，这就陷入了形而上学的"性—物"架构、亦即"主—客"架构。朱熹的解释基于这样的观念："人生而静，天之性也；感于物而动，性之欲也。"③ 这里，主体性是先行的；然而问题在于：主体性本身何以可能？主体性的确立，恰恰在于"兴"。这就是孔子所说的："兴于诗。"④ 孔子的意思是：主体性的兴起、确立，在于诗。这是因为：诗是生活情感的言说。所以，"诗可以兴"是说：诗可以使我们在情感言说中确立起主体性。朱熹所谓"感发志意"，只有在这种意义上才是可以成立的。

由此可见，"诗可以兴，可以观"乃是说的情感之观。这样的情感之观，其所观者不是主体性本身，而是主体性何以可能。

---

① 《孟子·公孙丑上》。
② 朱熹：《诗集传·周南·关雎》。
③ 朱熹：《诗集传·序》。
④ 《论语·泰伯》。

关于主体性本身的观，乃是"反身"之观，乃是"反思"，就是主体的自我观照，它还是形而上学的事情，并没有通达本源的层级。而关于主体性何以可能的观，则是"观情"，其实也就是本源的生活领悟本身。就存在者、物来看，生活领悟其实无所观，只是"无"；然而就生活情感来看，生活领悟却又有所观，其所观者就是作为"无物"的生活本身。这就是诗的：兴—观。

孔子以上这段议论，表述了中国人的"观念"：从本源的生活情感观念，到形下的伦理学、知识论观念。《易·观》六爻所传达的观念层级也是与之对应的，其实是说的一种境界观念：

初六："童观。"小人无咎，君子吝。

六二："窥观。"利女贞。

六三："观我生进退。"

六四："观国之光。"利用宾于王。

九五："观我生。"君子无咎。

上九："观其生。"君子无咎。

一、二两爻所说的是同一层级的观。从"利女贞"可知，"窥观"就是"闺观"，亦即少女之观①；那么，与之相对的"童观"就应该是少男之观。因此，"小人""君子"就不是今

---

① 《周易》古经之"女"都是指的未出嫁的少女。

天意义上的用法，而是：小人就是少男，《周易》也称"小子"；
君子则是成人，《周易》也称"丈夫"。① 少男少女之观，类似
于冯友兰先生所讲的"自然境界"②。

三、四两爻所说的君子成人之后，在政治层级上的观察，
显然属于形下之观。六三"观我生进退"是自我功利性的，"观
察我人生名位的陟黜穷达"；而六四"观国之光"则是政治伦理
性的，"观察我国政治善否"。③ 这就类似于冯友兰先生所讲的
"功利境界""道德境界"。④

五、六两爻所说的则是另一个层级的观：由主体性的"观
我生"，通达本源性的"观其生"。主体性的"观我生"类似于
冯友兰先生所讲的"天地境界"⑤，因为主体性实质上乃是作为
形而上者的唯一存在者、绝对物，这就正如海德格尔所说："什
么是哲学研究的事情呢？……这个事情就是意识的主体性"；
"作为形而上学的哲学之事情乃是存在者之存在，乃是以实体性
和主体性为形态的存在者之在场状态"。⑥ 而本源性的"观其
生"之所以是本源性的，就在于这里的"其"乃是无所定指的。

---

① 《周易》古经所谓"君子"一般是指的贵族，成年后便是某个级别的
统治者。《易·随》六二："系小子，失丈夫。"
② 冯友兰：《新原人·境界》。
③ 黄玉顺：《易经古歌考释》，第 101、102 页。
④ 冯友兰：《新原人·境界》。
⑤ 冯友兰：《新原人·境界》。
⑥ 海德格尔：《哲学的终结和思的任务》，见《面向思的事情》，陈小文、
孙周兴译，商务印书馆 1999 年版，第 76 页。

《尚书》"予其杀"蔡沈注："其者，未定辞也。"① 例如"其人"就与这里的"其生"属于同样的用法，《左传》："晏子立于崔氏之门外，其人曰：'死乎?'"② 刘淇解释："其人，犹言'或人'、'某人'也。"③ 这个"未定"之人，正是"无物"的观念层级。无所定指之"观其生"，这正是"观"生活本身。

通过以上的讨论，我们现在可以明了：中国人之所谓"观念"，涵盖了人类精神生活的观念全部的层级：作为本源的生活情感的层级、形而上者的层级（哲学、形而上学）、形而下者的层级（伦理学、知识学等等）。

---

① 《尚书·酒诰》。
② 《左传·襄公二十五年》。
③ 刘淇：《助字辨略》卷一。转自宗福邦等：《故训汇纂》，商务印书馆2003年版。

第二章

孔子论“三年之丧”与“绘事后素”

【作者按】此文节选自《爱，所以在——儒学与笛卡儿哲学的比较》，载作者文集《儒家思想与当代生活——“生活儒学”论集》，光明日报出版社 2009 年版，第 201~216 页。

孟子对仁爱的本源性理解，符合孔子的思想。子贡曾感叹道：“夫子之文章，可得而闻也；夫子之言性与天道，不可得而闻也。”① 确实，孔子那里基本上不存在什么本体论的“性”、形而上学的“天道”。他总是直接从本源的仁爱情感出发，来阐明人伦与物理。例如：

> 宰我问：“三年之丧，期已久矣：君子三年不为礼，礼必坏；三年不为乐，乐必崩。……”子曰：“食夫稻，衣夫锦，于女安乎？”曰：“安。”“女安则为之！夫君子之居丧，

———————

① 《论语·公冶长》。

食旨不甘，闻乐不乐，居处不安，故不为也。今女安，则为之！"宰我出。子曰："予之不仁也！子生三年，然后免于父母之怀。夫三年之丧，天下之通丧也。予也有三年之爱于其父母乎？"①

宰予质疑守丧三年的礼制规定。孔子似乎可以很简单地回答他：三年之丧，"礼也"；而不守三年之丧，"非礼也"。这是当时（春秋时期已是中国形而上学原创时期的中期）人们惯常的思考方式，我们从《左传》中可以读到大量的这种"礼也""非礼也"的判断。但是，孔子不这样讲，而是从本真的仁爱情感说起："三年之丧"的礼制规定，乃渊源于父母子女之间的"三年之爱"。无此三年之爱，就是"不仁"；而"人而不仁，如礼何？"② 没有仁爱，何来礼制？这就是说，社会规范的建构须渊源于本真的仁爱情感。

其实，按照孔子的思想，三年之丧的礼制规定也并不是不能改变的。这就是孔子所提出的一个极其重要的思想：礼有损益。孔子指出："殷因于夏礼，所损益可知也；周因于殷礼，所损益可知也；其或继周者，虽百世可知也。"③ 就是说，任何"礼"即任何社会规范的建构及其制度的安排，都是可以、而且应该与时偕行、随时损益的。这正如王船山所说："洪荒无揖让

---

① 《论语·阳货》。
② 《论语·八佾》。
③ 《论语·为政》。

之道，唐虞无吊伐之道，汉唐无今日之道，则今日无他年之道多矣。"① 所以，孔子从来不是一个"原教旨主义者"，而是"圣之时者"②。然而关键的问题在于：凭什么来损益？凭什么来进行社会规范的重建？孔子的答案就是：仁爱情感。我们来看这段对话：

> 子夏问曰："'巧笑倩兮，美目盼兮，素以为绚兮'，何谓也？"子曰："绘事后素。"曰："礼后乎？"子曰："起予者商也，始可与言《诗》已矣！"③

所谓"绘事后素"就是"礼后"，亦即：礼是后起的事情。那么，孰先？这里先行的"素"是什么意思？再看一个例子，孔子说过："先进于礼乐，野人也；后进于礼乐，君子也。如用之，则吾从先进。"④ 孔子竟然宁愿遵从野人而非君子，这是什么意思？朱熹对这句话的解释"前辈""后辈"，其实根本就讲不通；倒是他所引的程子的话，比较合乎原意："先进于礼乐，文质得宜，今反谓之质朴、而以为野人；后进之于礼乐，文过其质，今反谓之彬彬、而以为君子。盖周末文胜，故时人之言

---

① 王夫之：《周易外传·系辞上》，中华书局1977年版。
② 《孟子·万章下》。
③ 《论语·八佾》。
④ 《论语·先进》。

如此，不自知其过于文也。"① 可见"绘事后素"之"素"是说的"文质彬彬"之"质"。孔子认为："质胜文则野，文胜质则史；文质彬彬，然后君子。"② 君子是"立于礼"的人，而这里所说的"野人"却是先于礼的人；所谓"先进于礼"，也就是先行于社会规范的建构，就是本真的生活情感。孔子说他愿从"先进"的"野人"，显然是在强调"质""素"——本真的情感。

所以孔子才说：首先是"兴于诗"，然后才"立于礼"。③这是因为：诗是情感的言说、情感的显现；这正如《诗大序》所说："诗者，志之所之也：在心为志，发言为诗；情动于中，而形于言。"④ 这也就是孔子特别重诗的缘由所在。孔子的诗学纲领就是："小子！何莫学夫诗？诗可以兴，可以观，可以群，可以怨；迩之事父，远之事君；多识于鸟兽草木之名。"⑤ 这里首先就是本源性的"兴观群怨"的情感，然后才是伦理性的"事父""事君"之礼，最后才是知识性的"多识"。所以，"兴于诗，立于礼"的意义就是：人要成为主体性存在者、成为"仁者"，首先要在诗情之中确立起来，然后才是在礼制之中站住脚的问题。而主体性存在者是在诗情之中确立起来的，也就是：爱，所以在。

---

① 朱熹：《四书章句集注·论语集注·先进》，中国书店《四书五经》本，上册，1985年第2版。
② 《论语·雍也》。
③ 《论语·泰伯》。
④ 《毛诗正义》：《十三经注疏》本，中华书局1980年版。
⑤ 《论语·阳货》。

第三章

孔子的情感观念

【作者按】此文节选自《儒家的情感观念》,《江西社会科学》2014年第5期;中国人民大学复印报刊资料《中国哲学》2014年第8期转载;收入作者文集《从"生活儒学"到"中国正义论"》,中国社会科学出版社2017年版,第59~76页。

在《论语》中,没有关于孔子直接论及单纯情感意义的"情"的记载。但这并不意味着孔子没有关于情感的论述,恰恰相反,孔子曾广泛地谈论过"仁""爱""安""怨""忧""惧"等情感问题。其中,最核心的是仁爱情感:"樊迟问仁。子曰:'爱人。'"① 这里的"仁",在"爱"的意义上,显然是说的情感。孔子、儒家所说的"仁",有时指形而下的道德规范,有时甚至指形而上的心性本体,而有时则指一种原初本真

---

① 《论语·颜渊》。《论语》:《十三经注疏·论语注疏》,中华书局1980年影印本。

的情感。孔子所讲的"爱人"之"爱"就是这种情感。

这种"爱"的情感与"安"或"不安"的情感或情绪有密切关系：

> 宰我问："三年之丧，期已久矣。君子三年不为礼，礼必坏；三年不为乐，乐必崩。旧谷既没，新谷既升，钻燧改火，期可已矣。"子曰："食夫稻，衣夫锦，于女安乎？"曰："安。""女安则为之！夫君子之居丧，食旨不甘，闻乐不乐，居处不安，故不为也。今女安，则为之！"宰我出。子曰："予之不仁也！子生三年，然后免于父母之怀。夫三年之丧，天下之通丧也。予也有三年之爱于其父母乎？"①

这里，孔子是以对父母之"爱"的情感、居丧期间"安"与"不安"的情绪来论证守丧之"礼"的"合情合理"。这正如郭店楚简《语丛》所说："礼生于情"②；"礼因人之情而为之"③。

更值得注意的是，《论语》记载孔子仅有的一次直接用到"情"字，具有重大意义：

---

① 《论语·阳货》。
② 《郭店楚墓竹简·语丛二》。荆门市博物馆编：《郭店楚墓竹简》，文物出版社1998年版。
③ 《郭店楚墓竹简·语丛一》。

上好礼，则民莫敢不敬；上好义，则民莫敢不服；上好信，则民莫敢不用情。①

孔安国传："情，情实也。言民化于上，各以实应。"邢昺疏："情犹情实也。言民于上，各以实应也。"朱熹的解释似乎略有不同，实则一致："情，诚实也。敬服用情，盖各以其类而应也。"② 其实，孔子这里所说的"情"固然指"情实"（事情的实情），但也包含了"情感"的意义：民之"用情"与孟子所说的"尽心"是一致的，都有情感的意义。所以，孔颖达在谈到孔子这段话时指出：

《论语》云："上好礼，则民莫敢不敬。上好义，则民莫敢不服。上好信，则民莫敢不用情。"王者自敬其德，则民岂敢不敬之？人皆敬之，谁敢距违者？圣人行而天下皆悦，动而天下皆应，用此道也。③

这里的"敬"、尤其是"天下皆悦"就是情感。其实，古代汉语"用情"这个短语往往都有情感的含义。例如《诗经·桧风·素冠》"庶见素冠兮，棘人栾栾兮，劳心慱慱兮"，孔颖达疏："已幸望得见服既练之素冠兮，用情急于哀戚之人，其形貌

---

① 《论语·子路》。
② 朱熹：《论语集注·子路》。《四书章句集注》，中华书局1983年版。
③ 《尚书正义·禹贡》。

栾栾然瘦瘠者兮；今无此人可见，使我勤劳其心，博博然而忧之兮。"又如《礼记·檀弓下》孔疏："案《谥法》：'爱民好与曰惠，外内用情曰贞，道德博闻曰文。'既有道德，则能惠能贞。"这里的"用情"之"情"指"爱""好""惠"的情感。总之，孔子所说的"情"是兼指情感与事情的，即在孔子看来，仁爱的情感是最真切的情实。

孔子以"情"涵盖情感（人情）与情实（事情），这种观念为思孟学派所禀承。

叁　正义论

第一章

孔子的正义论

【作者按】此文原载《中国社会科学院研究生院学报》2010
年第 2 期；收入作者文集《中国正义论的重建——儒家制度伦
理学的当代阐释》，安徽人民出版社 2013 年版，第 75～103 页，
题为《孔子正义论》。

【提要】孔子正义论是一种关于社会正义的学说，其整体的
问题结构是：仁→利→知→义→智→礼→乐。孔子提出了礼有
"损益"即关于制度规范之变动的思想，认为决定着社会规范建构
及其制度安排的乃是正义原则。正义原则实质上是作为良知直觉
（知）的正义感的原则化。孔子的正义原则实际上有两条准则：正
当性、适宜性（地宜性、时宜性）。孔子认为，社会制度规范及其
正义问题的提出，是为了解决利益冲突问题；作为大本大源，仁
爱不仅因差等之爱而导致利益冲突，而且由一体之仁而保障利益
冲突问题的解决。制度规范的建构还需工具理性（智）的参与。
孔子正义论的最终目标是社会和谐即"乐"。

中国正义论①的基础是由周公和孔子奠定的。孔学称为"仁学"，因为"仁"无疑是孔学的核心观念；但孔学的宗旨是"礼"的重建，因此，称孔学为"礼学"也未尝不可。然而，在"仁"与"礼"之间、将两者沟通起来的，则是"义"，就此而论，孔学也可以称之为"义学"。"仁"是一切存在者之存在的本源，"礼"是社会的制度规范②，"义"乃是赖以建构制度规范的价值尺度，亦即正义原则。③本节意在探究这种"仁→义→礼"的理论结构——孔子正义论。

一、义与礼——制度规范

孔学博大精深，犹如颜渊喟然而叹："仰之弥高，钻之弥坚；瞻之在前，忽焉在后！夫子循循然善诱人，博我以文，约我以礼，欲罢不能；既竭吾才，如有所立卓尔，虽欲从之，末由也已！"④而值得注意的是，在孔学的诸多概念范畴中，颜渊在这里特别点明了"文""礼"。在孔学中，"文"尽管并不等于但主要就是指的"礼"（详后）。于是，颜渊的喟叹便将我们带进了孔子的礼学视界。

---

① 黄玉顺：《中国正义论纲要》，《四川大学学报（哲学社会科学版）》2009 年第 5 期。

② 本文将"制度规范"作为"社会规范建构及其制度安排"之省称。

③ 在儒家所谓"义"或"正义"（荀子）与西语"justice"（正义）之间，既存在着非等同性，也存在着可对应性。参见黄玉顺：《爱与思——生活儒学的观念》，第一讲第一节"等同与对应：定名与虚位"，四川大学出版社 2006 年版。

④ 《论语·子罕》：《十三经注疏》本，中华书局 1980 年影印本。

颜渊所谓"博我以文，约我以礼"，其意出自孔子之语："君子博学于文，约之以礼，亦可以弗畔矣夫。"① 这里，"文"与"礼"当然是有区别的，如朱熹所说："君子学欲其博，故于文无不考；守欲其要，故其动必以礼。"② 但另一方面，"文"与"礼"也是相通的。例如，《论语》记载："子畏于匡，曰：'文王既没，文不在兹乎？天之将丧斯文也，后死者不得与于斯文也；天之未丧斯文也，匡人其如予何？'"③ 朱熹集注："道之显者谓之文，盖礼乐制度之谓。"④ 这里"文"包括的"制度"，就是礼。孔子自己也说过："文之以礼乐。"⑤ 所以，孔子崇尚"周礼"，却谓之"文"："周监于二代，郁郁乎文哉！吾从周。"⑥ 孔子谈及"文献"，也是谈的"礼"的问题："夏礼吾能言之，杞不足征也；殷礼吾能言之，宋不足征也。文献不足故也，足则吾能征之矣。"⑦ 这是因为，古之礼制，或具载于文本之中，或授受于贤者之口。所以，《论语》所载"子以四教：文、行、忠、信"⑧，朱熹集注"教人以学文修行而存忠信也"⑨，将"文"与"行"放到一起解释，"学文"就是说的学

---

① 《论语·雍也》。
② 朱熹：《四书章句集注·论语集注·雍也》，中华书局 1983 年版。
③ 《论语·子罕》。
④ 朱熹：《论语集注·子罕》。
⑤ 《论语·宪问》。
⑥ 《论语·八佾》。
⑦ 《论语·八佾》。
⑧ 《论语·述而》。
⑨ 朱熹：《论语集注·述而》。

礼知礼，而"修行"就是说的修礼行礼。

因此，与"文"相对的不是"礼"，而是"质"。如孔子说："质胜文则野，文胜质则史；文质彬彬，然后君子。"① 要理解这番话，有必要简要谈一谈汉语"文化""文明"的原义：

其一，"文"与"纹""汶""雯"等是古今字，意谓事物的纹理、秩序、有序化、条理化。许慎解释："文，错画也，象交文。"② 所谓"错画"就是交错的纹理。在社会生活亦即"人文"中，"文"的主要形式即社会规范建构及其制度安排，也就是"礼"，例如周公的"制礼"。《诗经·大雅·大明》"文定厥祥，亲迎于渭"，朱熹解释："文：礼。"③《国语·周语上》"以文修之"，韦昭注："文，礼法也。"④ 反之，则是庄子所说的"浑沌"⑤，也就是与"文"相对的"质"。以今天的观念、其实也是孔子的观念看：一方面，"无文"便无社会文明，有"文"则"明"，这就是《易传》所说的"文明以止，人文也"⑥，这是一种"显"（显明），亦即上引朱熹所说"道之显者谓之文，盖礼乐制度之谓"；而另一方面，"无文"正是本真状态，《礼

① 《论语·雍也》。
② 许慎：《说文解字·文部》，徐铉等校定，中华书局1963年版。
③ 朱熹：《诗集传》，上海古籍出版社1980年新1版。
④ 《国语》：韦昭注，上海古籍出版社1988年版。
⑤ 《庄子·应帝王》：王先谦《庄子集解》本，《诸子集成》本，中华书局1957年版。
⑥ 《周易·象传》：《十三经注疏》本，中华书局1980年影印本。

记·中庸》谓之"诚"①，《老子》谓之"玄"②，亦即一种"幽"、一种"隐"。道家以"质"为尚；儒家则进一步要在本源（质）上建构文明（文），此即孔子所说的"文质彬彬"，《中庸》所说的"诚则明矣，明则诚矣"。

其二，"化"是说的从一种状态转入另一种状态。一方面，由质到文（建构规范）是一种"化"，此即所谓"文化"的本义，如周公的"制礼"；而另一方面，由文返质（返璞归真）同样是一种"化"，如周公的"作乐"（详后）。后者其实是一种更高的境界，这也是"化"字的本义："亻"是站着的人，孔子所谓"立人"③；"匕"是倒下的人，许慎所谓"到人"（倒人)④；"化"即意味着把人（主体）放倒，今所谓"解构主体性"，这正是庄子所竭力阐明的。其实，孟子所说的"夫君子所过者化，所存者神，上下与天地同流"⑤、"大而化之之谓圣，圣而不可知之之谓神"⑥，也是这种"乐化"的境界。

其三，由上所述，存在着三种境界：无人、立人、倒人。"文化"其实只是其中的第二境界而已，略相应于冯友兰先生所

---

① 《礼记》：《十三经注疏》本，中华书局 1980 年影印本。
② 《老子》第一章：王弼《老子道德经注》本，《诸子集成》本，中华书局 1957 年版。
③ 《论语·雍也》。
④ 许慎：《说文解字·匕部》。
⑤ 《孟子·尽心上》：《十三经注疏》本，中华书局 1980 年影印本。
⑥ 《孟子·尽心下》。

说的"功利境界"和"道德境界"①。道家似乎崇尚第三境界，然而假如未经第二境界，其实只是第一境界而已，即冯友兰先生所说的"自然境界"；儒家兼具三种境界，此即所谓"文质彬彬"，由"诚"（质）而"礼"（文）（文化、文明），由"礼"而"乐"。

礼之为文，可称之为"礼文"，即礼之文。《荀子·非相》说："文久而灭，节族久而绝；守法数之有司，极礼而褫。"杨倞注："文，礼文。"② 例如光绪年间所编的《礼文备录》，记载的就是婚礼、丧礼、吉礼等礼制、礼仪。礼有其文，亦有其质。礼之质，并非礼本身，而是礼之根据，也就是"义"，谓之"礼义"，即礼之义。如孔子说："夫达也者，质直而好义，察言而观色，虑以下人。"③"质直"在于"好义"，"质"就是"义"。于是，礼涉及三层：（一）礼本身、即"礼文"，有两个方面：1. 礼制：就是制度规范本身；2. 礼仪：制度规范的仪轨表现形式；（二）礼的根据，亦即：3. 礼义：就是"义"即赖以建构制度规范的正义原则。

孔子曾谈到种种"礼制"——制度规范。例如："生，事之以礼；死，葬之以礼，祭之以礼。"④ 这是谈的事亲的规范、丧

---

① 冯友兰：《新原人·境界》，商务印书馆 1946 年版。

② 《荀子》：王先谦《荀子集解》本，《诸子集成》本，中华书局 1957 年版。

③ 《论语·颜渊》。

④ 《论语·为政》。

葬制度、祭祀制度。又如："事君尽礼，人以为谄也。"① 这是谈的事君的规范。又如："为政以德，譬如北辰，居其所而众星共之。"② 这是谈的为君上者的政治行为规范。又如："定公问：'君使臣，臣事君，如之何？'孔子对曰：'君使臣以礼，臣事君以忠。'"③ 这是谈的君臣交际的政治规范。又如："子贡欲去告朔之饩羊。子曰：'赐也，尔爱其羊，我爱其礼。'"④ 这是谈的古代告朔制度（天子于季冬向诸侯颁布来年的月朔，诸侯于月朔以特羊祭祀于其祖庙）。又如："能以礼让为国乎？何有！不能以礼让为国，如礼何！"⑤ 这是谈的国家的行政行为规范。孔子认为所有一切社会行为应该规范化，否则，"恭而无礼则劳，慎而无礼则葸，勇而无礼则乱，直而无礼则绞"⑥；这些行为规范，有些可以而且应该制度化。

礼一般是泛指所有一切制度规范，诸如家庭、国家、天下、祭祀、政治、法律、经济、文化等方面的制度规范。但有时也有较狭义的用法，仅指某些方面的制度规范，如孔子说："道之以政，齐之以刑，民免而无耻；道之以德，齐之以礼，有耻且格。"⑦ 这里的"礼"不包括政治、行政、刑法的制度规范。这

---

① 《论语·八佾》。
② 《论语·为政》。
③ 《论语·八佾》。
④ 《论语·八佾》。
⑤ 《论语·里仁》。
⑥ 《论语·泰伯》。
⑦ 《论语·为政》。

是古代汉语中"浑言之"与"析言之"的区分。而一般来说即"浑言之","礼"可以涵盖所有一切制度规范。

这些礼制的外在表现形式，就是"礼仪"。《论语·乡党》篇中记载了孔子言行举止的许多礼仪，诸如：

> 入公门，鞠躬如也，如不容。立不中门，行不履阈。过位，色勃如也，足躩如也，其言似不足者。摄斋升堂，鞠躬如也，屏气似不息者。出，降一等，逞颜色，怡怡如也。没阶趋进，翼如也。复其位，踧踖如也。

但正义论的主要课题，是研究"礼义"即礼之义的问题，特别是礼与义、或曰文与质的关系问题。这涉及两个方面：第一、礼的时空变动性，孔子谓之"礼"之"损益"；第二、这种变动即制度评判与制度建构的根据，也就是所谓"义"。

当然，礼作为制度规范，一旦建构起来，就成为人们行为的规范。在这种规范面前，人们应该"克己复礼"：

> 颜渊问仁。子曰："克己复礼为仁。一日克己复礼，天下归仁焉。为仁由己，而由人乎哉？"颜渊曰："请问其目。"子曰："非礼勿视，非礼勿听，非礼勿言，非礼勿动。"①

---

① 《论语·颜渊》。

若不遵行这种行为规范，一个人就无法在社会上立足，所以孔子强调"立于礼"①、"不知礼，无以立也"②。正是在这种意义上，孔子才批评管仲"不知礼"：

> 子曰："管仲之器小哉！"或曰："管仲俭乎？"曰："管氏有三归，官事不摄，焉得俭？""然则管仲知礼乎？"曰："邦君树塞门，管氏亦树塞门；邦君为两君之好，有反坫，管氏亦有反坫。管氏而知礼，孰不知礼？"③

但是，"克己复礼"、遵纪守法只是孔子关于"礼"的思想的一个方面；另一个方面则是：礼是可以改变的：

> 子张问："十世可知也？"子曰："殷因于夏礼，所损益可知也；周因于殷礼，所损益可知也；其或继周者，虽百世可知也。"④

这就是孔子所主张的"礼有损益"。这是孔子制度伦理思想中的一个极为重要的方面，充分表明了孔子绝非任何意义上的"原教旨主义者"。例如："颜渊问为邦。子曰：'行夏之时，乘

---

① 《论语·泰伯》。
② 《论语·尧曰》。
③ 《论语·八佾》。
④ 《论语·为政》。

殷之辂，服周之冕，乐则《韶》舞。'"① 这就是说，在孔子心目中，现存既有的礼制、礼仪，未必总是我们必须遵守的。这里赖以进行判定的价值尺度，就是"义"即正义原则：

子曰："君子之于天下也，无适也，无莫也，义之与比。"②

这也就是说，在孔子看来，"义"是比"礼"更为根本的，正义原则是比制度规范更为根本的。此即孔子所说的"义以为上"：

子路曰："君子尚勇乎?"子曰："君子义以为上。君子有勇而无义为乱，小人有勇而无义为盗。"③

孔子有一段议论，是人们往往误解的：

齐景公问政于孔子。孔子对曰："君君、臣臣、父父、子子。"④

---

①　《论语·卫灵公》。
②　《论语·里仁》。
③　《论语·阳货》。
④　《论语·颜渊》。

其实，孔子这里提出的并非任何具体的制度规范、即"礼"，而是一种形式化的、普世性的原则即"义"。他只是说了：在一种生活方式中，假如存在着君臣，那么，君应该像君的样子，臣应该像臣的样子；假如存在着父子，那么，父应该像父的样子，子应该像子的样子。如此而已。他并没有说君、臣、父、子具体究竟应该是什么样子。那么，具体究竟应该是什么样的呢？这就需要根据"义"的原则来进行"礼"的建构安排。所以，孔子这里所涉及的是普世的正义原则。

在这种正义原则（义）的指导下，我们进行制度规范（礼）的建构。而社会的制度规范，总是表现为一套名份体系，古今中外，概莫能外。例如孔子所处的春秋（以及战国）时代，正是中国社会的第一次大转型，旧的一套制度规范逐渐坍塌，也就是所谓"礼坏乐崩"，这表现为"名实淆乱"。所以，孔子提出了"正名"的主张。所谓"正名"，实质上是重建社会的制度规范，而表现为重建一套名份体系。故《论语》载：

> 子路曰："卫君待子为而政，子将奚先？"子曰："必也正名乎！"子路曰："有是哉？子之迂也！奚其正？"子曰："野哉，由也！君子于其所不知，盖阙如也。名不正，则言不顺；言不顺，则事不成；事不成，则礼乐不兴；礼乐不兴，则刑罚不中；刑罚不中，则民无所措手足。故君子名

之必可言也，言之必可行也。君子于其言，无所苟而
已矣!"①

　　孔子"正名"的主张往往被人们误解，以为是"恢复周
礼"，孔子也由此被"原教旨主义"化，被批判为"保守"、
"复古"、"倒退"乃至"反动"等。这是由于人们有意无意地
忽视了孔子"礼有损益""义以为上"的思想。事实上，恢复曾
经历史地存在过的周礼是不可能的，孔子不仅知道当时已经
"礼失"而"文献不足征"，而且明白礼本来就应当有所"损
益"。后来的儒学史也充分表明，儒家事实上总是在不断地重建
着社会的制度规范。
　　于是，我们就理解了孔子正义论之中的这样一个问题结构：
义→礼。

二、义与利——利益冲突

　　上文讨论了如何建构制度规范（礼）的问题：根据正义原
则（义）进行建构。但我们还没有追问：一个社会为什么要建
构制度规范？其实，一般来说，社会之所以需要制度规范，是
因为群体生活中主体间的利益冲突需要加以调节。这就是说，
礼制、正义问题的提出，乃是基于利益问题的存在。这也是一
般正义论所要探究的一个基本课题。

---

　　①　《论语·子路》。

　　因此，就其实质而论，正义的礼制是对利欲的一种节制，有子所谓"不以礼节之，亦不可行也"①，荀子所谓"内外上下节者，义之情也"②、"礼者，节之准也"③，故"礼"亦谓之"节"、谓之"礼节"。在这层意义上，"利"乃是"礼义"的对立面，所以"子罕言利"④，而是更多地倡导礼义。孔子说："放于利而行，多怨。"⑤ 假如人们都依据利欲而行事，那么这个社会必定充满怨恨祸乱；所以，必须充分地申明正义的礼制的意义。这就是孔子讲"君子喻于义，小人喻于利"⑥ 的意思：小人唯明晓于利欲，君子更明晓于正义。

　　但是，历史上人们对孔子关于利欲的观点也长期存在着误解，以为孔子以"义"反"利"，拒斥利欲。为此，这里必须指出：按照孔子的观点，对利欲的节制并非对利欲的消灭。孔子事实上尽管"罕言利"，却并非不言利；孔子甚至未必"罕"言利（"子罕言利"并非孔子的原话），事实上，仅《论语》所记载的孔子言利之处就相当多。这里我们先做一个区分：就其主体而论，利欲可以分为两类：私利（利己）和公利（利人）。这两类利，孔子都有相当充分的言说。

　　先谈公利或利人。其实，这一点应该是没有任何争议的：

①　《论语·学而》。
②　《荀子·强国》。
③　《荀子·臣道》。
④　《论语·子罕》。
⑤　《论语·里仁》。
⑥　《论语·里仁》。

孔子及儒家的全部关怀所在，就是群体的公利，亦即"博施于民而能济众""修己以安百姓"：

> 子贡曰："如有博施于民而能济众，何如？可谓仁乎？"子曰："何事于仁？必也圣乎！尧、舜其犹病诸！"①
>
> 子路问君子。子曰："修己以敬。"曰："如斯而已乎？"曰："修己以安人。"曰："如斯而已乎？"曰："修己以安百姓。修己以安百姓，尧、舜其犹病诸！"②

孔子进一步所关注的，乃是如何济众安人，如何达致公利。例如："子夏为莒父宰，问政。子曰：'无欲速，无见小利。欲速则不达，见小利则大事不成。'"③ 这里是谈的为政，此所谓"利"当然不是子夏为自己谋私利，而是要谋鲁国之邑莒父之利，对于子夏来说，这当然是一种公利。孔子的意思是：公利也是有大小之分的。"见小利则大事不成"，显然是在讨论如何达致更大的公利的问题。又如：

> 子张问于孔子曰："何如斯可以从政矣？"子曰："尊五美，屏四恶，斯可以从政矣。"子张曰："何谓五美？"子曰："君子惠而不费，劳而不怨，欲而不贪，泰而不骄，威

---

① 《论语·雍也》。
② 《论语·宪问》。
③ 《论语·子路》。

而不猛。" …… "因民之所利而利之，斯不亦惠而不费乎！择可劳而劳之，又谁怨？欲仁而得仁，又焉贪？君子无众寡，无大小，无敢慢，斯不亦泰而不骄乎！君子正其衣冠，尊其瞻视，俨然人望而畏之，斯不亦威而不猛乎！" ……①

这就是说，君子从政应该"惠而不费"，具体来说就是"因民之所利而利之"。这儿有三层意思：其一、"惠"是仁爱的意思，这里就是爱民；其二、既然爱民，就要利民；其三、利民之方，乃是因民之自利而利之。对于人民来说，这是私利，而这是君子应该给予尊重的；对于君子来说，这是公利，是君子应该谋求的。孔子另一处的说法，也与此相应：

　　子谓子产："有君子之道四焉：……其养民也惠，其使民也义。"②

显然，"养民也惠"对应着"惠而不费"，是说的爱民；"使民也义"对应着"因民之所利而利之"，是说的利民。这里，"利"与"义"是一致的。这也就是孔子所说的"务民之义"：

　　樊迟问知。子曰："务民之义，敬鬼神而远之，可谓

———————

① 《论语·尧曰》。
② 《论语·公冶长》。

96

知矣。"①

显而易见，"务民之义"就是"因民之所利而利之"。

至此，我们可以得出一个结论：对于孔子、儒家来说，公利与正义是完全一致的。

再说私利或利己。细检《论语》乃至所有相关的先秦文献，孔子从来没有要求消灭私利。这个道理其实是很简单的：消灭了私利，其实也就取消了礼义问题得以提出的前提。这是因为：礼制、正义问题的提出，恰恰意在解决利益冲突的问题。关于这个问题，《礼记·礼运》的说法值得参考：大同之世，是不需要什么礼义的，因为那时"天下为公"，人们根本没有私利；礼义之所以是必要的而且"如此乎礼之急"，恰恰就是因为这是小康之世，人们已有了私利，"天下为家，各亲其亲，各子其子，货力为己"，这才需要"礼义以为纪，以正君臣，以笃父子，以睦兄弟，以和夫妇，以设制度"。

在这种情况下，孔子所要求于人们的并非彻底摒除利欲，而是"见利思义"：

> 子路问成人。……曰："今之成人者何必然？见利思义，见危授命，久要不忘平生之言，亦可以为成人矣。"②

---

① 《论语·雍也》。
② 《论语·宪问》。

孔子曰："君子有九思：……见得思义。"①

所谓"见利思义""见得思义"并非以义去利，而是以义节利：

子曰："饭疏食、饮水，曲肱而枕之，乐亦在其中矣！不义而富且贵，于我如浮云。"②

谋求自己的"富且贵"，当然是一种私利。关于这种私利，那种"不义"而富贵，孔子当然是反对的，这也是孔子正义论的必然要求；但是，假如"义"而富贵呢？孔子是否反对？

子曰："富而可求也，虽执鞭之士，吾亦为之。如不可求，从吾所好。"③

孔子的意思是：如果富贵是"可求"的，我就会"为之"。所谓"可求"的，就是合乎礼义的。故孔子说：

富与贵，是人之所欲也；不以其道得之，不处也。贫

---

① 《论语·季氏》。
② 《论语·述而》。
③ 《论语·述而》。

与贱，是人之所恶也；不以其道得之，不去也。①

　　这里，孔子并没有否定人们欲富贵、恶贫贱的意思，并没有反对人们追求私利；他所要求的只是：这种私利应该是"以其道得之"。此"道"也就是渊源于仁爱的礼义。这也就是孔子所说的："邦有道，贫且贱焉，耻也；邦无道，富且贵焉，耻也。"②

　　但凡涉及利益问题，必然存在竞争问题。对此，孔子认为："君子无所争，必也射乎！揖让而升，下而饮，其争也君子。"③乍看起来，"君子无所争"与"其争也君子"似乎是矛盾的，其实孔子这里所说的是不同意义的"争"："君子无所争"是对"争"的否定，因为这是无礼义的争；"其争也君子"是对"争"的肯定，因为这是有礼义的争。

　　至此，我们可以得出另外一个结论：对于孔子、儒家来说，私利与正义并不是截然对立的。孔子正义论的宗旨所在，正是要解决私利之间的冲突问题；解决之道，就是根据正义原则来建构起一种正当、适宜的制度规范。于是，我们看到，孔子那里有这样一个问题结构：利→义→礼。

---

　　①　《论语·里仁》。
　　②　《论语·泰伯》。
　　③　《论语·八佾》。

三、义与仁——仁爱情感

但是，这里又可提出一个问题：群体生存中为什么总是会有利益冲突呢？进一步说，人为什么总是会有利欲呢？对于这个问题，孔子以后的儒者往往是诉诸某种人性论，例如荀子有"性恶"论，孟子有"性善"论。问题在于：假如这种人性论是形而上学意义上的本体论，"性"是给出所有一切存在者之存在的本体、终极根据，那么，"性恶"论就无法回答"善何以可能"的问题，"性善"论也无法回答"恶何以可能"的问题；宋儒试图通过提出"天地之性"和"气质之性"的区分来回答这个问题，却陷入了二元论，而且仍然还是一种形而上学的观念模式。而在孔子那里，恐怕原本并没有这样的形而上学人性论。按《论语》，孔子只说过："性相近也，习相远也。"[1] 此所谓"性"，未必就是后儒所理解的那种形而上的本体。孔子讨论礼义问题，往往直接诉诸一种情感：

> 宰我问："三年之丧，期已久矣。君子三年不为礼，礼必坏；三年不为乐，乐必崩。旧谷既没，新谷既升，钻燧改火，期可已矣。"子曰："食夫稻，衣夫锦，于女安乎？"曰："安。""女安则为之！夫君子之居丧，食旨不甘，闻乐不乐，居处不安，故不为也。今女安，则为之！"宰我出。

---

[1] 《论语·阳货》。

子曰："予之不仁也！子生三年，然后免于父母之怀。夫三年之丧，天下之通丧也。予也有三年之爱于其父母乎？"①

孔子这里首先谈及的是一种情绪"安""不安"，进而诉诸一种感情"仁""爱"。按照孔子的意思，三年之丧的礼制乃渊源于对父母的那种爱的情感。或许我们可以说这种情感就是"性"或者所谓"性之所发"，但是我们仍然很难说这种情感就是后儒所说的那种本体论意义上的"性"。在孔子那里，仁爱首先是一种情感，这一点应该是确定无疑的；同时，这种仁爱情感就是所有一切的大本大源，孔学也因此而称为"仁学"，这一点同样是确定无疑的。所以孔子才说："人而不仁，如礼何？人而不仁，如乐何？"② 在礼之中，孔子所看重的并不是外在的礼仪："礼云礼云！玉帛云乎哉？乐云乐云！钟鼓云乎哉？"③ 他所看重的也并不是礼制本身："禘，自既灌而往者，吾不欲观之矣。"④ 他所看重的甚至也决不仅仅是礼义，而是更其本源的情感："居上不宽，为礼不敬，临丧不哀，吾何以观之哉？"⑤

因此，"林放问礼之本。子曰：'大哉问！礼，与其奢也，

---

① 《论语·阳货》。

② 《论语·八佾》。

③ 《论语·阳货》。

④ 《论语·八佾》。参见黄玉顺：《论"观物"与"观无"——儒学与现象学的一种融通》，《四川大学学报（哲学社会科学版）》2006年第4期。

⑤ 《论语·八佾》。

宁俭；丧，与其易也，宁戚。'"① 显然，孔子在这里所看重的不是礼仪、礼制，而是仁爱情感。这里的"戚"（哀戚）就是一种情感，这种情感乃是对父母的爱之情感的一种表现，所以是丧礼的"本"所在。这里，孔子对"本"与"质"进行了区分：上文谈到，礼之"质"就是"义"；而这里谈的则是：礼之"本"乃是情。有子也说："君子务本，本立而道生。孝弟也者，其为仁之本与！"② 这里并不是说的"仁"之本，而是说的"为仁"之本。此"本"并非后儒所说的那种作为形而上者的"本体"，而是说的本源亦即仁爱情感（孝弟也是对父母的爱的一种表现），也可以称之为"源"。一个人正因为在本源上原来就是"仁"的，才可能"为仁"。

从《论语》全书看，孔子所说的"质"有广狭二义：狭义的是说的形下层级的"义"（"义以为质"之质）；广义的还包含了本源层级的"仁"，就是指的"仁义"、情义。其中作为"仁""源"情感的"质"（"文质彬彬"之质），孔子也称之为"素"（素质）：

> 子夏问曰："'巧笑倩兮，美目盼兮，素以为绚兮'，何谓也？"子曰："绘事后素。"曰："礼后乎？"子曰："起予者商也，始可与言《诗》已矣！"③

---

① 《论语·八佾》。
② 《论语·学而》。
③ 《论语·八佾》。

　　显然，所谓"绘后于素"或者"文后于质"，就是"礼后于仁"，也就是说，制度规范是渊源于仁爱情感的。（前引《说文》对"文"的解释"错画"，"画"就是"绘"。）这是孔子的一种非常重要的思想，与前面谈"三年之丧"礼制源于仁爱的观念乃是互相呼应的。

　　于是，我们可以得到孔子正义论中的这样一个问题结构：仁→利→义→礼。

　　但这可能立即遭到某些儒者的强烈抗议："照这么讲，利欲竟是仁爱导致的。仁爱怎么可能导向利欲！"这似乎确实是骇人听闻的。然而这也正是我们这里想要着力研讨的一个重大课题：仁爱如何导向利益冲突。

　　由仁爱来说明利益冲突，这其实本来是学理的要求：不论是将仁爱设置为作为形而上者的本体，抑或是将仁爱理解为不仅给出形而下者、而且给出形而上者的本源所在，那都意味着必须以仁爱来说明所有一切存在者之存在何以可能，当然包括说明善、恶、利欲、利益冲突何以可能。所以，得出仁爱导致利益冲突的结论，这是思想理论之彻底性的必然要求。

　　这里的一个基本环节就是：利欲乃源于爱。对于这个问题，荀子是有专门的表达的，谓之"爱利"，意谓"爱而利之"、爱人利人。[①] 生活情感的实情就是：我们爱一个人，便欲利这个

---

　　① 《荀子·强国》王先谦集解。

人。其实，上文所引孔子谈到"惠而不费"①，其中已经包含了
"爱而利之"亦即仁爱导向利欲的意蕴。

这里问题的关键在于：对于孔子、儒家的正义论要有一个
最完整的理解：尽管正是仁爱导致了利益冲突，但也正是仁爱
解决了利益冲突。为此，必须对儒家的仁爱有一个全面的理解：
一方面是差等之爱；另一方面则是一体之仁、一视同仁。这看
似自相矛盾的两个方面，其实是缺一不可的：假如只有差等之
爱，最终必然逻辑地走向杨朱的绝对利己主义，因为差等序列
的顺推的起点就是自我（推己及人），差等序列的逆推的终点也
是自我；假如只有一体之仁，那就与墨翟的"兼爱"无任何区
别了。差等之爱乃是生活情感的实情；然而一体之仁所要求的
恰恰是超越这种差等之爱，超越的途径就是"推""让"，这其
实也就是正义原则的一项实质蕴涵。（详后）

那么，仁爱究竟如何导致利益冲突？这是由于爱的差等性。
孟子说："君子之于物也，爱之而弗仁；于民也，仁之而弗亲。
亲亲而仁民，仁民而爱物。"② 这就是说，爱亲人甚于爱他人，
爱他人甚于爱它物。我们来看《论语》所载的一个例子："厩
焚。子退朝，曰：'伤人乎？'不问马。"③ 这并不是说孔子完全
不爱马，而是说他对人的爱甚于对马的爱。这正是孟子所说的
"君子之于物也，爱之而弗仁"。一般来说，我们爱一个对象，

---

① 《论语·尧曰》。
② 《孟子·尽心上》。
③ 《论语·乡党》。

便欲利这个对象：爱己便欲利己，爱亲便欲利亲，爱人便欲利人，爱物便欲利物。但是，这些不同的爱而利之，往往发生冲突。例如，对亲人的爱而利之和对他人的爱而利之就可能发生冲突。假如我们承认社会冲突总是来自人们的利益追求，那么，按照儒家对于仁爱的本体地位或者本源地位的确认，这种利益冲突就只能是源于仁爱的。关键在于：在孔子、儒家看起来，不仅导致利益冲突的是仁爱，而且保证解决利益冲突问题的同样是仁爱。

那么，仁爱究竟如何解决利益冲突？那就是仁爱之中的一体之仁所要求的"推""让"。众所周知，"推"与"让"是孔子儒家思想的一个非常重要的特征。孔子认为，"礼"所要求的行为的一个基本特征就是"让"或"礼让"，正如子贡所说："夫子温、良、恭、俭、让以得之。"① 如孔子说："能以礼让为国乎？何有！不能以礼让为国，如礼何！"② "曰：'夫子何哂由也？'曰：'为国以礼。其言不让，是故哂之。'"③ "君子无所争，必也射乎！揖让而升，下而饮，其争也君子。"④ "泰伯，其可谓至德也已矣！三以天下让，民无得而称焉。"⑤

人们之所以要"让"，乃是出于"推"：推己及人、推人及

---

① 《论语·学而》。
② 《论语·里仁》。
③ 《论语·先进》。
④ 《论语·八佾》。
⑤ 《论语·泰伯》。

物。这正如孟子在批评齐宣王时所说："老吾老以及人之老，幼吾幼以及人之幼，天下可运于掌。《诗》云：'刑于寡妻，至于兄弟，以御于家邦。'言举斯心加诸彼而已。故推恩足以保四海，不推恩无以保妻子。古之人所以大过人者，无他焉，善推其所为而已矣。今恩足以及禽兽，而功不至于百姓者，独何与?"① 孔子所说的"己欲立而立人，己欲达而达人"②；"己所不欲，勿施于人"③，那就是典型的"推"的体现。

这种"推让"，从依礼行事的角度看，那是一种道德要求，有时甚至是一种利益上的理性考量（西方启蒙思想就侧重于这个方面）；然而从生活情感本源上来看，这并不是什么道德教育的结果，而是源于一体之人的本源情感：人们在生活本源的本真情境中，原来并无所谓我与尔、人与物的差等分界，这是原初境界的一体之仁，也是最终超越得以可能的本源保证；在跌落出原初境界之后，人们超越功利境界、甚至超越道德境界，达到最高境界，就是重返一体之仁。

这种"推""让"，也就是正义原则当中的正当性准则。

四、义与正和宜——正当性和适宜性

孔子非常重视"义"即正义。他说："德之不修，学之不

---

① 《孟子·梁惠王上》。
② 《论语·雍也》。
③ 《论语·颜渊》《论语·卫灵公》。

讲，闻义不能徙，不善不能改，是吾忧也。"① "群居终日，言不及义，好行小慧，难矣哉！"② "见义不为，无勇也。"③ "隐居以求其志，行义以达其道：吾闻其语矣，未见其人也。"④ 他与弟子曾有这样一次对话："子张问崇德、辨惑。子曰：'主忠信、徙义，崇德也。……'"⑤ 所谓"徙义"，就是走向正义。我们不能停留于仁爱，因为仁爱中的差等之爱是有可能导致利益冲突的；要解决利益冲突问题，就必须走向正义。

（一）正当性准则⑥

正义之为正义，首要的一点就是"正"。"正"指所行的"正道"，犹如孔子所说："谁能出不由户？何莫由斯道也！"⑦ 亦如孟子所说："义，人之正路也。"⑧ 走正道，首先是"正己"："君子食无求饱，居无求安，敏于事而慎于言，就有道而正焉，可谓好学也已。"⑨ "苟正其身矣，于从政乎何有？不能正

① 《论语·述而》。
② 《论语·卫灵公》。
③ 《论语·为政》。
④ 《论语·季氏》。
⑤ 《论语·颜渊》。
⑥ 本文所说的"正当性准则""适宜性准则"，在作者的"中国正义论"建构中，通常称之为"正当性原则""适宜性原则"，是中国正义论的两条正义原则。——作者注
⑦ 《论语·雍也》。
⑧ 《孟子·离娄上》。
⑨ 《论语·学而》。

其身，如正人何!"① "其身正，不令而行；其身不正，虽令不从。"② 所以："季康子问政于孔子。孔子对曰：'政者，正也。子帅以正，孰敢不正?'"③ 正道在正义论或制度伦理问题上的表现，就是正义原则中的正当性准则，要求制度规范的建构具有正当性。

那么，何谓正当性? 我们来看孔子对齐桓公的评价："晋文公谲而不正，齐桓公正而不谲。"④ 朱熹集注："桓公伐楚，仗义执言，不由诡道。"⑤ 这就是说，这里所说的 "正"，就是 "义"，亦即正义性当中的正当性。孔子的意思，齐桓公的霸业具有正当性。这与后来孟子 "春秋无义战"⑥ 的评价是大有区别的。

与桓公霸业密切相关的是管仲，孔子对管仲的评价也非常高，乃至许之以 "仁"：

> 子路曰："桓公杀公子纠，召忽死之，管仲不死。曰：未仁乎?"子曰："桓公九合诸侯，不以兵车，管仲之力也。如其仁! 如其仁!"⑦

---

① 《论语·子路》。
② 《论语·子路》。
③ 《论语·颜渊》。
④ 《论语·宪问》。
⑤ 朱熹：《论语集注·宪问》。
⑥ 《孟子·尽心下》。
⑦ 《论语·宪问》。

　　子贡曰："管仲非仁者与？桓公杀公子纠，不能死，又相之。"子曰："管仲相桓公，霸诸侯，一匡天下，民到于今受其赐。微管仲，吾其被发左衽矣！岂若匹夫匹妇之为谅也，自经于沟渎而莫之知也。"①

　　这里有两层意思是特别值得注意的：第一、对于管仲，孔子许之以"仁"，这就是说，桓公、管仲的霸业之正当性，是渊源于仁爱的："管仲相桓公，霸诸侯，一匡天下"，其结果乃是"民到于今受其赐"。第二、这种仁爱是对差等之爱的超越。管仲原来是公子纠的下属，按照爱的差等性，他爱公子纠自然甚于齐桓公，然而"桓公杀公子纠，召忽死之，管仲不死"，反而"相之"，这显然是对于爱的差等性的超越，亦即通常所说的"深明大义"。这个"大义"也就是正当性准则。由此也就不难理解上文所说的：不仅是仁爱导致了利益冲突，而且也正是仁爱解决了利益冲突问题。

　　由此不难看出，正义原则中的正当性准则，所要求的是通过"推"而超越差等之爱，追求一体之仁。这就是孔子所提出、而被人们奉为"道德金律"的以下准则：

　　　　己欲立而立人，己欲达而达人。②

---

　　①　《论语·宪问》。
　　②　《论语·雍也》。

己所不欲，勿施于人。①

这也正如子贡所说："我不欲人之加诸我也，吾亦欲无加诸人。"② 这就叫作"推己及人""推己及物"。按照朱熹的解释："以己及人，仁者之心也"③；"敬以持己，恕以及物，则私意无所容，而心德全矣"④；"推己及物，其施不穷"⑤。显然，正当性准则的实质是通过"推"而超越差等之爱、达到一体之仁：爱己/利己→爱亲/利亲→爱人/利人→爱物/利物。

这种爱利的推扩在制度伦理上的表现，就是孔子正义论之正义原则中的正当性准则，要求在制度规范的建构中尊重社会的公利、他者的私利。符合这个准则的就是正义的制度规范，不符合的就是不正义的制度规范。

这也就是后来韩愈所说的"博爱之谓仁"⑥。"博爱"这个词语，近代被用来翻译西语中的"fraternity"，那其实是不甚恰当的。"fraternity"是指兄弟关系、兄弟之情，这只能适用于爱他人，不能适用于爱亲人，也不能适用于爱物。仅仅在爱他人这个意义上，博爱为兄弟之爱可以成立：

---

① 《论语·颜渊》《论语·卫灵公》。
② 《论语·公冶长》。
③ 朱熹：《论语集注·雍也》。
④ 朱熹：《论语集注·颜渊》。
⑤ 朱熹：《论语集注·卫灵公》。
⑥ 韩愈：《原道》，见《韩昌黎文集校注》，马其昶校注，上海古籍出版社1986年版。

司马牛忧曰："人皆有兄弟，我独亡！"子夏曰："商闻之矣：'死生有命，富贵在天。'君子敬而无失，与人恭而有礼，四海之内，皆兄弟也。君子何患乎无兄弟也？"①

这也就是后来张载所说之意："民，吾同胞；物，吾与也。"② 这其实是儒家正义原则中的正当性精神的体现。

（二）适宜性准则

上文引韩愈所说"博爱之谓仁"，以说明正当性准则；韩愈紧接着是一句"行而宜之之谓义"③，这可以说明适宜性准则。正义原则中的正当性准则的具体实行乃是有条件的，那就是正义原则中的适宜性准则。上文谈到孔子提出的"礼有损益"、亦即关于制度规范之因时因地而改变的思想，其基本的依据并非正当性准则，而是适宜性准则。

所谓适宜性，有两个方面：空间上的适宜性，例如地域性、场合性、情境性的适宜性，可称之为"地宜性"；时间上的适宜性，例如历史性的适宜性，可称之为"时宜性"。

关于时宜性，例如：

子问公叔文子于公明贾曰："信乎，夫子不言、不笑、不取乎？"公明贾对曰："以告者过也。夫子时然后言，人

---

① 《论语·颜渊》。
② 张载：《西铭》，见《张载集》，中华书局 1978 年版。
③ 韩愈：《原道》。

不厌其言；乐然后笑，人不厌其笑；义然后取，人不厌其取。"子曰："其然，岂其然乎？"①

朱熹集注指出，尽管孔子未必相信公叔文子达到了这种境界，"文子虽贤，疑未及此"，但孔子对这种境界本身是很赞赏的，因为这种境界"非礼义充溢于中、得时措之宜者不能"②。这里的"礼义"（即礼之义）就是"时措"，其实就是"时宜"问题。

在制度伦理问题上，孔子谈到三代之礼不同以至将来之礼亦必有所损益，也显然是在谈时宜问题：

殷因于夏礼，所损益可知也；周因于殷礼，所损益可知也；其或继周者，虽百世可知也。③

制度规范的建构，必须考虑到时宜性问题，否则就会"不合时宜"。例如上文谈到的孔子回答宰予关于"三年之丧"的疑问，尽管孔子指出了这种礼制的仁爱情感渊源、从而肯定了这种礼制的正当性，但那也同时是因为这种礼制适宜于当时社会的生活方式，也就是具有时宜性。设想孔子生于今天，在现代生活方式下，那么按孔子的正义思想，他是决不会要求"三年

① 《论语·宪问》。
② 朱熹：《论语集注·宪问》。
③ 《论语·为政》。

之丧"的。

关于地宜性，例如：

> 子曰："麻冕，礼也；今也纯，俭。吾从众。拜下，礼也；今拜乎上，泰也。虽违众，吾从下。"①

麻冕曾经是礼制的规定，但当代人们不用麻冕，而用更为俭省的丝冕，孔子亦然，这只能是因为原来的礼制规定已经不适应于当代的生活方式了。这固然是时宜问题，但孔子并不遵从当代通行的礼仪"拜上"（在堂上拜君），而是坚持过去的礼仪"拜下"（在堂下拜君），这与生活方式演变问题无关，而是体现其"事君敬其事"②的态度。所以，总的看，这里孔子所遵循的显然并不是时宜，而是地宜、场合亦即情境。

在现代生活的制度建构中，这种地宜性的最重要的层面，就是生活方式问题。不同时代会有生活方式的不同，不同地域例如不同民族国家，同样会有生活方式的不同。那么，制度规范的建构是必须尊重这一点的。

五、义与知——良知与理智

制度规范的建构，还需要"知"（这个"知"读为

---

① 《论语·子罕》。
② 《论语·卫灵公》。

"智"①)。孔子认为，一个君子或一个制度规范的建构者，须是一个"知者"（智者）："君子道者三，我无能焉：仁者不忧，知者不惑，勇者不惧。"② 所谓智者，就是洞见事理的明哲之士。洞明怎样的事理呢？对此，孔子有一个纲领性的概括：

> 孔子曰："不知命，无以为君子也。不知礼，无以立也。不知言，无以知人也。"③

这里，孔子提出了三条：知命、知礼、知人。这三条其实是两个不同层级的问题："知命"是关于形而上者乃至更其本源的事情；"知礼"和"知人"则是关于形而下者、特别是直接关于"礼"的问题。为此，我们不妨对此"知"做出一种字面上的区别：知命之知，谓之"知"或"良知"；知礼之知，谓之"智"或"理智"。下面加以阐明：

（一）知：知命、知义的良知
关于"知命"，孔子说过：

> 不知命，无以为君子也。④
> 子曰："吾十有五而志于学，三十而立，四十而不惑，

---

① 先秦时代没有"智"字，"智"即作"知"。
② 《论语·宪问》。
③ 《论语·尧曰》。
④ 《论语·尧曰》。

五十而知天命，六十而耳顺，七十而从心所欲、不逾矩。"①

要理解这是何种意义上的"知"，首先得理解这是何种意义上的"命"乃至"天"。需要注意，孔子所说的"命"，有时跟我们这里所要讨论的"天命"无关，例如："君命召，不俟驾行矣"②；"行己有耻，使于四方不辱君命，可谓士矣"③；"为命：裨谌草创之，世叔讨论之，行人子羽修饰之，东里子产润色之"④；"阙党童子将命"⑤；"陪臣执国命，三世希不失矣"⑥。这些"命"都不是在谈"天命"，而是在谈人言口令。涉及"天命"的，孔子谈到两个层级的问题：

其一，天命在个体身上所体现的命运。例如："有颜回者好学，不迁怒，不贰过，不幸短命死矣！"⑦ "伯牛有疾，子问之，自牖执其手，曰：'亡之，命矣夫！斯人也而有斯疾也！斯人也而有斯疾也！'"⑧ 这些"命"都是说的个体寿命的某种定数。这当然也可以说是天命在个体身上所表现出来的结果，但毕竟与这里讨论的"天命"问题并不直接相关，更确切地讲都是在

---

① 《论语·为政》。
② 《论语·乡党》。
③ 《论语·子路》。
④ 《论语·宪问》。
⑤ 《论语·宪问》。
⑥ 《论语·季氏》。
⑦ 《论语·雍也》。
⑧ 《论语·雍也》。

谈"命运"问题。下面这个问题倒是值得讨论的，例如：

> 回也其庶乎！屡空。赐不受命，而货殖焉，亿则
> 屡中。①

朱熹解释："命，谓天命。"② 这个解释不够准确。这里的"命"并非指的天命本身，而是指的天命在个体身上的一种体现，亦即通常所谓"命运"。无论如何，这就产生一个问题：子贡是孔门的高足，竟然"不受命"，胆敢拒绝天命的"安排"？为释此疑，朱熹引程子说："然此亦子贡少时事；至闻性与天道，则不为此矣。"但是，我们既不知道程子何以知此乃"少时事"，也看不出孔子对子贡有多少批评之意。其实，程子的曲为之解，实在大可不必，而是出于两层误解：第一、将命运直接误解为天命本身；第二、对孔子所讲的天命本身也存在着一定程度的误解。孔子、儒家的意思，绝非被动地"接受命运的安排"，例如：

> 见利思义，见危授命，久要不忘平生之言，亦可以为
> 成人矣。③
> 子张曰："士见危致命，见得思义，祭思敬，丧思哀，

---

① 《论语·先进》。
② 朱熹：《论语集注·先进》。
③ 《论语·宪问》。

其可已矣。"①

　　所谓"授命"或"致命"，通俗地说，就是交出自己的生命。这种"交出"，恰恰是对作为"命运安排"的自然寿命的拒绝。儒家所讲的"杀身成仁"②、"舍身取义"③，都是这个意思。这种对命运的拒绝并非对天命本身的拒绝，倒恰恰是天命的一种实现，正如孟子所说的"所欲有甚于生者""所恶有甚于死者"④。

　　其二，直接谈到天命。例如："道之将行也与，命也；道之将废也与，命也。公伯寮其如命何！"⑤ 最值得讨论的是孔子下面这一番话：

　　　　君子有三畏：畏天命，畏大人，畏圣人之言。小人不知天命而不畏也，狎大人，侮圣人之言。⑥

　　这里所说的"天"及"天命"，通常被人们理解为某种形而上者的存在，其实这未必是孔子的意思。我们之所以应该敬畏圣人之言，是因为敬畏天命，大人或圣人是天的代言人。天之

---

① 《论语·子张》。
② 《论语·卫灵公》。
③ 《孟子·告子上》。
④ 《孟子·告子上》。
⑤ 《论语·宪问》。
⑥ 《论语·季氏》。

所以需要"代言"，是因为天自己"无言"：

> 子曰："予欲无言。"子贡曰："子如不言，则小子何述焉?"子曰："天何言哉? 四时行焉，百物生焉，天何言哉?"①

天之所以无言，是因为天并不是后儒所理解的那样一个存在者化的东西，比如一个有位格的上帝或者一个无位格的本体。那么，这样的天，只能被理解为先在于任何存在者的存在：天即存在而非存在者。然而，天不"言"，却在"命"，即在言说着，所以我们必须倾听这种无言之命。我们有时能够直接倾听到这种无言之命，亦即孟子所说的"良能""良知"，那就无须圣人之言；然而人们往往不能直接倾听到这种无言之命，亦即良能、良知的茅塞物蔽，那就需要圣人之言。圣之为"聖"，就是以"耳"倾听、并且以"口"言说；此时，圣人之言便是天命的显现。

这里尤其值得注意的是"四时行焉，百物生焉"之"焉"，意思是"于此"、"在此"、在这里，显然并未指向任何一个存在者化的实体，而是一种方位、一种情境或一种"域"。所有一切存在者即"百物"都是在这种情境中生成的。

这种情境或"域"可称为"天"，在孔子、儒家这里，就是

---

① 《论语·阳货》。

指的生活境域：

> 子曰："里，仁为美。择不处仁，焉得知?"①
> 子曰："人之过也，各于其党。观过，斯知仁矣。"②

　　这里的"里"、"党"（乡党朋类）就是一个人生活于其中的生活境域；作为存在者的"仁者""智者"正是在这样的情境之中生成的，他由此而成为或者不成其为一个仁者、智者。

　　就"天"不是任何存在者、不是任何"物"而论，"天"乃是"无"——无物存在。正是在这种意义上，"知天命"并不是说的去知一个作为形而上者的存在者的存在，换句话说，并非知"有"，而是知"无"。所以，这样的"知"其实是"空空如也"的：

> 子曰："吾有知乎哉？无知也。有鄙夫问于我，空空如也；我叩其两端而竭焉。"③

　　孔子说他自己"无知"，这里的"知"不是说的关于形而下者乃至形而上者的知识，而正是说的"知无"，唯其"知无"，乃能"知有"，乃能"我叩其两端而竭焉"。这种无知之知，其

---

① 《论语·里仁》。
② 《论语·里仁》。
③ 《论语·子罕》。

实就是孟子所说的"良知"：

> 人之所不学而能者，其良能也；所不虑而知者，其良
> 知也。孩提之童，无不知爱其亲者；及其长也，无不知敬
> 其兄也。亲亲，仁也；敬长，义也。无他，达之天下也。①

良知并不是说的关于任何存在者实体的知识，在这种意义
上，可以说"良知无知"，因为良知"不虑而知"，故与理智、
知性、理性毫无关系；良知其实乃是直觉，就是直觉其"不学
而能"的良能、直觉其能爱，而"能爱"并不是一个物、一个
存在者。

这种良知直觉在正义问题上的体现，也就是通常所说的
"正义感"。正义感并不是什么关于形而下者、形而上者的知识，
而是一种直觉、直截了当的感悟。上一节的讨论其实已经表明：
正义感源于对仁爱的一体之仁（正当性准则的渊源）的感悟，
同时源于对一种生活情境（适宜性准则的渊源）的感悟——对
一种生活情境中的仁爱情感的直觉领悟，便形成了正义感。而
"义"亦即正义原则，其实不过就是这种正义感的自觉化、规范
化、原则化。所以，良知之"知"是处在"仁"与"义"之间
的一个环节。于是，我们便获得这样一个问题结构：仁→
利→知→义→礼。

---

① 《孟子·尽心上》。

（二）智：知礼、知人的理智

但"制礼"不仅需要良知直觉，还需要理智、理性、知识。既然是礼制的建构者，尤其是在对于规范的制订、对于制度的设计当中，当然便须"知礼"，他应该是一个礼制专家；用今天的话来说，他是一个规范伦理学、制度伦理学方面的专家。孔子本人就是一个礼制专家，精通礼仪、礼制、礼义。这种"专家学者"所涉及的"智"，是专门"知识"；对于这种知识的研讨，不是良知的问题，而是理智或者工具理性的问题。所以，这个问题结构是：仁→利→知→义→智→礼。

那么，怎样知礼呢？这当然是一个学习的过程："多闻，择其善者而从之，多见而识之，知之次也。"① 这确实是一个积累知识的过程，例如："子入太庙，每事问。或曰：'孰谓鄹人之子知礼乎？入太庙，每事问。'子闻之，曰：'是礼也。'"②

不仅如此，孔子提出了"温故知新"的原则："温故而知新，可以为师矣。"③ 在礼制建构问题上，温故知新的一个典型例子就是："子张问：'十世可知也？'子曰：'殷因于夏礼，所损益可知也；周因于殷礼，所损益可知也；其或继周者，虽百世可知也。'"④ 孔子由知三代之礼之"故"，而知百世之礼之"新"；不仅如此，更由此而知礼当有损益。

---

① 《论语·述而》。
② 《论语·八佾》。
③ 《论语·为政》。
④ 《论语·为政》。

所以，作为一种温故知新，孔子谈道："我非生而知之者，好古、敏以求之者也。"① 所谓"好古"，用今天的话来说，就是重视研究历史经验。孔子为了重建社会制度规范，就很重视对三代之礼的历史文献研究，这是众所周知的。

所以，在问题结构上，"智"是先行于"礼"的：

> 子贡问曰："贫而无谄，富而无骄，何如？"子曰："可也。未若贫而乐道、富而好礼者也。"子贡曰："《诗》云：'如切如磋，如琢如磨。'其斯之谓与？"子曰："赐也，始可与言《诗》已矣！告诸往而知来者。"②

这里的告往知来之"知"，即"智"的体现，涉及："如切如磋，如琢如磨"，是说的理智、理性；"贫而乐道、富而好礼"，是说的这种理智、理性指向礼制。所以，"智"是先行于"礼"的，就是"制礼"的先行条件。下面这段议论告诉我们，这种"智"确实是先行于"礼"的建构的：

> 子路问成人。子曰："若臧武仲之知，公绰之不欲，卞庄子之勇，冉求之艺，文之以礼乐，亦可以为成人矣。"③

---

① 《论语·述而》。
② 《论语·学而》。
③ 《论语·宪问》。

　　首先是要有臧武仲之"智"，然后才是文之以"礼"；这就是说，首先要有（特别是关于礼的）知识、理性、理智，然后才能进行制度规范的建构。于是，我们便获得了孔子正义论的这样一个问题结构：仁→利→知→义→智→礼。

　　这个问题结构同时表明："知礼"的根本，乃是知"义"。由知义而知礼，就是知道按正义原则来进行制度规范的建构：

　　　　子曰："臧文仲居蔡，山节藻棁，何如其知也？"①

　　朱熹集注引张子："山节藻棁为藏龟之室"；并评论道："当时以文仲为知，孔子言其不务民义，而谄渎鬼神如此，安得为知？"② 此即孔子所说"务民之义，敬鬼神而远之，可谓知矣"③之意。我们在上文讨论过，"务民之义"意味着因"爱民"而"因民之所利而利之"④。

　　谈到"知义"之"智"，自然不仅涉及正当性问题，而且涉及适宜性问题，包括"时宜"问题，亦即"知义"蕴涵着"知时"：

　　　　（阳货曰：）"好从事而亟失时，可谓知乎？"（孔子）

---

①　《论语·公冶长》。
②　朱熹：《论语集注·公冶长》。
③　《论语·雍也》。
④　《论语·尧曰》。

曰："不可。"①

色斯举矣，翔而后集。（孔子）曰："山梁雌雉，时哉！时哉！"②

这就是说：君子"从事"（不仅包括行礼，而且包括制礼），应当犹如山梁雌雉，知时而不"失时"。所以，上文谈到的"务民之义"，一个重要方面就是"使民以时"："道千乘之国，敬事而信，节用而爱人，使民以时。"③ 这就是说：爱民就要利民，利民就要使民以时。这当然同样适用于制度规范的建构。

然而制度规范建构中所涉及的理智，还是这样一种"智"，是非常重要的："知人"，即理解主体性存在。故孔子说：

不患人之不己知，患不知人也。④

樊迟问仁。子曰："爱人。"问知。子曰："知人。"⑤

所谓"知人"，按照孔子的一贯思想，理当包含着这样一层意思：鉴于不同的生活方式造就不同的人的主体性，那么，制度规范的建构当然需要理解人的这种特定的主体性。

---

① 《论语·阳货》。
② 《论语·乡党》。
③ 《论语·学而》。
④ 《论语·学而》。
⑤ 《论语·颜渊》。

六、义与乐——社会和谐

制度规范的建构本身从来不是目的，真正的目的在于谋求群体生存的社会和谐。但是，社会秩序本身并不能够保证社会和谐：无秩序固然不和谐，有秩序未必就和谐。这就是说，礼制只是社会和谐的必要条件，但并不是充分条件。这是因为：制度所强调的是差异的分别。此即所谓"乐合同，礼别异"①，因此，社会的和谐还需要"乐"。所以，在礼即制度规范问题上，孔子重"和"、重"乐"。在这个问题上，有子可谓深得夫子之旨：

> 有子曰："礼之用，和为贵。先王之道斯为美，小大由之。有所不行，知和而和，不以礼节之，亦不可行也。"②

所谓"礼之用"，乃是说的已经建构起来的制度规范的实际运行问题。而"和为贵"意味着："和"或"乐"乃是"礼"之后的事情，或者说是在"礼"的基础上做的事情。于是，我们终于得到这样一个问题结构：仁→利→知→义→智→礼→乐。或者用现代汉语来表达：仁爱精神→利益问题→良知直觉→正义原则→知识理性→制度规范→社会和谐。这就是孔子正义论的整体结构。

---

① 《荀子·乐论》。

② 《论语·学而》。

显然，社会和谐才是孔子正义论所寻求的终极目标。这里，有子特别点出了一个"美"字。正当、适宜的制度规范，那只是"善"；这种制度规范能够在和乐中实行，这才是"美"。所以，孔子强调"尽善尽美"①。

最后，我们以孔子的两段话来做总结：

> 子曰："君子义以为质，礼以行之，孙以出之，信以成之。君子哉!"②
>
> 兴于诗，立于礼，成于乐。③

这里首先说出"义以为质"，是在强调正义原则。"义以为质"意味着"礼以为文"，意味着"义"比"礼"更根本；"礼以行之"意味着"礼"是"义"亦即正义原则的实现，意味着"礼"是行为的制度规范，人的行为、在社会上安身立命必须"立于礼"。但人的主体性本身并不是"礼"或"义"所给出的，人的主体性的挺立在于"兴于诗"，就是在仁爱情感中"兴起"的，然后才有以义制礼的问题。"孙以出之"意味着"礼"的一个基本特征就是"让"。在正当、适宜的制度规范下的"礼让"既出于、亦保证"诚信"，社会群体生存由此而"和"亦即和谐。这种"和"的精神表现在适当的艺术即"乐"之中，这就是"成于乐"。

---

① 《论语·八佾》。
② 《论语·卫灵公》。
③ 《论语·泰伯》。

第二章

孔子论"义"与"礼"

——制度规范

【作者按】此文为《中国正义论的形成——周孔孟荀的制度伦理学传统》第二编第一章，东方出版社 2015 年版，第 107~125 页。

众所周知，孔子是周公的继承者，由此形成了"周孔之道"。孔子继承并发展了周公关于社会正义的观念，初步提出了中国正义论的一整套基本思想，由此成为中国文化的"至圣先师"。

孔学称为"仁学"，因为"仁"是孔学的核心观念；但孔学的宗旨是"礼"的重建，因此，称孔学为"礼学"也未尝不可。然而，在"仁"与"礼"之间、将两者沟通起来的，则是"义"，就此而论，孔学也可以称之为"义学"。"仁"是一切存在者之存在的本源，"礼"是社会的制度规范，而"义"乃是赖以建构制度规范的价值尺度，亦即正义原则。①　其正义思想的完整的问题结构是：

仁→利→知→义→智→礼→乐

孔子明确提出了礼有"损益"即关于制度规范之变动的思想，认为决定着社会规范建构及其制度安排的乃是正义原则；正义原则实质上是作为一种直觉智慧（知）的正义感的原则化；正义原则实际上有两条：正当性、适宜性（地宜性、时宜性）；社会制度规范及其正义问题的提出，是为了解决利益冲突问题；而作为大本大源，仁爱不仅因差等之爱而导致利益冲突，并且由一体之仁而保障利益冲突问题的解决；制度规范的建构还需工具理性或理智（智）的参与；正义论的最终目标是社会和谐即"乐"。

第一节　"礼"与"文质"关系

孔学博大精深，犹如颜渊喟然而叹：

仰之弥高，钻之弥坚；瞻之在前，忽焉在后！夫子循

---

① 在儒家所谓"义"或"正义"（荀子）与西语"justice"（正义）之间，既存在着非等同性，也存在着可对应性。参见黄玉顺：《爱与思——生活儒学的观念》第一讲第一节"等同与对应：定名与虚位"。

循然善诱人，博我以文，约我以礼，欲罢不能；既竭吾才，如有所立卓尔，虽欲从之，末由也已！①

这里值得注意的是：在孔学的诸多概念范畴中，颜渊特别点出了"文"与"礼"。在孔学中，"文"尽管并不等于、但主要就是指的"礼"（详见下文）。于是，颜渊的喟叹便将我们带进了孔子的礼学视界。

颜渊所谓"博我以文，约我以礼"，其意出自孔子之语：

君子博学于文，约之以礼，亦可以弗畔矣夫。②

这里，"文"与"礼"当然是有区别的，如朱熹所说："君子学欲其博，故于文无不考；守欲其要，故其动必以礼。"③ 但另一方面，"文"与"礼"也是相通的。例如，《论语》记载：

子畏于匡，曰："文王既没，文不在兹乎？天之将丧斯文也，后死者不得与于斯文也；天之未丧斯文也，匡人其如予何？"④

---

① 《论语·子罕》。
② 《论语·雍也》。
③ 朱熹：《论语集注·雍也》。
④ 《论语·子罕》。

朱熹集注："道之显者谓之文，盖礼乐制度之谓。"① 这里"文"包括的"制度"，就是礼。孔子自己也说过：

文之以礼乐。②

所以，孔子崇尚"周礼"，而谓之"文"：

周监于二代，郁郁乎文哉！吾从周。③

孔子谈及"文献"，也是谈的"礼"的问题：

夏礼吾能言之，杞不足征也；殷礼吾能言之，宋不足征也。文献不足故也，足则吾能征之矣。④

这是因为，古之礼制，或具载于文本之中，或授受于贤者之口。所以，《论语》所载"子以四教：文、行、忠、信"⑤，朱熹集注"教人以学文修行而存忠信也"⑥，将"文"与"行"放到一起解释，"学文"就是说的学礼知礼，而"修行"就是说

---

① 朱熹：《论语集注·子罕》。
② 《论语·宪问》。
③ 《论语·八佾》。
④ 《论语·八佾》。
⑤ 《论语·述而》。
⑥ 朱熹：《论语集注·述而》。

的修礼行礼。

因此，与"文"相对的不是"礼"，而是"质"。如孔子说：

> 质胜文则野，文胜质则史；文质彬彬，然后君子。①

要理解这番话，有必要简要谈一谈汉语"文化""文明"的原义：

其一，"文"与"纹""汶""雯"等是古今字，意谓事物的纹理、秩序、有序化、条理化。许慎解释："文，错画也，象交文。"② 所谓"错画"就是交错的纹理。在社会生活亦即"人文"中，"文"的主要形式即社会规范建构及其制度安排，也就是"礼"，例如周公的"制礼"。《诗经·大雅·大明》"文定厥祥，亲迎于渭"，朱熹解释："文：礼。"③《国语·周语上》"以文修之"，韦昭注："文，礼法也。"反之，则是庄子所说的"浑沌"④，也就是与"文"相对的"质"。以今天的观念其实也是孔子的观念看：一方面，"无文"便无社会文明，有"文"则"明"，这就是《易传》所说的"文明以止，人文也"⑤，这是一

---

① 《论语·雍也》。
② 许慎：《说文解字·文部》。
③ 朱熹：《诗集传》。
④ 《庄子·应帝王》。
⑤ 《周易·彖传》。

种"显"（显明），亦即上引朱熹所说"道之显者谓之文，盖礼乐制度之谓"；而另一方面，"无文"正是本真状态，《礼记·中庸》谓之"诚"，《老子》谓之"玄"①，亦即一种"幽"、一种"隐"。道家以"质"为尚；儒家则进一步要在本源（质）上建构文明（文），此即孔子所说的"文质彬彬"，《中庸》所说的"诚则明矣，明则诚矣"。

其二，"化"是说的从一种状态转入另一种状态。一方面，由质到文（建构社会规范）是一种"化"，此即所谓"文化"的本义，如周公的"制礼"；而另一方面，由文返质（返璞归真）同样是一种"化"，如周公的"作乐"（详见下文）。后者其实是一种更高的境界，这也是"化"字的本义："亻"是站着的人，孔子所谓"立人"②；"匕"是倒下的人，许慎所谓"到人"（倒人）③；"化"即意味着把人（主体）放倒，今所谓"解构主体性"，这正是庄子所竭力阐明的。其实，孟子所说的"夫君子所过者化，所存者神，上下与天地同流"④、"大而化之之谓圣，圣而不可知之之谓神"⑤，也是这种"乐化"的境界。

其三，由上所述，存在着三种境界：无人、立人、倒人。

---

① 《老子》第一章。
② 《论语·雍也》。
③ 许慎：《说文解字·匕部》。
④ 《孟子·尽心上》。
⑤ 《孟子·尽心下》。

"文化" 其实只是其中的第二境界而已，略相应于冯友兰先生所说的 "功利境界" 和 "道德境界"①。道家似乎崇尚第三境界，然而假如未经第二境界，其实只是第一境界而已，即冯友兰先生所说的 "自然境界"；儒家兼具三种境界，此即所谓 "文质彬彬"，由 "诚"（质）而 "礼"（文）（文化、文明），由 "礼"而 "乐"。

礼之为文，可称之为 "礼文"，即礼之文。《荀子·非相》说："文久而灭，节族久而绝；守法数之有司，极礼而褫。" 杨倞注："文，礼文。" 例如光绪年间所编的《礼文备录》，记载的就是婚礼、丧礼、吉礼等礼制、礼仪。礼有其文，亦有其质。礼之质，并非礼本身，而是礼之根据，也就是 "义"，谓之 "礼义"，即礼之义。（详见下文）如孔子说：

夫达也者，质直而好义……②
君子义以为质，礼以行之。③

"质直" 在于 "好义"，因此，"质" 就是 "义"。所以，"文" 与 "质" 的关系就是 "礼" 与 "义" 的关系。

---

① 冯友兰：《新原人·境界》。
② 《论语·颜渊》。
③ 《论语·卫灵公》。

第二节　"礼"之三层含义

所谓"礼"，涉及两层含义、三种内涵：1. 礼本身、即"礼文"，包括两个方面：（1）礼制：就是制度规范本身；（2）礼仪：制度规范的仪轨表现形式；2. 礼的根据，即：（3）礼义：就是"义"即赖以建构制度规范的正义原则。

（一）礼制：社会规范及其制度

孔子谈到过种种"礼制"——社会规范及其制度。例如：

生，事之以礼；死，莽之以礼，祭之以礼。①（涉及事亲的规范、丧莽制度、祭祀制度。）

事君尽礼，人以为谄也。②（涉及事君的规范。）

为政以德，譬如北辰，居其所而众星共之。③（涉及君主的政治行为规范。）

定公问："君使臣，臣事君，如之何?"孔子对曰："君使臣以礼，臣事君以忠。"④（涉及君臣交际的政治规范。）

子贡欲去告朔之饩羊。子曰："赐也，尔爱其羊，我爱

---

① 《论语·为政》。
② 《论语·八佾》。
③ 《论语·为政》。
④ 《论语·八佾》。

其礼。"①（涉及古代的告朔制度：天子于季冬向诸侯颁布来年的月朔，诸侯于月朔以特羊祭祀于其祖庙。）

　　能以礼让为国乎？何有！不能以礼让为国，如礼何！②（涉及国家的行政行为规范。）

孔子认为所有一切社会行为应该规范化，否则：

　　恭而无礼则劳，慎而无礼则葸，勇而无礼则乱，直而无礼则绞。③

这些行为规范，有些可以而且应该制度化。

这种作为礼制的"礼"，一般是泛指所有一切制度规范，诸如家庭、国家、天下、祭祀、政治、法律、经济、文化等方面的制度规范。但有时也有较狭义的用法，仅指某些方面的制度规范。如孔子说：

　　道之以政，齐之以刑，民免而无耻；道之以德，齐之以礼，有耻且格。④

---

① 《论语·八佾》。
② 《论语·里仁》。
③ 《论语·泰伯》。
④ 《论语·为政》。

这里的"礼"不包括政治、行政、刑法的制度规范。这是古代汉语中"浑言之"与"析言之"的区分。而一般来说即"浑言之"，"礼"可以涵盖所有一切社会规范及其制度。

礼作为制度规范，一旦建构起来，就成为人们行为的规范。在这种规范面前，人们应该"克己复礼"：

> 颜渊问仁。子曰："克己复礼为仁。一日克己复礼，天下归仁焉。为仁由己，而由人乎哉？"颜渊曰："请问其目。"子曰："非礼勿视，非礼勿听，非礼勿言，非礼勿动。"①

若不遵行这种行为规范，一个人就无法在社会上立足，所以孔子强调"立于礼"②、"不知礼，无以立也"③。正是在这种意义上，孔子才批评管仲"不知礼"：

> 子曰："管仲之器小哉！"或曰："管仲俭乎？"曰："管氏有三归，官事不摄，焉得俭？""然则管仲知礼乎？"曰："邦君树塞门，管氏亦树塞门；邦君为两君之好，有反坫，管氏亦有反坫。管氏而知礼，孰不知礼？"④

---

① 《论语·颜渊》。
② 《论语·泰伯》。
③ 《论语·尧曰》。
④ 《论语·八佾》。

何晏注："郑曰：'反坫，反爵之坫，在两楹之间。人君别内外于门，树屏以蔽之。若与邻国为好会，其献酢之礼更酌，酌毕则各反爵于坫上。'今管仲皆僭为之，如是，是不知礼。"邢昺疏："此章言管仲僭礼也。……礼，国君事大，官各有人，大夫虽得有家臣，不得每事立官，当使一官兼摄余事。今管仲家臣备职，奢豪若此，安得为俭也？……邦君，诸侯也。屏，谓之树。人君别内外于门，树屏以蔽塞之。大夫当以帘蔽其位耳。今管仲亦如人君，树屏以塞门也。反坫，反爵之坫，在两楹之间。人君与邻国为好会，其献酢之礼更酌，酌毕则各反爵于坫上。大夫则无之。今管仲亦有反爵之坫。僭滥如此，是不知礼也。"

但这里需要注意的是：孔子的礼学思想，不仅要求人们的行为符合社会规范（"克己复礼"），而且首先要求这些社会规范本身符合正义原则，否则就需要对这些制度规范加以"损益"更革。一般来说，人们首先是根据正义原则（义）来建立社会规范及其制度（礼），这才属于社会正义论的范畴；然后才是根据这些制度来规范人们的行为（德行），而这属于伦理学、道德哲学的范畴。前者才是下文将要详加讨论的问题，亦即"礼"之"损益"的问题。

（二）礼仪：制度规范之仪式表现

这些礼制的外在表现形式，就是"礼仪"。

《论语·乡党》篇中记载了孔子言行举止的许多礼仪，尽管这些记载不是连续的，但仍然有其量的呈现。诸如：

孔子于乡党，恂恂如也，似不能言者。其在宗庙、朝廷，便便言，唯谨尔。

朝，与下大夫言，侃侃如也；与上大夫言，訚訚如也。君在，踧踖如也，与与如也。

君召使摈，色勃如也，足躩如也。揖所与立，左右手。衣前后，襜如也。趋进，翼如也。宾退，必复命曰："宾不顾矣。"

入公门，鞠躬如也，如不容。立不中门，行不履阈。过位，色勃如也，足躩如也，其言似不足者。摄齐升堂，鞠躬如也，屏气似不息者。出，降一等，逞颜色，怡怡如也。没阶趋进，翼如也。复其位，踧踖如也。

执圭，鞠躬如也，如不胜。上如揖，下如授。勃如战色，足蹜蹜，如有循。享礼，有容色。私觌，愉愉如也。

君子不以绀緅饰。红紫不以为亵服。当暑，袗绤绤，必表而出之。缁衣羔裘，素衣麑裘，黄衣狐裘。亵裘长。短右袂。必有寝衣，长一身有半。狐貉之厚以居。去丧，无所不佩。非帷裳，必杀之。羔裘玄冠不以吊。吉月，必朝服而朝。

齐，必有明衣，布。齐，必变食，居必迁坐。

席不正，不坐。

乡人饮酒，杖者出，斯出矣。乡人傩，朝服而立于阼阶。

问人于他邦，再拜而送之。康子馈药，拜而受之。曰：

"丘未达，不敢尝。"

君赐食，必正席先尝之；君赐腥，必熟而荐之；君赐生，必畜之。侍食于君，君祭，先饭。疾，君视之，东首，加朝服，拖绅。君命召，不俟驾行矣。

朋友死，无所归。曰："于我殡。"朋友之馈，虽车马，非祭肉，不拜。

寝不尸，居不容。见齐衰者，虽狎，必变。见冕者与瞽者，虽亵，必以貌。凶服者式之。式负版者。有盛馔，必变色而作。迅雷风烈，必变。

升车，必正立执绥。车中不内顾，不疾言，不亲指。……

《说文解字·人部》："仪：度也。从人，义声。"盖"仪""义"本一字，后来分化为同源词："义"指内在之正义，"仪"指外在之仪态。《说文解字·我部》："义：己之威仪也。"人有正义感、而形于色，于是有威仪。所以，"仪"的本义是仪态、威仪，而引申为仪式、仪轨。

这种仪式、仪轨实质上是人际关系和社会关系的体现；人的仪态、威仪正是在这种仪式、仪轨的场合中表现出来的。而这种社会关系、人际关系，乃是由社会规范及其制度所规定的，故礼仪是由礼制决定的。

（三）礼义：制度规范背后之正义原则

但社会正义论的主要课题，不是研究"礼制"本身的问题，更不是研究"礼仪"本身的问题，而是研究其背后的"礼义"即"礼之义"的问题，特别是"礼"与"义"、或曰"文"与"质"的关系问题。这涉及两个方面：

第一，礼的时空变动性，孔子谓之"礼"之"损益"。孔子指出：

> 殷因于夏礼，所损益可知也；周因于殷礼，所损益可知也；其或继周者，虽百世可知也。①

所谓"损"，就是去掉一些旧的社会规范及其制度；所谓"益"，就是增加一些新的社会规范及其制度。这是孔子继承发展周公的礼学思想而来。其曾引周公之说："王肇称殷礼，祀于新邑，咸秩无文。"② 孔颖达解释："于时制礼已讫，而云'殷礼'者，此'殷礼'即周公所制礼也，虽有损益，以其从殷而来，故称'殷礼'。……必知殷礼即周礼者，以此云'祀于新邑'，即下文'烝祭岁'也，既用'骍牛'，明用周礼。……顾氏云：'举行殷家旧祭祀，用周之常法。'言周礼即殷家之旧礼也。郑玄云：'王者未制礼乐，恒用先王之礼乐。'是言伐纣以来，皆用殷之礼乐，非始成王用之也。周公制礼乐既成，不使成王即用周礼，仍令用殷礼者，欲待明年即取，告神受职，然

---

① 《论语·为政》。
② 《尚书·洛诰》。

后班行周礼。班讫始得用周礼，故告神且印用殷礼也。孔义或然，故复存之。神数多而礼文少，应祭之神名有不在礼文者，故令皆次秩不在礼文而应祀者，皆举而祀之。"这就是说，周公的有关思想包括两层意思：其一，当时周礼虽然已经制作完成，但是尚未颁行，所以暂时仍用殷礼，然而尽管如此，此时的殷礼还是已经有所损益了的；其二，周礼正式颁行以后，就不再用殷礼，而用周礼了，此时的周礼对于殷礼而言必定已有更多的损益。

第二，这种变动即制度评判与制度建构的根据，也就是所谓"义"：

> 子曰："君子义以为质，礼以行之，孙（逊）以出之，信以成之。君子哉！"①

所谓"义以为质，礼以行之"，就是"以礼行义"的意思，也就是说，"礼"（社会规范及其制度）不过是"义"（正义原则）的实行形式、实现方式，而"义"才是"礼"的本质、实质。这就在中国思想史上首次明确地建构起了中国正义论中最核心的"义→礼"思想结构。

---

① 《论语·卫灵公》。

第三节 "礼"之"损益"

综上所述，"克己复礼"、遵守规范只是孔子关于"礼"的思想的一个方面；另一个方面则是"礼有损益"，亦即"礼"本身是可以加以"损益"改变的。这是孔子礼学思想中更根本的方面：人们之所以遵守规范，其前提是这种规范本身是正义的。

（一）礼的"损益"

所谓"礼有损益"，出自下述孔子之说：

> 子张问："十世可知也?"子曰："殷因于夏礼，所损益可知也；周因于殷礼，所损益可知也；其或继周者，虽百世可知也。"①

对此，何晏注引马氏之说："所因，谓三纲五常。所损益，谓文质三统。"邢昺疏也沿用其说："此章明创制革命，因沿损益之礼。……言殷承夏后，因用夏礼，谓三纲五常不可变革，故因之也。所损益者，谓文质三统：夏尚文，殷则损文而益质；夏以十三月为正，为人统，色尚黑，殷、则损益之，以十二月为正，为地统，色尚白也。……言周代殷立，而因用殷礼。及所损益，事事亦可知也。"

后来朱熹《论语集注》对此有所修正："三纲，谓君为臣

---

① 《论语·为政》。

纲，父为子纲，夫为妻纲。五常，谓仁、义、礼、智、信。文
质，谓夏尚忠，商尚质，周尚文。三统，谓夏正建寅，为人统；
商正建丑，为地统；周正建子，为天统。三纲五常，礼之大体，
三代相继，皆因之而不能变；其所损益，不过文章制度小过不
及之间。"朱熹的说法，将"文章制度"与"礼之大体"对置
起来，用今天的话来讲，意思是：具体的次要的制度是可以变
革的，但基本的、根本的制度是永远不可改变的。

以上"三纲五常""三统"这些说法，纯属想当然耳！

"三纲"之说，出自汉儒董仲舒之《春秋繁露·基义》、尤
其是汉代之《白虎通义·三纲六纪》。这其实是皇权时代的基本
制度，而非王权时代的制度，孔子是未及见的。固然，孔子确
实说过"君君、臣臣、父父、子子"①，但这话的意思不外乎是
说君要像君的样子、臣要像臣的样子、父要像父的样子、子要
像子的样子，绝无"君为臣纲、父为子纲、夫为妻纲"之意。
相反，孔子主张：

以道事君，不可则止。②

这也正是后来荀子所说的"从道不从君，从义不从父"③ 的
意思，其实是与"君为臣纲"恰恰相反的观念。

---

① 《论语·颜渊》。
② 《论语·先进》。
③ 《荀子·臣道》。

"五常"的具体内容，最初见于《孟子·滕文公上》，而且尚无"五常"之名："教以人伦：父子有亲，君臣有义，夫妇有别，长幼有序，朋友有信。"① 关于五常之"信"，孟子却说过这样的话："大人者，言不必信，行不必果，惟义所在。"② 这是耐人寻味的。孔子亦然，他不仅未必已有"五常"的观念，甚至说："言必信，行必果，硁硁然小人哉！"③ 这同样是耐人寻味的。

"三统"之论，亦出自汉儒董仲舒，又叫"三正"。他在《春秋繁露·三代改制质文》中说："三正以黑统初。正日月朔于营室，斗建寅。天统气始通化物，物见萌达，其色黑。""正白统者历正日月朔于虚，斗建丑。天统气始蜕化物，物始芽，其色白。""正赤统者历正日月朔于牵牛，斗建子。天统气始施化物，物始动，其色赤。""改正之义，奉元而起，古之王者受命而王，改制、称号、正月服色定，然后郊告天地及群神，远追祖祢。"

综上所述，"三纲五常""三统"这些观念，岂能强加于孔子？孔子之意，不过是说三代之礼制皆有因革，其所损益亦皆可以知之，如此而已。

孔子之论，特别是最后一句"其或继周者，虽百世可知

---

① "五常"之名，语出《古文尚书·泰誓下》"狎辱五常"，未必可靠；孔颖达疏"五常即五典，谓父义、母慈、兄友、弟恭、子孝"，亦未必可靠。

② 《孟子·离娄下》。

③ 《论语·子路》。

也", 是说: 社会规范及其制度将会永远变革下去, 这一点是可以预言的。这是孔子的社会正义思想中一个极为重要的方面, 充分表明了孔子绝非任何意义上的"原教旨主义者"。在孔子心目中, 现存既有的礼制、礼仪, 未必总是我们必须遵守的。

(二) 礼之"损益"的正义原则根据

上文曾引用孔子的话:

> 君子义以为质, 礼以行之, 孙 (逊) 以出之, 信以成之。①

邢昺疏云: "此章论君子之行也。义以为质, 谓操执以行者, 当以义为体质。文之以礼, 然后行之。"将"礼以行之"之"行"理解为"君子之行", 这是不确切的, 无法落实"之"字所指。其实, "之"指代的是"义"。孔子这句话的意思是: 礼以行义, 逊以出义, 信以成义。这就是说, 这里的"义以为质, 礼以行之"就是"以礼行义"的意思: "礼"是"义"的实现形式, "义"是"礼"的本质。

显然, 在孔子看来, 对社会规范及其制度进行"损益"变革的价值尺度, 就是"义"即正义原则。故孔子说:

---

① 《论语·卫灵公》。

君子之于天下也，无适也，无莫也，义之与比。①

邢昺疏云："此章贵义也。适，厚也。莫，薄也。比，亲也。言君子于天下之人，无择于富厚与穷薄者，但有义者则与相亲也。"将"适"释为"厚"、"莫"释为"薄"，是颇为勉强的。

《说文解字》："适：之也。"这就是说，"适"的意思是"往哪里去"。因此，这里的"莫"是与此相反的意思，即不往哪里去。"适"也就是"比"、亦即"从"的意思。《说文解字》："比：密也。二人为从，反从为比。"徐中舒《甲骨文字典》"比"字条："古文字正反每无别，故甲骨文'从'、'比'二字形体略同，不易区别。……在卜辞辞例中'比'、'从'二字因形近而每混用。"又"从"字条："从二人，象二人相随形"，"会随行之义"；"按卜辞中'从'、'比'二字之字形，正反互用，混淆莫辨"。这就是说，"比"与"从"乃是同源字，本义为随从、跟随，引申为随而往之、往哪里去。"无适""无莫"的意思是：并不一定非要往哪里去、或不往哪里去。"义之与比"的意思就是"唯义是从"。

因此，朱熹《集注》的解释较为合理："适，专主也，《春秋传》曰'吾谁适从'是也。莫，不肯也。比，从也。谢氏曰：'适，可也。莫，不可也。"无可无不可"，苟无道以主之，不几

---

① 《论语·里仁》。

146

于猖狂自恣乎？此佛老之学，所以自谓心无所住，而能应变，而卒得罪于圣人也。圣人之学不然，于"无可无不可"之间，有义存焉。然则君子之心，果有所倚乎！'"

　　逸民：伯夷、叔齐、虞仲、夷逸、朱张、柳下惠、少连。子曰："不降其志，不辱其身，伯夷、叔齐与！"谓柳下惠、少连，"降志辱身矣，言中伦，行中虑，其斯而已矣"。谓虞仲、夷逸，"隐居放言，身中清，废中权。我则异于是，无可无不可"。①

何晏注引马融："亦不必进，亦不必退，唯义所在。"

所以，"无适""无莫"正如《子罕》载："子绝四：毋意，毋必，毋固，毋我。"何晏注"毋必"："用之则行，舍之则藏，故无专必"；注"毋固"："无可无不可，故无固行"；注"毋我"："唯道是从。"邢昺疏"毋必""毋固"云："孔子以道为度，故不任意。常人行藏不能随时用舍，好自专必；惟孔子用之则行，舍之则藏，不专必也。常人之情，可者与之，不可者拒之，好坚固其所行也；孔子则无可无不可，不固行也。"

这就是说，在孔子看来，即使面对社会规范及其制度（礼），仍然应持一种"无可无不可"而"唯义所在"的态度。显然，在孔子心目中，"义"是比"礼"更为根本的，正义原则

---

① 《论语·微子》。

147

是比制度规范更为根本的。

此即孔子所说的"义以为上"：

> 子路曰："君子尚勇乎?"子曰："君子义以为上。君子有勇而无义为乱，小人有勇而无义为盗。"①

邢昺疏云："上即尚也"；"言君子不尚勇而上义也"；"合宜为义"。邢昺在这里不仅强调了正义原则，而且具体到了正义原则中的适宜性原则："合宜为义"。中国正义论的正义原则主要有两条：正当性原则；适宜性原则。（详见下文）

（三）"君君臣臣父父子子"的正义论阐释

孔子有一句话，人们往往误解：

> 齐景公问政于孔子。孔子对曰："君君、臣臣、父父、子子。"②

上文谈到，孔子确实说过"君君、臣臣、父父、子子"，但这话的意思不外乎是说君要像君的样子、臣要像臣的样子、父要像父的样子、子要像子的样子，绝无"君为臣纲、父为子纲、夫为妻纲"之意。

---

① 《论语·阳货》。
② 《论语·颜渊》。

邢昺疏却说："言政者正也，若君不失君道，乃至子不失子道，尊卑有序，上下不失，而后国家正也。"然而，孔子的原话尽管确为"君不失君道，臣不失臣道，父不失父道，子不失子道"之意，却没有"尊卑有序"的意思。孔子的一贯态度乃是：

> 所谓大臣者，以道事君，不可则止。①

邢昺疏云："言所可谓之'大臣'者，以正道事君，君若不用己道，则当退止也。"这个解释未指明"止"的具体内容：不再"以道"、还是不再"事君"？按照孔子的思想，他不可能主张"不再'以道事君'"；因此，唯一的可能就是不再"事君"。这也正是孔子"用之则行，舍之则藏"②的一贯态度。这就意味着：假如君不能"君君"，那么臣也就不必"臣臣"。孔子是这样说的，也是这样做的，如：

> 齐人归女乐，季桓子受之，三日不朝，孔子行。③

邢昺疏云："此章言孔子去无道也。桓子，季孙斯也，使定公受齐之女乐，君臣相与观之，废朝礼三日，孔子遂行也。案《世家》：'定公十四年，孔子年五十六，由大司寇行摄相事。于

---

① 《论语·先进》。
② 《论语·述而》。
③ 《论语·微子》。

是诛鲁大夫乱政者少正卯。与闻国政三月，粥羔豚者弗饰贾；男女行者别于途；途不拾遗；四方之客至乎邑者，不求有司，皆予之以归。齐人闻之而惧，曰："孔子为政必霸，霸则吾地近焉，我之为先并矣。盍致地？"犁鉏："请先尝沮之，沮之而不可则致地，庸迟乎？"于是选齐国中女子好者八十人，皆衣文衣而舞《康乐》，文马三十驷，遗鲁君。陈女乐文马于鲁城南高门外。季桓子微服往观再三，将受，乃语鲁君为周道游，往观终日，怠于政事。子路曰："夫子可以行矣。"孔子曰："鲁今且郊，如致膰乎大夫，则吾犹可以止。"桓子卒受齐女乐，三日不听政。郊，又不致膰俎于大夫。孔子遂行，宿乎屯。而师己送，曰："夫子则非罪。"孔子曰："吾歌可夫？"歌曰："彼妇人之口，可以出走；彼妇人之谒，可以死败。盖优哉游哉，维以卒岁。"师己反，桓子曰："孔子亦何言？"师己以实告。桓子喟然叹曰："夫子罪我以群婢也夫！"孔子遂适卫。'"

这种态度，后来孟子更发展为："君之视臣如手足，则臣视君如腹心；君之视臣如犬马，则臣视君如国人；君之视臣如土芥，则臣视君如寇仇。"[1]

所谓"以道事君"之"道"，正是作为正义原则之"义"。所以，孔子在"君君、臣臣、父父、子子"里所提出的，并不是任何具体的制度规范即"礼"，而是一种形式化的、普遍性的原则即"义"。他只是说：在一种生活方式中，假如存在着君

---

① 《孟子·离娄下》。

臣，那么，君应该像君的样子，臣应该像臣的样子；假如存在着父子，那么，父应该像父的样子，子应该像子的样子。如此而已。他并没有说君、臣、父、子具体究竟应该是什么样子。那么，具体究竟应该是什么样的呢？这就需要根据"义"的原则来进行"礼"的建构安排。所以，孔子这里所涉及的是普世的正义原则。

在这种正义原则（义）的指导下，我们进行制度规范（礼）的建构。

（四）"正名"的正义论阐释

一个社会的"礼"亦即制度规范，必定表现为一套"名"的体系，古今中外，概莫能外。例如孔子所处的春秋（以及战国）时代，正是中国社会的第一次大转型，旧的一套制度规范逐渐坍塌，也就是所谓"礼坏乐崩"，而这就表现为"名实淆乱"。所以，孔子提出了"正名"的主张。所谓"正名"，实质上是重建社会的制度规范，而表现为重建一套名分体系。故《论语》载：

> 子路曰："卫君待子为而政，子将奚先？"
> 子曰："必也正名乎！"
> 子路曰："有是哉？子之迂也！奚其正？"
> 子曰："野哉，由也！君子于其所不知，盖阙如也。名不正，则言不顺；言不顺，则事不成；事不成，则礼乐不兴；礼乐不兴，则刑罚不中；刑罚不中，则民无所错（措）

手足。故君子名之必可言也，言之必可行也。君子于其言，
无所苟而已矣！"①

邢昺疏云："此章论政在正名也。……'子曰"必也正名
乎"'者，言将先正百事之名也。……'名不正则言不顺，言
不顺则事不成，事不成则礼乐不兴，礼乐不兴则刑罚不中，刑
罚不中则民无所错手足'者，此孔子更陈正名之理也。夫事以
顺成，名由言举。名若不正，则言不顺序；言不顺序，则政事
不成；政事不成，则君不安于上，风不移于下，是礼乐不兴行
也；礼乐不行，则有淫刑滥罚，故不中也；刑罚枉滥，民则蹐
地局天，动罹刑网，故无所错其手足也。"

孔子这里的"先正百事之名"及其所陈的"正名之理"，给
出了这样一套事理逻辑：

名 → 言 → 事 → 礼乐 → 刑罚 → 民所措手足

在这个序列中，包含着这样一种事理逻辑结构：

正名 → 制礼

这就是说，孔子"正名"的一个非常重要的目的，就是重
建社会规范及其制度，以此重建社会秩序，结束"礼坏乐崩"
的混乱局面。

孔子的这种"正名"主张往往被人们误解，以为他是要
"恢复周礼"，孔子也由此被原教旨主义化，被批判为"保守"、

---

① 《论语·子路》。

"复古"、"倒退"乃至"反动"等。这是由于人们有意无意地忽视了孔子"礼有损益""义以为上"的思想。事实上，恢复曾经历史地存在过的周礼是不可能的，孔子不仅知道当时已经"礼失"而"文献不足征"，而且明白礼本来就应当有所"损益"。后来的儒学史也充分表明，儒家事实上总是在不断地重建社会的制度规范。

于是，我们就理解了孔子正义论之中的这样一个问题结构：义→礼。

第三章

孔子论"义"与"利"

——利益冲突

【作者按】此文为《中国正义论的形成——周孔孟荀的制度伦理学传统》第二编第二章，东方出版社 2015 年版，第 126～141 页。

上文讨论了孔子关于如何建构制度规范（礼）的思想：根据正义原则（义）进行建构。但我们还没有追问：在孔子思想中，一个社会为什么要建构制度规范？其实，一般来说，社会之所以需要制度规范，是因为群体生活中主体间的利益冲突需要加以调节。这就是说，礼制、正义问题的提出，乃是基于利益冲突问题的存在。这是一般正义论所要探究的一个基本课题，也是孔子的一种基本思想。

第一节 利之正当：孔子"义利之辨"

这个问题涉及儒学历史上所谓"义利之辨"的问题。人们对孔子关于利欲的观点长期存在着误解，以为孔子以"义"反"利"，拒斥利欲。为此，这里必须指出：按照孔子的观点，对利欲的节制并非对利欲的消灭。

（一）孔子岂"罕言利"

《论语》中有一句记载，是存在着争议的：

> 子罕言利与命与仁。①

何晏注云："罕者，希也。利者，义之和也。命者，天之命也。仁者，行之盛也。寡能及之，故希言也。"邢昺疏云："言天能利益庶物，使物各得其宜而和同也"；"此云'利'者，谓君子利益万物，使物各得其宜，足以和合于义，法天之利也"。

何晏所说的"利者，义之和也"以及邢昺之说，出自《周易·乾文言传》："利者，义之和也。……利物足以和义。"孔颖达疏："'利者，义之和'者，言天能利益庶物，使物各得其宜而和同也"；"'利物足以和义'者，言君子利益万物，使物各得其宜，足以和合于义，法天之利也"。这里有两点是值得注意

_____
① 《论语·子罕》。

的：其一，此"利"是说的"利物"，亦即说的利他而非利己；其二，因此，"利"是与"义"一致的而非对立的，甚至"利"就是"义"。

这样一来，就会产生一个问题：既然"利"与"义"是一致的、甚至"利"就是"义"，那么，"子罕言利"岂不是说"子罕言义"？

再者，细检《论语》，孔子言"利""命""仁"的地方其实不少，岂其"罕言"？尤其是"仁"，乃是孔子的核心观念，论述非常之多。

朱熹《集注》："罕，少也。"并引程子说："计利则害义；命之理微；仁之道大：皆夫子所罕言也。"这样的解释，仍然面临上述两个疑问。

事实上，孔子并非"罕言利"，相反，仅《论语》所记载的，其言"利"之处就相当多（详见下文）。

所以，我们认为，"子罕言利与命与仁"应当断句如下：

子罕言，利与命与仁。

意思是：孔子说话不多，（这是因为在他看来）这样更有利于承诺于天命与仁爱。

"与"本义为朋党、亲近之人、朋友。《说文解字》："与，党与也。"例如《韩非子·有度》："忘主外交以进其与"；王先慎集解："与，谓党与也。"又如《汉书·燕刺王旦传》："群臣

156

连与成朋";颜师古注:"与,谓党与也。"而引申为"亲",意谓亲与、亲近。例如《周易·咸象传》:"二气感应以相与";陆德明释文:"与,犹亲也。"又引申为"许",亦即许诺、承诺、承认。例如《史记·魏世家》:"以秦之强,足以为与也";司马贞索隐:"与,谓许与为亲而结和也。"

"与"字的这种用法,乃是《论语》的常见用法。例如《微子》:"吾非斯人之徒与而谁与?"邢疏:"与,谓相亲与。"《公冶长》"吾与女弗如也"朱熹集注:"与,许也。"《述而》"唯我与尔有是夫"皇侃义疏:"与,许也。"《八佾》"礼与其奢也宁俭"刘宝楠正义:"与,犹许也。"

所以,皇侃《论语义疏》解释"子罕言利与命与仁"之"与":"与者,言语许与之也。"

孔子的为人,确实往往显得"不善言辞":

> 孔子于乡党,恂恂如也,似不能言者。其在宗庙、朝廷,便便言,唯谨尔。①
> 过位,色勃如也,足躩如也,其言似不足者。②

这其实并不是因为孔子果真不善言辞,而是因为在他看来,君子应该言辞谨慎:

---

① 《论语·乡党》。
② 《论语·乡党》。

子曰："君子……敏于事而慎于言，就有道而正焉，可谓好学也已。"①

子曰："君子欲讷于言而敏于行。"②

子曰："君子耻其言而过其行。"③

子曰："古者言之不出，耻躬之不逮也。"④

子曰："其言之不怍，则为之也难！"⑤

子张学干禄。子曰："多闻阙疑，慎言其余，则寡尤；多见阙殆，慎行其余，则寡悔。言寡尤，行寡悔，禄在其中矣。"⑥

孔子曰："侍于君子有三愆：言未及之而言，谓之躁；言及之而不言，谓之隐；未见颜色而言，谓之瞽。"⑦

子曰："可与言，而不与之言，失人；不可与言，而与之言，失言。知者不失人，亦不失言。"⑧

但这并不是说孔子主张凡事缄默、一言不发，而是说，在孔子看来，言辞不在于多，而在于"中"，即今所谓"一语中的"，

---

① 《论语·学而》。
② 《论语·里仁》。
③ 《论语·宪问》。
④ 《论语·里仁》。
⑤ 《论语·宪问》。
⑥ 《论语·为政》。
⑦ 《论语·季氏》。
⑧ 《论语·卫灵公》。

否则无益乃至有害。所以，孔子曾夸赞闵子骞："夫人不言，言必有中。"① 孔子自己正是如此，例如："子贡问曰：'有一言而可以终身行之者乎？'子曰：'其"恕"乎！……'"② 这是孔子"言必有中"的一个典型例子。

孔子这种"罕言"的观念，与他关于"言"与"仁"、"命"之关系的观念密切相关：

1."罕言"与"命"

孔子之所以"罕言"，这与他的"天命"观念有关：

> 子曰："予欲无言。"子贡曰："子如不言，则小子何述焉？"子曰："天何言哉？四时行焉，百物生焉，天何言哉？"③

邢昺疏云："此章戒人慎言也。'子曰："予欲无言"'者，君子讷于言而敏于行，以言之为益少，故欲无言。……'子曰："天何言哉？四时行焉，百物生焉，天何言哉"'者，此孔子举天亦不言而令行以为譬也。天何尝有言语哉？而四时之令递行焉，百物皆依时而生焉，天何尝有言语教命哉？以喻人若无言，但有其行，不亦可乎！"

其实，孔子在这里不仅是"戒人慎言"而已，而是更有深

---

① 《论语·先进》。
② 《论语·卫灵公》。
③ 《论语·阳货》。

意：人应该依天道而行；天固然"无言"，却叫做"天命"，而"命"作为"口令"却正是一种"言"，此乃"无言之言"——以"行"为"言"，化成万物；所以，人也应当以"行"为"言"，化成天下。而众所周知，孔子是遵从、敬畏"天命"的：

> 孔子曰："君子有三畏：畏天命，畏大人，畏圣人之言。小人不知天命而不畏也，狎大人，侮圣人之言。"①

这里出现了两种"言"，即："天命"；"圣人之言"。"聖"字的结构，关键部分是"耳"与"口"。"耳"在于听，听什么？听"天命"。"口"在于说，说什么？说的也是"天命"。于是，圣人就是天人之间的中介，其地位类似于西方神祇赫耳墨斯（Hermes）（这就是西方"诠释学"［hermeneutics］的词源）。

所谓"圣人之言"，其所言的内容首先就是"仁"。这是因为，在孔子、儒家看来，天命的核心就是仁爱。于是，"子罕言"便与"仁"关联起来：圣人法天，有仁爱之心，故"罕言"。

2. "罕言"与"仁"

孔子之所以"罕言"，也与他的"仁爱"观念有关。

首先，孔子反对"巧言"。他说："巧言、令色、足恭，左

---

① 《论语·季氏》。

丘明耻之，丘亦耻之"①；"巧言乱德"②。何晏注"巧言"，引包
氏之说"好其言语"③，就是"话说得很好听"的意思。关于
"巧言乱德"，何晏注引孔氏："巧言利口则乱德义"；邢昺疏云：
"此章戒人慎口忍事也。'有言者不必有德'，故'巧言利口则乱
德义'。"这里有两点是值得注意的：其一，这里仍然是讲"慎
言"的问题；其二，这里涉及的乃是"德义"问题。

所谓"德义"，按孔子的意思，就是"仁"的问题：

> 子曰："巧言令色，鲜矣仁。"④

邢昺疏云："其若巧好其言语，令善其颜色，欲令人说
（悦）爱之者，少能有仁也。"孔子的意思是：美丽动听的言辞
往往意味着仁爱的缺乏。相反：

> 司马牛问仁。子曰："仁者，其言也讱。"曰："其言也
> 讱，斯谓之仁已乎？"子曰："为之难，言之得无讱乎？"⑤

何晏注云："讱，难也"；孔子之语意为"行仁难，言仁亦

---

① 《论语·公冶长》。
② 《论语·卫灵公》。
③ 《论语注疏·学而》。
④ 《论语·学而》。
⑤ 《论语·颜渊》。

不得不难"。邢昺疏云：孔子"言仁道至大，非但行之难也，其言之亦难"。这种解释恐怕并不确切。按照这种解释，司马牛问什么是"仁"，孔子回答"仁"是很难解释的。这就是说，孔子不回答司马牛的问题。但实际上孔子是正面回答了司马牛的问题的："仁者，其言也切。"这句话的意思是：仁人往往显得不善言辞。这正与孔子所说的"巧言令色，鲜矣仁"的意思相应。换句话说，孔子所说的"难言"的对象或内容并非"仁"。

这其实是不难理解的：美丽动听的言辞往往意味着夸夸其谈，换句话说，这意味着缺乏"诚"，而"诚"正是仁爱的表现。反之，"仁"而"诚"者，没有什么美丽动听、夸夸其谈的言辞，甚至拙于辞令。所以，

子曰："刚毅木讷近仁。"①

何晏注引王氏："刚无欲，毅果敢，木质朴，讷迟钝。有斯四者，近于仁。"邢昺疏云："仁者其言也讷，讷者迟钝，故讷近仁也。"

3. "罕言"与正义论问题

上文所说孔子主张"言必有中"，这个"中"的一种重要表现就是"义"。所以，《卫灵公》有这样两条连续的记载：

––––––––––––

① 《论语·子路》。

　　子曰："群居终日，言不及义，好行小慧，难矣哉！"

　　子曰："君子义以为质，礼以行之，孙（逊）以出之，信以成之。君子哉！"

　　这里"信以成之"之"信"正是讲的"言"。《说文解字》："信：诚也。从人、从言。会意。"这就是说，"信"所成的是"义""礼"。换句话说，诚信的言辞根本上是正义的表现。孔子说："人而无信，不知其可也。"① 于是，下面这段对话也就不难理解了：

　　子问公叔文子于公明贾曰："信乎，夫子不言、不笑、不取乎？"公明贾对曰："以告者过也。夫子时然后言，人不厌其言；乐然后笑，人不厌其笑；义然后取，人不厌其取。"②

　　公明贾对于孔子之不苟言笑的评论，颇具深意："时然后言"、"义然后取"这种表达方式，乃是汉语"互文见义"的修辞手法，意谓：孔子时而义然后言而取。这里强调了"时""义"，《易传》谓之"时义"，正是中国正义论中的正义原则的"时宜"观念。

---

　　①　《论语·为政》。
　　②　《论语·宪问》。

与正义原则的建构和礼制的建立相关的一种言辞问题，就是"正名"的问题：

> 子曰："必也正名乎！……名不正，则言不顺；言不顺，则事不成；事不成，则礼乐不兴；礼乐不兴，则刑罚不中；刑罚不中，则民无所措手足。故君子名之必可言也，言之必可行也。君子于其言，无所苟而已矣！"①

孔子的意思是：唯有通过"正名"，才能使"礼乐"得"兴"、"刑罚"得"中"，然后人们才有行为规范。

综上所述，总而言之，"子罕言利与命与仁"这句话与我们这里讨论的利益问题无关。

（二）公利的正当性

这里我们先做一个区分：就其主体而论，利欲可分为两类：私利（利己）和公利（利人）。对于这两类"利"，孔子都有相当充分的言说。

这里先谈公利或利人。其实，这一点应该是没有任何争议的：孔子、儒家的全部关怀所在，就是群体的公利，亦即"博施于民而能济众""修己以安百姓"：

> 子贡曰："如有博施于民而能济众，何如？可谓仁乎？"

_____

① 《论语·子路》。

子曰："何事于仁？必也圣乎！尧、舜其犹病诸！"①

　　子路问君子。子曰："修己以敬。"曰："如斯而已乎？"曰："修己以安人。"曰："如斯而已乎？"曰："修己以安百姓。修己以安百姓，尧、舜其犹病诸！"②

孔子进一步所关注的，乃是如何济众安人，如何达致公利。例如：

　　子夏为莒父宰，问政。子曰："无欲速，无见小利。欲速则不达，见小利则大事不成。"③

这里是谈的为政，此所谓"利"当然不是子夏为自己谋私利，而是要谋鲁国之邑莒父之利，对于子夏来说，这当然是一种公利。孔子的意思是：公利也是有大、小之分的。"见小利则大事不成"，显然是在讨论如何达致更大的公利的问题。又如子张问于孔子曰："何如斯可以从政矣？"

　　子曰："尊五美，屏四恶，斯可以从政矣。"

　　子张曰："何谓五美？"

　　子曰："君子惠而不费，劳而不怨，欲而不贪，泰而不

---

① 《论语·雍也》。
② 《论语·宪问》。
③ 《论语·子路》。

骄，威而不猛。……因民之所利而利之，斯不亦惠而不费乎！择可劳而劳之，又谁怨？欲仁而得仁，又焉贪？君子无众寡，无大小，无敢慢，斯不亦泰而不骄乎！君子正其衣冠，尊其瞻视，俨然人望而畏之，斯不亦威而不猛乎！"……①

这就是说，君子从政应该"惠而不费"，具体来说就是"因民之所利而利之"。这儿有三层意思：其一、"惠"是仁爱的意思，这里就是爱民；其二、既然爱民，就要利民；其三、利民之方，乃是因民之自利而利之。对于人民来说，这是私利，而这是君子应该给予尊重的；对于君子来说，这是公利，是君子应该谋求的。孔子另一处的说法，也与此相应：

子谓子产："有君子之道四焉：……其养民也惠，其使民也义。"②

显然，"养民也惠"对应着"惠而不费"，是说的爱民；"使民也义"对应着"因民之所利而利之"，是说的利民。这里，"利"与"义"是一致的。这也就是孔子所说的"务民之义"：

---

① 《论语·尧曰》。
② 《论语·公冶长》。

樊迟问知。子曰："务民之义，敬鬼神而远之，可谓知矣。"①

显而易见，"务民之义"就是"因民之所利而利之"。

至此，我们可以得出一个结论：对于孔子、儒家来说，公利与正义是完全一致的。

(三)　私利的正当性

再说私利或利己。细检《论语》乃至所有相关的先秦文献，孔子从来没有要求消灭私利。这个道理其实是很简单的：消灭了私利，其实也就取消了礼义问题得以提出的前提。这是因为：礼制、正义问题的提出，恰恰意在解决利益冲突的问题。关于这个问题，《礼记·礼运》的说法值得参考：大同之世，是不需要什么礼义的，因为那时"天下为公"，人们根本没有私利；礼义之所以是必要的，而且"如此乎礼之急"，恰恰就是因为这是小康之世，人们已有了私利，"天下为家，各亲其亲，各子其子，货力为己"，这才需要"礼义以为纪，以正君臣，以笃父子，以睦兄弟，以和夫妇，以设制度"。

在这种情况下，孔子所要求于人们的并非彻底摒除利欲，而是"见利思义"：

子路问成人。……曰："今之成人者何必然？见利思

---

①　《论语·雍也》。

义，见危授命，久要不忘平生之言，亦可以为成人矣。"①

孔子曰："君子有九思：……见得思义。"②

所谓"见利思义""见得思义"并非以义去利，而是以义节利：

子曰："饭疏食、饮水，曲肱而枕之，乐亦在其中矣！不义而富且贵，于我如浮云。"③

谋求自己的"富且贵"，当然是一种私利。关于这种私利，那种"不义"而富贵，孔子当然是反对的，这也是孔子正义论的必然要求；但是，假如"义"而富贵呢？孔子是否反对？

子曰："富而可求也，虽执鞭之士，吾亦为之。如不可求，从吾所好。"④

孔子的意思是：如果富贵是"可求"的，我就会"为之"。所谓"可求"的，就是合乎礼义的。故孔子说：

---

① 《论语·宪问》。
② 《论语·季氏》。
③ 《论语·述而》。
④ 《论语·述而》。

　　富与贵，是人之所欲也；不以其道得之，不处也。贫
与贱，是人之所恶也；不以其道得之，不去也。①

　　这里，孔子并没有否定人们欲富贵、恶贫贱的意思，并没
有反对人们追求私利。他所要求的只是：这种私利应该是"以
其道得之"。此"道"也就是渊源于仁爱的礼义。这也就是孔子
所说的：

　　邦有道，贫且贱焉，耻也；邦无道，富且贵焉，
耻也。②

　　总之，孔子并不主张消灭私利、反对谋求私利；相反，在
他看来，只要能够"见利思义""见得思义"，那么，私利也是
正当的。至于究竟什么是"义"，这是下文讨论的问题。

第二节　礼以节利：孔子"无讼"之意

（一）射礼：君子不争之争

　　正义论所处理的问题，或者说由正义原则出发而达致社会
规范建构及其制度安排的目的，其实就是解决利益冲突问题。

---

① 《论语·里仁》。
② 《论语·泰伯》。

但凡涉及利益问题，必然存在竞争。对此，孔子在谈到射礼时，认为：

> 君子无所争，必也射乎！揖让而升，下而饮，其争也君子。①

何晏注引孔氏："言于射而后有争。"邢昺疏云："'君子无所争'者，言君子之人，谦卑自牧，无所竞争也。'必也射乎'者，君子虽于他事无争，其或有争，必也于射礼乎！言于射而后有争也。'揖让而升，下而饮'者，射礼于堂，将射升堂，及射毕而下，胜饮不胜，其耦皆以礼相揖让也。'其争也君子'者，射者争中正鹄而已，不同小人厉色援臂，故曰'其争也君子'。"

注疏之意，并不是十分确切，并没有抓住问题的实质；而且"无所竞争"与"其或有争""于射而后有争""射者争中正鹄"也是自相矛盾的。

孔子的原话，乍看起来，"君子无所争"与"其争也君子"似乎也是矛盾的，但其实孔子这里所说的是不同意义的"争"：一方面，"君子无所争"是对"争"的否定，因为这是无礼义的争，这时应该"君子矜而不争"②；而另一方面，"其争也君子"

---

① 《论语·八佾》。
② 《论语·卫灵公》。

是对"争"的肯定，因为这是有礼义的争，就是"齐之以礼"①，否则"勇而无礼则乱"②。

换言之，孔子的意思是："争"是不可避免的，但应该受到"礼"的节制。这正是"礼"的意义所在：调节利益冲突。

关于射礼，孔子还说过：

射不主皮，为力不同科，古之道也。③

朱熹集注："'为力不同科'，孔子解礼之意如此也。皮，革也。布侯而栖革于其中以为的，所谓鹄也。科，等也。古者射以观德，但主于中，而不主于贯革。盖以人之力有强弱，不同等也。《记》曰：'武王克商，散军郊射，而贯革之射息。'正谓此也。周率礼废，列国兵争，复尚贯革，故孔子叹之。杨氏曰：'中可以学而能，力不可以强而至。'圣人言古之道，所以正今之失。"

朱熹的意思，射礼的意义不在尚力，而在观德。如果这里所说的"德"是与"争"截然对立的，那么，这种理解是不全面的，因为射礼的目的假如仅仅是"观德"，则射之"中"与不"中"就不重要了。但实际上射礼是"主于中"的，换句话说，射之技能的考察是其基本的目的之一。《论语注疏》引《周礼·天官·司裘职》注云："大射者，为祭祀射。王将有郊庙之事，

① 《论语·为政》。
② 《论语·泰伯》。
③ 《论语·八佾》。

以射择诸侯及群臣与邦国所贡之士可以与祭者。射者可以观德行，其容体比于礼，其节比于乐，而中多者得与于祭。诸侯谓三公及王子弟封于畿内者，卿大夫亦皆有采地焉，其将祀其先祖，亦与群臣射以择之。……谓之'鹄'者，取名于鳱鹄，鳱鹄小鸟而难中，是以中之为隽。亦取鹄之言较，较者直也。射所以直己志。"这里的"射以择之""以中之为隽""中多者得与于祭"，显然是一种"较"，即通过一种"合礼"的较量、竞争来表现自己的意志、达到自己的目的。

何晏的解释不同于朱熹，而认为："主皮"的意思是"能中质"（"中皮"），即能射中鹄的；"主皮"只是射礼的"五善"（五种目的"和""容""主皮""和容""兴舞"① ）之一，"射者不但以中皮为善"。邢昺也说："射有五善焉，不但以中皮为善，亦兼取礼乐容节也。周衰礼废，射者无复礼容，但以主皮为善，故孔子抑之云：'古之射者不主皮也。'"

孔子所谓"射不主皮"的意思是：射礼尽管也是一种竞争较量，但是，这种竞争较量并非射礼的根本目的；礼的目的，在于把竞争纳入一定的规范之中。因此，所谓"射以观德"或"射者可以观德行"，这里的"德行"显然并不是说的与"争"截然对立的道德，而是说的其"争"是否合乎"礼"的规范。这才是"孔子解礼之意"之所在：不争之争。

---

① "五善"的具体内容，注误，疏据《周礼·乡大夫职》改之："退而以乡射之礼五物询众庶：一曰和，二曰容，三曰主皮，四曰和容，五曰兴舞。"

（二）无讼：以礼节利

利益冲突即"争"的一种典型表现是"讼"，亦即争讼，今所谓"打官司"。我们来看看孔子是什么态度。

孔子称赞子路：

> 片言可以折狱者，其由也与。①

何晏注："听讼必须两辞以定是非，偏信一言以折狱者，唯子路可。"邢昺疏："片，犹偏也。折，犹决断也。凡听讼必须两辞以定是非，偏信一言以决断狱讼者，唯子路可"；"《周礼·秋官·大司寇职》云：'以两造禁民讼，以两剂禁民狱。'注云：'"讼"谓以财货相告者。"狱"谓相告以罪名者。造，至也。剂，今券书也。使讼者两至，狱者各赍券书，既两至、两券书，乃治之。不至及不券书，则是自服不直者也。'"

这里有几点是值得注意的："狱讼"是指的以财货相告以罪名，这是一种物质利益冲突；"券书"乃是一种契约；狱讼的判决通常应当"两造"亦即双方以契约相对质，"两辞以定是非"。这里的关键，乃是作为契约的券书，规定了双方的权利和责任与义务。

孔子主张化解利益冲突：

---

① 《论语·颜渊》。

子曰："听讼，吾犹人也，必也使无讼乎！"①

关于"必也使无讼乎"，何晏注引王氏之说："化之在前"，即化解于狱讼之前。这其实是不对的，因为如果已经化解于事前，那就无所谓"听讼"了。邢昺疏云"言听断狱讼之时，备两造，吾亦犹如常人，无以异也。言与常人同。必也，在前以道化之，使无争讼乃善。"这也与何晏注一样自相矛盾。

邢昺又引王弼《周易注》说："案《周易·讼卦象》曰：'天与水违行，讼。君子以作事谋始。'王弼云：'"听讼，吾犹人也，必也使无讼乎！"无讼在于谋始，谋始在于作制。契之不明，讼之所以生也。物有其分，职不相滥，争何由兴？讼之所以起，契之过也。故有德司契而不责于人。'"

按照王弼的理解："必使无讼"是说的"作事谋始"；"无讼在于谋始，谋始在于作制"；"作制"乃是"司契"，"契"即作为契约的券书。因此，孔子的意思就是：化解利益冲突的关键，在于契约制度。契约所规定的是双方的权利和责任与义务等等，此即王弼所说的"物有其分，职不相滥"。此所谓"分""职"是说的"职分"，就是"礼"规定的"名分"，故王弼称之为"作制"，就是一种制度安排。

因此，按照孔子的思想，就其实质而论，正义的礼制是对

---

① 《论语·颜渊》。

利欲的一种节制。这也就是有子所谓"不以礼节之，亦不可行也"①，荀子所谓"内外上下节者，义之情也"②、"礼者，节之准也"③，故"礼"亦谓之"节"、谓之"礼节"。

（三）喻义：不放于利

以上讨论表明，在孔子思想中，"利"并不是"义"的对立面。诚然，孔子说过：

> 放于利而行，多怨。④

何晏注引孔氏："放，依也。每事依利而行。"邢昺疏云："言人每事依于财利而行，则是取怨之道也，故多为人所怨恨也。"则孔子的意思只是说：假如人们都依据利欲而行事，那么这个社会必定充满怨恨祸乱。

有鉴于此，必须充分地申明正义的礼制的意义。这也就是孔子所讲的：

> 君子喻于义，小人喻于利。⑤

---

① 《论语·学而》。
② 《荀子·强国》。
③ 《荀子·臣道》。
④ 《论语·里仁》。
⑤ 《论语·里仁》。

这里容易产生的一个误解，就是把"义"和"利"截然对立起来，似乎君子只讲"义"，小人只讲"利"。这里的关键在于"喻"字。"喻"的意思是明晓某种道理。何晏注引孔氏："喻，犹晓也。"邢昺疏云："此章明君子小人所晓不同也。喻，晓也。君子则晓于仁义，小人则晓于财利。"所以，孔子的意思是：小人唯明晓于利欲；君子不仅晓利，更明晓于正义。这里并没有否定"利"的意思。

行文至此，我们可以得出一个结论：对于孔子、儒家来说，私利与正义并不是截然对立的。相反，我们看到，在孔子那里是这样一个问题结构：

利 → 义 → 礼

这就是说，孔子正义论的宗旨所在，正是要解决私利之间的冲突问题；解决之道，就是根据正义原则（义）来建构起一种正当、适宜的制度规范（礼）。

第四章

孔子论"义"与"仁"

——仁爱情感

【作者按】此文为《中国正义论的形成——周孔孟荀的制度伦理学传统》第二编第三章，东方出版社 2015 年版，第 142~160 页。

　　但是，这里又可提出一个问题：群体生存中为什么总是会有利益冲突呢？进一步说，人为什么总是会有利欲呢？一般来说，人们对此问题的回答会比较简单化。比如，人们可以引证荀子的说法："人生而有欲。"① 意思是：利欲是天生的。但实际上，问题不是这么简单。本章将分析孔子关于"欲"与"爱"之间关系的思想。

---

　　① 《荀子·礼论》。

第一节　孔子论人性与仁爱情感

对于"人为什么有欲"这个问题，孔子以后的儒者往往是诉诸某种人性论，例如荀子有"性恶"论，孟子有"性善"论。然而问题在于：假如这种人性论是形而上学意义上的本体论，"性"是给出所有一切存在者之存在的本体、终极根据，那么，"性恶"论就无法回答"善何以可能"的问题，"性善"论也无法回答"恶何以可能"的问题。宋儒试图通过提出"天地之性"和"气质之性"的区分来回答这个问题，却陷入了二元论，而且仍然还是一种形而上学的观念模式。而在孔子那里，恐怕原本并没有这样的形而上学人性论。

（一）性近习远：学而习之

关于人性，按《论语》所载，孔子只说过：

性相近也，习相远也。①

《论语注疏》是把"子曰：'性相近也，习相远也。'"和"子曰：'唯上知与下愚不移。'"两章作为一个整体、视为一章来处理的。注引孔氏："君子慎所习"；"上知不可使为恶，下愚不可使强贤"。疏称："此章言君子当慎其所习也。性，谓人所

---

① 《论语·阳货》。

禀受，以生而静者也，未为外物所感，则人皆相似，是'近'也。既为外物所感，则习以性成，若习于善则为君子，若习于恶则为小人，是'相远'也。故君子慎所习。然此乃是中人耳，其性可上可下，故遇善则升，逢恶则坠也。孔子又尝曰：'唯上知圣人不可移之使为恶，下愚之人不可移之使强贤。'此则非如中人性习相近也。"

这样的解释，实在有太多的后世观念强加于孔子。最严重的问题是，这种理解会使孔子的思想观念陷于自相矛盾：假如"上知"和"下愚"是说的先天的"性"、而有如此之大的极端区别，那么，这显然就与"性相近"的说法相矛盾。因此，反过来说，如果我们认定孔子的思想并无这种矛盾，而他说"性相近"，这就可以肯定，他所说的"上知"和"下愚"必定并不是在说先天的"性"问题，倒是恰恰相反，"上知"和"下愚"其实是"习"的结果，故如此之"相远"。唯其如此，孔子强调"慎其所习"。

这就是说，两章之间确有密切关系，正如朱熹所说，下章"此承上章而言"；但这种关系并非注疏所理解的那种关系，其所承者并非"性"的问题，而是"习"的问题。

然而朱熹仍然理解为"性"的问题，而为了避免上述矛盾，他区分"本性"和"气质之性"，而云："此所谓'性'，兼气质而言者也。气质之性，固有美恶之不同矣；然以其初而言，则皆不甚相远也，但习于善则善，习于恶则恶，于是始相远耳。程子曰：'此言气质之性，非言性之本也。若言其本，则性即是理，理无不善，孟子之言"性善"是也，何"相近"之有哉？'"

这样的解释，同样有太多的后世观念强加于孔子，诸如"性即是理"、两种性之区分等。而且，这种说法本身也是存在着矛盾的。如朱熹说："人之气质相近之中，又有美恶一定，而非习之所能移者。"然而"美""恶"明明相去甚远，怎么可能"相近"呢？岂非自相矛盾！再者，既然"气质之性……以其初而言"就是"气之本"，乃是"性善"的，它又怎么可能生出"美恶之不同"呢？如果这种"美恶之不同"是由于后天的"习于善则善，习于恶则恶"，这还是先天的"性"吗？

上述种种矛盾，不可能是孔子思想本身的矛盾，而只可能是后世解释者的矛盾，因为孔子并没有谈论那么多的附加观念，他仅仅说了"性相近也，习相远也"而已。我们所唯一可以肯定的是：孔子的看法，如果说"习"是后天的问题，使人与人之间相去甚远，那么"性"就是先天的问题，本来没有多大差别。孔子的意思不过是：现实生活中的人尽管相去甚远，但他们在先天的本性上是没有多大差别的。

先秦诸子论"性"，尽管存在着种种不同的观点，却有一个共同的观念平台，那就是："性"乃是说的天生的、与生俱来的人性，亦即告子所说的"生之谓性"①。② 孔子亦然。

这种先天的"性"，孔子有时也称之为"德"。他说：

> 天生德于予，桓魋其如予何！③

这里所说的"德"既然是"天生"的，当然也就是"性"，故有"德性"之说。邢昺疏云："言'天生德于予'者，谓天授我以圣性，德合天地，吉无不利，桓魋必不能害我，故曰'其如予何'。"

但严格说来，"德"在孔子那里有两种不同的用法：有时是说的先天的"德性"；而有时是说的后天的"德行"。例如以下各语，都是在说后天的德行：

> 德行：颜渊、闵子骞、冉伯牛、仲弓。④

——"德行"列为"孔门四科"之一，是作为后天的教育问题来看待的。

---

① 《孟子·告子上》。

② 孟子尽管反对告子的人性论，但其所反对的并不是"生之谓性"，而是主张：对于那种可称之为"天性"（《孟子·尽心上》）的东西，"君子不谓性"而谓之"命"（《孟子·尽心下》）。

③ 《论语·述而》。

④ 《论语·先进》。

有德者必有言，有言者不必有德。①

——既有"有德者"，当然就有"无德者"；然而如果"德"是说的天生之"性"，怎么会有"无德者"呢？

中庸之为德也，其至矣乎！民鲜久矣。②

——民无中庸之"德"，可见此"德"是说的后天的德行。

德之不修，学之不讲，闻义不能徙，不善不能改，是吾忧也。③

——此"德"是可以"修"的，可见这是后天的德行。

君子之德，风；小人之德，草。草上之风，必偃。④

——这里区分"君子之德"和"小人之德"、且两者相去甚远，可见这不是先天的"性相近"的范畴。

---

① 《论语·宪问》。
② 《论语·雍也》。
③ 《论语·述而》。
④ 《论语·颜渊》。

　　樊迟从游于舞雩之下，曰："敢问崇德、修慝、辨惑。"
子曰："善哉问！先事后得，非崇德与？……"①

　　——"德"乃"先事后得"的结果，可见这是后天的德行。

　　最后一条记载尤其值得注意："先事后得"。《说文解字》这
几个字其实是同源词："德：升也。从彳。""惪：外得于人，内
得于己也。从直、从心。""得：行有所得也。从彳。"徐中舒
《甲骨文字典》"徝"字条："甲骨文'徝'字应为'德'之初
文"；"后增'心'作'德'"；"直""象目视县（悬锤）以取
直之形"；"从'彳'有'行'义"；"此字当会循行察视之义"。
又"得"字条："从又持贝，会有所得之意。或增'彳'，同。"
这些都表明"德"的本义皆指后天所得，亦即孔子所说的"先
事后得"。

　　但无论如何，孔子"天生德于予"这句话所说的"德"是
"天生"的，就是先天的人性。同时须注意的是，孔子此话，从
字面上来看，并无注疏所谓"天授我以圣性"的意思。孔子仅
仅是说：天赋我以人性，桓魋能奈我何！邢昺说得不错："此章
言孔子无忧惧也。"但也仅此而已，我们不必去"挖掘"太多的
"微言大义"。

　　总之，孔子固然已经有人性论的观念，但未必有后世那种
"性善""性恶"之类的观念。孔子更加重视的，不是先天的

---

　　① 《论语·颜渊》。

"性"，而是后天的"习"，亦即注疏所说的"慎其所习"。故《论语》开宗明义就讲：

学而时习之，不亦说乎！①

邢昺疏云："此章劝人学为君子也。……《白虎通》云：'学者，觉也，觉悟所未知也。'孔子曰：'学者而能以时诵习其经业，使无废落，不亦说怿乎？……'"

既然"学为君子"，则君子并不是先天的"性"的结果，而是后天的"习"的结果。此所谓"习"未必就是狭义的"诵习经业"。《论语》全文记载孔子谈"习"，仅此两处：性近远；学而习之。如果两处的"习"的用法是一致的，那么，"学而习之"就不仅是"诵习经业"，而是更为广义地泛指在生活中的习行、实践；在这种社会生活实践中，所获得的就不是什么先天的"德性"，而是后天的君子"德行"。

（二）三年之丧：礼由情生

因此，孔子讨论"礼义"问题，不是从"性"出发，而是直接诉诸生活情感。例如：

宰我问："三年之丧，期已久矣。君子三年不为礼，礼

① 《论语·学而》。

必坏；三年不为乐，乐必崩。旧谷既没，新谷既升，钻燧改火，期可已矣。"

子曰："食夫稻，衣夫锦，于女安乎？"

曰："安。"

"女安则为之！夫君子之居丧，食旨不甘，闻乐不乐，居处不安，故不为也。今女安，则为之！"

宰我出。子曰："予之不仁也！子生三年，然后免于父母之怀。夫三年之丧，天下之通丧也。予也有三年之爱于其父母乎？"①

孔子这里首先谈及的是一种情绪"安""不安"，进而诉诸一种感情"仁""爱"。按照孔子的意思，三年之丧的礼制乃渊源于对父母的那种爱的情感。或许我们可以说这种情感就是"性"或者所谓"性之所发"，但是我们仍然很难说这种情感就是后儒所说的那种本体论意义上的"性"。

在孔子那里，仁爱首先是一种情感，这一点应该是确定无疑的；同时，这种仁爱情感就是所有一切的大本大源，孔学也因此而称为"仁学"，这一点同样是确定无疑的。所以孔子才说：

---

① 《论语·阳货》。

　　人而不仁，如礼何？人而不仁，如乐何？①

　　在礼之中，孔子所看重的并不是外在的"礼仪"（制度的外在表现形式）：

　　礼云礼云！玉帛云乎哉？乐云乐云！钟鼓云乎哉？②

　　他所看重的也并不是"礼制"（社会规范及其制度）本身：

　　禘，自既灌而往者，吾不欲观之矣。③

　　对这段话的理解，是有分歧的。禘是一种祭祀，朱熹《集注》引赵伯循之说："禘，王者之大祭也。王者既立始祖之庙，又推始祖所自出之帝，祀之于始祖之庙，而以始祖配之也。"这就是说，禘是既祭祖又祭帝。而"灌"，朱熹《集注》认为："灌者，方祭之始，用郁鬯之酒灌地，以降神也。"这跟他对《易·观》之"盥"的解释是不一致的，是继承了何晏《集解》的说法："灌者，酌郁鬯灌于太祖，以降神也。"④ 然而我们认为，此处的"灌"也就是《易·观》之"盥"。而"灌"却是

－－－－－－－－－－

① 《论语·八佾》。
② 《论语·阳货》。
③ 《论语·八佾》。
④ 《论语注疏·八佾》。

河流之名，《说文》："灌，水出庐江雩娄北入淮水。"这里是假借字，"灌"就是"盥"，亦即"澡手"（洗手），而非"进爵灌地"。此后的"既灌而往者"就是"既盥而往者"，亦即《易·观》"盥而不荐"之"荐"。

王弼注云："王道之可观者，莫盛乎宗庙；宗庙之可观者，莫盛于盥也。至荐，简略不足复观。故观盥而不观荐也。"① 这就是说，此卦是讲：观之所观，乃是宗庙祭祀。但王弼的解释也存在问题，在他看来，之所以"观盥而不观荐"，是因为盥"盛"而荐"简略"。汉儒已有此说，李鼎祚《集解》引马融："此（盥）是祭祀盛时；及神降荐牲，其礼简略，不足观也。"② 后世也都采取此说：礼仪盛大便足以观，礼仪简略则不足观。其实，"盥"与"荐"是祭祀之中的先后程序。李鼎祚《周易集解》引马融："盥者，进爵灌地，以降神也。"③ 朱熹《周易本义》却解为："盥，将祭而洁手也。"④ 马解为"降神"，是已开始祭；而朱解为"洁手"，是"将祭"而尚未开始祭。从"盥"字的字形看，应以朱说为佳。《说文》："盥，澡手也。从臼（案：象双手之形）水临皿。"这就是今天俗话说的"洗手"，而非马融所说的"进爵灌地"。那么，正式祭祀之前，先把手洗干净，这是谈不上什么"盛"的，不过是准备"荐"、亦

① 《周易正义·观》。
② 李鼎祚：《周易集解·观》。
③ 李鼎祚：《周易集解·观》。
④ 朱熹：《易本义·观》。

即奉进祭品而已。孔颖达解释："荐者，谓既灌之后，陈荐笾豆之事。"① 朱熹说得更简明："荐，举酒食以祭也。"② 这是正式的祭祀活动，我们决不能说不"盛"反倒"简略"。

孔子的意思，正是《易·观》所说的"盥而不荐"。那么，孔子为什么说"既灌而往者吾不欲观之"呢？何晏《集解》认为："既灌之后，列尊卑，序昭穆；而鲁逆祀，跻僖公，乱昭穆，故'不欲观之矣'。"朱熹《集注》引赵伯循之说，虽与何晏之说略有差异，但还是认为是因为鲁祭非礼："成王以周公有大勋劳，赐鲁重祭，故得禘于周公之庙，以文王为所出之帝，而周公配之，然非礼矣。"这样的解释，实在过于牵强附会。试想：孔子既然"不欲观"那"既灌而往"的非礼之祭，何以偏偏又要"观"那为此非礼之祭做准备的"灌"呢？无论如何解释这个"灌"字，"洁手"也好，"进爵降神"也好，孔子之所以只观"灌"、不观"荐"，都不可能是因为什么鲁祭非礼的缘故，否则于理不通。然而朱熹曲为之解："盖鲁祭非礼，孔子本不欲观；至此而失礼之中，有失礼焉，故发此叹也。"意思是：孔子本来是连"灌"也都"不欲观"的。可是，孔子既然本"不欲观"，他为什么偏偏又"观"了呢？显然，传统的解释都是不能服人的。其实，孔子说他"既灌而往者吾不欲观之"，恰恰表明了"灌"本身是他"欲观"的。

---

① 《周易正义·观》。
② 朱熹：《易本义·观》。

孔子为什么欲观"灌"或"盥"、而不欲观"既灌而往者"的"荐"？这显然取决于"盥"与"荐"之间有什么不同之处。我们回到《易·观》的卦辞上来："盥而不荐，有孚颙若。"《周易》凡言"有孚"，其义都是"有信"。孔颖达解释："孚，信也。"还解释说："颙是严正之貌；若为语辞"；"言下观而化，皆孚信，容貌俨然也"。① 这里对"颙若"的解释是不够确切的。"若"固然是"然"的意思，表示是形容词；但"颙"是"大"的意思："颙，大头也"②；引申为大。"颙若"就是今天俗语所说的"大大地""极为""非常"等，是形容"孚"即"信"的程度。"有孚颙若"就是：极为诚信。这种诚信是说的在禘祭中的诚信，就是对"祖"与"帝"的诚信。这种诚信，就是我们通常所说的"虔诚"。《易·观》卦辞的意思在于"强调祭祀不在乎礼之厚，而在乎心之诚"。③《易·革》中有一句爻辞，意思与此类似："大人虎变，未占有孚。"尚"未占"，已"有孚"，正如这里的尚未"荐"，已"有孚颙若"。

由此可见，孔子那一番话的意思显然是说：在禘祭中，"灌"或"盥"是虔诚的，而"自既灌而往者"如"荐"则不虔诚或未必是虔诚的。孔子所看重的并不是祭祀的丰盛礼品，而是祭祀的虔敬、虔诚、诚信的态度。这使我们想起孔子在另一处对祭礼的看法：

---

① 《周易正义·观》。
② 许慎：《说文解字》。
③ 黄玉顺：《易经古歌考释》，第100页。

林放问礼之本。子曰："大哉问！礼，与其奢也，宁俭；丧，与其易也，宁戚。"①

"礼之本"就是"礼之质"，就是祭礼的实质，正如朱熹所说："俭者，物之质；戚者，心之诚。"② 孔子的意思是："荐"之礼品，与其"奢"，不如"俭"；"丧"之礼数，与其仪式之"易"（整治），不如情感之"戚"（哀伤）。

由此看来，孔子所看重的乃是对祖先的情感。同样的例子还有，孔子说过：

居上不宽，为礼不敬，临丧不哀，吾何以观之哉？③

所谓"临丧不哀"是说：在丧礼中，不管所"荐"的贡品如何丰盛，假如没有哀伤的情感，那就是不可观的了。

由此可见，孔子所看重的，甚至也不仅仅是"礼义"（制度背后的正义原则），而是更其本源的情感尤其仁爱的情感。④

（三）绘事后素：仁为礼本

在上文所引孔子回答"林放问礼之本"中，孔子所最看重

---

① 《论语·八佾》。
② 朱熹：《论语集注·八佾》。
③ 《论语·八佾》。
④ 黄玉顺：《论"观物"与"观无"——儒学与现象学的一种融通》，《四川大学学报（哲学社会科学版）》2006年第4期。

的不是礼仪、礼制，甚至不是礼义，而是仁爱情感。这里的
"戚"（哀戚）就是一种情感，这种情感乃是对父母的爱之情感
的一种表现，所以在孔子看来，这是丧礼的"本"所在。

孔子对"本"与"质"进行了区分：上文已经谈过，礼之
"质"就是"义"；这里谈的则是：礼之"本"乃是情。这就是
说，社会规范及其制度的"质"是正义原则，而其"本"是仁
爱情感。

但"本"与"质"也可相通，故有"本质"之语。从《论
语》全书看，孔子所说的"质"有广狭二义：狭义的是说的形
下层级的"义"（"义以为质"之质）；广义的还包含了本源层
级的"仁"，就是指的"仁义"、情义。

其中作为"仁"情感的"质"（"文质彬彬"之质），孔子
也称之为"素"（所以汉语又有"素质"一语）：

> 子夏问曰："'巧笑倩兮，美目盼兮，素以为绚兮'，何
> 谓也？"
> 子曰："绘事后素。"
> 曰："礼后乎？"
> 子曰："起予者商也，始可与言《诗》已矣！"①

何晏注引郑氏："凡绘画，先布众色，然后以素分布其间，

---

① 《论语·八佾》。

以成其文。喻美女虽有倩盼美质，亦须礼以成之。"又引孔氏："孔子言'绘事后素'，子夏闻而解，知以素喻礼，故曰'礼后乎'。"邢昺疏引《周礼》："案《考工记》云'画缋之事，杂五色'，下云：'画缋之事，后素功'，是知凡绘画先布众色，然后以素分布其间，以成其文章也。"

《周礼·考工记》原文为："画缋之事，杂五色，东方谓之青，南方谓之赤，西方谓之白，北方谓之黑，天谓之玄，地谓之黄。……凡画缋之事，后素功。"郑玄注云："此言画缋六色所象及布采之第次，缋以为衣。"又引郑众之说："郑司农说以《论语》'绘事后素'。"

可见先郑（郑众）、后郑（郑玄）乃是以《周礼》与《论语》互相解释，所依据的都是他们自己的同一种理解。这种理解是有问题的：

首先，这种理解不符合绘画的常理，绘画总是先有白素之底，然后施以色彩。

其次，这种理解不符合诗意，该诗是说美女先有天生丽质，然后加以修饰。何注自己也说"喻美女虽有倩盼美质，亦须礼以成之"，即承认先有美质；这与何注的下文自相矛盾。产生这种误解的原因，可能是对该诗原文"素以为绚"这处表达的理解，即理解为"以素为绚"，亦即以白素为修饰。其实，该诗出自《诗经·卫风·硕人》之第二章："手如柔荑，肤如凝脂，领如蝤蛴，齿如瓠犀，螓首蛾眉，巧笑倩兮，美目盼兮。"这里并没有"素以为绚兮"一句，故传统注疏皆以为"逸诗"。子夏所诵之诗，不知出自何本。

最后，这种理解也不符合孔子对"质"与"文"、仁义与礼制之关系的一贯思想。孔子认为："君子义以为质，礼以行之"①；"夫达也者，质直而好义"②。这就是说，"质"指"义"或"仁义"，乃是先行的；而"礼"，则是后起的。

在这个问题上，朱熹《论语集注》的解释更为合理："言人有此倩盼之美质，而又加以华采之饰，如有素地而加采色也。子夏疑其反谓以素为饰，故问之。""后素，后于素也。《考工记》曰：'绘画之事，后素工。'谓先以粉地为质，而后施五采，犹人有美质，然后可加文饰。""礼必以忠信为质，犹绘事必以粉素为先。"

这就是说，"绘事后素"的意思乃是"绘后于素"，亦即先有素、后有绘，比喻"文后于质""礼后于仁"，亦即先有仁义、后有礼制，礼制以仁义为基础。不过，朱熹的理解也有一点问题：他以"素""质"比喻"忠信"，这并没有文献的根据。上文已讨论过，在孔子的思想观念中，有一种"仁→义→礼"的结构；因此，"文后于质"应该是说的礼制后于仁义，故"素""质"应该是比喻的仁义。这就是说，制度规范是渊源于仁爱情感的。这是孔子的一种非常重要的思想，与前面谈"三年之丧"礼制源于仁爱的观念乃是互相呼应的。

---

① 《论语·卫灵公》。
② 《论语·颜渊》。

综上所述，我们可以得到孔子正义论中的这样一个问题结构：

仁 → 利 → 义 → 礼

第二节　孔子论仁爱与利益冲突

本节将要研讨的一个重大课题乃是：仁爱如何导向利益冲突。这可能会遭到某些儒者的强烈质疑："利欲竟是仁爱所导致的，这怎么可能！"然而，由仁爱来说明利益冲突何以可能，这其实乃是学理上的必然要求：不论是将仁爱设置为作为"形而上者"的本体，抑或是将仁爱理解为不仅给出"形而下者"，而且给出"形而上者"的本源所在，那都意味着：必须以仁爱来说明所有一切存在者之存在何以可能，这自然就包括了说明善、恶、利欲、利益冲突何以可能。所以，得出"仁爱导致利益冲突"的结论，这是思想理论之彻底性的必然要求。孔子虽然没有这样明确的结论，但他的思想中蕴涵着这样的观念。

这里问题的关键在于：对于孔子、儒家的正义论要有一种最完整的理解：尽管正是仁爱导致了利益冲突，但也正是仁爱解决了利益冲突。为此，必须对儒家的仁爱有一个全面的理解：一方面是差等之爱；另一方面则是一体之仁、一视同仁。这看似自相矛盾的两个方面，其实是缺一不可的：假如只有差等之爱，最终必然逻辑地走向杨朱的绝对利己主义，因为差等序列的顺推的起点就是自我（推己及人），差等序列的逆推的终点也是自我；假如只有一体之仁，那就与墨翟的"兼爱"无任何区别了。差等之爱乃是生活情感的实情；然而一体之仁所要求的恰恰是超越这种差等之爱，超越的途径就是"推""让"，这其实也就是正义原则的一项实质蕴涵。（详后）

那么，仁爱究竟如何导致利益冲突？这是由于爱的差等性。

（一）惠与费：仁爱与利益

关于"利欲源于爱"这个问题，后来荀子有专门的表达，谓之"爱利"，意谓"爱则利之"、爱人利人。[1] 生活情感的实情就是：我们爱一个人，便欲利这个人。其实，孔子谈到"惠而不费"[2]，其中已经包含了"爱则利之"、亦即仁爱导向利欲的意蕴。

> 子张问于孔子曰："何如斯可以从政矣？"
>
> 子曰："尊五美，屏四恶，斯可以从政矣。"
>
> 子张曰："何谓五美？"
>
> 子曰："君子惠而不费，劳而不怨，欲而不贪，泰而不骄，威而不猛。"
>
> 子张曰："何谓惠而不费？"

---

[1]　见《荀子·强国》王先谦集解。

[2]　《论语·尧曰》。

子曰："因民之所利而利之，斯不亦惠而不费乎？……
欲仁而得仁，又焉贪？……"

关于"惠而不费"，何晏注引王氏之说："利民在政，无费
于财。"邢昺疏云："民居五土，所利不同：山者利其禽兽，渚
者利其鱼盐，中原利其五谷。人君因其所利，使各居其所安，
不易其利，则是惠爱利民在政，且不费于财也。"

这里有几点是值得注意的：首先，这里的"惠"是"惠爱"
的意思，这是一种仁爱；这里是说的"惠民"，即对人民的仁
爱。其次，"费"是指的"费于财"；"惠而不费"是说的君主
惠爱人民不一定会耗费钱财。再次，君主不耗费钱财并不意味
着不为民谋利，相反，君主对于人民，既然"惠"之、爱之，
就应该"利之"，这也就是说，"欲仁"必定欲利。最后，既要
利民，又不耗费君主的钱财，其办法就是"因民之所利"，即顺
应人民的正当的谋利方式。

显而易见，孔子这里表达的"爱民就要利民"的思想，蕴
涵着后来荀子后来所说的"爱利"（爱则利之）的观念，也就是
说，利欲是源出于仁爱的。这本来是生活情感的实情：爱己便
欲利己，爱人便欲利人，爱物便欲利物。

（二）厩焚不问马：仁爱与利益冲突

由于利欲源出仁爱，所以，从根本上来看，利益冲突也是
由仁爱所导致的。这是由于仁爱之中的差等之爱。孟子说："君
子之于物也，爱之而弗仁；于民也，仁之而弗亲。亲亲而仁民，

仁民而爱物。"① 这就是说，爱亲人甚于爱他人，爱他人甚于爱它物。

我们且来看《论语》里的一个例子：

> 厩焚。子退朝，曰："伤人乎?"不问马。②

这并不是说孔子不爱马，而是说他对人的爱甚于对马的爱。朱熹《论语集注》的解释是很到位的："非不爱马，然恐伤人之意多，故未暇问。盖贵人贱畜，理当如此。"这正是孟子所说的"君子之于物也，爱之而弗仁"。既爱人，亦爱马，这是仁爱之中的"一体之仁"一面；爱人胜过爱马，这是仁爱之中的"差等之爱"一面。爱人即欲利人，爱马即欲利马，然而由于爱的差等性，利人和利马这样两种"利"就会发生冲突。我们可以设想，假如所发生的事件完全没有任何"伤人"的可能性，孔子定会问："伤马乎?"

类似的冲突，也会发生在人与人之间。一般来说，我们爱一个人，便欲利这个人：爱己便欲利己，爱亲便欲利亲，爱人便欲利人。但是，这些不同的爱则利之，往往发生冲突。例如，对亲人的爱则利之和对他人的爱则利之就可能发生冲突。假如我们承认社会冲突总是来自人们的利益追求，那么，按照儒家

---

① 《孟子·尽心上》。
② 《论语·乡党》。

对于仁爱的本体地位或者本源地位的确认，这种利益冲突就只能是源于仁爱的。

关键在于：在孔子及儒家看起来，不仅导致利益冲突的是仁爱，而且保证解决利益冲突问题的同样是仁爱。这就是正义原则中的正当性原则的基本精神。

第三节　孔子论仁爱对于利益冲突问题之解决

那么，仁爱究竟如何解决利益冲突？那就是仁爱之中的一体之仁所要求的"推""让"。众所周知，"推"与"让"是孔子儒家思想的一个非常重要的特征。

（一）推：由仁而义

孔子认为，"礼"所要求的行为的一个基本特征就是"让"或"礼让"，正如子贡所说：

> 子禽问于子贡曰："夫子至于是邦也，必闻其政。求之与？抑与之与？"子贡曰："夫子温、良、恭、俭、让以得之。夫子之求之也，其诸异乎人之求之与！"①

何晏注引郑说："亢怪孔子所至之邦必与闻其国政，求而得之邪？抑人君自原（愿）与之为治？""言夫子行此五德而得之，

---

① 《论语·学而》。

与人求之异，明人君自与之。"邢昺疏云："先人后己谓之让。"

孔子这里所"求"者，乃是求"为政"；但无论如何，所谓"求而得之"，这当然也是一种"利欲"（谋求公利也是一种"利"，"欲仁"也是一种"欲"）。所谓"让以得之"，是说孔子之"求""与人求之异"，是通过"让"而"得"，即通过礼让而达到目的。

但是，之所以要"让"，乃是出于"推"：推己及人、推人及物。这正如孟子在游说齐宣王时所说："老吾老以及人之老，幼吾幼以及人之幼，天下可运于掌。《诗》云：'刑于寡妻，至于兄弟，以御于家邦。'言举斯心加诸彼而已。故推恩足以保四海，不推恩无以保妻子。古之人所以大过人者，无他焉，善推其所为而已矣。今恩足以及禽兽，而功不至于百姓者，独何与？"①

孟子明确提出了"推"的概念，然而"推"的观念在孔子那里就已经非常清晰了。孔子所提出的"金规则"就是典型的"推"的体现：

> 夫仁者，己欲立而立人，己欲达而达人。能近取譬，可谓仁之方也已。②

---

① 《孟子·梁惠王上》。
② 《论语·雍也》。

邢昺疏云："言夫仁者，己欲立身进达，而先立达他人；又能近取譬于己，皆恕己所欲而施之于人，己所不欲，弗施于人，可谓仁道也。"所谓"己欲立而立人，己欲达而达人"，就是"推己及人"。

须注意的是：这里所谈的是"仁"的问题。如果说，"让"是"礼"的精神，而"礼"乃是"义以为质"的，那么显然，"义"的根本在于"仁"。

己所不欲，勿施于人。①

子贡问曰："有一言而可以终身行之者乎？"子曰："其恕乎！己所不欲，勿施于人。"②

邢昺疏云："'己所不欲，勿施于人'者，此言仁者必恕也。己所不欲，无施之于人，以他人亦不欲也。"③"唯仁恕之一言，可终身行之也。己之所恶，勿欲施于人，即恕也。"④

这同样是"由仁而义"的观念。

（二）让：由仁而礼

在孔子看来，由"仁"而"义"表现为"推"，而"推"的结果是"礼让"，也就是"礼"的达成。如孔子说：

---

① 《论语·颜渊》。
② 《论语·卫灵公》。
③ 《论语·颜渊》。
④ 《论语·卫灵公》。

能以礼让为国乎？何有！不能以礼让为国，如礼何！①

邢昺疏云："此章言治国者必须礼让也。'能以礼让为国乎'者，为，犹治也。礼节民心，让则不争。言人君能以礼让为教治其国乎？云'何有'者，谓以礼让治国，何有其难？言不难也。'不能以礼让为国'者，言人君不能明礼让以治民也。'如礼何'者，言有礼而不能用，如此礼何！"

邢昺的理解是说：鉴于"让"乃是"礼"的实质所在，因此，假如纵然有"礼"，却不能"让"，那么，这种"礼"也是没有实质意义的。上文所引邢昺所说"先人后己谓之让"，就是说，"让"作为"推"（推己及人）的结果，是充分考虑到他人的利益。

邢昺的解释只涉及一个层面：用某种现成既有的礼制来治国，这只是"行为正义"问题，而没有涉及另一层面：治国首先需要建立礼制，然后才能用这种礼制来治国，这才是"制度正义"问题。建立礼制的初衷，就是体现"推让"的精神。按照孔子"礼有损益"的思想，孔子所说的"礼让"应该包含了这样两个层面。

所以，孔子指出：

---

① 《论语·里仁》。

泰伯，其可谓至德也已矣！三以天下让，民无得而称焉。①

何晏注引王氏之说："泰伯，周太王之长子。次弟仲雍，少弟季历。季历贤，又生圣子文王昌，昌必有天下，故泰伯以天下三让于王季。其让隐，故无得而称言之者，所以为至德也。"邢昺疏引郑玄注云："泰伯，周太王之长子。次子仲雍，次子季历。太王见季历贤，又生文王，有圣人表，故欲立之而未有命。太王疾，太伯因适吴、越采药，太王殁而不返，季历为丧主，一让也。季历赴之，不来奔丧，二让也。免丧之后，遂断发文身，三让也。三让之美，皆隐蔽不著，故人无得而称焉。"

注疏的解释，已涉及制度层面的问题，亦即关于嫡长子继承制的问题。按照这个制度，太伯作为长子，是不必"让天下"的；反过来说，太伯"三以天下让"，这其实是对嫡长子继承制的违反。然而太伯违反礼制的根据，乃是其"德"；换句话说，"德"是比"礼"更为根本的原则，当两者发生冲突时，应据"德"而背"礼"。

而值得注意的是，孔子在这里之所以称太伯有"至德"，其根据就是"让"。这就意味着："让"是比"礼"更为根本的原则精神；假如没有"让"，"礼"就是徒有形式的东西。反过来说，真正意义上的礼制，是由"推让"的原则精神决定的。进

---

① 《论语·泰伯》。

一步说，"推让"又是出于仁爱情感的。

这也就是"由仁而礼"的思路。所以：

> 曰："夫子何哂由也？"
> 曰："为国以礼。其言不让，是故哂之。"①

孔子之所以笑子路，是因为子路那一番自负的言论，没有表现出"让"的精神，这也就意味着他缺乏作为"礼"的实质的"由仁而义、而礼"的精神，这就进一步意味着他是不能很好地治国为政的。

这种"推让"，从依礼行事的角度看，那是一种道德要求，有时甚至是一种利益上的理性考量（西方启蒙思想就侧重于这个方面）；然而从生活情感本源上来看，这并不是什么道德教育的结果，而是源于一体之人的本源情感：人们在生活本源的本真情境中，原来并无所谓我与尔、人与物的差等分界，这是原初境界的一体之仁，也是最终超越得以可能的本源保证；在跌落出原初境界之后，人们超越功利境界、甚至超越道德境界，达到最高境界，就是重返一体之仁。

这种"推""让"，也就是正义原则之中的正当性原则。

---

① 《论语·先进》。

第五章

孔子论"义"与"正"和"宜"

——正当性原则与适宜性原则

【作者按】此文为《中国正义论的形成——周孔孟荀的制度伦理学传统》第二编第四章，东方出版社 2015 年版，第 161~169 页。

孔子非常重视"义"即正义问题。他说："见义不为，无勇也。"① "群居终日，言不及义，好行小慧，难矣哉！"② 本章讨论孔子关于正义原则方面的思想。周公初步表述了正义原则的基本观念，孔子更进一步发展了这些观念。

---

① 《论语·为政》。
② 《论语·卫灵公》。

第一节　正当性原则的发展

周公表述的关于正义原则的思想观念，包括社会规范建构及其制度安排的两个方面的原则问题：正当性问题；适宜性问题。孔子亦然。我们先来看正当性问题。

（一）行义以达其道：由仁而至礼的中介

孔子所说的"义"，既有"行为正义"层面的含义，也有"制度正义"层面的含义。我们这里所关注的是后者，亦即社会规范建构及其制度安排的正义原则问题。

孔子与弟子曾经有这样一段对话：

> 子张问崇德、辨惑。子曰："主忠信、徙义，崇德也。……"①
>
> 德之不修，学之不讲，闻义不能徙，不善不能改，是吾忧也。②

所谓"徙义"，就是走向正义。注："徙义，见义则徙意而从之"；疏："见义事则迁意而从之"。③

在社会规范及其制度问题上，不能仅仅停留于仁爱，因为

---

① 《论语·颜渊》。
② 《论语·述而》。
③ 《论语·颜渊》。

仁爱中的差等之爱是有可能导致利益冲突的；要解决利益冲突问题，就必须通过仁爱中的一体之仁而走向正义。

所以，孔子指出：

> 隐居以求其志，行义以达其道：吾闻其语矣，未见其人也。①

所谓"行义以达其道"，邢昺疏云："谓好行义事，以达其仁道也。"这个解释是没错的，但并不到位。其实，关于"行义"，孔子是有明确的说法的，这就是上文分析过的："义以为质，礼以行之。"② 这就是说，"义"的实行、实现，是落实于"礼"的建构上面的。反过来说，"礼"的制度规范建构，其根据是"义"的原则。这就是说，"义"是"由仁而礼"的中介。于是，这就进入了对于正义原则的探寻。

（二）由仁而正：义之正当性的来源

正义之为正义，首要的一点就是"正"。"正"指所行的"正道""正路"，正如孔子所说：

> 谁能出不由户？何莫由斯道也！③

---

① 《论语·季氏》。
② 《论语·卫灵公》。
③ 《论语·雍也》。

这也正如孟子所说："义，人之正路也。"①

走正道，首先是"正己"：

> 君子食无求饱，居无求安，敏于事而慎于言，就有道
> 而正焉，可谓好学也已。②
> 苟正其身矣，于从政乎何有？不能正其身，如正
> 人何！③
> 其身正，不令而行；其身不正，虽令不从。④

所以：

> 季康子问政于孔子。孔子对曰："政者，正也。子帅以
> 正，孰敢不正？"⑤

正道在正义论或制度伦理问题上的表现，就是正义原则中
的正当性原则，要求制度规范的建构具有正当性。

那么，何谓正当性？

通常以为，孔子是只讲"王道"而反对"霸道"的。这样

---

① 《孟子·离娄上》。
② 《论语·学而》。
③ 《论语·子路》。
④ 《论语·子路》。
⑤ 《论语·颜渊》。

的理解其实是很偏颇的。为此，我们不妨来看一看孔子对春秋时期的"霸王"之一齐桓公的评价：

　　　　晋文公谲而不正，齐桓公正而不谲。①

　　朱熹集注："桓公伐楚，仗义执言，不由诡道。"②

　　这就是说，这里所说的"正"而不"诡""谲"，也就是"仗义执言"之"义"，亦即正义性当中的正当性。孔子的意思，齐桓公的霸业具有正当性。这与后来孟子"春秋无义战"③ 的评价是大有区别的。唯其如此，孔子才对齐国的霸业寄予厚望：

　　　　齐一变至于鲁，鲁一变至于道。④

　　朱熹《集注》引程子语："夫子之时，齐强鲁弱，孰不以为齐胜鲁也？然鲁犹存周公之法制。齐由桓公之霸，为从简尚功之治，太公之遗法，变易尽矣，故一变乃能至鲁。鲁则修举废坠而已，一变而至于先王之道也。愚谓二国之俗，惟夫子为能变之，而不得试。然因其言以考之，则其施为缓急之序，亦略可见矣。"

---

① 《论语·宪问》。
② 朱熹：《论语集注·宪问》。
③ 《孟子·尽心下》。
④ 《论语·雍也》。

程子的评析，得失互见：其失在于以为"鲁一变"是说的"修举废坠"、恢复古代既有的法制而已，这显然并不符合孔子"礼有损益"的思想；其得在于点明了孔子深谙当时政治战略的"施为缓急之序"。这就是说，较之"鲁"则"道"当缓，较之"齐"则"鲁"当缓；反过来说，较之"道"则"鲁"为当务之急，较之"鲁"则"齐"为当务之急。

这就正如孟子所说："知者（智者）无不知也，当务之为急。……尧、舜之知而不遍物，急先务也。"[1] 换句话说，在春秋战国纷争的情势之下，只讲"王道"而不讲"霸道"是行不通的。孔子这层意思，后来得到了荀子的充分发挥。

其实，孔子的"实质逻辑"是很清楚的：一方面，固然，"鲁"较之"道"犹不及，"齐"较之"鲁"亦不及；但另一方面，非先至于"鲁"则不能至于"道"，非先至于"齐"则不能至于"鲁"。换句话说，成就霸道乃是达至王道的先决条件。这充分体现出孔子的政治战略家之卓识。

也正因为如此，对于与桓公霸业密切相关的管仲，孔子的评价非常高，乃至许之以"仁"：

> 子路曰："桓公杀公子纠，召忽死之，管仲不死。曰：未仁乎？"子曰："桓公九合诸侯，不以兵车，管仲之力也。

---

[1] 《孟子·尽心上》。

如其仁！如其仁！"①

  子贡曰："管仲非仁者与？桓公杀公子纠，不能死，又相之。"子曰："管仲相桓公，霸诸侯，一匡天下，民到于今受其赐。微管仲，吾其被发左衽矣！岂若匹夫匹妇之为谅也，自经于沟渎而莫之知也。"②

这里有两层意思是特别值得注意的：

第一、对于管仲，孔子许之以"仁"，这就是说，桓公、管仲的霸业之正当性，是渊源于仁爱的："管仲相桓公，霸诸侯，一匡天下"，其结果乃是"民到于今受其赐"。

第二、这种仁爱是对差等之爱的超越。管仲原来是公子纠的下属，按照爱的差等性，他爱公子纠自然胜过其爱齐桓公，然而"桓公杀公子纠，召忽死之，管仲不死"，反而"相之"，这显然是对于爱的差等性的超越，亦即通常所说的"深明大义"。这个"大义"也就是正当性原则。

由此也就不难理解上文所说的：不仅是仁爱导致了利益冲突（由于差等之爱），而且也正是仁爱解决了利益冲突问题（由于一体之仁）。

（三）由推而正：义之正当性的实现

由此不难看出，正义原则中的正当性原则，所要求的是通

---

① 《论语·宪问》。
② 《论语·宪问》。

过"推"而超越差等之爱，追求一体之仁。这就是孔子所提出而被人们奉为"道德金律"的以下准则：

> 己欲立而立人，己欲达而达人。①
> 己所不欲，勿施于人。②

这也正如子贡所说："我不欲人之加诸我也，吾亦欲无加诸人。"③ 这就叫作"推己及人""推己及物"。按照朱熹的解释："以己及人，仁者之心也"④；"敬以持己，恕以及物，则私意无所容，而心德全矣"⑤；"推己及物，其施不穷"⑥。

显然，正当性原则的实质是通过"推"而超越差等之爱、达到一体之仁：

> 爱己／利己 → 爱亲／利亲 → 爱人／利人 → 爱物／利物

这种爱利的推扩在制度伦理上的表现，就是孔子正义论之正义原则中的正当性原则，要求在制度规范的建构中尊重社会的公利、他者的私利。符合这个准则的就是正义的制度规范，

① 《论语·雍也》。
② 《论语·颜渊》《论语·卫灵公》。
③ 《论语·公冶长》。
④ 朱熹：《论语集注·雍也》。
⑤ 朱熹：《论语集注·颜渊》。
⑥ 《论语集注·卫灵公》。

不符合的就是不正义的制度规范。

　　这也就是后来韩愈所说的"博爱之谓仁"①。"博爱"这个词语，近代被用来翻译西语中的"fraternity"，那其实是不甚恰当的。"fraternity"是指兄弟关系、兄弟之情，这只能适用于爱他人，不能适用于爱亲人，也不能适用于爱物。仅仅在爱他人这个意义上，博爱为兄弟之爱可以成立：

　　　　司马牛忧曰："人皆有兄弟，我独亡！"

　　　　子夏曰："商闻之矣：'死生有命，富贵在天。'君子敬而无失，与人恭而有礼，四海之内，皆兄弟也。君子何患乎无兄弟也？"②

　　这也就是后来张载所说之意："民，吾同胞；物，吾与也。"③ 这其实是儒家正义原则中的正当性精神的体现。

第二节　适宜性原则的发展

　　上文引韩愈所说"博爱之谓仁"，以说明正当性原则；韩愈紧接着是一句"行而宜之之谓义"④，这正是关于适宜性原则的

---

① 韩愈：《原道》。
② 《论语·颜渊》。
③ 张载：《西铭》。
④ 韩愈：《原道》。

表述。在这句话里，"之"作为代词，所指代的是前一句话所说的"仁"之"博爱"。韩愈的意思是，"义"的意思"行而宜之"有两层意谓：一是"行之"，就是实行博爱，这就是正当性；二是"宜之"，就是博爱的实行应当适宜，这就是适宜性。

这就是说，正义原则中的正当性原则的具体实行乃是有条件的，那就是正义原则中的适宜性原则。上文谈到孔子提出的"礼有损益"亦即关于制度规范之因时因地而改变的思想，其基本的依据并非正当性原则，而是适宜性原则。

所谓适宜性，有两个方面：空间上的适宜性，例如地域性、场合性、情境性的适宜性，可称之为"地宜性"；时间上的适宜性，例如历史性的适宜性，可称之为"时宜性"。

（一）以时而言笑："礼之义"的时宜性问题

关于时宜性问题，《论语》有这样一段记载：

> 子问公叔文子于公明贾曰："信乎，夫子不言、不笑、不取乎？"
>
> 公明贾对曰："以告者过也。夫子时然后言，人不厌其言；乐然后笑，人不厌其笑；义然后取，人不厌其取。"
>
> 子曰："其然，岂其然乎？"①

朱熹《集注》指出：尽管孔子未必相信公叔文子达到了这

---

① 《论语·宪问》。

种境界，"文子虽贤，疑未及此"，但孔子对这种境界本身是很赞赏的，因为这种境界"非礼义充溢于中、得时措之宜者不能"①。这里的"礼义"（即礼之义）就是"时措"，亦即"时宜"问题。

这种时宜性观念落实在制度伦理问题上，孔子曾谈到三代之礼不同以至将来之礼亦必有所损益，显然就是在谈社会规范建构及其制度安排的时宜问题：

> 殷因于夏礼，所损益可知也；周因于殷礼，所损益可知也；其或继周者，虽百世可知也。②

对于孔子这段议论的分析，我们已在第一章第三节进行。这里我们简要而论：在孔子心目中，制度规范的建构，必须考虑到时宜性问题，否则就"不合时宜"。例如上文谈到的孔子回答宰予关于"三年之丧"的疑问，尽管孔子指出了这种礼制的仁爱情感渊源、从而肯定了这种礼制的正当性，但那也同时是因为这种礼制适宜于当时社会的生活方式，也就是具有时宜性。设想孔子生于今天，在现代生活方式下，那么按孔子的正义思想，他是决不会要求"三年之丧"的。

---

① 朱熹：《论语集注·宪问》
② 《论语·为政》。

（二）从众或违众：“礼之义”的地宜性问题

关于地宜性，孔子说过：

> 麻冕，礼也；今也纯，俭。吾从众。拜下，礼也；今拜乎上，泰也。虽违众，吾从下。①

邢昺疏云：“此章作孔子从恭俭。‘麻冕，礼也；今也纯，俭。吾从众’者，冕，缁布冠也，古者绩麻三十升布以为之，故云‘麻冕，礼也’。今也，谓当孔子时。纯，丝也。丝易成，故云‘纯，俭’。用丝虽不合礼，以其俭易，故孔子从之也。‘拜下，礼也；今拜乎上，泰也。虽违众，吾从下’者，礼，臣之与君行礼者，下拜然后升成拜，是礼也。今时之臣，皆拜于上，长骄泰也。孔子以其骄泰则不孙（逊），故违众而从下拜之礼也。下拜，礼之恭故也。”

邢昺的解释，最关键的是指出：从礼还是违礼、从众还是违众，孔子所依据的都不是“礼”本身，而是“恭俭”的情感，这种情感是在特定的情境中发生的。固然，麻冕曾经是礼制的规定，而当代的人们不用麻冕，乃用更为俭省的丝冕，孔子亦然，这是因为原来的礼制规定已经不适应于当代的生活方式了，这是时宜问题；但是，孔子并不遵从当代通行的礼仪“拜上”（在堂上拜君），而是坚持过去的礼仪“拜下”（在堂下拜君），

---

① 《论语·子罕》。

这与生活方式的演变、时宜的问题无关，而是体现其"事君敬其事"①的情感态度。所以，总的看，这里孔子所遵循的显然并不是时宜，而是地宜、场合亦即情境。

在现代生活的制度建构中，这种地宜性的最重要的层面，就是生活方式问题。不同时代会有生活方式的不同，不同地域，例如不同民族国家，同样会有生活方式的不同。那么，制度规范的建构是必须尊重这一点的。

---

① 《论语·卫灵公》。

第六章

孔子论"义"与"知"

——良知与理智

【作者按】 此文为《中国正义论的形成——周孔孟荀的制度伦理学传统》第二编第五章，东方出版社 2015 年版，第 170~187 页。

制度规范的建构，还需要"知"（这里"知"读为"智"①）。孔子认为，一个君子须是一个"知者"（智者）："君子道者三，我无能焉：仁者不忧，知者不惑，勇者不惧。"②所谓"智者"，就是洞见事理的明哲之士。洞明怎样的事理呢？对此，孔子有一个纲领性的概括：

> 孔子曰："不知命，无以为君子也。不知礼，无以立

---

① 先秦时代没有"智"字，"智"即作"知"。今本《孟子》有此区分，乃是秦火之后、汉儒从新整理文本的结果。

② 《论语・宪问》。

也。不知言，无以知人也。"①

这里，孔子提出了三条：知命、知礼、知人。这三条其实是属于两个不同的观念层级的问题："知命"是关于形而上者乃至更其本源的事情；"知人"和"知礼"则是关于形而下者、特别是直接关于"礼"（社会规范及其制度）的问题。为此，我们不妨对此"知"做出一种字面上的区别：知命之知，谓之"知"或"良知"（详下）；知礼之知，谓之"智"或"理智"。下面加以阐明。

第一节　知：知命、知义的良知

关于"知命"，孔子说过：

不知命，无以为君子也。②

子曰："吾十有五而志于学，三十而立，四十而不惑，五十而知天命，六十而耳顺，七十而从心所欲、不逾矩。"③

要理解这是何种意义上的"知"，首先得理解这是何种意义

---

① 《论语·尧曰》。
② 《论语·尧曰》。
③ 《论语·为政》。

上的"命"乃至"天"。需要注意,孔子所说的"命",有时跟我们这里所要讨论的"天命"无关,例如:"君命召,不俟驾行矣"①;"行己有耻,使于四方不辱君命,可谓士矣"②;"为命:裨谌草创之,世叔讨论之,行人子羽修饰之,东里子产润色之"③;"阙党童子将命"④;"陪臣执国命,三世希不失矣"⑤。这些"命"都不是在谈"天命",而是在谈人言口令。

涉及"天命"的,孔子谈到两个层级的问题:

(一)作为个体命运的"天命"

孔子所说的"命",有时候是指的作为天命在个体身上之体现的命运。例如:

> 伯牛有疾,子问之,自牖执其手,曰:"亡之,命矣夫!斯人也而有斯疾也!斯人也而有斯疾也!"⑥

邢昺疏云:"行善遇凶,非人所召,故归之于命,言天命矣夫。"

---

① 《论语·乡党》。
② 《论语·子路》。
③ 《论语·宪问》。
④ 《论语·宪问》。
⑤ 《论语·季氏》。
⑥ 《论语·雍也》。

> 有颜回者好学，不迁怒，不贰过，不幸短命死矣！①

邢昺疏云："凡事应失而得曰幸，应得而失曰不幸，恶人横夭则惟其常。颜回以德行著名，应得寿考，而反二十九发尽白，三十二而卒，故曰'不幸短命死矣'。"

显然，这些"命"都是说的个体寿命的某种定数，更确切地讲都是在谈"命运"问题，这是"天命"在个体身上所表现出来的结果。这与我们这里讨论的"天命"问题固然有关，但并不是直接讨论"天命"的。

下面这个问题，孔子比较和评论几个弟子，涉及对颜回和子贡的比较评论，值得讨论：

> 回也其庶乎！屡空。赐不受命，而货殖焉，亿则屡中。②

何晏给出了两种解释："言回庶几圣道，虽数空匮，而乐在其中。赐不受教命，唯财货是殖，亿度是非。盖美回，所以励赐也。一曰：屡犹每也。空犹虚中也。以圣人之善道，教数子之庶几，犹不至于知道者，各内有此害。其于庶几每能虚中者，唯回。怀道深远，不虚心不能知道。子贡虽无数子之病，然亦

---

① 《论语·雍也》。
② 《论语·先进》。

不知道者，虽不穷理而幸中，虽非天命而偶富，亦所以不虚心也。"

这里对于孔子所说的"赐不受命"做出了这样两种不同的理解：一是指子贡"不受（孔子的）教命"；二则是指子贡"非天命"。我们认为，仅就对"命"的理解而论，第二种解释是恰当的。朱熹就明确解释为："命，谓天命。"① 当然，朱熹这个解释也还不是十分准确，这里的"命"并非指的"天命"本身，而是指的天命在个体身上的一种体现，亦即上文所说的"命运"。所谓"赐不受命"，是说子贡拒绝接受命运的安排。

于是，这就产生一个问题：子贡是孔门的高足，竟然"不受命"，胆敢拒绝天命的"安排"吗？为释此疑，朱熹引程子说："然此亦子贡少时事；至闻性与天道，则不为此矣。"但是，我们既不知道程子何以知此乃子贡"少时事"，也不能说子贡后来就"不为此"（不再追求财富），并且也看不出孔子对子贡有什么批评之意，反倒让人感觉到有几分赞许的语气。其实，程子的曲为之解，实在大可不必，乃是出于两层误解：第一、将"命运"直接误解为"天命"本身；第二、对孔子所讲的"天命"本身也存在着一定程度的误解（详下）。

孔子、儒家尽管尊重"天命"，但绝不是被动地"接受命运的安排"，例如：

---

① 朱熹：《论语集注·先进》。

见利思义，见危授命，久要不忘平生之言，亦可以为成人矣。①

关于"见利思义，见危授命"，邢昺疏云："见财利，思合义，然后取之；见君亲有危难，当致命以救之。"这就是说，"见危授命"是说的为解决危难问题而毅然献出自己的生命。一个人的生命寿数本来是"天命"安排给他的"命运"，而自行结束自己的生命，显然是违背"命运"、违反"天命"的。

孔子的弟子自觉地继承了孔子的这种观念：

子张曰："士见危致命，见得思义，祭思敬，丧思哀，其可已矣。"②

关于"见危致命，见得思义"，邢昺疏云："致命，谓不爱其身。子张言，为士者，见君有危难，不爱其身，致命以救之；见得利禄，思义然后取。"

所谓"授命"或"致命"，通俗地说，就是自觉自愿地交出自己的生命。这种"交出"，恰恰是对作为"命运"安排的自然寿命的一种拒绝。儒家所讲的"杀身成仁"③、"舍身取义"④ 都

---

① 《论语·宪问》。
② 《论语·子张》。
③ 《论语·卫灵公》。
④ 《孟子·告子上》。

是这个意思，正如孟子所说的"所欲有甚于生者""所恶有甚于死者"①。

我们由此可以发问：如果生命寿数、"命运"本来就是"天命"的一种表现，那么，对于"命运"安排的拒绝，是否意味着对于"天命"的违抗？其实不然，在孔子及儒家看起来，这种对命运的拒绝并非对天命本身的拒绝，倒恰恰是天命的一种实现。这是因为：按照儒家的观念，"天命"作为"形而上者"的存在乃至更为本源的存在，乃是纯一的；而落实在个体身上的"命运"以及任何"形而下者"的存在，则是杂多的。既是纯一的，就意味着不可能是自相矛盾的；而既是杂多的，就意味着可能出现矛盾冲突。例如"杀身成仁""舍身取义"，就因为此时此刻"身"之生命存在与"仁""义"之间发生了冲突。一旦发生了价值冲突，也就进入了价值比较的领域，于是，对于儒家来说，其价值选择自然是"仁""义"。然而"仁""义"本来就是"天命"的体现；因此，"杀身成仁""舍身取义"正是尊从"天命"。

上引两条文献，都同时谈到了"义"与"利"的关系问题（"见利思义""见得思义"），这绝不是偶然的：这意味着，"命运"问题与正义问题密切相关。

（二）作为生活情境的"天命"

现在我们来看孔子直接谈到"天命"或者天命意义上的

---

① 《孟子·告子上》。

223

"命"的地方。例如："道之将行也与，命也；道之将废也与，命也。公伯寮其如命何！"① 最值得讨论的是孔子下面这一番话：

> 君子有三畏：畏天命，畏大人，畏圣人之言。小人不知天命而不畏也，狎大人，侮圣人之言。②

这里所说的"畏"并不是"害怕"，而是"敬服"的意思。邢昺疏云："心服曰畏。"并解释孔子这段话："'畏天命'者，谓作善，降之百祥；作不善，降之百殃：顺吉逆凶，天之命也，故君子畏之。'畏大人'者，大人即圣人也，与天地合其德，故君子畏之。'畏圣人之言'者，圣人之言，深远不可易知测，故君子畏之也。……"

这种理解固然没错，但也不够透彻。首先，"天命"远不止于"顺吉逆凶"问题。不仅如此，其实，孔子这三句话之间是有内在联系、递进关系的：之所以"畏圣人之言"，不是因为这个"人"，而是因为"圣"；"聖"从"耳""口"，由倾听而言说；圣人之"口"所"言"，乃源自其"耳"所听的天之"命"。

这就是说，我们之所以应该敬畏圣人之言，是因为敬畏天命；大人或圣人是天的代言人。天之所以需要"代言"，是因为

---

① 《论语·宪问》。
② 《论语·季氏》。

天自己 "无言"：

> 子曰："天何言哉？四时行焉，百物生焉，天何言哉？"①

这里所说的 "天" 及 "天命"，通常被人们狭隘地误解为某种形而上者的存在，其实这未必是孔子的意思。天之所以无言，是因为天并不是后儒所理解的那样一种存在者化的东西，比如一个有位格的上帝或者一个无位格的本体。那么，这样的天，只能被理解为先在于任何存在者的存在：天即存在而非存在者。然而，天不 "言"，却在 "命"，即在言说着，所以我们必须倾听这种无言之命。我们有时能够直接倾听到这种无言之命，亦即孟子所说的 "良能" "良知"，那就无需圣人之言；然而人们往往不能直接倾听到这种无言之命，亦即良能、良知的茅塞物蔽，那就需要圣人之言。圣之为 "聖"，就是以 "耳" 倾听、并且以 "口" 言说；此时，圣人之言便是天命的显现。

这里尤其值得注意的是 "四时行焉，百物生焉" 这个 "焉"，字面意思是 "于此"、"在此"、在这里，显然并未指向任何一个存在者化的实体，而是一种方位、一种情境或一种 "域"。所有一切存在者即 "百物" 都是在这种情境中生成的。

这种情境或 "域" 称之为 "天"，在孔子及儒家这里，就是

---

① 《论语·阳货》。

指的生活境域：

> 子曰："里，仁为美。择不处仁，焉得知?"①
> 子曰："人之过也，各于其党。观过，斯知仁矣。"②

这里的"里"、"党"（乡党朋类）就是一个人生活于其中的生活境域；在这种具体的生活情境中，仁爱情感才能显现出来。因此，"知仁"才能"知"（智）。这就是说，作为存在者的"仁者""智者"正是在这样的情境之中生成的，他由此而成为或者不成其为一个仁者、智者。"仁且智，夫子既圣矣。"③

（三）"空空如也"的良知

上文谈过，"天"不是任何存在者，亦不是任何"物"。就此而论，"天"乃是"无"——无物存在。正是在这种意义上，"知天命"并不是说的去知一个作为形而上者的存在者的存在，换句话说，并非知"有"，而是知"无"。所以，这样的"知"（智）其实是"空空如也"的：

> 子曰："吾有知乎哉? 无知也。有鄙夫问于我，空空如也；我叩其两端而竭焉。"④

---

① 《论语·里仁》。
② 《论语·里仁》。
③ 《孟子·公孙丑上》。
④ 《论语·子罕》。

何晏注云："知者，知意之知也。知者言未必尽，今我诚尽"；"有鄙夫来问于我，其意空空然，我则发事之终始两端以语之，竭尽所知，不为有爱"。邢昺疏云："此章言孔子教人必尽其诚也。'子曰：吾有知乎哉？无知也'者，知者，意之所知也。孔子言，我有意之所知，不尽以教人乎哉？无之也。常人知者言未必尽，今我诚尽也。'有鄙夫问于我，空空如也；我叩其两端而竭焉'者，此举无知而诚尽之事也。空空，虚心也。叩，发动也。两端，终始也。言设有鄙贱之夫来问于我，其意空空然，我则发事之终始两端以告语之，竭尽所知，不为有爱。言我教鄙夫尚竭尽所知，况知礼义之弟子乎。明无爱惜乎其意之所知也。"

这番解释，实在过于勉强，附加了许多注疏者自己之"言外之意"。例如，将"吾有知乎哉？无知也"解释为"我有意之所知，不尽以教人乎哉？无之也"，就显然是大成问题的。

关键在于，注疏者不明白，孔子这里是在谈"智慧"与"知识"的区别。孔子说他自己"无知"，这里的"知"乃是说的关于形而下者的"知识"；唯其"知无""空空如也"，乃能"我叩其两端而竭焉"，而表现出"智慧"。这就犹如《老子》所说："为学日益，为道日损。损之又损，以至于无为。无为而不无为。"[1] 这也使人想起古希腊哲学家苏格拉底，他说"我知我无知"，而以"辩证"的对话亦即所谓"精神催产术"来让

———————————

① 《老子》第四十八章。

真理自己显现出来。

比较而言，朱熹《论语集注》的解释较切近于孔子之意："孔子谦言己无知识，但其告人，虽于至愚，不敢不尽耳。叩，发动也。两端，犹言两头。言始终本末，上下精粗，无所不尽。"这就是说，孔子所说"无知"，此"知"是说的"知识"。但朱熹也未意识到：这种"无知"正是智慧的前提，如此才能"始终本末，上下精粗，无所不尽"。

孔子有一段话，是更明确地区分知识与智慧的，即：

> 子曰："由，诲女知之乎？知之为知之，不知为不知，是知（智）也。"①

何晏注云："言汝实知之事则为知之，实不知之事则为不知，此是真知也。"

所谓"真知"，就是有所知、亦有所不知。分明"不知"，而谓之"知"，这两个"知"显然不是说的一回事："不知"之"知"读为知识之"知"；"是知"之"知"读为智慧之"智"（为了与理智之"智"相区别，我们仍然用"知"）。

这种"无知之知"的智慧，在儒家的话语中，其实就是孟子所说的"良知"：

---

① 《论语·为政》。

　　人之所不学而能者，其良能也；所不虑而知者，其良
知也。孩提之童，无不知爱其亲者；及其长也，无不知敬
其兄也。亲亲，仁也；敬长，义也。无他，达之天下也。①

　　良知并不是说的关于任何存在者实体的知识，在这个意义
上，可以说"良知无知"，因为良知"不虑而知"，故与理智、
知性、理性毫无关系；良知其实乃是直觉，就是直觉其"不学
而能"的良能、直觉其能爱，而"能爱"并不是一个物、一个
存在者。
　　这种良知直觉在正义问题上的体现，也就是通常所说的
"正义感"。正义感并不是什么关于形而下者、形而上者的知识，
而是一种直觉、直截了当的感悟。上一节的讨论其实已经表明：
正义感源于对仁爱的一体之仁（正当性原则的渊源）的感悟，
同时源于对一种生活情境（适宜性原则的渊源）的感悟——对
一种生活情境中的仁爱情感的直觉领悟，便形成了正义感。而
"义"亦即正义原则，其实不过就是这种正义感的自觉化、规范
化、原则化。所以，良知之"知"是处在"仁"与"义"之间
的一个环节。于是，我们便获得这样一个问题结构：

　　　　仁→利→知→义→礼

---

①　《孟子·尽心上》。

第二节　智：知礼、知人的理智

"制礼"不仅需要直觉、良知，而且需要理智、理性、知识。在规范的制订、制度的设计中，一个礼制的建构者当然须"知礼"，即应该是一个礼制专家；用今天的话来说，他应该是一个规范伦理学、制度伦理学方面的专家。孔子本人就是一个礼制专家，精通礼仪、礼制、礼义。这种"专家学者"所涉及的"智"，是一种专门的"知识"；对于这种知识的研讨，不是良知的问题，而是理智或者工具理性的问题。

（一）智先于礼

这就是说，在问题结构上，"智"是先行于"礼"的：

> 子贡问曰："贫而无谄，富而无骄，何如？"
>
> 子曰："可也。未若贫而乐道、富而好礼者也。"
>
> 子贡曰："《诗》云：'如切如磋，如琢如磨。'其斯之谓与？"
>
> 子曰："赐也，始可与言《诗》已矣！告诸往而知来者。"①

邢昺疏解"贫而乐道、富而好礼"："乐，谓志于善道，不

---

① 《论语·学而》。

以贫为忧苦；好，谓闲习礼容，不以富而倦略"；疏解其诗："治骨曰切，象曰磋，玉曰琢，石曰磨，道其学而成也；听其规谏以自修，如玉石之见琢磨"。这里的"告往知来"之"知"，即"智"的体现，涉及"如切如磋，如琢如磨"，是说的理智、理性层面的功夫；"贫而乐道、富而好礼"，是说的这种理智、理性指向礼制。

所以，"智"是先行于"礼"的，是"制礼"的先行条件。下面这段议论也告诉我们，在孔子看来，这种"智"确实是先行于"礼"的建构的：

> 子路问成人。子曰："若臧武仲之知，公绰之不欲，卞庄子之勇，冉求之艺，文之以礼乐，亦可以为成人矣。"曰："今之成人者何必然？见利思义，见危授命，久要不忘平生之言，亦可以为成人矣。"①

朱熹《集注》："知（智）足以穷理，廉足以养心，勇足以力行，艺足以泛应，而又节之以礼，和之以乐，使德成于内而文见乎外，则才全德备，浑然不见一善成名之迹，中正和乐，粹然无复偏倚驳杂之蔽，而其为人也亦成矣。"

这里涉及理智、理性的，不仅有"知足以穷理"，还可以包括"艺足以泛应"，都先行于"节之以礼"。这就是说，首先是要

---

①　《论语·宪问》。

有"智"，然后才是文之以"礼"；换句话说，首先要有（特别是关于礼的）知识、理性、理智，然后才能进行制度规范的建构。

这里特别提到了"见利思义"的问题。这究竟是孔子之语？还是子路之语？尽管存在争议，这并不重要，重要的是：这是在"智"与"礼"的问题上，又特别提出了"利"与"义"的问题。于是，根据上文已有的分析，我们便获得了孔子正义论的这样一个问题结构：

仁→利→知→义→智→礼

（二）由知义而知礼

这个问题结构同时表明："知礼"的根本，乃是知"义"。由知义而知礼，就是知道按正义原则来进行制度规范的建构。这就是说，所谓"智"，不仅仅意味着"知礼"，而且意味着知"义→礼"之问题结构。故孔子说：

臧文仲居蔡，山节藻棁，何如其知也？①

朱熹《集注》引张子说"山节藻棁为藏龟之室"，并评论道："当时以文仲为知，孔子言其不务民义，而谄渎鬼神如此，安得为知？"此即孔子所说之意：

---

① 《论语·公冶长》。

务民之义，敬鬼神而远之，可谓知矣。①

这就是说，假如不知"义"、"义→礼"之问题结构，就谈不上"知"（智）。我们在上文讨论过，"务民之义"意味着因"爱民"而"因民之所利而利之"②；孔子在这里进一步指出，"敬鬼神而远之"也是理智的一个先行条件。

谈到"知义"之"智"，自然不仅涉及正当性问题（仁爱），而且涉及适宜性问题，包括"时宜"问题，亦即"知义"蕴涵着"知时"。《论语》里有这样一段记载：

阳货欲见孔子，孔子不见，归孔子豚。孔子时其亡也，而往拜之。遇诸途。

谓孔子曰："来！予与尔言。"曰："怀其宝而迷其邦，可谓仁乎？"

曰："不可。"

"好从事而亟失时，可谓知乎？"

曰："不可。"

"日月逝矣，岁不我与。"

孔子曰："诺，吾将仕矣。"③

---

① 《论语·雍也》。
② 《论语·尧曰》。
③ 《论语·阳货》。

孔子的回答并不仅仅是应付阳货而已，他向来确实是重视"时"、不愿"失时"的，正如朱熹所解释的，"失时，谓不及事几之会"，亦即不能抓住事情的时机；但孔子当时仍然不愿意出仕，那是因为"亦非不欲仕也，但不仕于货耳"，"故孔子不见者，义也"。这就是说，在孔子的思想观念中，所谓"知时"乃是知道"时义""时宜"。

> 色斯举矣，翔而后集。（孔子）曰："山梁雌雉，时哉！时哉！"①

邢昺指出，孔子这里涉及的乃是"义不苟食"的问题。而这里所谓"时"，何晏注解"色斯举矣，翔而后集"，引马氏之说"见颜色不善则去之"，引周氏之说"回翔审观而后下止"；邢昺疏云："此言孔子审去就也。"这显然还是谈的"时义"问题。

这就是说：君子"从事"（不仅包括行礼，而且包括制礼），应当犹如山梁雌雉，知时而不"失时"。所以，上文谈到的"务民之义"，一个重要方面就是"使民以时"：

> 道千乘之国，敬事而信，节用而爱人，使民以时。②

---

① 《论语·乡党》。
② 《论语·学而》。

何晏注"节用而爱人，使民以时"，引包氏之说："国以民为本，故爱养之"；"作事使民，必以其时，不妨夺农务"。显然，"节用而爱人"与"义"之正当性方面有关，而"使民以时"与"义"之适宜性方面有关。这就是说：爱民就要利民，利民就要使民以时，这也就是"时义""时宜"原则。这当然同样适用于制度规范的建构。不理解这一点，就谈不上"智"，也就不足以"制礼"。

（三）由知人而知义

然而制度规范建构中所涉及的理智，还是这样一种"智"是非常重要的："知人"，即理解主体性存在。这个道理是很简单的：正义原则、制度规范都是人的主体性的建构。故孔子非常重视"知人"，说：

> 不患人之不己知，患不知人也。①

不仅如此，而且，在孔子的思想观念中，"知人"问题乃是和"圣"亦即"仁且智"问题联系在一起的：

> 樊迟问仁。子曰："爱人。"
>
> 问知。子曰："知人。"
>
> 樊迟未达。子曰："举直错诸枉，能使枉者直。"

---

① 《论语·学而》。

　　　　樊迟退，见子夏曰："乡也吾见于夫子而问知，子曰：
'举直错诸枉，能使枉者直。'何谓也？"

　　　　子夏曰："富哉言乎！舜有天下，选于众，举皋陶，不
仁者远矣。汤有天下，选于众，举伊尹，不仁者远矣。"①

　　邢昺疏云："此章明仁、知也。'樊迟问仁，子曰"爱人"'
者，言泛爱济众是仁道也。'问知。子曰"知人"'者，言知人
贤才而举之，是知也。'樊迟未达。子曰"举直错诸枉，能使枉者
直"'者，樊迟未晓达知人之意，故孔子复解之，言举正直之人
而用之，废置邪枉之人，则皆化为直，故曰'能使枉者直'
也。……'舜有天下，选于众，举皋陶，不仁者远矣；汤有天下，
选于众，举伊尹，不仁者远矣'者，此子夏为樊迟说举直错枉之
事也。言舜、汤有天下，选择于众，举用皋陶、伊尹，则不仁者
远矣，仁者至矣。是其能使邪枉者亦化为直也。"

　　我们千万不能以为这里所谓"知人"仅仅是在谈君主之选
择贤才的问题。孔子首先答云"爱人""知人"，这是普遍意义
的回答，如朱熹之所说："爱人，仁之施；知人，知之务。"而
接下来谈到"举直错诸枉，能使枉者直"，那是因为樊迟尚未明
白，孔子于是举例说明："迟之意，盖以爱欲其周，而知有所
择，故疑二者之相悖耳"（朱熹引曾氏语）；"举直错枉者，知
也；使枉者直，则仁矣。如此则二者不惟不相悖，而反相为用

---

　　① 《论语·颜渊》。

矣。"（朱熹所解）朱熹的意思是，孔子是在举例说明"智"与"仁"是相辅相成的。

我们曾在上文谈到，"圣"意味着"仁且智"。而"仁"与"智"分别是中国正义论的理论结构中两个最基本的环节。

所谓"知人"，按照孔子的一贯思想，理当包含着这样一层意思：鉴于不同的生活方式造就不同的人的主体性，那么，制度规范的建构当然需要理解人的这种特定的主体性。这是我们想到后来孟子表述的"论世知人"的思想："以友天下之善士为未足，又尚论古之人。颂其诗，读其书，不知其人，可乎？是以论其世也。是尚友也。"① 现存既有的礼制，记载于诗书中；而要理解诗书，首先得理解其作者；要理解作者，又首先得理解作者生活的时代背景。② 按照孟子的这种看法，显然，作为理解主体性的"知人"，首先是理解这种主体性之由以产生的时代生活方式。这就是说，"智"的一个基本要求是理解生活，这样才能真正"知人"，即理解主体性；唯其如此，才有可能"知义"，亦即不仅知道正当性（义之仁），而且知道适宜性（义之宜）。

以上分析表明，由知人而知义，这确实是孔子思想中所蕴涵的一种观念。惟有"知人""知义"，然后才能"知礼"。

（四）温故知新

那么，具体说来，究竟怎样"知礼"呢？

---

① 《孟子·万章下》。

② 黄玉顺：《注生我经：论文本的理解与解释的生活渊源——孟子"论世知人"思想阐释》。

这当然首先是一个学习、积累知识的过程。所以，《论语》开宗明义就说："学而时习之，不亦说（悦）乎？"① 例如《论语》所载：

> 子入太庙，每事问。或曰："孰谓鄹人之子知礼乎？入太庙，每事问。"子闻之，曰："是礼也。"②

对于社会规范建构及其制度安排问题来说，古代文献所记载的历史经验是值得重视的。所以，孔子谈道：

> 我非生而知之者，好古、敏以求之者也。③

所谓"好古"，用今天的话来说，就是重视研究历史经验。孔子为了重建社会制度规范，就很重视对夏、商、周三代之礼制的历史文献研究，这是众所周知的。

不过，"好古、敏以求之"并不是说凡古皆好，这里还有一个选择的过程：

> 子曰："三人行，必有我师焉！择其善者而从之，其不善者而改之。"④

---

① 《论语·学而》。
② 《论语·八佾》。
③ 《论语·述而》。
④ 《论语·述而》。

子曰："盖有不知而作之者，我无是也。多闻，择其善者而从之，多见而识之，知之次也。"①

这就是说，不仅要"多见而识之"，而且须"择其善者而从之"，亦即有所选择；不仅有所选择，而且"其不善者而改之"，即有所创新。社会规范建构及其制度安排的创新，这正是适宜性原则的要求。

为此，孔子提出了"温故知新"的原则：

温故而知新，可以为师矣。②

邢昺疏云："言旧所学得者，温寻使不忘，是温故也。素所未知，学使知之，是知新也。"这个解释把"知新"理解为"学使知之"，这是不确切的。这种理解将"而"理解为并列连词，将"温故而知新"理解为既温习旧的知识又学习新的知识，这并不符合孔子的一贯思想，孔子主张"举一反三"：

子曰："不愤不启，不悱不发。举一隅不以三隅反，则不复也。"③

---

① 《论语·述而》。
② 《论语·为政》。
③ 《论语·述而》。

邢昺疏云："必待其人心愤愤，口悱悱，乃后启发为说之，如此则识思之深也。其说之也，略举一隅以语之。凡物有四隅者，举一则三隅从可知，学者当以三隅反类一隅以思之。而其人若不以三隅反思其类，则不复重教之矣。"

所以，"温故而知新"之"而"应该是一个顺承连词，意思是："温故"就能"知新"，"知新"就在"温故"之中。

因此，朱熹《集注》的解释更为恰当："故者，旧所闻；新者，今所得。言学能时习旧闻，而每有新得，则所学在我，而其应不穷，故可以为人师。若夫记问之学，则无得于心，而所知有限，故《学记》讥其不足以为人师，正与此意互相发也。"

所谓"其应不穷"，其所"应"者，当然包括社会规范建构及其制度安排这样的问题。我们通过研究旧的制度规范建构的历史经验（温故），就能知道怎样建构新的制度规范（知新）。而此"新得"作为"心得"，正是理智的事情。

在礼制建构问题上，孔子"温故知新"的一个典型例子就是上文曾讨论的："子张问：'十世可知也？'子曰：'殷因于夏礼，所损益可知也；周因于殷礼，所损益可知也；其或继周者，虽百世可知也。'"① 孔子由知三代之礼之"故"，而知"礼有损益"之理，由此而知百世之后之礼之"新"。

---

① 《论语·为政》。

第七章

孔子论"义"与"乐"

——社会和谐

【作者按】此文为《中国正义论的形成——周孔孟荀的制度伦理学传统》第二编第六章，东方出版社 2015 年版，第 188～198 页。

在孔子及儒家思想中，制度规范的建构本身从来不是目的；真正的目的，在于谋求社会群体生存的和谐。社会秩序本身并不能够保证社会和谐：无秩序固然不和谐，有秩序未必就和谐。这就是说，礼制只是社会和谐的必要条件，但并不是充分条件。这是因为：制度所强调的是差异的分别。此即所谓"乐合同，礼别异"①。因此，社会的和谐还需要"乐"。所以，在社会正义问题上，孔子重"和"、重"乐"。

---

① 《荀子·乐论》。

第一节　礼体和用：孔子"和同"思想的意义

一、礼之用：乐之和

在这个问题上，孔子的高足弟子有子可谓深得夫子之旨：

> 有子曰："礼之用，和为贵。先王之道斯为美，小大由之。有所不行，知和而和，不以礼节之，亦不可行也。"①

所谓"礼之用"，乃是说的已经建构起来的制度规范的实际运行问题。而"和为贵"意味着："和"或"乐"乃是"礼"之后的事情，或者说是在"礼"的基础上做的事情。至此，我们终于得到儒家正义思想的这样一个问题结构：

> 仁→利→知→义→智→礼→乐

或者用现代汉语来表达：

> 仁爱情感→利益问题→良知直觉→正义原则→知识理性→制度规范→社会和谐

---

① 《论语·学而》。

这正是最早由孔子提出的中国正义论的整体性的问题结构。

显然，社会和谐才是孔子正义论所寻求的终极目标。这里，有子特别点出了一个"美"字。正当、适宜的制度规范（礼），那只是"善"；这种制度规范能够在和谐（乐）中实行，这才是"美"。所以，孔子强调"尽善尽美"：

　　子谓《韶》："尽美矣，又尽善也。"谓《武》："尽美矣，未尽善也。"①

邢昺疏云："此章论《韶》、《武》之乐。'子谓《韶》"尽美矣，又尽善也"'者，《韶》，舜乐名。韶，绍也。德能绍尧，故乐名《韶》。言《韶》乐，其声及舞，极尽其美；揖让受禅，其圣德又尽善也。'谓《武》"尽美矣，未尽善也"'者，《武》，周武王乐，以武得民心，故名乐曰《武》。言《武》乐，音曲及舞容，则尽极美矣；然以征伐取天下，不若揖让而得，故其德未尽善也。"

这里有两点是值得注意的：其一，乐之善或不善，这是关于是否"揖让"的问题；我们在上文讨论过，"揖让"是"礼"的问题。其二，乐可以美，但未必善；尽善尽美之乐的前提条件，是能够"揖让"亦即合乎"礼"。换句话说，尽善尽美的"乐"、真正的"和"，乃是既基于礼又超越礼的事情。这其实也

---

① 《论语·八佾》。

就是中国的"礼→乐"文化传统。

（二）和而不同：不同而和

乐的基本特征乃是"和"，而"和"并不是"同"。这是因为：其一，"乐"是以"礼"为前提的，而"礼"的特征是"别异"亦即"不同"；其二，"乐"之"和"固然是对"礼"的超越，但这种超越并不意味着对"礼"之"不同"的否定，恰恰相反，没有"礼"之"不同"就没有"乐"之"和"。所以，孔子指出：

> 君子和而不同，小人同而不和。①

何晏注云："君子心和，然其所见各异，故曰'不同'。小人所嗜好者同，然各争利，故曰'不和'。"

这个解释还不是很到位。

朱熹《集注》指出，"和者，无乖戾之心；同者，有阿比之意"；并引尹氏之说："君子尚义，故有不同；小人尚利，安得而和？"

这里的关键，在于"义利"问题。我们在上文研究过：在孔子心目中，正义问题固然是由利益冲突问题引发的，但是，如果"利"而无"义"（正义原则），也就无"礼"（制度规范）。这里孔子更进一步表明：有"利"而无"义"、从而无

---

① 《论语·子路》。

"礼"，就谈不上"乐"（"和"）。这就是说，"乐"之"和"在根本上还是由"义"决定的。

然而"礼"之"别异"就是"不同"，所以，"和而不同"意味着"不同而和"——唯有在差异中才能求得和谐。差异固然不是社会和谐的充分条件，却是社会和谐的必要条件。

第二节 诗兴乐成：孔子正义思想的总结

行文至此，我们已经分别探讨了孔子社会正义思想的全部基本内容的各个方面。现在，我们通过分析孔子关于自己的思想理论整体的论述，来对其社会正义论加以分析。

（一）"乐"与孔子思想的总体结构

孔子思想的整体架构，可以说体现在下面这一番论述中：

兴于诗，立于礼，成于乐。[1]

何晏注引包氏之说："兴，起也，言修身当先学《诗》"；"礼者，所以立身"；"乐，所以成性"。邢昺疏云："此章记人立身成德之法也。兴，起也。言人修身，当先起于《诗》也。立身必须学礼，成性在于学乐。'不学《诗》，无以言'；'不学礼，无以立'。既学《诗》、礼，然后乐以成之也。"

---

[1] 《论语·泰伯》。

注疏的说法，远没有揭示出"兴于诗，立于礼，成于乐"这番话的博大精深的内涵。

朱熹《集注》释"兴于诗"："兴，起也。诗本性情，有邪有正，其为言既易知，而吟咏之间，抑扬反复，其感人又易入，故学者之初，所以兴起其好善恶恶之心而不能自已者，必于此而得之。"释"立于礼"："礼以恭敬辞逊为本，而有节文度数之详，可以固人肌肤之会，筋骸之束，故学者之中，所以能卓然自立，而不为事物之所摇夺者，必于此而得之。"释"成于乐"："乐有五声十二律，更唱迭和，以为歌舞八音之节，可以养人之性情，而荡涤其邪秽，消融其查（渣）滓，故学者之终，所以至于义精仁熟，而自和顺于道德者，必于此而得之，是学之成也。"

朱熹的集注较之注疏要好得多，但也不够充分。

1. 兴于诗

（1）"兴"当然是说的修身，但其要义在于"起"；有了以诗"起"身，然后才会有以礼"立"身的问题。那么，是谁在"兴起"、谁在"立"？或者说：是"兴起"谁、"立"谁？这其实也就是哲学上所说的"主体性"问题。孔子的意思，通过学诗，某种主体性才得以确立起来。那么，这是一种什么样的主体性？朱熹说是"好善恶恶之心"，这其实是不够确切的，因为"善恶"问题已经进入了下一个阶段"礼"的范畴，所谓"善恶"就是符合或者不符合某种社会规范、也就是能否符合"礼"。其实，"兴于诗"是说的"仁"与"义"的问题：首先是"仁"，亦即不是"好善恶恶之心"，而是"爱心"；然后是"义"，也就是正义感。这就是说，人的主体性本身并不是"礼"或"义"所给出的，人的主体性的挺立在于"兴于诗"，就是在仁爱情感中"兴起"的，然后才有以"义"制"礼"、且"立于礼"的问题。

（2）这种"兴"为什么必须"诗"？朱熹认为，这是因为"诗本性情"。这也还是不够充分的解释。其实，这并不是"性"的问题，而是"情"的问题，所谓"诗缘情"①、"情动于中而形于言"②。其实朱熹或多或少也有这个意思，所以他才会说诗是"有邪有正"的，因为按他以及后儒的观念，"性"乃是至善的，"情"才会"有邪有正"。但是，这种"善恶""邪正"的观念都是后儒的观念，未必就是孔子的观念。"善恶""邪正"都已经牵涉到下一步的"礼"、亦即社会规范的问题，而此前的"诗"之"情"是先于"礼"的，显然不是"善恶""邪正"的范畴。孔子说过"《诗》可以兴，可以观，可以群，可以怨"，首先是情感的事情；然后才是"迩之事父，远之事君"，才是伦理的事情；最后才是"多识于鸟兽草木之名"，才是知识论的事情。③"兴、观、群、怨"都是在说在诗之情感中确立起主体性的问题。尤其是"群"，涉及的是正义感、也就是"义"的问题。所以朱熹说，在"成于乐"的阶段才最终"至于义精仁

---

① 陆机：《文赋》。
② 毛亨：《诗大序》。
③ 《论语·阳货》。

熟"；这就表明在此前的"立于礼"乃至"兴于诗"的阶段就已经涉及"仁""义"的问题了。

（3）按照中国的传统，主体性的确立，就是"德"。对于一个个体来说，这种"德"只是形而下的相对主体性；但是，按照学理的逻辑，在哲学的建构中，这种"德"可以提升为形而上的绝对主体性，也就是本体，从而为形而下的"礼"奠基。

2. 立于礼

（1）"礼"也就是社会规范及其制度，亦即朱熹所说的蕴涵着"恭敬辞逊"的"节文度数"。那么，显然，按照孔子"义以为质，礼以行之"的思想，这是后于"仁""义"的环节。

（2）"立于礼"是说一个人要在社会上"立身""立足"，就必须遵守这个社会的规范及其制度也就是"礼"。这也就是孔子所说的"克己复礼""非礼勿视，非礼勿听，非礼勿言，非礼勿动"①的态度。

（3）但是，我们在上文说过，遵守社会规范及其制度，这是"行为正义"问题而非正义论所探讨的"制度正义"问题。后者才是我们这里关注的问题：遵守社会规范的前提，是这个社会规范本身就是正义的。所以，"立于礼"的前提是"制礼"，亦即制定正义的社会规范及其制度。孔子思想中的这一层意思，是何晏、邢昺、朱熹等人都没能揭示出来的。

---

① 《论语·颜渊》。

3. 成于乐

（1）邢昺将"成于乐"解释为"成性"的问题，这是不对的，因为早在"兴于诗"、确立主体性的时候，就已经是"成性"了。朱熹则解释为"和顺于道德"，这也是不确切的，因为"成于乐"恰恰是对形而下这个层级上的"道德"规范的超越，从而在一定意义上重返于"诗"情。至于朱熹讲"乐""可以养人之性情"，则是有一定道理的。"性—情"是后儒的一种形而上学的观念架构。我们在上文谈到，"立于礼"的阶段实际上必定会涉及形而上学层级上的"性"的问题，现在"乐"的阶段则是超越形而上学，重返本源之"情"。但需注意：

（2）众所周知，"乐"与"诗"是密切相关的，其实是一件事的两面："乐"是"诗"之歌舞，"诗"是"乐"之言词。所以，在某种意义上，"成于乐"就是重新回到"诗"。但这种返回并不是简单的回复，而是在更高境界上的复归。

（3）"成于乐"在某种意义上返回"兴于诗"，是通过超越"立于礼"来实现的。换句话说，"乐"是对"礼"的超越："乐和同"是对"礼别异"的超越。这种超越就是我们在上文已经讨论的：实现某种"差异的和谐"。显然，这种"差异的和谐"不可能是通过"礼"实现的，而是通过"诗"之"情"实现的。

以上讨论表明，"兴于诗，立于礼，成于乐"确实是孔子思想的一个整体表达，也是中国正义论的一种特定角度上的整体表达。

（二）"和"与孔子正义思想的整体结构

最后，对于孔子的社会正义思想，我们以孔子的一段话来做一个总结：

> 君子义以为质，礼以行之，孙以出之，信以成之。①

对孔子这番话，我们在上文曾经有所涉及，那里着重分析了"义→礼"结构关系。现在，我们将做出更全面详尽的分析。

何晏注引郑氏："'义以为质'谓操行，'孙（逊）以出之'谓言语。"邢昺疏云："此章论君子之行也。义以为质，谓操执以行者，当以义为体质。文之以礼，然后行之。孙（逊）顺其言语以出之。守信以成之。"

注疏将"礼以行之"之"行"理解为"君子之行"，亦即把这番话仅仅理解为"行为正义"问题，不涉及"制度正义"问题。不仅如此，注疏未能揭示出孔子所谈到的"义""礼""逊""信"之间的关系。尤其是将"礼以行之"解释为"文之以礼，然后行之"，这就将"行之"理解为"行礼"，这样当然也就与"制礼"无关了。这是偏颇的。

孔子这番话中，除首句"义以为质"，接下来三句都用了一个指代词"之"，显然，这些"之"都是指代的"义以为质"之"义"。朱熹《集注》引程子说："'义以为质'如质干然，

---

① 《论语·卫灵公》。

礼行此，孙（逊）出此，信成此，四句只是一事：以义为本。"
由此可见，孔子的意思是：礼以行义，逊以出义，信以成义。

朱熹本人释为："义者制事之本，故以为质干，而行之必有
节文，出之必以退逊，成之必在诚实，乃君子之道也。"

这个解释比注疏的解释更合理，但仍嫌不十分透彻。其实，
孔子这番话可谓从另外一个角度体现了孔子思想的整体：

1. 以义为仁

根据上文分析过的孔子"仁→义"的思想结构，可以肯定，
这里的"义以为质"必定要涉及"仁"。这就是说，这里涉及这
样一个问题：为什么要以"义"为"质"？这个问题，上文也分
析过，这里简要地做个小结：

其一，在孔子思想及其后的儒家思想中，所有一切都渊源
于仁爱；

其二，仁爱中的差等之爱会导致利益冲突；

其三，仁爱中的一体之仁则能通过"见利思义"以解决利
益冲突问题，这就是"义利之辨"，也就是正义原则中的正当性
原则；

其四，这种"见利思义"之"思"不仅是理智理性的思考，
而且首先是良知的知觉也就是正义感，正义原则乃是正义感的
理性化；

综上所述，"义"乃"制事之本"，当然也就包括了它是
"制礼"之本的意义，也就是说，不仅是"行为正义"之本，而
且是"制度正义"之本。

2. 以礼行义

当"义"作为正义原则确立起来之后，这个抽象的原则需要落实到具体的社会规范及其制度上，这就是"礼"。这远不仅仅是注疏所说的"文之以礼，然后行之"的"行为正义"（循礼）问题，而首先是"制度正义"（制礼）问题，也就是说，社会规范建构及其制度安排亦即"礼"，不过是"行义"，这意味着"礼"只是"义"的实行途径、实现形式、落实方式。

3. 以逊出义

所谓"逊"，其实就是上文分析过的"礼"之"义"的精神实质："推""让"。这显然远不仅仅是注疏所说的"言语"问题，而是涵盖了所有一切言行的问题，泛指在"礼"的基础上怎样真正体现"义"的精神的问题。

所谓"推"，就是"推己及人""推人及物"，亦即孔子所说的"己欲立而立人，己欲达而达人"①、"己所不欲，勿施于人"②、孟子所说的"亲亲而仁民，仁民而爱物"③的精神。这就是"义"的精神。

所谓"让"，孟子谓之"辞让"④。辞让的根本之点，在于面对利益的时候，能够充分考虑到他者的利益，包括群体的公利和他人的私利。这也是"义"的精神，也就是"礼"的精神。

---

① 《论语·雍也》。
② 《论语·卫灵公》。
③ 《孟子·尽心上》。
④ 《孟子·公孙丑上》。

如果没有这种"辞让"的精神，"礼"的制度规范就成为徒具形式的、外在地强加于人的东西。

显然，没有"推""让"，就不可能通向"和"——"乐"，即不可能达到社会和谐。换句话说，通过"礼"而"以逊出义"，这是通向"和乐"的先决条件。

4. 以信成义

在孔子以及儒家思想中，"信"其实是一个比较复杂的问题。我们知道，孟子在其"仁义礼智"的总体思想结构中没有提到"信"；不仅如此，他甚至说："大人者，言不必信，行不必果，惟义所在。"① 这就是说，在他看来，"信"有时是会与"义"发生冲突的。其实，孔子也有这样的意思："言必信，行必果，硁硁然小人哉！"②"君子之于天下也，无适也，无莫也，义之与比。"③

那么，又该如何理解孔子在这里讲的"信以成之"——以信成义呢？

我们不妨来看一看孔子以"言必信"为"小人"之具体论说：

子贡问曰："何如斯可谓之士矣？"子曰："行己有耻，使于四方不辱君命，可谓士矣。"曰："敢问其次。"曰：

---

① 《孟子·离娄下》。
② 《论语·子路》。
③ 《论语·里仁》。

"宗族称孝焉，乡党称弟焉。"曰："敢问其次。"曰："言
必信，行必果，硁硁然小人哉！抑亦可以为次矣。"曰：
"今之从政者何如？"子曰："噫！斗筲之人，何足算也！"

对于"言必信，行必果，硁硁然小人哉"，何晏注没有解释
其中的"言必信"，怕是一种回避吧。邢昺疏云："若人不能信
以行义，而言必执信；行不能相时度宜，所欲行者，必果敢为
之：硁硁然者，小人之貌也。"

显然，邢昺也认为"信"与"义"未必总是一致的，可能
发生冲突：有时可能是"信以行义"，有时则可能是"信不行
义"。这确实是生活的实情。

因此，孔子讲的"言必信"，"必"是指：不论上述两种情
况中的哪一种情况，一味地讲"信"，难怪孔子以为"小人"。
这就是说，在孔子心目中，当"信"与"义"发生冲突的时候，
是不应该讲什么"信"的。

然而反过来看，毕竟也有"信以行义"的时候。孔子所说
的"信以成义"，显然是说的这种情况。因此，这里的问题就
是："信"何以能"成义"呢？这个"成"是"成就"之意、
还是"完成"之意？

根据上面的分析，"信"既然可能与"义"发生冲突，这就
表明"信"不足以"成就""义"，或者说，"义"的"成就"

无待于"信"。这种情况就是孔子所讲的"言不及义"①，乃至于以"言"违"义"，在这种情况下，我们不必信守其"言"。

因此，唯有在"信"与"义"一致的情况下，"信"意味着"义"的"完成"。所谓"完成"是说：在这种情况下，我们可将"信"视为"义"实现的一个环节。

这个道理其实是很简单的："信"指"人言"，那么，既然在我们所讲的情况下，"信"是与"义"一致的，这就已经假定了其"言"乃是出于"义"的，因此，显而易见，此时如果不信守其"言"，那就会走向"义"的反面：不义。

至此，我们已经通过总共六章的篇幅，全面系统地探讨了孔子的社会正义思想：

仁（仁爱）→ 利（利益）→ 知（良知）→ 义（正义原则）→ 智（理智）→ 礼（制度规范）→ 乐（和谐）

这套思想是对周公的社会正义观念的继承与发展，由此大体上确定了中国正义论的基本内涵，但在中国正义论的总体理论结构以及一系列细节问题上尚未充分明晰地展开，这有待于后来孟子和荀子的进一步工作。

---

① 《论语·卫灵公》。

第八章

制度文明是社会稳定的保障

——孔子的"诸夏无君"论

【作者按】此文原载《学术界》2014 年第 9 期；收入作者文集《从"生活儒学"到"中国正义论"》，中国社会科学出版社 2017 年版，第 251~260 页。

【提要】孔子说："夷狄之有君，不如诸夏之亡也。"这可以概括为"诸夏无君"论：华夏以外的国家尽管有君主，也不如华夏国家没有君主的时候。注疏指出：这是由于华夏有"礼义"，即正义的制度。这就是说：社会政治秩序的稳定与否，并不取决于领导者的善否，而是取决于社会制度的善否。换句话说，制度文明才是社会稳定的保障：在正义的制度下，即便领导者无德无才甚至缺位，社会也是稳定的；而在不正义的制度下，即便领导者在位甚至德才兼备，社会也缺乏稳定性。

近年来，有学者鼓吹所谓"贤能政治"（political meritocracy)，并标榜为儒家的"贤能政治传统"。这种论调其实是出于某种现实意图而歪曲儒家政治哲学传统。事实上，孔子的思想恰恰与之相反，那就是孔子的"诸夏无君"论：社会政治秩序的稳定与否，并不取决于领导者的善否，而是取决于社会制度的善否。换言之，制度文明才是社会稳定的保障：在正义的制度下，即便领导者无德无才甚至缺位，社会也是稳定的；而在不正义的制度下，即便领导者在位甚至德才兼备，社会也缺乏稳定性。孔子指出：

> 夷狄之有君，不如诸夏之亡（无）也。①

何晏注云："诸夏，中国；亡，无也。"邢昺疏云："此章言中国礼义之盛，而夷狄无也"；"言夷狄虽有君长，而无礼义；中国虽偶无君，若周召共和之年，而礼义不废"。注疏的解释完全正确。所谓"诸夏"，是指的当时秉持华夏文化、拥有制度文明的中原诸国，其政治哲学传统即"礼义"，亦即文明的制度（礼）及其背后的正义原则（义）。孔子这句话直译为现代汉语就是：华夏以外的国家尽管有君主，也不如华夏国家没有君主的时候。按照注疏的解释，孔子的意思是：社会稳定的根本保障并不是领导人英明，而是制度正义——礼义。

---

① 《论语·八佾》。《论语》：《十三经注疏·论语注疏》，[魏] 何晏注，[宋] 邢昺疏，中华书局 1980 年影印本。

一、礼：制度文明

那么，何为"礼义"？我们先讨论"礼"的问题。

在中国传统话语中，"礼"泛指所有社会规范及其制度，诸如家庭、乡社、国家、伦理、政治、法律等领域的一切制度规范。一个典型的例子就是：一部《周礼》所载的"周礼"，乃是一整套的社会规范及其制度，而总称为"礼"。[1] 其实，《仪礼》《礼记》之"礼"亦然，包含了外在化的"礼仪"、实质性的"礼制"（制度规范）及其背后的"礼义"（即"礼之义"——制度规范背后的正义原则）三个层次的概念。所以，"礼"并不仅仅指"礼仪"。"礼"更不仅仅指"事神致福"[2] 的祭祀活动，只不过祭祀在当时是国家的头等大事，即"国之大事在祀与戎"[3]，集中地反映了当时的社会关系及其在制度规范上的体现，故以祭祀作为"礼"的典型场景。简而言之，"礼"指的乃是所有一切制度规范。

众所周知，"礼"是孔子政治哲学的一个要点；换言之，孔子所关注的一个基本问题就是制度文明问题，即族群的社会规范建构及其制度安排。孔子"诸夏无君"思想的指导意义在于：

---

① 黄玉顺：《"周礼"现代价值究竟何在——〈周礼〉社会正义观念诠释》，《学术界》2011年第6期。

② 许慎：《说文解字·示部》，中华书局1963年版。

③ 《左传·成公十三年》，见《十三经注疏·春秋左氏传正义》，中华书局1980年影印本。

在建构或选择制度的时候，应当考虑这样一个指标，即：即便在最高领导人空缺时，这个制度也是稳定的。下文要谈的"周召共和"就是一个典型。

这里须特别注意的是："诸夏"与"夷狄"的区别，与种族、血缘无关，其标准并不是什么"龙的传人""炎黄子孙""黑眼睛黑头发黄皮肤"之类的规定。这些年来，孔子儒学往往被讲成了一种带有种族主义色彩的东西，这是很值得警惕的。依据孔子向来的观点，"夷夏之辨"或"华夷之辨"的标准并不是种族，而是文化，尤其是礼乐文化，即制度文明。"诸夏"与"夷狄"的区别，是制度文明程度的区别。当孔子之时，社会转型，秩序大乱，"礼坏乐崩"，此时的中原诸国未必能够代表"礼义"了，所以孔子竟有了"移民"之意——"子欲居九夷"①。这也就是"仲尼有言'礼失而求诸野'"②；不但求诸"野"，而且求诸"夷"。当时孔子所赞赏的，恰恰不是"中国"，而是被划为"东夷"却能"称霸"天下的齐国：

> 管仲相桓公，霸诸侯，一匡天下，民到于今受其赐。
> 桓公九合诸侯，不以兵车，管仲之力也。如其仁！如其仁！
> 晋文公谲而不正，齐桓公正而不谲。③

---

① 《论语·子罕》。
② 班固：《汉书·艺文志》，中华书局1962年版。
③ 均载《论语·宪问》。

259

　　孔子为何如此高度赞许齐桓公和管仲？他特别强调了两个字："仁""正"。综合起来就是：出于仁爱的正义。这正是中国正义论中的正当性原则：在进行制度规范建构时，必须超越差等之爱、追求一体之仁。（详下）这是制度文明的基本保证。孔子对齐国的礼乐文明是颇为赞赏的，例如《论语》记载了孔子的赞叹："子在齐闻《韶》，三月不知肉味。曰：'不图为乐之至于斯也！'"① 当然，孔子并不以为称霸天下的齐国就已经是制度文明的代表了；但孔子坚持：齐国的道路乃是走向制度文明的必经之路。所以，孔子指出："齐一变，至于鲁；鲁一变，至于道。"② 要注意的是：这里所说的"鲁"并非孔子自己的"祖国"——当时的"鲁"，而是当初"制礼作乐"的周公之"鲁"，那是以制度文明著称的。孔子虽生在鲁国，但并不是一个所谓"爱国主义者"，他对当世的鲁国是颇不以为然的，甚至说："鲁无君子者。"③ 在他看来，倒是齐国"仁""正"，具备了礼义之"道"的必要条件。

　　归根到底，面对社会转型，孔子的宗旨是要重建社会秩序——建构一套新的"礼"。这个问题涉及如何全面而准确地理解孔子关于"礼"的思想。孔子论"礼"，包含两个层面的思想内容：一方面，社会规范及其制度（礼）是任何一个社会共同

---

① 《论语·述而》。
② 《论语·雍也》。
③ 《论语·公冶长》。

体都必需的，因此他讲"克己复礼"①、"不学礼，无以立"②；但另一方面，在他看来，任何具体的特定的社会规范系统及其制度都没有普适性和永恒性，而是随社会生活方式之转变而历史地变动的，这就是他所讲的"礼有损益"。这一层思想却往往被有意无意地忽视了。孔子是这样讲的：

> 殷因于夏礼，所损益，可知也；周因于殷礼，所损益，可知也。其或继周者，虽百世，可知也。③

所谓"损益"，就是在既有的社会规范系统及其制度上，去掉一些旧的制度规范（损）、增加一些新的制度规范（益），其实也就是从整体上重建一套社会规范及其制度。在孔子看来，夏、商、周三代之间就是如此；而且可以预测，周代之后的百代之间、千秋万代之间必定也是如此。由此可见，孔子绝非"原教旨主义者"，而是一个变革者、革命家。后来康有为讲"孔子改制"④，以此作为"变法"的理论根据，撇开其学理上的不足，他对孔子政治哲学立场的把握是很准确的。

那么，社会规范系统变动、制度变迁的根据何在？那就是注疏所强调的"礼义"，即"礼之义"，亦即正义原则。

---

① 《论语·颜渊》。
② 《论语·季氏》。
③ 《论语·为政》。
④ 康有为：《孔子改制考》，中华书局1958年版。

二、义：正义原则

正如注疏所说，制度文明的核心内涵就是"礼义"。上文谈到，"礼"含"礼义→礼制→礼仪"三层。所谓"礼义"，即"礼之义"，亦即礼制（制度规范）背后的正义原则。冯友兰指出："礼之'义'即礼之普通原理。"[1] 所谓"普通原理"也就是普遍原则。所以，"义→礼"即"正义原则→制度规范"，亦即孔子讲的"义以为质，礼以行之"[2]，是中国正义论的核心的观念结构。[3] 这就是说，"礼义"意味着：根据正义原则建立起来的制度才是良善的制度。

汉语"义"或"正义"[4]、西语"justice"（正义），有两种不同的用法：一指"行为正义"，即某种行为是否符合某种制度规范；一指"制度正义"，即这种制度规范本身是否符合正义原则。后者意味着：尽管行为应当符合某种规范（此属行为正义），但前提是这种规范本身符合正义原则（此属制度正义）。人们并没有遵守不正义制度的义务，而拥有拒绝不正义制度的权力。故荀子讲："从道不从君，从义不从父。"[5] 这就是"正

---

① 冯友兰：《中国哲学史》，中华书局1961年版，第414页。

② 《论语·卫灵公》。

③ 参见黄玉顺：《中国正义论的重建——儒家制度伦理学的当代阐释》，安徽人民出版社2014年版。

④ 首见于《荀子》之《正名篇》《臣道篇》。《荀子》：王先谦《荀子集解》，《新编诸子集成》本，中华书局1988年版。

⑤ 《荀子·子道》。

义论"的范畴，也是这里"礼义"的含义。

上文谈到孔子"礼有损益"的思想：制度规范总是历史地变动的。没有永远正当的、"普适的"制度。那么，怎样确定制度正义？越是早期的人类社会，越依赖于习俗；反之，人类社会愈益文明，制度规范的建构也就愈益自觉。到了轴心时期，人类开始理性地确立起制度规范的价值尺度，例如柏拉图《理想国》的正义观念。在中国，孔子确立起了关于制度文明的两条正义原则：①

第一条正义原则可以表述为"正当性原则"：制度规范的建构或选择，必须是出于仁爱的动机，即：超越差等之爱，追求一体之仁。这就涉及怎样全面准确地理解孔子"仁爱"观念的问题了。

前些年发生过一场论战，争论的焦点之一是孔子讲的"父为子隐，子为父隐，直在其中"②。反儒的一方批判孔子，判定其伦理是基于血缘关系的亲情伦理，在此基础上建构起来的礼法制度必定是不公正、非正义、徇私枉法的；挺儒的一方则竭力论证亲情伦理及其礼法制度的正当性，以此为孔子辩护。③ 我曾撰文指出，貌似针锋相对的双方，其实基于一种共同的认识，

① 参见黄玉顺：《孔子的正义论》，《中国社会科学院研究生院学报》2010年第2期。
② 《论语·子路》。
③ 参见郭齐勇主编：《儒家伦理争鸣集——以"亲亲互隐"为中心》，湖北教育出版社2004年版。

即儒家伦理就是基于家庭的亲情伦理，则其礼法制度的设计也
是基于这种亲情伦理的；双方这种共同认识是与孔子当时讨论
的问题错位的，即不在一个层面上，因为孔子"父为子隐，子
为父隐"所讨论的问题并非伦理和礼法问题，而是什么叫
"直"，即什么是先于伦理和礼法的、最直接的情感反应；而且，
双方对孔子的伦理和礼法的认知也是错误的，孔子的儒家伦理
绝非所谓亲情伦理，其礼法制度也不是建立在这种亲情伦理的
基础上的。①

诚然，孔子的伦理思想、政治哲学确实是建立在"仁爱"
的基础之上的。然而，首先，仁爱尽管是伦理的基础，但仁爱
本身并非伦理、礼法制度，而是一种情感。当然，在儒家哲学
中，"仁爱"有时也被视为一条道德规范或伦理规范，甚至被赋
予一种"形而上者"的意义；但无论如何，"仁爱"首先是指的
一种情感，即"爱"的情感。"樊迟问仁。子曰：'爱人。'"②

进一步说，"仁爱"这种情感并不等于所谓"亲情"或者基
于亲情的所谓"爱有差等"。我反复强调过，儒家所说的"仁
爱"包含着缺一不可的两个方面：差等之爱；一体之仁。差等
之爱意味着：在"自我→亲人→外人→外物"这个序列中，我
们的爱的强度是依次递减的；相反，一体之仁意味着：在上述
序列中，我们的爱的强度是同等的。如果片面地仅执一端，那

---

① 黄玉顺《"刑"与"直"：礼法与情感——孔子究竟如何看待"证父
攘羊"》，《哲学动态》2007 年第 11 期。
② 《论语·颜渊》。

么，前者的极端结果就是杨朱的思想，后者的极端结果就是墨子的思想，总之不是儒家思想。上述争论双方都只看到了差等之爱的一面，忽视了一体之仁的一面，都基于对孔子"仁爱"观念的误解。

"仁爱"的这样两个方面看起来似乎是互相矛盾的，但实际上它们施行于不同的领域，即"私"与"公"的区分，故并行不悖。差等之爱是每个人的生活情感的本真体验：我们爱自己胜过爱他人，爱人类胜过爱异类，这是自然而然的。在私的领域即不侵犯他人权利的时候，这种差等之爱就是合乎情理的。然而孔子决不会把这种差等之爱运用于公的领域，即决不会因此侵犯他人的权利；相反，在公共领域，包括在建构制度规范时，孔子恰恰要求克服差等之爱、追求一体之仁。故孔子说："己欲立而立人，己欲达而达人"①；"己所不欲，勿施于人"②。这正是"义"的最基本的内涵：一视同仁而无所偏私，即不能偏向任何人、任何利益集团。

第二条正义原则可以表述为"适宜性原则"：制度规范的建构或选择，必须考虑到实际的实施效果，即：适应于当下的社会生活方式。这是因为，追本溯源，社会规范系统变革、制度变迁的缘由，乃是生活方式的变迁。就中国的历史看，我们经历了宗法社会生活方式下的王权制度（上古三代的封建制度）

---

① 《论语·雍也》。
② 《论语·卫灵公》。

或分权制度、家族社会生活方式下的皇权制度（自秦至清的帝国制度）或极权制度，而正在艰难地走向市民社会生活方式下的民权制度。市民社会的权利主体已不再是宗族、家族那样的"集体"，也非所谓"家庭"（包括现代核心家庭）那样的"集体"，而是公民"个体"。所以，一方面，对于孔子的政治哲学的一般原理，不论把它讲成个体主义的还是集体主义的，都是错误的；另一方面，当其进行当代的制度建构时，无疑应当是个体主义的，这种个体就是现代社会生活方式的主体——公民。

根据孔子"诸夏无君"的思想，可以得出这样的结论：如果一套社会规范及其制度是适应于当下的生活方式的，那么，即便在最高领导人空缺的情况下，这个制度规范系统也是稳定的；反之，不合时宜的制度规范不具有稳定性。只有不正当、不合时宜的制度才需要"维稳"，正义的制度是不需要"维稳"的。注疏提到的"周召共和"，其制度背景是王权制度、封建制度，这个制度在当时的宗法社会生活方式下曾经是适宜的，因而即便在"无君"的情况下也是稳定的（详下）；但这同时也就意味着，当生活方式变迁、社会转型之后，这个制度就失去了正当性和适宜性，从而也就失去了稳定性，不仅在"无君"的情况下充满不确定性，而且事实上它竟是在"有君"的情况下最终走向了崩溃的，于是"礼坏乐崩"，代之而起的是家族社会生活方式下的皇权制度、帝国制度。同样的道理，显然也适用于从皇权社会、极权社会向民权社会、平权社会的转型。

叁 正义论

三、周召共和：无君之治

注疏特别提到"周召共和"，作为"诸夏无君"的典型事例。"周召共和"的故事大致如下：

西周王朝在周穆王时期达到了鼎盛。到了公元前878年，厉王即位，贪婪、残暴，在位期间，民不聊生。为了聚敛更多财富，厉王任用虢公长父和荣夷公实行"专利"，宣布山林川泽为王所有，不许平民入内樵采渔猎，导致民怨沸腾，"谤言"四起。厉王拒绝芮良夫的忠告，而提拔荣夷公为卿士，继续实行"专利"。于是举国侧目，怨声载道。厉王找来巫师，用巫术监视发表"谤言"的怨恨者，并告谕国中：有私议朝政者，杀无赦。巫师假托神意，肆意陷害无辜，致使不少人死于非命。于是，人们不敢在公开场合交谈，"道路以目"——路途相遇只能以目示意。召穆公警告说：

> 防民之口，甚于防川。川壅而溃，伤人必多；民亦如之。是故：为川者，决之使导；为民者，宣之使言。[①]

穆公主张广开言路，让上至公卿大夫、下至百工庶人都有发表意见的机会；否则，一旦决口，无法收拾。厉王充耳不闻，一意孤行。不到三年，广大国人忍无可忍，于公元前841年暴

---

① 《国语·周语上》。《国语》：上海古籍出版社1988年版。

267

动，厉王狼狈出逃到彘（今山西霍州），史称"彘之乱"。厉王逃亡后，卫武公带兵赶到镐京。于是召公虎出面，代表厉王的旧臣，请卫武公暂时代行执政，自己与周公（周公旦的后代）等组成贵族会议辅政，史称"周召共和"。自此，西周王朝"无君"十四年，一直持续到宣王即位。

值得注意的是，"周召共和"期间，尽管局面混乱，但当时的基本政治制度并未失去其稳定性。周召共和的时代背景，并非后来的皇权时代，而是此前的王权时代。王权制度并不具有皇权制度那样的"专制"性质，而是一种具有"共和"性质的制度安排，在这种制度下，王者并不拥有后来皇上那样"乾纲独断"的政治权力。即便德高望重、代摄王权、极为强势的周公姬旦，也是如此。我们从《尚书》关于周公的故事中不难看出这点：在重大问题上，他并不能独断专行，而必须与召公等人商议决策，甚至"谋及卿士，谋及庶人"①。

这种制度安排与后来汉儒所讲的"春秋尊王"并不是一回事，后者之所谓"王"其实是帝国时代的"皇"，这是当时中国社会转入皇权时代的政治需要，就是加强中央集权。众所周知，这种极权主义的思想资源并非孔孟的儒家政治哲学，而是法家政治哲学：不仅开创皇权帝制的秦始皇是独用法家的，而且"汉承秦制"的汉朝也是"阳儒阴法"的。当然，到了汉代，儒

---

① 《尚书·洪范》。《尚书》：《十三经注疏·尚书正义》，中华书局 1980 年影印本。

家政治哲学也适应时代需要，从王权儒学转为皇权儒学，董仲舒就是其集大成者。但当中国社会再一次大转型——从皇权社会向民权社会转变的时候，儒家政治哲学也开始从皇权儒学转为民权儒学。这种转变从 20 世纪的现代新儒家那里便已开始了，他们在政治哲学上普遍诉诸民主政治，称之为"新外王"。比起20 世纪的现代新儒家，21 世纪的大陆新儒家至少在政治哲学上倒退了，他们中的相当一部分人居然反对民主，崇尚所谓"新权威主义"，崇尚极权主义下的所谓"贤能政治"。

　　这里有必要来讨论一下"共和"这个概念。人们用汉语的"共和"来翻译西语的"republic"（共和）并得到普遍的认可，这意味着，古代的"共和"与现代的"republic"之间尽管具有"非等同性"，但也具有"可对应性"。①　"可对应性"意味着古代共和制与现代共和制之间存在着相通性，简单来说，共和制是与集权制、极权制相对立的。"非等同性"则意味着古典共和制和现代共和制毕竟不是一回事。区别的渊源所在，依然是生活方式的变迁所导致的社会主体的变化。"周召共和"的社会生活方式渊源是宗法社会，其社会主体是宗族，其具体代表就是公、侯、伯、子、男等贵族。所以，古代共和制是贵族共和，就是贵族分享政治权力。西方也是如此，例如古罗马共和制便是贵族共和。柏拉图的"理想国"其实也是贵族共和。现代共

---

　　① 关于"非等同性"和"可对应性"，参见黄玉顺：《爱与思——生活儒学的观念》，四川大学出版社 2006 年版，第 4~7 页。

和制的生活方式渊源则是市民社会，其社会主体是公民个体，其具体代表也是公民个体；这是公民共和，亦即公民分享政治权力，此乃现代"民主"的一项基本内涵。我们知道，西语"republic"（共和）来自拉丁文的"res publica"，意为"人民的公共事务"。尽管自古以来的"共和"并不一定意味着民主，但现代意义的"共和"一定意味着民主，尽管"共和"这个词往往用来指代议民主制而不包括直接民主制。这是制度文明在现代生活方式下的必然要求。

根据孔子的"诸夏无君"论，我们可以说：在现代社会的生活方式下，真正的共和制度意味着，即便领导者无德无才甚至缺位，社会政治秩序也是稳定的；否则，即便领导者在位甚至德才兼备，社会政治秩序也缺乏稳定性，任何"维稳"都是无济于事的徒劳。这是因为：唯有制度文明才是社会稳定的保障。

第九章

孔子的制度正义思想

【作者按】 此文节选自《论"行为正义"与"制度正义"——儒家"正义"概念辨析》,《东岳论丛》2021 年第 4 期;人大复印报刊资料《伦理学》2021 年第 7 期转载。

在谈到孔子时,笔者曾经指出:"儒学所关注的是一个社会共同体的生活秩序,即其社会规范及其制度,这就是所谓'礼'";"任何社会群体都必须有一套制度规范","任何人的行为都必须遵守某种制度规范,这是'行为正义'问题,也是所谓'道德'问题。但儒家同时认为,具体的制度规范并不是一成不变的,而是随时代而变动的","这是'制度正义'问题,即正义论问题"。①

这就是说,孔子所说的"义"也包括行为正义和制度正义:

---

① 黄玉顺:《新文化运动百年祭:论儒学与人权》,《社会科学研究》2015 年第 4 期。

（1）关于行为正义，孔子认为"不学礼，无以立"①，主张"克己复礼"②、"非礼勿视，非礼勿听，非礼勿言，非礼勿动"③；

（2）关于制度正义，孔子主张"礼有损益"，他指出："殷因于夏礼，所损益可知也；周因于殷礼，所损益可知也；其或继周者，虽百世可知也。"④ "所谓'损益'是说：在生活方式发生变化的情况下，对既有的礼制体系，应当去掉一些旧的规范（损）、增加一些新的规范（益），从而形成一套新的礼制。"⑤

　　例如，孔子曾说："能以礼让为国乎？何有！不能以礼让为国，如礼何！"⑥ 邢昺解释："此章言治国者必须礼让也。'能以礼让为国乎'者，为，犹治也。礼节民心，让则不争。言人君能以礼让为教治其国乎？云'何有'者，谓以礼让治国，何有其难？言不难也。'不能以礼让为国'者，言人君不能明礼让以治民也。'如礼何'者，言有礼而不能用，如此礼何！"⑦ 这个解释其实只讲到了"行为正义"层面，即用某种现有的礼制来治国，而没有谈到"制度正义"的层面，即治国首先需要建立礼制，然后才能用这种礼制来治国。⑧

---

① 《论语·季氏》，《十三经注疏·论语注疏》，中华书局 1980 年影印本。
② 《论语·颜渊》。
③ 《论语·颜渊》。
④ 《论语·为政》。
⑤ 黄玉顺：《论儒学的现代性》，《社会科学研究》2016 年第 6 期。
⑥ 《论语·里仁》。
⑦ 《论语注疏·里仁》。
⑧ 黄玉顺：《中国正义论的形成——周孔孟荀的制度伦理学传统》，第 158～159 页。

建立礼制，也就是儒家所说的"制礼"的问题，即制定社会规范及其制度的问题；因为"遵守社会规范的前提，是这个社会规范本身就是正义的。所以，'立于礼'的前提是'制礼'，亦即制定正义的社会规范及其制度。"① 而"制礼"的根据即"义"，亦即正义原则。这就是儒家正义论的"义→礼"结构，孔子讲得很清楚：

> 君子义以为质，礼以行之，孙（逊）以出之，信以成之。②

这里的"礼以行之"之"行"，注疏讲成"君子之行"，即仅仅理解为行为正义问题，而不涉及制度正义问题。其实，孔子这四句话，除了"义以为质"，其余三句都用了一个指代词"之"，都是指代的"义以为质"之"义"，意思是：礼以行义，逊以出义，信以成义。所以，朱熹引程子说："'义以为质'如质干然，礼行此，孙（逊）出此，信成此，四句只是一事：以义为本。"朱熹本人解释："义者制事之本，故以为质干，而行之必有节文，出之必以退逊，成之必在诚实，乃君子之道也。"③ 可见"义以为质，礼以行之"的意思是：当"义"作为正义原则确立起来之

---

① 黄玉顺：《中国正义论的形成——周孔孟荀的制度伦理学传统》，第193页。
② 《论语·卫灵公》。
③ 朱熹：《论语集注·卫灵公》，《四书章句集注》，中华书局1983年版。

后，这个抽象原则需要落实到具体的社会规范及其制度上，这就是"礼"。这并不是注疏所说的"文之以礼，然后行之"的行为正义问题即"循礼"问题，而是制度正义问题即"制礼"问题，也就是说，"礼"只是"义"的实行途径、实现方式。①

这里的核心范畴是"义"，就是关乎制度正义的正义原则。且看孔子与其弟子的一段对话："子张问崇德、辨惑。子曰：'主忠信、徙义，崇德也。……'"② 关于"徙义"，孔子还说过："德之不修，学之不讲，闻义不能徙，不善不能改，是吾忧也。"③ 所谓"徙义"的字面意思，就是"走向正义"。注云："徙义，见义则徙意而从之"；疏云："见义事则迁意而从之。"④ 这就是说，不能仅仅停留于仁爱，因为仁爱中的"差等之爱"可能导致利益冲突；要解决利益冲突问题，就必须通过仁爱中的"一体之仁"而走向正义。所以，孔子指出："行义以达其道。"⑤ 所谓"行义"，就是前引孔子所说的"义以为质，礼以行之"。这就是说，"义"的实行、实现，是落实于"礼"的建构上的；反过来说，"礼"的制度规范建构，其根据是"义"的原则。⑥

---

① 以上参见黄玉顺：《中国正义论的形成——周孔孟荀的制度伦理学传统》，第 194~196 页。

② 《论语·颜渊》。

③ 《论语·述而》。

④ 《论语·颜渊》。

⑤ 《论语·季氏》。

⑥ 以上参见黄玉顺：《中国正义论的形成——周孔孟荀的制度伦理学传统》，第 161~162 页。

肆　道德论

第一章

孔子怎样解构道德

—— 儒家道德哲学纲要

【作者按】此文原载《学术界》2015年第11期；收入作者文集《从"生活儒学"到"中国正义论"》，中国社会科学出版社2017年版，第318~335页。

【提要】孔子没有后儒那种形而上学的"德性"概念。孔子所谓"德"有两种用法，一是"至德"，是比道德更根本的精神与原则；二是现代汉语"道德"的涵义，就是对既有的伦理规范的认同与遵行。换言之，道德的前提是社会规范，也就是"礼"。但在孔子看来，"礼"并不是一成不变的，而是可以"损益"变革的；道德体系随社会基本生活方式的转换而转换。这就是孔子对道德的解构，其目的是建构新的道德体系。这种转换的价值根据是"义"，即正义原则：道德转换必须顺应社会基本生活方式，这就是适宜性原则；同时，道德转换根本上是出于仁爱精神，而且不是"差等之爱"，而是"一体之仁"的

"博爱"，这就是正当性原则。由此，儒家道德哲学原理的核心理论结构是：仁→义→礼。根据这套原理，现代生活方式所要求的绝不是恢复前现代的旧的道德规范，而是建构新的现代性的道德体系。

古有"以理杀人"①，今则有"以道德杀人"。并不是说社会不应该有道德，而是说必须追问：究竟应当有怎样的道德？以"道德"杀人者，其所谓"道德"云云，实为人性之桎梏，自由之枷锁，而非现代人应有的道德。尤可叹者，以"道德"杀人者往往还打着"孔子"的旗号。故有必要正本清源：何谓"道德"？孔子究竟如何看待道德？

读者一看到本文标题"孔子解构道德"，或许会感到诧异：怎么会！孔子难道不是主张道德至上的吗？这不是儒学常识吗？本文正是要矫正这种"常识"，还原儒家道德哲学的真相，以揭穿"以道德杀人"的本质。所谓"解构"（deconstruction）并非彻底否定，而是破除迷信，理解其"何以可能"，以便还原、重建。这是当代哲学"解构"一词的本义。简言之，一个社会的道德体系，源于这个社会形态的基本生活方式；因此，当基本生活方式发生时代转换之际，这个道德体系就面临着"解构→还原→重建"问题。

---

① 戴震：《与某书》，见戴震《孟子字义疏证》，中华书局1982年版。

一、儒家"道德"的语义分析

现代汉语"道德"这个词，或其简化用法"德"，诸如德性、德行、有德、无德、德才兼备、以德治国、德治等，使用频率极高，方方面面的人都喜欢拿它说事，用以标榜自我、臧否人物。然而首先必须指明：这是现代汉语的"道德"概念，它所对应的西语就是"morality"或"moral"。这也是本文要讨论的"道德"概念。

人们正是在这样的语义下讨论儒家的"道德"观念。例如牟宗三的现代新儒家哲学，即"道德底形上学"（metaphysic of morals）与"道德的形上学"（moral metaphysics），就是这种"道德"概念的一种典型。① 然而，这样的"道德"与古代儒家所说的"道德"或"道—德"并不是一回事，正如韩愈所说："其所谓'道'，非吾所谓'道'也；其所谓'德'，非吾所谓'德'也。"② 人们之所以误解孔子和儒家的道德观念，一个重要原因就是将现代汉语的"道德"和孔子及儒家所说的"道德"混为一谈。

说到汉语"道德"二字的最初连用，很容易想到《道德经》，即《老子》。然而《老子》称《道德经》始于汉代，该书

---

① 牟宗三：《心体与性体》，引自《道德理想主义的重建——牟宗三新儒学论著辑要》，郑家栋编，中国广播电视出版社1992年版，第229页。
② 韩愈：《原道》，载《韩昌黎文集校注》，马其昶校注，上海古籍出版社1986年版。

正文亦无"道德"连用之例。① 在道家文本中，"道德"连用最初见于《庄子》，其内涵也绝不是现代汉语的"道德"概念，毋宁是对道德的否定。至于儒家文献中"道德"连用的例证，则最早出现于《荀子》文本中。例如：

> 君子言有坛宇，行有防表，道有一隆。言道德（杨倞注：此处"道德"乃"政治"之讹）之求，不下于安存；言志意之求，不下于上；言道德之求，不二后王。道过三代谓之荡，法二后王谓之不雅。②

这里有几点是值得注意的：

（1）"道德"显然不是一个单词，而是"道"与"德"两个词的短语。其上下文"道有一隆""道过三代"皆单称"道"，可以为证。这其实是中国古代哲学通行的"道→德"架构，即"形上→形下"的架构。其中唯有"德"略相当于现代汉语的"道德"，即指道德规范或社会伦理规范；而"道"，尽管荀子哲学的形而上学色彩不浓，但仍然是比"德"更具形上意义的范畴，即属"形上→形下"的架构。

（2）此处"德"显然指"法"，故"道德之求，不二后王"与下文"道过三代""法二后王"相对应，即"德"与"法"

---

① 《老子》：王弼本，《王弼集校释》，楼宇烈校释，中华书局1980年版。
② 《荀子·儒效》。《荀子》：王先谦《荀子集解》，《新编诸子集成》本，中华书局1988年版。

相对应。此"法"或"德"就是上文的"言有坛宇，行有防表"，即言行的规范。王念孙注："'言有坛宇'犹曰'言有界域'。"杨倞注："'行有防表'谓有标准也。""界域""标准"都是说的言行的准则，即"修身、正行、积礼义、尊道德"① 的伦理规范。此处的"道德"即"道→德"，而其落脚点在"德"，即"修身正行"的行为规范。由此可见，荀子的"道德"这个短语，有时是说的"道→德"观念架构；有时的重心则在"德"，即与现代汉语"道德"一致的概念。

在儒家话语中，这种行为规范属于广义的"礼"范畴，即荀子常称的"礼法"。区别在于："礼法"或"礼"是外在的社会规范，而"德"是对这种规范的内在认同。所以，"法""礼"或"礼法"与"德"的关系，其实就是现代汉语"伦理"（ethic）与"道德"（morality）的关系，即：伦理是外在的社会规范，道德则是对这种规范的内在认同。

（3）荀子主张，道德规范的建构应当"不二后王"，即他常讲的"法后王"；杨倞注称，这是注重"当时之所切宜施行之事"。这就涉及荀子"道→德"理论体系的整体了。

荀子时而讲"法后王"，时而讲"法先王"，似乎自相矛盾，其实不然：凡讲"法后王"，都只是从"德"或"礼法"层面来讲的，是讲的"当时所宜施行之事"，就是当时社会应有的规范建构，荀子当时所面对的是从王权封建社会向皇权专制社会

---

① 《荀子·议兵》。

的转型；凡讲"法先王"，则是从"道"或"道→德"的层面来讲的，就是从原理上来讲的。荀子所谓"道"，是指的儒家伦理学的一整套原理："道者，非天之道，非地之道，人之所以道也，君子之所道也。"① 这套原理是"仁→利→义→礼"的理论体系，即他在追溯性表达"礼乐则修，分义则明，举错则时，爱利则形……夫是之谓道德之威"② 之中所说的"道德"。③"德"或"礼法"与这套原理"道"或"道→德"之间的关系，犹如《庄子》所说的"迹"与"所以迹"的关系。④

　　总之，"德"大致对应现代汉语的"道德"（morality），是指的对社会规范的内在认同，而其前提是社会规范的存在，即所谓"伦理"（ethic）。于是，我们可以给现代汉语的"道德"下一个定义：所谓道德，就是遵行并认同既有的伦理或社会规范。显然，仅仅遵守规则是不够的，因为他或她可能心里并不认同这些规范，而只是害怕遭到谴责或惩罚才遵行之，即孔子讲的"免而无耻"⑤。所以，道德往往需要通过教化或说教来进行灌输，使人认同；将道德形而上学化就是教化或说教的一种

---

① 《荀子·儒效》。

② 《荀子·强国》。

③ 黄玉顺：《荀子的社会正义理论》，《社会科学研究》2012 年第 3 期；《中国社会科学文摘》2012 年第 8 期转载。

④ 《庄子·天运》。《庄子》：王先谦《庄子集解》，《诸子集成》本，中华书局 1957 年版。

⑤ 《论语·为政》。《论语》：《十三经注疏·论语注疏》，中华书局 1980 年影印本。

传统方式。

这就表明，"道德"是一个形而下的概念。古今中外不少哲学家、宗教家力图寻求道德在人性论、本体论上的形而上学根据；但无论如何，道德本身并不是形而上的东西，而只是形而下的东西。撇开那些玄之又玄的理论，生活实情是很简单明了的：如何判断一个人是不是"道德"的？就看这个人是不是遵行并认同既有的社会规范。如此而已。

二、孔子"德"的道德含义

荀子的"德"概念大致与孔子一致，即："德"是一个形而下的概念，是指的对社会规范的认同与遵行。孔子的"德"概念尽管并不完全是今天的"道德"概念（详下），但仍不是形而上学的概念。然而，孔子之后，思孟学派以来，尤其是在宋明理学那里，"德"被形而上学化，形成了"德性→德目"的模式，即"形上→形下"的模式。所谓"德性"是说的至善的人性，它既是相对的主体性，即人的先天的或先验的本性；又是绝对的主体性，即宇宙的本体、形而上者。这种本性是从"天"那里"得"来的，即《中庸》所谓"天命之谓性"①，故称"德性"（德者得也：acquirement）。所谓"德目"则是说的道德条目，即社会规范的具体条款，它们是德性在形而下的层级上的具体体现。这种"德性→德目"的架构也是典型的"形上→形

---

① 《礼记》：《十三经注疏·礼记正义》，中华书局 1980 年影印本。

下"模式，但未必是孔子的思想。

（一）"德性"的解构："习与性成"

众所周知，孔子并无形而上学的"德性"概念。在孔子那里，"德"与"性"是分别使用的。孔子极少谈"性"，所以子贡感叹："夫子之言性与天道，不可得而闻也。"① 并不是说孔子、儒家不讲人性，而是说：不同的儒家学派对人性有颇为不同的看法；许多看法未必切合孔子的思想。

据《论语》载，孔子谈"性"只有一例："性相近也，习相远也。"② 是将"性"与"习"联系起来。后儒对这种联系的理解却大相径庭。例如，孟子认为，"性"是先天的善的本性，而"习"可能正是对这种"性"的背离；荀子则相反，认为"性"是先天的恶的本性，而"习"是对这种"性"的人为矫正，即"伪"。③ 两种看法都将"性"与"习"对立起来。王船山则认为"性"与"习"是一致的。如果我们不承认先验论或先天论，那么，王船山的人性论可能更切合于孔子的原意。他通过解释《尚书·太甲》的命题"习与性成"④，指出"性"乃"日生而日成之"⑤，即"性"是在日常生活中生成而变化的。

---

① 《论语·公冶长》。
② 《论语·阳货》。
③ 《荀子·性恶》。
④ 《尚书》：《十三经注疏·尚书正义》，中华书局1980年影印本。
⑤ 王夫之：《尚书引义·太甲二》，中华书局1976年版。

按王船山的理解，那么，孔子所说的"性近""习远"是说：人们的"天性"固然本来是差不多的（孟子也有这种观念，如《尽心上》所说的"形色，天性也"）[1]；人们在生活中养成的"习性"却存在着巨大差异。显然，这里的"人性"概念涵盖了天性和习性，所以，人性并不是一成不变的，而是在生活中"日生日成"的。据此，孔子"性近""习远"那句话可译为："人性本来大致一样；但人性亦随生活习俗之不同而相去甚远。"

这就涉及"德"即"得"（acquirement）的问题了。"德"与"得"是同源词，"德性"是说的这个问题："性"是从哪儿"得"来的？这至少有两种解释：其一，按王船山的解释，人性得自生活习俗。这也正如许慎的说法："得：行有所得也。"[2] 其二，按心学的先验解释，"德性"得自"天道"。

表面看来，后者似乎更符合孔子的观点，因为孔子说"天生德于予"[3]，明确指出了"德"是"天生"的。然而问题在于："天"是什么意思？汉语的"天"实在是一个含义异常丰富的词语，无法给出一个定义。如果一定要找到这些复杂含义之间的一个共同点，那恐怕就是《庄子·天地》所说的"无为为之之谓天"。所谓"无为为之"，就是自然而然。据此，生而有之的天性固然是自然而然的"天"，然而在生活中养成的习性同

---

① 《孟子》：《十三经注疏·孟子注疏》，中华书局 1980 年影印本。

② 许慎：《说文解字·彳部》（大徐本），［宋］徐铉等校定，中华书局 1963 年版。

③ 《论语·述而》。

样是自然而然的"天"。

孔子一如其常，没有给"天"下一个简单化的定义。他关于"天"的一些说法给人一种印象，似乎"天"是有人格意志的东西。其实不然，孔子说："天何言哉？四时行焉，百物生焉，天何言哉！"① 这显然正是"无为为之"的意思：四时行，百物生，一切都是如此地自然而然、不假安排。

所以，显然不能将孔子所说的"天生德于予"简单化地理解为后儒那种先天的或先验的所谓"德性"。如果一定要用"德"来讲"性"，那么，下文将会说明：孔子之所谓"德"，乃是"得"之于"行"，即生活中的践行，也就是"习"，亦即"德行"的概念。《论语》开篇就讲"学而时习之"，绝非偶然："德"或"性"在"时习"之中"习相远"。

那么，孔子所说的"德"到底具有怎样的内涵？

（二）孔子之"德"的道德含义："知礼—好礼"

孔子常提到"德"，仍然没有什么定义，甚至很少有那种带有一定解释性的论述。这是因为：在他与人的对话中，对话双方关于"德"的含义已有共同的语义预设（semantic presupposition）②，即知道对方在谈什么问题，无须解释。我们这里选择孔子关于"德"的那种多多少少隐含着某种解释性的言论，加以分析。

---

① 《论语·阳货》。

② 参见 Bussmann、Yule：《预设的概念》，黄玉顺译，载《儒教问题研究》，人民出版社 2012 年版。

1. "德"并不是"德性"概念。孔子说过："中庸之为德也，其至矣乎!"① 这里谈到"中庸"是一种"德"，容易误解。因此，必须明确：绝不能将孔子所讲的"中庸"等同于《礼记·中庸》所谓"中庸"。（1）后者是形而上学化的"中庸之道"，即一种"道"；而孔子讲的是"中庸之德"，即一种"德"。（2）后者所谓"中"即其开篇所说的"天命之谓性"，亦即上文已讨论过的形而上学的"德性"观念；而孔子所说的"中庸之德"作为道德概念，显然只是将"中庸"视为一条"德目"，即注疏所说的："中，谓中和；庸，常也。……言中和可常行之德也。"

2. "德"是形下概念。孔子曾说："志于道，据于德；依于仁，游于艺。"② 这里的"志于道，据于德"，显然正是上文谈过的"道→德"的观念架构。这就是说，"德"并不是一个形而上的范畴，而是一个形而下的概念。注疏的解释虽有太多的过度诠释，但有的说法还是可取的，例如："在心为德，施之为行。""施之为行"意味着"德"关乎行为规范；"在心为德"是说"德"是心中对行为规范的内在认同。

3. 道德之"德"。孔子所说的"德"到底是什么意思？

　　　　子曰："道（导）之以政，齐之以刑，民免而无耻；道

---

① 《论语·雍也》。
② 《论语·述而》。

（导）之以德，齐之以礼，有耻且格。"①

邢昺疏云："德，谓道德；格，正也。言君上化民，必以道德；民或未从化，则制礼以齐整，使民知有礼则安，失礼则耻。"这里的"道德"显然不是"道→德"，而是对孔子所讲的"德"的解释，也就是"德"。"格"之为"正"，是对行为的匡正，显然是指的行为规范，这是"齐之以礼"的事情，是建构社会规范的问题。

孔子将"德"与"政"相对而言，而与"礼"相提并论。"政"指治理，是对臣民而言，对于国君来说则是外在的；"德"对于国君来说却是内在的。"德"是内在的，而"礼"（社会规范）是外在的，这正是上文讲过的：道德是对外在社会规范的内在认同。这就表明：孔子所讲的"德"大致就是现代汉语"道德"的含义。

4. 道德即"知礼"且"好礼"。孔子所说的"德"尽管与"礼"在同一层面上，即都是形而下的概念，但"德"并不就是"礼"。上文说过，"礼"是外在的社会规范，而"德"是对社会规范的内在认同；这两者正好对应于孔子所讲的"知礼"而且"好礼"。

"知礼"是说的遵行外在的社会规范：

---

① 《论语·为政》。

子入太庙，每事问。或曰："孰谓鄹人之子知礼乎？入太庙，每事问。"子闻之，曰："是礼也。"①

或曰："……然则管仲知礼乎？"曰："邦君树塞门，管氏亦树塞门；邦君为两君之好，有反坫，管氏亦有反坫。管氏而知礼，孰不知礼！"②

不知礼，无以立也。③

"好礼"是说的对于社会规范不仅遵行，而且发自内心地认同：

子贡问曰："贫而无谄，富而无骄，何如？"子曰："可也。未若贫而乐道、富而好礼者也。"④

子曰："……上好礼，则民莫敢不敬；……"⑤

子曰："上好礼，则民易使也。"⑥

这样的"好礼"，当然也就意味着"好德"，所以，孔子曾感叹道："已矣乎！吾未见好德如好色者也。"⑦

---

① 《论语·八佾》。
② 《论语·八佾》。
③ 《论语·尧曰》。
④ 《论语·学而》。
⑤ 《论语·子路》。
⑥ 《论语·宪问》。
⑦ 《论语·卫灵公》。

5. 所谓"德目"

后世所谓"德目"，即道德条目，也就是社会规范的条款，即"礼"的具体内容。要注意的是，《论语》中所谓"目"不是这个意思："颜渊问仁。子曰：'克己复礼为仁。……'颜渊曰：'请问其目。'子曰：'非礼勿视，非礼勿听，非礼勿言，非礼勿动。'"① 颜渊所问的"目"并不是指的道德条目。道德条目是指的社会规范的具体条款，那是非常多的。例如：

子曰："居处恭，执事敬，与人忠，虽之夷狄，不可弃也。"②

子张问仁于孔子。孔子曰："能行五者于天下，为仁矣。"请问之。曰："恭、宽、信、敏、惠。恭则不侮，宽则得众，信则人任焉，敏则有功，惠则足以使人。"③

子贡曰："夫子温、良、恭、俭、让以得之。"④

这里提及的恭、敬、忠、宽、信、敏、惠、温、良、让等等，均属社会规范的"德目"。须注意的是：这些道德条目绝不能与"仁、义、礼、智"混为一谈，它们并不在一个层面上。"礼"涵盖所有这些道德规范；而"仁""义""智"既然不属

① 《论语·颜渊》。
② 《论语·子路》。
③ 《论语·阳货》。
④ 《论语·学而》。

于"礼"，显然也就不是道德条目。人们常将"仁、义、礼、智"视为道德，例如朱熹所谓"四德"①。这其实大谬不然。实际上，"仁、义、礼、智"并不属于"德"的范畴，而是上文讨论过的"道→德"范畴，亦即儒家伦理学的一整套原理。如果暂时撇开"智"的问题，则其关系如下表：

道			
仁 （仁爱精神）	义 （正义原则）	礼 （社会规范）	
		恭、敬、忠、宽、信、敏、惠、温、良、让 ……（外在规范）	德 （道德） （内在认同）

这就是说，"道"是统摄一切的，其原理的核心结构就是"仁→义→礼"；而"德"，亦即现代汉语的"道德"，只是说的对"礼"即社会规范的内在认同。

三、道德的解构

既然道德（morality）是对社会规范的认同，那么，社会规范就是道德的前提。社会规范（social norms）也称"行为规范"，就是一个共同体中的人们共同遵行的一套行为规则，犹如今天常说的"游戏规则"。这套规范，其实就是所谓"伦理"

---

① 朱熹：《周易本义·乾文言传》，上海古籍出版社1987年版。

（ethics）。人们常说"伦理道德"，却从来没有把"伦理"与"道德"的关系讲清楚。其实，所谓伦理，就是关于人际关系的一套行为规范，儒家谓之"礼"；所谓道德，则是对这套社会规范的认同与遵行，儒家谓之"德"。因此，对"礼"——社会规范的解构，也就意味着对"德"——道德的解构。那么，孔子究竟怎样解构社会规范、从而解构道德？

（一）道德并非先验之物："德行"概念

首先，正如上文所指出的，孔子并不认为道德是先验的东西。《论语》记载：

德行：颜渊、闵子骞、冉伯牛、仲弓；言语：宰我、子贡；政事：冉有、季路；文学：子游、子夏。①

作为"孔门四科"之一的"德行"，将"德"与"行"联系起来，正是上文谈过的道理："德"乃"行有所得"，也就是说，道德乃是在生活实践中养成的，而不是什么先验的或先天的东西。

关于"孔门四科"，《论语·述而》记载："子以四教：文、行、忠、信。"邢昺解释："行谓德行，在心为德，施之为行。"这个解释不无道理，但也失之偏颇，只谈到了"德"是"行"的前提这一层意思。其实，对于"德"来说，"行"具有双重意

---

① 《论语·先进》。

义：既是道德的前提，即道德"得"之于"行"（此"行"读 xìng，"德行"就是"德性"）；亦是道德的践行，即道德"施"之于"行"（此"行"读 xíng，"德行"是指道德行为）。这就是说，道德既源于生活，亦归于生活。

（二）道德并非不可逾越："至德"概念

子夏说："大德不逾闲，小德出入可也。"① 其实，这与孔子的看法并不一致。在孔子看来，即使"大德"也未必不可逾越，因为没有任何社会规范具有永恒的绝对价值。

举例来说，孔子曾赞叹道："泰伯，其可谓至德也已矣！三以天下让，民无得而称焉。"② 这里讨论的是泰伯让位之事，其重大意义，人们尚未注意。泰伯乃是长子，按照嫡长子继承制，他继位乃是理所当然的，这正是关乎国家大事的"大德"；而他的让位，意味着背离了嫡长子继承制，这在当时反而是不道德的，人们可以指责他不负责任，更缺乏担当精神。然而，孔子却许之以"至德"。

显然，在孔子看来，嫡长子继承制未必不可逾越；存在着比社会规范及其制度（礼）更根本的原则。根据孔子的正义论，我们知道，那就是正义原则（义）。③ 在孔子心目中，如果说，对社会规范（礼）的认同是"德"（道德），那么，对正义原则

---

① 《论语·子张》。
② 《论语·泰伯》。
③ 参见黄玉顺：《孔子的正义论》，《中国社会科学院研究生院学报》2010 年第 2 期。

（义）的坚持则是更高的"至德"。"至德"（the best acquire-ment）显然比道德、包括子夏所谓"大德"更高、更具根本意义。这也是孔子对道德的一种解构。

这不禁让人想起荀子的著名命题："从道不从君，从义不从父。"① 在当时的父权宗法社会条件下，"从君""从父"固然是道德行为；但当"君""父"的行为与"道""义"发生冲突时，唯有"从道""从义"才是正义的"道义"行为，这就是孔子所说的"至德"。显然，"至德"不是一般的道德概念，毋宁是对道德的一种扬弃。

这表明，在孔子那里，"德"有两种用法：有时是指的道德（morality）；有时则是指的"至德"，亦即"道义"，或"道""道→德"，涵盖了以"仁→义→礼"为核心结构的一整套原理。在孔子看来，这套原理是永恒的道理；具体的道德体系则是可以改变的。

（三）道德体系的变革："损益"概念

关于道德体系的变革，孔子提出了"礼有损益"的重要思想：

> 子张问："十世可知也?"子曰："殷因于夏礼，所损益，可知也；周因于殷礼，所损益，可知也；其或继周者，

---

① 《荀子·子道》。

虽百世，可知也。"①

　　这里，孔子明确指出：夏、商、周三代的礼制是不同的；将来百代之间的礼制也将是不同的。所谓"损益"，就是在既有的社会规范系统、道德体系的基础上，去掉一些旧的规范（损），增添一些新的规范（益）；其结果就是形成了一套新的社会规范系统、道德体系。这就是孔子对"礼"（社会规范）、"德"（道德体系）的解构。显然，在孔子心目中，没有任何社会规范、社会制度、道德体系具有永恒的存在价值。

　　问题在于："礼""德"为什么要变革？那是因为：社会规范的本源乃是生活，即社会共同体的基本生活方式。不同时代的生活方式，要求不同的社会规范、道德体系，诸如：王权社会（夏、商、西周）宗族生活方式的宗族主义伦理；皇权社会（自秦至清）家族生活方式的家族主义伦理；现代社会的市民生活方式的公民伦理。正是由于主张对不同时代之"礼"进行"损益"变革，孔子才成为"圣之时者"②，就是特别具有时代精神的圣人。

　　如今有一种普遍的看法，认为今天是"道德沦丧"。所谓"沦丧"的意思是：我们曾经有一套很好的道德，而现在丧失了。于是，一些人主张恢复传统道德，乃至于主张恢复"三

---

　　① 《论语·为政》。
　　② 《孟子·万章下》。

纲"——君为臣纲、父为子纲、夫为妻纲的规范。这不仅是极
为危险的倾向，而且是根本就不懂得孔子的道德哲学原理的表
现。我们现在面临的问题，不是既有的道德体系"沦丧"了，
因为这种"沦丧"不仅不可抗拒，而且理所当然；而是旧的前
现代的道德体系被解构以后，新的现代性的道德体系尚未建构
起来。我们真正沦丧了的不是"德"，而是"道"。

四、道德的还原与重建

那么，社会规范及其制度怎样变革？道德体系被解构以后，
怎样还原和重建？

（一）道德体系变革的价值原则：正义

从孔子开始，儒家提出了一套伦理学原理，其核心是
"义→礼"理论结构，即"正义原则→社会规范及其制度"的结
构，也就是孔子明确指出的"义以为质，礼以行之"[1]。[2] 因此，
道德的根据是"义"，即社会正义论中的正义原则。面对旧时代
的"礼坏乐崩"，需要新时代的"制礼作乐"；这种"制作"的
价值尺度，就是正义原则。

孔子曾经表示："德之不修，学之不讲，闻义不能徙，不善
不能改，是吾忧也。"[3] 这里有两点很值得注意：

---

① 《论语·卫灵公》。
② 黄玉顺：《中国正义论的形成——周孔孟荀的制度伦理学传统》，东方
出版社 2015 年版。
③ 《论语·述而》。

（1）"德"需要"修"，即道德乃是由"修"而"得"来的。这也就是上文讲的"德行"在生活实践中养成。此即道德的"还原"（reduction）。生活方式的时代转换，意味着社会规范系统、道德体系需要进行时代转换。

（2）"修德"意味着在"讲学"中"闻义""徙义"，从而"改善"。改善什么？改善道德境界；为此则首先必须改善社会规范及其制度。如何改善？不是认同既有的"礼"即社会规范本身，而是坚持"礼"背后的"义"，即正义原则。所以，孔子说："徙义，崇德也。"① 这正是儒家伦理学的"义→礼"理论结构的体现。

这里所说的"崇德"之"德"，显然不是通常的道德概念，而是上文谈到的孔子提出的"至德"。"崇德"并非"崇尚道德"，而是崇尚"道义"、从而"徙义"。所谓"崇德"也叫"尚德"：

> 南宫适问于孔子曰："羿善射，奡荡舟，俱不得其死然；禹稷躬稼，而有天下。"夫子不答。南宫适出。子曰："君子哉若人！尚德哉若人！"②

孔子之所以赞扬南宫适"尚德"，正如何晏注、邢昺疏正确

---

① 《论语·颜渊》。
② 《论语·宪问》。

地指出的：这是"贱不义而贵有德"。疏云："贱桀、羿之不义，贵禹、稷之有德。"显然，在孔子心目中，"尚德"并非崇尚"礼"——既有的社会规范，而是崇尚"义"——正义原则。

根据孔子的伦理学——正义论的原理，社会规范系统、道德体系的变革，其价值根据是正义原则，包括以下两条原则：

（1）适宜性原则。为什么社会规范及其制度、道德体系需要变革？是因为既有的旧的社会规范及其制度、旧的道德体系已经不适合于当下的基本生活方式，例如君主专制时代的道德体系已经不适合于现代的基本生活方式；社会基本生活方式发生了转换，"礼""德"就需要通过"损益"来加以变革。举个简单的例子：陌生男女见面握手，这在"男女授受不亲"① 的时代是很不道德的行为，然而今天谁会认为它不道德？

（2）正当性原则。在孔子及儒家的思想中，社会规范系统、道德体系的变更，必须出于仁爱情感的动机；否则，其变更就是不正当的。这其实也就是儒家"仁→义"的观念结构。

（二）道德体系变革的根本精神：仁爱

儒家伦理学的核心原理不仅是"义→礼"，而是"仁→义→礼"，其根本精神就是仁爱。《孟子》开宗明义就讲"仁义而已"②，其实，更透彻地讲，可谓"仁而已"，正如程颢所说："义礼智信皆仁也。"③ 这就是说，儒家伦理的根本精神就是仁爱。

① 《孟子·离娄上》。
② 《孟子·梁惠王上》。
③ 程颢：《识仁篇》，载《二程集》，中华书局1981年版。

关于仁爱与"德"的关系，《论语》载："或曰：'以德报怨，何如？'子曰：'何以报德？以直报怨，以德报德。'"① 孔子这番议论，根本上乃是对仁爱精神的揭示。何晏注："德，恩惠之德。"邢昺疏："以恩德报德也。"所谓"恩""恩惠"，就是仁爱，故有"恩爱""惠爱"之说。正如《说文解字》的解释："恩：惠也"（心部）；"惠：仁也"（叀部）。孔子的意思是：不论对于怨、还是对于德，皆报之以仁爱。

但这里有两点需要注意：

（1）孔子所说的"以德报德"，何晏所说的"恩惠之德"，邢昺所说的"恩德"，都不是说的道德，因为：道德是对社会规范即"礼"的认同，而根据"仁→义→礼"的结构，仁爱并不属于"礼"的范畴，是比"礼"甚至比"义"更为根本的精神。显然，孔子"以德报德"之所谓"德"，乃是上文谈过的"至德"，而非道德概念。

（2）关于"仁爱"观念，存在着一种严重的误解，以为儒家的仁爱基于血亲伦理，以亲疏关系为转移，主张"爱有差等"，反对"爱无差等"②。诚然，儒家承认这样的差等之爱，如孟子讲："君子之于物也，爱之而弗仁；于民也，仁之而弗亲。亲亲而仁民，仁民而爱物。"③ 但是，儒家所说的仁爱不仅有"差等之爱"的一面，更有"一体之仁"、一视同仁的一面。不仅如此，在伦理

---

① 《论语·宪问》。
② 《孟子·滕文公上》。
③ 《孟子·尽心上》。

学上，儒家认为，社会规范建构的根本精神并非差等之爱，而是一体之仁，这就是儒家正义论中的正当性原则的基本内涵。为此，孔子明确指出："夫仁者，己欲立而立人，己欲达而达人"①；"己所不欲，勿施于人"②。这种一视同仁的仁爱观念，其实就是"博爱"；但并不是西语汉译的"博爱"（fraternity）（应当译作"兄弟情谊"），而是儒家的"博爱"（应当译作"universal love"），即韩愈所说的"博爱之谓仁"③。

（三）原教旨的道德观：乡原

以上讨论表明，在孔子心目中，显然有两种不同意义的"德"（acquirement）：一种是上文所说的现代汉语的"道德"（morality），就是对既有的社会规范的认同与遵行，并不追问道德规范背后的正义原理之"道"，可谓"无道之德"（the acquirement without Tao）；另一种则是孔子所说的"崇德""尚德"之"德"，要追问既有道德背后之"道"，即追溯到"仁→义→礼"的原理，可谓"有道之德"（the acquirement with Tao），这就是上文谈到的比一般道德甚至"大德"更高的"至德"。

因此，在孔子看来，有德并不意味着就是君子，因为：不仅君子有其"德"，小人亦有其"德"。他说："君子之德，风；小人之德，草。草上之风，必偃。"④ 试想：假如既有的社会规

① 《论语·雍也》。
② 《论语·颜渊》。
③ 韩愈：《原道》。
④ 《论语·颜渊》。

范及其制度本身就是不正义的，或者曾经是正义的而现在不再
正义了，而人们还认同而遵行，那么，这不正是"小人之德"
"无道之德"吗？

小人之德、无道之德的一种表现，就是孔子所说的"乡
原"。他说："乡原，德之贼也！"① 那么，何为"乡原"？孟子
曾有明确的解释：

> 同乎流俗，合乎污世；居之似忠信，行之似廉洁；众
> 皆悦之；自以为是，而不可与入尧舜之道，故曰"德之贼"
> 也。孔子曰："……恶乡原，恐其乱德也。"君子反经而已
> 矣。经正，则庶民兴；庶民兴，斯无邪慝矣。②

所谓"流俗""污世"，当然是指的污浊的社会现实，包括
不正义的社会规范和制度。一个人在这种世道里居然表现出
"忠信"，这并不是有德的表现，倒恰恰是"德之贼"，就是在
"乱德"，是对道义的背叛。事实上，这正是以"理"杀人、以
"道德"杀人的本质。所以，不难发现："真道学"往往比"伪
道学"更可怕。

真正有德之人，该做的事情乃是"反经"。所谓"反经"，
就是返回比道德规范、社会规范（礼）更优先的仁爱精神、正

---

① 《论语·阳货》。
② 《孟子·尽心下》。

义原则（义），以便重建社会规范及其制度，改造社会。① 这种
"反经"就是"反本"。例如，孟子曾说：

> 王欲行之，则盍反其本矣：五亩之宅，树之以桑，五
> 十者可以衣帛矣；鸡豚狗彘之畜，无失其时，七十者可以
> 食肉矣；百亩之田，勿夺其时，数口之家可以无饥矣；谨
> 庠序之教，申之以孝悌之义，颁白者不负戴于道路矣。②

一言以蔽之，这个"本"就是能够"制民之产"的"仁
政"③。按照儒家道德哲学原理，所谓"德治"绝非用道德说教
来统治人民，而是以"至德"来治理国家，即孟子所说的"反
经"与"反本"。

总而言之，儒家道德哲学是要回答"道德何以可能"的问
题，其原理是：根据一视同仁的仁爱精神，按照正当性、适宜
性的正义原则，顺应时代的基本生活方式，选择或建构新的社
会规范和制度，从而建立新的道德体系。显而易见，我们今天
所面临的时代课题是：建构新的、现代性的社会规范及其制度，
从而建立新的、现代性的道德体系。

---

① 参见黄玉顺：《中国正义论的形成——周孔孟荀的制度伦理学传统》，
东方出版社 2015 年版，第六章第一节，"二、'权'对'经'的优先性"，第
266~268 页。
② 《孟子·梁惠王上》。
③ 《孟子·梁惠王上》。

第二章

"刑"与"直"：礼法与情感
——孔子究竟如何看待"证父攘羊"

【作者按】本文原载《哲学动态》2007年第11期；收入作者文集《儒学与生活——"生活儒学"论稿》，四川大学出版社2009年版，第196~210页。

【提要】《论语》记载：叶公认为"其父攘羊，其子证之"是"直"，而孔子指出"父为子隐，子为父隐"才是"直"。其实，孔子不是反对"证父攘羊"，而是反对将其归结为"直"。按照孔子一贯的思想，在礼法问题这样的形而下的观念层级上，他同样会赞成"证父攘羊"；但这里所谈的是"直"的问题，即本源性层级的仁爱情感问题。借此攻击孔子思想的人，其实是犯了与叶公同样的错误，而与孔子思想发生了错位：把关乎礼法之"刑"的形而下问题与关乎情感之"直"的本源性问题混为一谈。这是由于人们不懂得儒家思想的观念层级性。在孔子思想中，仁爱之情之"直"乃是一切的源头活水；正是在这种大本大源上，一切形而上学与形而下学（包括礼法）才得以建构起来。

在伦理问题成为当今学术热点的背景下，围绕《论语》和《孟子》中的三个所谓"案例"（父与子相隐、舜窃父而逃、舜封弟于有庳）而展开的"儒家伦理争鸣"已经进行了好几年，然而至今没有结果。问题出在哪里呢？本文将通过对《论语》所载"父子相隐"问题的分析，提出自己的思考。这段记载如下：

> 叶公语孔子曰："吾党有直躬者，其父攘羊，而子证之。"孔子曰："吾党之直者异于是。父为子隐，子为父隐，直在其中矣。"①

这段记载是说：叶公以为"其父攘羊，其子证之"是"直"，而孔子指出"父为子隐，子为父隐"才是"直"。然而在近年的这场论战中，双方其实出于一种共同的思想视域，一开始便已与孔子的思想发生了严重的错位：人们都将这个问题视为一个礼法问题，亦即伦理范畴、法律范畴的问题，而称之为所谓"案例"，将这场争论命名为"伦理争鸣"；殊不知，孔

---

① 《论语·子路》。《论语》：见《十三经注疏·论语注疏》，中华书局1980年版。

子所讨论的却是"直"的问题，而"直"根本不是什么伦理、法律的问题。为此，我们必须澄清三点：首先，孔子的思想存在着怎样的观念层级？其次，孔子所说的"直"究竟是属于哪个观念层级的问题？最后，孔子是否反对人们遵从礼法？

一、重读孔子：儒家思想的观念层级性

对于"证父攘羊"与"直"的问题，仅仅就事论事是不行的，必须联系到孔子的整个思想来看。但迄今为止，对孔子思想的认识是大成问题的。人们对孔子思想的认识仍然局限于两种传统的思想视域。一种观点认为，孔子那里不过就是一些日常的道德教训而已；换言之，孔子思想仅仅是一种"形而下学"。另外一种观点，是把孔子思想"提升"到形而上学，如现代新儒学的做法。然而这两种观点有一个共同点：不论是形而上学的还是形而下学的，都把孔子思想理解为一种"存在者化"的观念；换句话说，人们完全不知道孔子思想中的更为本源的观念层级："生活—存在"的观念。事实上，"仁"与"直"首先是在"生活—存在"层级上的情感显现问题，而不是什么形而上学、形而下学的问题。

这就涉及对孔子以及整个儒家思想的观念层级的理解问题。说到"观念的层级"，这是一个很复杂的大话题，因为不论对于中国还是对于西方来说，这都意味着颠覆两千年来已成习惯的思维方式，而复归于一种本源的思想视域；这个问题又必须说

清楚，否则势必陷入目前这样的永无休止的争论。①

　　首先必须严格区分三个观念：存在；存在者；存在者的存在。在日常生活中，我们意识到各种各样的存在者及其存在："他者"或"它者"与"自我"之间的分界在意识中呈现出来，这是一种"主—客"架构的观念。当我们系统地思考和处理"它者"问题的时候，就有了最初的知识论、科学；当我们系统地思考和处理"自我"与"他者"的关系时，就有了最初的伦理学、社会规范。这就是《易传》所说的"天文"（即自然界）与"人文"（即社会界）的区分。② 其中作为社会规范的伦理，儒家称之为"礼"。儒家所谓"礼"具有极其广泛的含义，它涵盖了所有社会规范，包括今天所说的道德规范、政治规范、法律规范等。叶公所说的"其父攘羊，而子证之"就是属于法律规范的问题（但"直"不是这样的问题）。

　　然而"他者"与"自我"都是存在者，它们的情感、认知、意欲、行为就是存在者的存在。事实上，在最本真的生活情境中，我们并没有这种存在者意识，即没有"主—客"意识；此时，他人或者他物并没有呈现为一个对象性的存在者，因此也就没有作为主体性存在者的自我。这里还没有存在者，更没有

―――――――――

　　① 鉴于篇幅，这里只能简要地谈谈。对此的较为详尽的讨论，参看拙著：《面向生活本身的儒学——黄玉顺"生活儒学"自选集》，四川大学出版社 2006 年版；《爱与思——生活儒学的观念》，四川大学出版社 2006 年版。

　　② 《周易·贲象传》。《周易》：见《十三经注疏·周易正义》，中华书局 1980 年版。原文："分刚上而文柔，故小利有攸往，天文也；文明以止，人文也。观乎天文，以察时变；观乎人文，以化成天下。"

存在者的存在；这里唯有存在，这也就是所谓"无"或"无物"①。例如在最本真地显现出来的母爱中，儿女对于母亲来说并不是一种被打量、被认识的对象性存在者；唯其如此，母亲自己也就不是一个主体性存在者。孔孟所说的仁爱，首先就是这样的情感显现。儒家所谓"一体之仁"，就是意在表达这样的"本源情境"。于是，我们达到了观念之间的这样一种渊源关系：

存在 → 存在者 → 存在者的存在

人类进入"轴心时期（Axial Period）②"以来，开始思考这些存在者的"本原"或"本体"问题，而有了哲学、形而上学。这就出现了两种不同的存在者：一种是上面谈到的那些形而下的众多相对的存在者"万物"；另一种是现在寻求的形而上的唯一绝对的存在者，诸如本体、上帝。同时，主体也就分为两种：一种是形而下的相对主体，即人、人性；另一种则是形而上的绝对主体，就是本体。儒家心学所说的"心性"就是一种形而上的绝对的主体性：它不仅是人性，还是宇宙的本体。于是，我们达到了对于这样一种渊源关系的理解：

---

① 《老子》第四十章、第十四章。《老子》：王弼《老子道德经注》本，《诸子集成》本，中华书局1957年版。

② 雅斯贝斯：《历史的起源和目标》，华夏出版社1989年版。

存在 → 形而上者的存在 → 形而下者的存在

仁爱 → 心性本体的存在 → 伦理德性的存在

　　此即"观念的层级"。在儒家思想中，仁爱乃是存在、生活的显现，这是先行于所有一切存在者及其存在的事情。这就涉及儒家的情感观念问题。在历代儒学中，曾经存在着两种不同的情感观念：一种是依附于主体的道德情感，亦即作为"性"之所"发"之"情"，这是轴心时期以后的"性→情"观念架构，亦即从形而上者的存在落实到形而下者的存在；但这并非轴心时期的孔孟儒学的本源性的情感观念，真正本源性的情感是先行于任何主体的，也就是先行于道德情感的，这是"情→性"的观念，这里的情感乃是存在的显现，因而是所有一切存在者的源泉，而不是任何存在者的存在。在儒学中，主体及其道德情感恰恰是在本源情感之中生成的，这也就是《中庸》所说的"诚"之"成己""成物"①：成就自我、成就它者。

　　但是，轴心时期以后，人类渐渐地遗忘了存在；人们渐渐地只会思考存在者，而不会思考存在了；只会"思有"，而不会"思无"了。两千年来，我们只习惯于形而上学、形而下学的思维方式，沉溺于其中而习焉不察：我们只会伦理地思、科学地思、哲学地思，然而再也不会本源地思。直到 20 世纪，这才重新发现了存在，于是，存在的视域便成为当代最前沿的思想视

---

① 《礼记》：见《十三经注疏·礼记正义》，中华书局 1980 年版。

域；然而这原来是人类原初就有的一种思想视域，也是孔孟那里具有的一种思想视域。

由于我们不再具有这种本源视域，才会发生"观念的错位"，才常常对孔孟的言论感到困惑莫解，甚至以为他们"自相矛盾"。所谓"观念的错位"，就是把不同观念层级的问题搅和在一起，例如把存在层级的问题混同为形而下存在者、形而上存在者的问题。叶公、近年论战双方所犯的错误都是一样的，就是："其父攘羊，而子证之"固然是一个礼法的问题，但那是形而下者的问题，"直"却是本源性的情感问题。这就发生了观念的错位。孔子所说的"父为子隐，子为父隐"乃是"直"的问题，也就是本源性的情感问题，而不是什么伦理、法律的问题。

二、证父攘羊：礼法之刑的正当性

由于这种观念错位，不仅反儒家立场者认定这是"徇情枉法"，而且持儒家立场者也难免暗地里产生一种"情胜理亏"的感觉。反儒家立场者认定：孔子不重法律。这实在是厚诬孔子。持儒家立场者又想竭力避免这种印象，只是他们即便引证再多的古今中外关于"容隐"的法理、案例，其实仍然无济于事，因为这同样是误解孔子。

（一）孔子对刑的态度

这里讨论的"证父攘羊"问题，所直接关系的是刑法范畴的问题。在《论语》中，孔子有四处直接谈到"刑"。人们最熟悉的莫过于孔子这一番话：

> 道之以政，齐之以刑，民免而无耻；道之以德，齐之
> 以礼，有耻且格。①

　　人们往往从中得出一种错误的印象：孔子对刑法是不以为然的。殊不知，孔子在这里所表明的立场恰恰并不反对、而是主张用刑的，他诛杀少正卯②就是一个明证。孔子是重视刑法的，只不过他要求把刑法放在一个恰当的位置上：德→礼→刑。这就是说，在行政中，应该做到：以德为本，以礼为主，以刑为辅。不论执政者，还是老百姓，都要以德为本，这应该是没有问题的；这里的问题在于：应该"齐之以刑"还是"齐之以礼"？这涉及所谓"齐"，孔子对此是有着明确的所指的："见贤思齐焉，见不贤而内自省也。"③这就表明：孔子在这里所谈的问题，乃是怎样成为一个贤者——有道德的人，而不是怎样成为一个守法的人。怎样成为一个有道德的人，这当然并不是刑法可以解决的问题，用刑的结果并不能使其人"行己有耻"④，这是显而易见的事情。

---

①　《论语·为政》。
②　司马迁：《史记·孔子世家》，中华书局1982年版。原文："定公十四年，孔子年五十六，由大司寇行摄相事……于是诛鲁大夫乱政者少正卯。"
③　《论语·里仁》。
④　《论语·子路》。

对于刑法应有的恰当位置，孔子还有更为详尽的分析：

> 名不正，则言不顺；言不顺，则事不成；事不成，则礼乐不兴；礼乐不兴，则刑罚不中；刑罚不中，则民无所措手足。①

这里指明的乃是一种由手段到目的的奠基序列：正名→顺言→成事→兴礼乐→中刑罚→安顿人民。显然，在孔子心目中，刑罚既是礼乐的直接目的，也是安顿人民的必要条件。由此可见孔子对刑法之重视。唯其如此，孔子才会把刑法视为一个君子所应当萦怀的重要问题：

> 君子怀德，小人怀土；君子怀刑，小人怀惠。②

朱熹解释："怀刑，谓畏法；怀惠，谓贪利。"③ 孔子的意思是再明白不过的了：假如不畏法而唯贪利，那就是小人而非君子了。这是因为，在孔子看来，君子在社会中立身行事，是应该注意"免于刑戮"的：

> 子谓南容："邦有道，不废；邦无道，免于刑戮。"以

---

① 《论语·子路》。
② 《论语·里仁》。
③ 朱熹：《四书章句集注·论语集注·里仁》，中华书局 1983 年版。

其兄之子妻之。①

总而言之，孔子显然是重刑法的。因此，如果仅仅在刑法的层面上来讲，那么，孔子肯定不会截然反对"证父攘羊"；孔子在那里所讨论的并非刑法问题，而是"直"与"不直"的问题。

（二）孔子对法的态度

一般来说，"刑"只是"法"的一个方面，亦即刑法；除了刑法系统，法律体系还有民法系统及行政法系统。那么，孔子对于一般的"法"又是持的什么态度呢？

在《论语》中，孔子没有直接谈及"法"。这显然是因为：在古代，"法"这个词语的用法过于杂多，易致混淆。"法"有时就是指的刑法，例如《尚书·吕刑》："惟作五虐之刑曰法。"② 法家之所谓"法"即此刑法，例如《韩非子·定法》说："法者，宪令著于官府，刑法必于民心，赏存乎慎法，而罚加乎奸令者也。"③ 有时则指更为广义的"礼法"，例如《周礼·天官·小宰》："以法掌祭祀"；郑玄注："法，谓其礼法也。"④ 有时又指普遍法则，例如《老子》第 25 章："人法地，

① 《论语·公冶长》。
② 《尚书》：见《十三经注疏·尚书正义》，中华书局 1980 年版。
③ 《韩非子》：陈奇猷《韩非子集释》本，中华书局 1958 年版。
④ 《周礼》：见《十三经注疏·周礼注疏》，中华书局 1980 年版。

地法天，天法道，道法自然"；王弼注："法谓法则也。"① 《管子·明法解》说："法者，天下之程式也，万事之仪表也。"② 但《管子》里又有刑法的用法，如"杀僇禁诛谓之法"③。此外，"法"有若干种其它的不同用法。这就显得颇为混乱。

因此，孔子不使用"法"这个词语。《论语》只有最后一篇《尧曰》提到"法度"，但那也不是孔子的话："谨权量，审法度，修废官，四方之政行焉。"皇侃疏："法度，谓可治国之制典也。"朱熹注："法度，礼乐制度皆是也。"④ 这就是说，这里所谓"法度"泛指所有一切具有法律意义的社会规范；换句话说，这里的"法度"略相当于上文所说的"礼法"。

关于"礼法"，已有学者指出：在中华法系中，民法就存在于"礼"中。⑤ 这是完全正确的判断。因此，孔子在谈到民法意义上的"法"的观念时，直接谈"礼"。我们来看看孔子对"礼"的态度，因为这种态度蕴涵了孔子对一般的法的态度。

（三）孔子对礼的态度

在古代汉语中，"礼"也有不同语义上的用法。一般说来，礼与法的区别，如《大戴礼记·礼察》所说："礼者，禁于将然

---

① 《老子》：王弼《老子道德经注》本，《诸子集成》本，中华书局1957年版。
② 《管子》：《诸子集成》本，中华书局1954年版。
③ 《管子·心术上》。
④ 朱熹：《论语集注·尧曰》。
⑤ 俞荣根：《儒家法思想通论》，广西：广西人民出版社1992年版；《中国法律思想史》（主编），法律出版社2000年版。

之前；而法者，禁于已然之后。是故法之用易见，而礼之所为生难知也。"① 这里所谓"法"是指的刑法，而不包括"礼"中的民法，例如《尚书大传》也说："礼者，禁于将然之前；而刑者，禁于已然之后。"② 不仅如此，最广义的"礼"可以泛指所有一切社会规范，包括伦理规范、政治规范、法律规范等，甚至包括刑法。上文谈到，"礼"也可以叫做"礼法"，这意味着："礼"既包含着一般伦理规范、政治规范的意义，也包含着一般的"法"的意义，可以涵盖民法、刑法系统。例如传世的《周礼》总名为"礼"，就是涵盖了所有一切社会规范的；其中《秋官·司寇》就是涉及刑法的部分，例如其中的《司刑》："司刑掌五刑之法，以丽万民之罪。……若司寇断狱弊讼，则以五刑之法诏刑法，而以辨罪之轻重。"

孔子以及整个儒家对"礼"的重视，那是众所周知、实在无须赘言的。所以，孔子对"礼"的论述极多。这里，我们仅仅列举一些表明孔子对于"礼"之重视的言论：

> 君子义以为质，礼以行之，孙以出之，信以成之。③
> 不知礼，无以立也。④
> 鲤趋而过庭。曰："学礼乎?"对曰："未也。" "不学

---

① 《大戴礼记》：王聘珍《大戴礼记解诂》，中华书局 1983 年版。
② 《尚书大传》：《丛书集成初编》本，商务印书馆 1937 年版。
③ 《论语·卫灵公》。
④ 《论语·尧曰》。

礼，无以立！"鲤退而学礼。①

君子博学于文，约之以礼，亦可以弗畔矣夫。②

子入太庙，每事问。或曰："孰谓鄹人之子知礼乎？入太庙，每事问。"子闻之，曰："是礼也。"③

为国以礼。④

君使臣以礼，臣事君以忠。⑤

上好礼，则民易使也。⑥

上好礼，则民莫敢不敬；上好义，则民莫敢不服；上好信，则民莫敢不用情。⑦

生，事之以礼；死，葬之以礼，祭之以礼。⑧

克己复礼为仁。一日克己复礼，天下归仁焉。……非礼勿视，非礼勿听，非礼勿言，非礼勿动。⑨

子贡欲去告朔之饩羊。子曰："赐也，尔爱其羊，我爱其礼。"⑩

恭而无礼则劳，慎而无礼则葸，勇而无礼则乱，直而

---

① 《论语·季氏》。
② 《论语·雍也》。
③ 《论语·八佾》。
④ 《论语·先进》。
⑤ 《论语·八佾》。
⑥ 《论语·宪问》。
⑦ 《论语·子路》。
⑧ 《论语·为政》。
⑨ 《论语·颜渊》。
⑩ 《论语·八佾》。

无礼则绞。①

显而易见，孔子对礼乃是高度重视的。在这个意义上甚至可以说：孔学也就是"礼学"。如果说礼蕴涵着法，那么，对礼的重视当然就意味着对法的重视。这与我们在上文中的分析也是一致的。

在以上引文中，尤其是"直而无礼则绞"这句话，直接涉及"礼法"与"直"的关系。孔子此语明显地包含着三层意思：第一，直与礼法并不是一回事；第二，直本身是不错的；不过，第三，仅有直而没有礼法，也是不行的。孔子在另一处所说的也是这个意思："好直不好学，其蔽也绞。"② 此所谓"学"包括"学礼"。③ 现在仅就第一点而论，我们暂且不管"直"究竟是什么意思（说见下文），但毕竟总不是礼法的问题，应该将这两者严格区别开来。因此，假如叶公当时是这样讲的："吾党有知礼（知法、知刑）者，其父攘羊，其子证之。"那么，鉴于孔子对礼及法的高度尊重，我们可以肯定：孔子对此是不会有异议的，因为孔子乃至整个儒家都是非常重礼、重法的。然而叶公所谈的不是知礼、知法、知刑，而是"直"。所以孔子才回答他：证父攘羊固然是知礼、知法、知刑，然而绝不是"直"；所谓"直"恰恰相反，应该是"父为子隐，子为父隐"。

---

① 《论语·泰伯》。
② 《论语·阳货》。
③ 《论语·季氏》："不学礼，无以立。"

三、父子相隐：仁爱情感之直的本源性

在孔子看来，"证父攘羊"并不是"直"，父子相隐才是"直道而行"。他说："斯民也，三代之所以直道而行也。"① 那么，究竟何谓"直"？又何谓"直道而行"？朱熹解释："直道，无私曲也。"② 这就意味着：父子相隐恰恰就是无私。这似乎是令人难以理解的：亲人之间互相隐瞒罪行，怎么会是无私呢？对此，我们始终切不可忘记的一点是：孔子在这里所讨论的并不是刑法问题，而是"直"的问题，这是两个截然不同的观念层级的问题。在刑法的观念层级上，父子相隐或许是某种"自私"的表现；在"直"的观念层级上，父子相隐正是无私的表现。

这才真正走近了孔子的仁爱思想。所谓"无私"，可以在两个不同的观念层级上理解：

其一，在礼法的层级上，无私是说的"克己复礼"③、不违礼法。这并非真正彻底的无私，因为不违礼法只是"克己"而已，而非更加彻底的"无我"。"子绝四：毋意，毋必，毋固，毋我。"④ 此"毋我"就是"无我"，正如朱熹所言："毋，《史记》作'无'是也"，并引程子："此'毋'字，非禁止之辞：

---

① 《论语·卫灵公》。
② 朱熹：《论语集注·卫灵公》。
③ 《论语·颜渊》。
④ 《论语·子罕》。

圣人绝此四者，何用禁止？"① 此"无我"是真正彻底的无私，亦如朱熹所言："意，私意也；必，期必也；固，执滞也；我，私己也。"② 因此：

其二，真正彻底的无私乃是根本无我。何谓"我"？那就是主体性的存在者。这种主体性存在者乃是"与物有对"的，亦即处于"主—客"架构之中。前文谈过，"主—客"架构既是知识的基础，也是伦理的基础，也就是说，它是礼法问题的一个本质特征。因此，真正彻底的无我意味着：已经超越了礼法的伦理层级，而回归于更为本真、本源的层级。

这种本源层级，在孔子思想中就是作为生活、存在的情感显现的仁爱。本真的仁爱，才是真正彻底的无我无私。所谓"直"，其究极就是仁爱。如孔子说："孰谓微生高直？或乞醯焉，乞诸其邻而与之。"③ 这个微生高之所以不"直"，其实就是我们今天所说的"缺乏爱心"。这就犹如孔子所说："古之愚也，直；今之愚也，诈而已矣。"④ "直"作为本真的爱，从主体性存在者的理智的眼光看来，那往往是"愚"；从本源存在的生活情感的眼光看来，却是"诚"。这样的诚之愚乃是非常难得的，"其知可及也，其愚不可及也"⑤。

---

① 朱熹：《论语集注·子罕》。
② 朱熹：《论语集注·子罕》。
③ 《论语·公冶长》。
④ 《论语·阳货》。
⑤ 《论语·公冶长》。

因此，"直"就是"仁"，即爱；或者说是渊源于仁、渊源于爱：

> 樊迟问仁。子曰："爱人。"问知。子曰："知人。"樊迟未达。子曰："举直错诸枉，能使枉者直。"樊迟退，见子夏，曰："乡也吾见于夫子而问知，子曰：'举直、错诸枉，能使枉者直。'何谓也？"子夏曰："富哉，言乎！舜有天下，选于众，举皋陶，不仁者远矣。汤有天下，选于众，举伊尹，不仁者远矣。"①

在这段对话里，"举直"即"知人"，乃是继"爱人"而来的；无爱，也就不能举直。这里，"直"指仁者，而"枉"指不仁者。仁者之直就是爱人，就是凡事发乎仁爱之情；与之相对的，即使出于礼法，也不能算是直者，而只是枉者。由此，下面这段对话就好理解了："哀公问曰：'何为则民服？'孔子对曰：'举直、错诸枉，则民服；举枉、错诸直，则民不服。'"② 举仁者而舍弃不仁者，则民服。民之服与不服，不在于刑，甚至不在于礼，而在于直，亦即在于仁爱。

类似于此，孔子主张"以直报怨"："或曰：'以德报怨，何如？'子曰：'何以报德？以直报怨，以德报德。'"③ 这是因

---

① 《论语·颜渊》。
② 《论语·为政》。
③ 《论语·宪问》。

为：德与怨不是一个观念层级上的事情：德是道德礼法层级的事情，怨是生活情感层级的事情（例如《阳货》"诗可以怨"）。所以，孔子认为：在道德层级上，应该"以德报德"；在情感层级上，应该"以直报怨"、以情报情，亦即报之以本真的爱。这是因为，"仁"之"直"是与生俱来的本真情感："人之生也，直；罔之生也，幸而免。"① 唯其如此，孔子才将"直"放在一个极其重要的位置："狂而不直，侗而不愿，悾悾而不信，吾不知之矣。"② "益者三友，损者三友：友直，友谅，友多闻，益矣；友便辟，友善柔，友便佞，损矣。"③ "直哉，史鱼！邦有道，如矢；邦无道，如矢。"④ 归根到底，对"直"的推崇乃是孔子"仁学"的题中必有之义。

不仅如此，这种"直"是与孔子所说的"质"相应的：

> 子张问："士何如斯可谓之达矣？"子曰："何哉，尔所谓'达'者？"子张对曰："在邦必闻，在家必闻。"子曰："是闻也，非达也。夫达也者，质直而好义，察言而观色，虑以下人。在邦必达，在家必达。夫闻也者，色取仁而行违，居之不疑。在邦必闻，在家必闻。"⑤

---

① 《论语·雍也》。
② 《论语·泰伯》。
③ 《论语·季氏》。
④ 《论语·卫灵公》。
⑤ 《论语·颜渊》。

这里的"质直"这个说法尤其值得注意，这就意味着："直"就是"质"。

说到"质"，我们自然想起孔子的话："质胜文则野，文胜质则史；文质彬彬，然后君子。"① 朱熹引杨氏说："文质不可以相胜。然质之胜文，犹之甘可以受和、白可以受采也；文胜而至于灭质，则其本亡矣，虽有文，将安施乎？然则与其史也，宁野。"② 杨氏此说甚合孔子本意，依据有二：

其一，"子夏问曰：'"巧笑倩兮，美目盼兮，素以为绚兮"，何谓也？'子曰：'绘事后素。'曰：'礼后乎？'子曰：'起予者商也，始可与言《诗》已矣！'"③ 这里，孔子是以素先于绘，比喻质先于文、直先于礼。质直是礼法的本源，犹如质素是文绘的基础。因此，当"文质彬彬"不可得之际，孔子宁愿选择的乃是"质胜"（即"直"）之"野"而非"文胜"之"史"；

其二，"先进于礼乐，野人也；后进于礼乐，君子也。如用之，则吾从先进。"④ 显然，这里的"吾从先进"就是"吾从野人"。这里的所谓"野人"，就是从"质胜文则野"这个角度来说的。"吾从先进"意味着：与其"文胜质"，莫如"质胜文"。这里，孔子首先肯定的就是作为大本大源的本真的仁爱情感。

---

① 《论语·雍也》。
② 朱熹：《论语集注·雍也》。
③ 《论语·八佾》。
④ 《先进》。

　　总之，孔子讨论"父子相隐"与"直"的问题，意在一种追本溯源的致思：追溯礼法的本源乃至所有一切东西的大本大源。这个源头活水就是作为本真的生活情感的仁爱情感。这样的本源情感乃是无思无虑的，故谓之"直"。

　　由此可见，关于"证父攘羊"这件事情的判断，叶公的错误并不在于断定此事合"礼"合"法"，而在于他断定此事为"直"。换句话说，他是把形而下的事情混同于一种本源性的事情了。这表明了叶公根本就不懂得何为本源性的"直"。正因为如此，孔子才接着他的话头，专注于"直"的讨论。其实，孔子不是反对"证父攘羊"，而是反对叶公将此问题归结为"直"。按照孔子一贯的思想，在形而下的礼法问题上，他同样会赞成"证父攘羊"的；孔子在这里谈"父子互隐"，却是在谈本源性的情感问题。现今一些借此攻击孔子思想的人，其实是犯了与叶公同样的错误：把关乎礼法之"刑"的形而下问题与关乎情感之"直"的本源性问题混为一谈。这是由于两千年来的"遗忘存在"，不懂得儒家思想的观念层级性："证父攘羊"只是形而下的礼法问题，"直"则是本源性的情感问题。在孔子思想中，仁爱之情之"直"乃是所有一切的源头活水；正是在这种大本大源上，一切形而上学与形而下学才得以建构起来。

儒家文明省部共建协同创新中心研究成果

孔学通论

孔子思想的当代诠释

下

黄玉顺 ◎ 著

齊鲁書社

·济南·

第三章

"直"与"法"：情感与正义

——与王庆节教授商榷"父子相隐"问题

【作者按】此文原载《社会科学研究》2017 年第 6 期；收入作者文集《生活儒学与现代性问题》，四川人民出版社 2019 年版，第 78~93 页；另收入《德性、法律与中国传统——比较视野下的伦理与法理》，王庆节主编，浙江大学出版社 2018 年版。

【提要】关于孔子所讲的"父为子隐，子为父隐，直在其中"，存在着不同的诠释可能。王庆节教授的思想方法是海德格尔、伽达默尔的哲学诠释学。本文的思想视域是生活儒学及其中国正义论，认为孔子所讨论的话题不是形而下存在者层级的伦理道德、法律、正义问题，而是存在层级的"何谓'直'"的问题，就是本真情感的直接显现的问题。至于从本真情感到制度建构，即在法律上究竟应当"父子相证"还是应当"父子相隐"，在儒家正义论中，这不仅取决于出自仁爱情感的正当性原则，而且取决于顺应时代生活方式的适宜性原则。

对于中国社会的现代转型来说，儒学的命运是一个大问题，这个问题的答案则取决于儒学被如何诠释。王庆节教授的论文《亲亲相隐、正义与儒家伦理中的道德两难》①（以下简称"王文"）讨论孔子的著名命题"父为子隐，子为父隐，直在其中"，即属这样的诠释问题。这个命题出自《论语》，原文如下：

> 叶公语孔子曰："吾党有直躬者，其父攘羊，而子证之。"孔子曰："吾党之直者异于是。父为子隐，子为父隐，直在其中矣。"②

关于这个问题，我曾撰文《"刑"与"直"：礼法与情感——孔子究竟如何看待"证父攘羊"》③。那是缘于当时儒家学者与反儒学者在这个问题上的一场论战④；而我发现，双方都基于一个共同的误解，即以为孔子与叶公是在讨论伦理、道德、

---

① 王庆节：《亲亲相隐、正义与儒家伦理中的道德两难》，未刊。以下凡引用王文而未注明出处者，皆引自此文。

② 《论语·子路》。《论语》：《十三经注疏·论语注疏》，中华书局 1980 年影印本。

③ 黄玉顺：《"刑"与"直"：礼法与情感——孔子究竟如何看待"证父攘羊"》，《哲学动态》2007 年第 11 期；收入黄玉顺《儒学与生活——"生活儒学"论稿》，四川大学出版社 2009 年版，第 196~210 页。

④ 参见郭齐勇主编：《儒家伦理争鸣集》，湖北教育出版社 2004 年版。

法律层面的问题；实际上并非如此，他们讨论的是"何谓'直'"的问题。这两个问题并不在同一个观念层级上，"父攘子证"或"子为父隐"属于形而下存在者层级的礼法范畴，"直"则属于存在层级的本真情感显现。由于论战双方的这种"观念错位"，他们实际上都将孔子置于了一种抗拒法治、拒斥正义的境地。那篇拙文，言不尽意。今天与王庆节教授的对话给我提供了一个机会，使我得以更进一步论述这个问题。

王庆节教授这些年所阐发的"示范伦理"，我认为是儒家伦理学的一种独创性的当代建构。① 眼下这篇文章围绕"父子相隐"所展开的分析与论述，也是相当精湛的；不过，仍然有一些问题激发了我与王教授进行讨论的兴趣。

一、赖以理解"父子相隐"现象的思想方法

这里有一个问题必须预先说明：我和他的思想视域或思想方法是不同的。王文的思想方法无疑是海德格尔、伽达默尔的"哲学诠释学"；我的思想方法则是我所理解的儒学原理即"生活儒学"②。学界许多朋友都知道，生活儒学与海德格尔思想之

---

① 参见王庆节：《道德感动与儒家的德性示范伦理学》，《学术月刊》2016 年第 8 期。

② 关于"生活儒学"，参见黄玉顺：《面向生活本身的儒学——黄玉顺"生活儒学"自选集》，四川大学出版社 2006 年版；《爱与思——生活儒学的观念》，四川大学出版社 2006 年版；《儒家思想与当代生活——"生活儒学"论集》，光明日报出版社 2009 年版；《儒学与生活——"生活儒学"论稿》，四川大学出版社 2009 年版；《生活儒学讲录》，安徽人民出版社 2012 年版。

间有颇深的关系；同时，生活儒学毋宁是对海德格尔的基础存在论及其诠释学思想的一种批判。这就注定了我和王文对"父子相隐"现象的理解是不同的。但这并不意味着本文试图判定我的理解比王文的理解更正确，而是意在展示关于"父子相隐"现象存在着不同的诠释可能。

（一）王文的思想方法

王文将诠释活动理解为一种存在论现象，将"此在的有限性"视为诠释活动的存在论基础，也就是将此在的某种"先结构"、"先判断"或"先见"视为诠释的基础。他说：

> 哲学解释学坚持认为，在我们人类的认知、解释、乃至全部生存实践活动中，先见以及先见赖以发生的"先结构"有着某种积极的存在论或本体论上的哲学意义。这也就是说，任何认知和解释，作为人的生命和生活活动，必然不可避免地带有这样或那样的偏见，以及"被抛地"带有上述偏见或先见所从之而出的"先结构"。所以，任何所谓偏见实质上都是一种"先见"或"前判断"，无论我们喜欢还是不喜欢，这都是我们一切认知和解释活动的存在论基础。

这里，"我们人类的……全部生存实践活动"或"人的生命和生活活动"，其实也就是海德格尔所说的"此在的生存"即人的存在，这是一种存在论现象；此在的这种生存活动带有一种

"先结构"，它使"此在"即人的诠释活动带有一种"前判断"或者"先见""偏见"，这就意味着"此在的有限性"乃是诠释活动的存在论基础。看来，这里展示了这样一个线性的奠基序列：此在的生存→前结构→前判断→诠释及其结果。

至此，哲学诠释学似乎是消极的；但实际上哲学诠释学是积极的。王文指出：

> 如何才能让我们意识不到而又必然存在的偏见、先见显现出来呢？解释学哲学提出"折断"或"不合手"的说法，即一个观念或一个行为在施行过程中的"挫折"导致和迫使我们对此观念或行为赖以为基的基础先结构以及系统理论整体进行某种反思性的批判与考察。所以，伦理学以及儒家伦理思想的讨论中出现的"道德两难"的辩争恰恰就是这种"折断"和"挫折"的生动体现。正是通过这种"两难性的""辩争"，我们得以觉察各自理解和解释之先见的界限范围，从而进入某种"解释学的"对话情境，"返回"到作为先见的在先概念系统以及此种在先结构得以生成的、以"先有"、"先见"、"先把握"为基本特征的生存论解释视野或视域，最终达成某种程度上的解释学的"视域融合"。

更通俗地说，"前结构"或"先见""偏见"会在诠释活动中被暴露出来而被反思，使我们意识到其局限性，进而使之与实际生活境况相调适，最终达至"视域融合"而生成一种作为诠释结果的新的意义。因此，诠释活动并非一个单向的线性序列，而是一个双向的调适过程。这样的诠释观念不仅在认识论的层面上解释了作为诠释结果的意义生成何以可能，而且在存在论的层面上解释了作为"能在"的此在"去存在"的可能性何以可能。

确实，海德格尔那里蕴含着一种深刻的思想：此在既是一种"被抛"的既定的"所是"，就是一种有限的存在者；又是一种"能在"，就是一种敞开着其可能性的存在者（但不能说是"无限的"存在者，因为"向死而在"意味着死亡就是此在之可能性的"大限"，在这种意义上，人始终只是有限的存在者）。这就意味着：人的主体性是被此在的生存结构即生存的"前结构"决定的；然而同时，此在既有的生存结构或"前结构"又可以被超越，从而生成一种新的主体性。

但是，在我看来，海德格尔无法回答一个问题：此在的可能性之展开，意味着已经"溢出"了、"超越"了原来既定的那种"被抛"的"所是"，也就意味着不仅已经超出了此在原来的那个"前判断"，而且已经超出了此在原来的生存及其"前结构"，即已经超出了诠释活动的生存论基础；那么，这一切是何以可能的？换言之，这个"溢出"的部分是从哪里来的？哲学诠释学将此解释为"视域融合"，即理解为此在的生存（existence）与生存之外的存在（sein）之间的一种融合。正因为如此，海德格尔才严格区分"生存"与"存在"。然而这样一来，存在是在生存之外的事情，犹如"天堂"是在生活世界的彼岸，那么，此在又如何能超出自己的生存而去追寻存在？

其实，我对海德格尔的更彻底的批评，是指出这样一个矛盾：

> 海德格尔在这个基本问题上其实是自相矛盾的：一方面，存在是先行于任何存在者的，"存在与存在的结构超出一切存在者之外，超出存在者的一切存在者状态上的可能规定性之外"①，那么，存在当然也是先行于此在的，因为"此在是一种存在者"②；但另一方面，探索存在却必须通过此在这种特殊存在者，即惟有"通过对某种存在者即此在特加阐释这样一条途径突入存在概念"，"我们在此在中将能赢获领会存在和可能解释存在的视野"③。如果这仅仅是在区分"存在概念的普遍性"和我们"探索""领会""解释"存在概念的"特殊性"④，那还谈不上自相矛盾；但当他说"存在总是某种存在者的存在"⑤，那就是十足的自相矛盾了，因为此时存在已不再是先行于任何存在者的了。⑥

---

① 海德格尔：《存在与时间》，陈嘉映、王庆节译，三联书店1999年版，第44页。

② 海德格尔：《存在与时间》，第14页。

③ 海德格尔：《存在与时间》，第46页。

④ 海德格尔：《存在与时间》，第46页。

⑤ 海德格尔：《存在与时间》，第11页。

⑥ 黄玉顺：《生活儒学关键词语之诠释与翻译》，《现代哲学》2012年第1期。

对于诠释活动来说，海德格尔是把诠释的结果即新的意义的产生归结为两个方面——此在的生存与一般的存在——之间的交融，这实际上是把这两个方面都存在者化了，于是存在便再次被遮蔽了。

（二）本文的思想方法

我的做法很简单，就是将"此在的生存"前面的"此在"去掉，我谑称为"斩首行动"①。于是，"生存"与"存在"就不再是两个东西，而是一回事，即：生存即存在，存在即生存。这样一来，任何存在者包括此在那样的特殊存在者，都是由存在给出的。对这样的存在观念，为了区别于海德格尔的"存在"和"生存"概念，我称之为"生活"。这就是"生活儒学"的最根本的观念：生活即是存在，生活之外别无存在；一切存在者源于生活而归于生活。在我看来，这是孔孟的原始儒学那里固有的而被孔孟之后的传统儒学遮蔽了的本源观念。②

至于文本的诠释，在我看来，意义的产生并非什么"视域融合"，即并非诠释主体与生活存在之间的融合（否则生活存在就已经被对象化即存在者化），而是诠释主体和文本客体之间的融合；然而主体与客体皆源于生活而归于生活，诠释活动本来

---

① 黄玉顺：《"儒学"与"仁学"及"生活儒学"问题——与李幼蒸先生商榷》，《四川大学学报（哲学社会科学版）》2008年第1期。
② 参见黄玉顺：《面向生活本身的儒学——"生活儒学"问答》，见《面向生活本身的儒学——黄玉顺"生活儒学"自选集》，四川大学出版社2006年版，第53~91页。

就是生活存在的一种显现样式。因此，我所理解的文本诠释，既非经验论的"我注六经"，也非先验论的"六经注我"[1]，而是"注生我经"，即"注"这种诠释活动作为一种生活样式，生成了新的"我"（主体）和新的"经"（文本对象及其意义）。[2]

不仅如此，如果超出文本诠释，而将生活或者存在视为诠释活动，即所谓"存在论"层级的诠释（这里的"存在论"不是传统的关于形而上存在者的理论，而是关于存在的理论，在层级上大略对应于海德格尔所谓"基础存在论"），那么，上述关于文本诠释的观念依然成立，只不过此时诠释主体和文本客体已合而为一：生活中的人便是诠释主体，他的一套既有的观念便是文本客体，然后后者其实就是他的既有的主体性，因此，这两者其实是一个东西；生活情境与该主体的主体性之间的关系，便是存在与存在者的关系。生活的流变即新的生活情境生成新的主体性，这并不是两个存在者之间的"视域融合"，而是存在给出存在者的过程。这里的存在之所以可以视为诠释，是因为新的主体性的生成过程就是该主体在生活情境中自我理解和自我解释的过程，新的主体性就诞生在这种理解和解释之中。人就是这样"去存在"或"去生活"的。

---

① 　陆九渊：《陆九渊集·语录上》，钟哲点校，中华书局 1980 年版。

② 　关于生活儒学的诠释观念，参见黄玉顺：《注生我经：论文本的理解与解释的生活渊源——孟子"论世知人"思想阐释》，《中国社会科学院研究生院学报》2008 年第 3 期；收入《儒家思想与当代生活——"生活儒学"论集》，光明日报出版社 2009 年版，第 107~133 页。

具体到"父子相隐"这个案例，儿子发现"其父攘羊"，这就是一种生活情境，犹如"今人乍见孺子将入于井"①，也是一种生活情境。生活情境往往解构旧的主体性（旧的思想观念），催生新的主体性（新的思想观念）。对于新的主体性的生成来说，生活情境乃是前主体性的事情，就是存在。我们不妨将这两个案例比较一番：

观念层级	子为父隐案例	孺子入井案例
旧主体性 （存在者）	其子具有旧的礼法观念	某人（无论善恶）
前主体性 （存在） （生活情境）	其子发现了其父攘羊	某人忽见小孩将堕于井
	子为父隐的情感显现 （即"直"的情感表现）	怵惕恻隐不忍之情显现
新主体性 （存在者）	其子获得新的礼法观念	一个仁者诞生

这里需要讨论的是"其子获得新的礼法观念"这个问题。

然而事实上，孔子和叶公的对话压根没有涉及这个问题；他们讨论的话题是"何谓'直'"的问题。所谓"直"，是指的当下性的不假思索的本真情感显现，譬如孟子所说的"非所

---

① 《孟子·公孙丑上》。《孟子》：《十三经注疏·孟子注疏》，中华书局1980年影印本。

以内交于孺子之父母也，非所以要誉于乡党朋友也，非恶其声而然也"①，即没有任何主体性层级的考量。叶公所说的"其子证之"显然不是这种本真情感，除非其子不爱其父；孔子所说的"子为父隐"才是当下本真的直接情绪反应，即所谓"直"。一个深爱自己父亲的儿子，一旦发现父亲犯错或者犯罪，其当下直接的情感反应必定是为之隐瞒。孔子坦承这种"人之常情"。

这并不意味着孔子反对"其子证之"，当然也不意味着孔子赞同"其子证之"，因为孔子在这里并非在谈论礼法问题；孔子对于礼法的态度，应当在另外的场合去讨论。事实上，从古到今，即便在儒家内部，关于亲属间的"容隐制"的立法问题也并不是没有争议的，有的主张"亲亲相隐"，有的主张"大义灭亲"；特别是在所谓"忠孝不能两全"的情境之中，更是常见王文所说的"道德两难"。事实上，在这个问题上，儒家是有明确的主张的，本文将在最后一节讨论。

二、"伦理""道德""正义"的概念

为了更精确地讨论问题，还有必要预先澄清王文所使用的一些基本概念。这里涉及的是王文的一种理论意图，即"如何定位儒家伦理的现代本性"，亦即如何从古代儒家的伦理中"开出"现代性的伦理、道德、正义的观念，这个问题"关涉传统

---

① 《孟子·公孙丑上》。

的儒家伦理在现代中国乃至未来中国究竟应当如何定位自身的问题"。王文的问题意识是：

> 儒家"亲亲相隐"的道德政治立场在现代社会生活中是否还能在道德形而上学层面上获得重新的奠基？如果可以，那么这种在新时代的奠基，如何可以做到在传统儒学和现代自由主义视域的解释冲突中，既和过去传统中的优良成分衔接上，又契合以自由与公平正义为社会政治生活之价值基调的现代语境和情境，从而展开和实现解释学哲学家伽达默尔所言的"视域融合"或儒家传统所言的"中和"的境界？

这里，王文试图用某种"道德形而上学"为形而下的现代性"道德政治立场"奠基，这种"形上→形下"的奠基关系不同于生活儒学的"生活存在→形而上存在者→形而下存在者"的奠基关系。不过，在质疑关于"父子相隐"的古今各种立场时，王文不断引证现代价值立场，我是赞同这一理论意图的，因为我们所面对的正是现代性的生活方式。但在"如何开出"的问题上，我与王文的思考不同。"如何开出"的问题，其实也是现代新儒家所面临的问题：他们曾经努力"返本开新""内圣开出新外王"，如今却遭到许多学者质疑，指之为"内圣开不出新外王"。王文超越了现代新儒家的视域，采取了现象学的哲学诠释学的视域，以便儒家传统与现代价值之间达成"视域融合"。我所依据的则是在生活儒学的视域下开展出来的儒家伦理学及其政治哲学，这就是"中国正义论"①，即儒家的制度伦理学原理。

（一）"伦理""道德"的概念

1. "伦理"的概念

在儒家文献中，"伦理"这个词语至迟在汉代即已出现，字面意思是"人伦的条理"，实质是社会规范及其制度的概念。社会规范及其制度，儒家称之为"礼"。当然，最狭义的"礼"仅指祭祀的礼仪，如《说文解字》所谓"事神致福"②；最广义的"礼"即泛指社会规范及其制度，如儒家经典《周礼》就是一整套规范建构及其制度安排。在这种广义上，"礼"或"伦理"涵盖了一切社会规范及其制度，包括法律的规范及其制度。因此，伦理绝非什么形而上的东西，而是形而下的东西。

2. "道德"的概念

王文的关键词之一是"道德"，要讨论的是"儒家伦理思想的讨论中出现的'道德两难'的辩争"，也就是说：如果选择儒家伦理，就是道德的，但会违背外在的生活常识；如果选择生活常识，就会违背儒家伦理，也就是不道德的。具体到"父子

---

① 关于作为儒家制度伦理学的"中国正义论"，参见黄玉顺：《中国正义论的重建——儒家制度伦理学的当代阐释》，安徽人民出版社 2013 年版（英文版 *Voice From The East：The Chinese Theory of Justice*，英国 Paths International Ltd，2016 年 1 月）；《中国正义论的形成——周孔孟荀的制度伦理学传统》，东方出版社 2015 年版。

② 许慎：《说文解字·示部》，大徐本，中华书局 1963 年版。

相隐"的案例，就是说：如果坚持"父子相隐"的儒家伦理，就是道德的，但会违背社会的法律规范；如果坚持社会的法律规范，就会违背"父子相隐"的儒家伦理，也就是不道德的。这里并不严格区分"伦理"与"道德"的概念。

实际上，现代汉语的哲学文本中所谓的"道德"，并非汉语古典意义上的"道→德"，而是西语"moral"或"morality"的概念。那么，这种含义的"道德"究竟是何意谓？如果撇开中西哲学家们的那种寻求道德的人性论基础、形上学根据的企图，那么，"道德"作为对人之行为的价值判断词，不外乎是说一个人不仅遵守而且发自内心地认同既有的一套社会规范及其制度；换言之，所谓"道德"，就是对现行的"伦理"或"礼"的认同并恪守。这就是"道德"与"伦理"的关系。

这样一来，就出现一个问题：如何评价既有的"伦理"或"礼"即现行的社会规范及其制度本身？如果它们本身就是有问题的，那么，对它们的认同与遵守是不是道德的？这就涉及下文将要讨论的"正义"概念了。[①] 王文谈道：

> 李泽厚先生曾经将"孔子之直"解释为"率直"、"直接"、"质朴"的情感，黄玉顺教授在讨论孔子的"直"

时，也曾指出"直"是一种"本原性的情感"①，这都是极有见地的见解。我的立场稍稍有点不同。"隐直"作为"本原性的情感"，并不就是道德本身。或者说，并不因为我们在不得已"隐藏"父亲错行的同时内心隐痛，我们就是道德的。而是说，这个"隐痛"，像一道"闪电"或一声"惊雷"，在本体论存在论层面上照亮或唤醒了我们的"道德之为道德"的本原意识并作为"启端"开始驱动我们向善而行。这和孟子后来所说的"恻隐之心，仁之端也"是一个道理。所以，孔子的"直在其中"是说"正直"的道德德性和价值真相通过我们深层的"隐痛"情感"率直"地实现和表达出来，这一方面说明在真实、复杂的现实生活的践行中，我们人类本身在存在论上的有限与无奈，另一方面则又通过这种心灵深处的"隐痛"，时时提醒我们人之为人的道德本性和本质。

王文提到我的观点："直""并不就是道德本身"，而是一种"本源性的情感"。我是基于生活儒学的三级观念划分：如果说道德并不是形而上存在者的事情，而是形而下存在者的事情，那么，本源性的情感则是存在的事情。王文却说"孔子的'直在其中'是说'正直'的道德德性和价值真相通过我们深层的

---

① 黄玉顺：《"刑"与"直"：礼法与情感——孔子究竟如何看待"证父攘羊"》，《哲学动态》2007 年第 11 期。"本原性"，我的原文作"本源性"。

'隐痛'情感'率直'地实现和表达出来"，"时时提醒我们人之为人的道德本性和本质"，这恐怕又落入了传统儒家形而上学的那种属于"本质→现象"范畴的"性→情"架构，就是所谓"前现象学"的观念。我的观点则是："真正本源性的情感是先行于任何主体的，也就是先行于道德情感的，这是'情→性'的观念，这里的情感乃是存在的显现，因而是所有一切存在者的源泉，而不是任何存在者的存在。"①

（二）"正义"的概念

上文谈到，王文的问题意识是在现代社会中如何使儒家"亲亲相隐"的道德立场能够契合以自由与公平正义为社会政治生活之价值基调的语境和情境。关于"父子相隐"的两种既有的解释，王文说："儒家的'隐矫说'和'隐藏说'一样，都首先直接或间接地承认当事的父亲或儿子的行为至少是道德上不当的行为。"这都涉及"正义"的概念问题。王文说：

> "直"的古义或者本义，指的是一儒家自古以来就崇尚的源远流长的德性美德，它包括"正直"与"率直"两个层面。"正直"是从德性的内容方面而言，而"率直"则是就此德性的彰显、表达形式言。"正直"……乃是"正义"的另一种说法。

---

① 黄玉顺：《"刑"与"直"：礼法与情感——孔子究竟如何看待"证父攘羊"》，出处同上。

在我看来，这恐怕是将本源的存在层级的"直"的问题与形而下存在者层级的伦理道德和社会正义的问题混淆了，属于儒家心学一派的形而上学的"性→情"架构，即未发之性与已发之情的关系。

我这些年思考"正义"问题，发现必须严格区分两种含义的"正义"概念，即"行为正义"与"制度正义"。这是"正义"（justice）这个词语的两种截然不同的用法。千百年来关于正义问题的许多争论及其混乱，其实都是由于缺乏这种区分。

所谓"行为正义"（behavioral justice）是说："正义"这个词语有时用来判定人们的某种行为是否符合某种社会规范及其制度，符合的行为就是正义的，否则就是不正义的。显然，这里的标准就是某种现行的社会规范及其制度。例如，我们说某人的收入是"正当收入"，意思是他赖以获得这种收入的行为是符合现行的道德规范与法律制度的。柏拉图《理想国》所谈的"正义"，其实就是这样的行为正义概念。儒家所谈的"义""正""正义"，有时也是这样的概念。这其实并非正义论的课题。

那么，正如上文提出的问题：如果现行的"伦理"或"礼"即既有的社会规范及其制度本身就是不正义的呢？例如今天人们谈论的诸如"特供制"这样的"制度性腐败"，就是这样的问题。这就进入了以下更为深层的问题。

所谓"制度正义"（institutional justice）是说："正义"这个词语有时用来判定某种社会规范及其制度是否符合某种价值

原则，符合的就是正义的制度，不符合的就是不正义的制度。这才是正义论的课题。

于是，我们这才触及了孔子的一种伟大的思想：礼有损益。他说："殷因于夏礼，所损益可知也；周因于殷礼，所损益可知也；其或继周者，虽百世可知也。"① 夏、商、周三代的礼（社会规范及其制度）是不同的，将来百代的礼也会是不同的；这种不同，在于"损益"，即通过"损"减去一些旧的制度规范，通过"益"增加一些新的制度规范，于是形成一套新的制度规范。由此可见，随着社会生活方式的转型，现行既有的伦理道德也会成为解构的对象。②

那么，对"礼"进行损益的价值尺度是什么呢？那就是"义"，或荀子所说的"正义"③，也就是正义论中的"正义原则"。由此，我们才能理解儒家的一个基本的观念结构：义→礼（正义原则→制度规范）。故孔子说："义以为质，礼以行之。"④ 由此可见，儒家所谓"礼"有三个层次的内涵：礼义（正义原则）→ 礼制（制度规范）→ 礼仪（仪节形式）。这里，礼制是可以损益变革的，因而礼仪也是可以损益变革的；真正不变的价值原则是礼义，即正义原则。

---

① 《论语·为政》。
② 参见黄玉顺：《孔子怎样解构道德——儒家道德哲学纲要》，《学术界》2015 年第 11 期。
③ 黄玉顺：《荀子的社会正义理论》，《社会科学研究》2012 年第 3 期。
④ 《论语·卫灵公》。

　　这种损益变革的更为深层的缘由，按照生活儒学的理解，则是作为生活的显现样式的生活方式（梁漱溟称之为"生活样法"①）的变革。中国社会有两次影响最深远的变革：一次是"周秦之变"，即中国社会的第一次大转型——从王权时代的宗族社会转变为皇权时代的家族社会，于是帝国制度才是正义的；一次是李鸿章所谓"数千年未有之变局"②，即中国社会的第二次大转型——从皇权时代的家族社会转变为民权时代的市民社会，于是民主制度才是正义的。伴随着这种时代转变的，是儒家的伦理建构及其政治设计，由此才能理解作为儒家的 20 世纪的现代新儒家何以竟然有明确的自由与民主的伦理政治诉求。③正如王文所说："如果儒家伦理内部不能发展出关于个体、特别是面对强权的弱小个体的独立权利以及这一权利神圣不可侵犯的现代正义观念，任何诉诸心理同情的简单做法，充其量只能是期待统治者、在上者在'亲亲相隐'的'徇私枉法'过程中，稍稍约束自身，发点善心罢了。"

---

　　①　梁漱溟：《东西文化及其哲学》，见《中国现代学术经典·梁漱溟卷》，刘梦溪主编，河北教育出版社 1996 年版，第 33~34 页。参见黄玉顺：《当代儒学"生活论转向"的先声——梁漱溟的"生活"观念》，《河北大学学报》2008 年第 4 期。

　　②　李鸿章：光绪元年《因台湾事变筹画海防折》。转引自梁启超：《李鸿章传》，中华书局 2012 年版，第六章。

　　③　参见黄玉顺：《论儒学的现代性》，《社会科学研究》2016 年第 6 期。

三、"父子相隐"现象的诠释

王文指出：关于"父子相隐"争论的一个关键是对"隐"字的解读。一类是传统的解读，即理解为"隐藏""隐匿""隐晦"；另一类则是提出某种新的解读，即理解为"隐矫"（檃栝之"檃"的假借），"因为他们相信，一旦改变或修正了文本字句的解读，儒家'亲亲相隐'的立场就会显现出与传统的保守解释不同的意义，这样就会使儒家的传统立场在当今时代和社会条件下变得更容易为人们理解和接纳"。王文认为："'隐藏说'与'隐矫说'都难以在哲学论辩的层面上有力地回应现代自由主义的诘难"；"'隐矫说'……和'隐藏说'一样，似乎也都难以让人真正的信服"。

王文表示赞同另外一种解读，即我国台湾岑溢成教授的理解：将孔子"父子相隐"的"隐"理解为孟子"恻隐之心"的"隐"。[①] 为此，王文还引证了我对"恻隐之心"之"隐"的解释（不过我要声明，拙文讨论的只是"恻隐之心"问题，而与"父子相隐"问题无关）。[②] 但王文对岑溢成教授的解读略作了修正：不是将其与既有的解读对立起来，而是兼容，使"'隐'字同时含有两层不同的含义，即'隐藏'义与'隐痛'义"。

---

① 岑溢成：《"父为子隐，子为父隐"的训诂问题》，未刊。

② 黄玉顺：《恻隐之"隐"考论》，《北京青年政治学院学报》2007年第3期；收入黄玉顺《儒学与生活——"生活儒学"论稿》，四川大学出版社2009年版。

"隐藏、隐匿是第一义，隐痛、痛惜是第二义，衍生义。前者是实实在在的行为，后者是伴随着此行为而衍生的感受或感觉。"王文进而认为：

> 从孔子的哲学立义看，我以为孔子看重的更多应是这里"隐痛"、"痛惜"的感觉，因为这不仅仅是一种普通的感觉，而是属于孔子的道德哲学，乃至后来全部儒家伦理赖以立基的道德情感，这也就是孔子接着"父子相隐"句之后，说出"直在其中矣"的全部要义所在。换句话说，当孔子紧接着说出"直在其中矣"时，他所指的"其中"的这个"其"首先不是如前面绝大多数解读所理解的那样，指的是作为具体行为的"隐藏"或"隐匿"，而是指作为人类最基本和本原性道德情感的"隐痛"与"痛惜"。

这无疑是一种颇有创意的解读。不过，我得指出：王文对"其"的理解恐怕是有问题的。按照汉语的语法，在"父为子隐，子为父隐，直在其中"这个句子里，"其"显然是代指的"父为子隐，子为父隐"这种行为现象。

按照本文第一节所讨论的思想方法，王文是将"父子相隐"现象视为"道德行为"当中的"道德两难的境况"，认为这"彰显出一般传统理解的儒家伦理理论的极限范围"，属于"此行为及其赖以为基的理论与我们笃信的另一基础理论或者一般生活常识之间有一种明显的外在的不融洽"的情况，即"儒家伦理中的'德性价值'与'生活践行'这两个层面之间的区别与冲突"。按照这种理解，儒家伦理或曰"传统理解的儒家伦理"就是诠释中所出现的"先见"或者"偏见"；正是这种伦理偏见导致了儒家的"道德两难"困境。

王文最后的结论，既不是简单地对"其父攘羊，其子证之"的行为进行价值上的批判，也不是单纯地对"子为父隐，父为子隐"的行为进行道德上的辩护，而是试图通过生活中的"道德两难"情境来揭示人及其伦理道德的有限性及其与政治与法律的界线。他说："生活应当是道德的，但生活不全是道德的。道德影响生活，影响立法，但绝不能代替立法。试图赋予儒家道德太多、太重的社会政治、法律层面的负担，在我看来，是传统儒学的一个误区、偏见或者前见。"

王文的这种理论意图是我深为赞同的，实质上是暗示了我们应当面向现代性的生活方式来"损益"变革儒家伦理。但正如上文已指出的：我和王文所赖以实现这个意图的思想方法是不同的。

那么，关于"父子相隐"之"隐"，在我看来，不论是理解为"隐矫"，还是理解为"隐痛"，都是牵强的曲为之解；我还是认同传统的训解，将"隐"解读为"隐匿"。

在我看来，"父为子隐，子为父隐，直在其中"涉及两个不同的观念层级。一个是属于形而下存在者层级的伦理、道德、法律问题，就是礼法的问题，亦即这样一个问题：在法律上，究竟应当"其父攘羊，其子证之"，还是应当"父为子隐，子为

父隐"？我说过了：这其实并非孔子要谈的问题。另一个则是属
于存在层级的情感问题，即"何谓'直'"的问题。所谓
"直"，就是当下的本真而直接的情感反应。而所谓"其中"乃
是说：在"父为子隐，子为父隐"行为现象的背后，是"直"
的情感显现。假如将这两个不同的观念层级混同起来，就会造
成观念错位，得出孔子徇私枉法的结论。叶公的错误，正是出
于这样的观念错位。刘清平教授对孔子的批判以及一些儒者对
他的反驳，也是出于这样的观念错位。①

　　为此，我们不妨来分析一下王文谈到过的孔子之语"古之
遗直"。此语出自《左传》。鉴于此处一样地同时谈到"直"与
"隐"，故值得讨论一番：

　　仲尼曰："叔向，古之遗直也。治国制刑，不隐于亲；
三数叔鱼之恶，不为末减。曰义也夫？可谓直矣。"②

　　孔子这种评价的故事背景如下：晋国的邢侯和雍子争夺土
地，上卿韩宣子派叔向的弟弟叔鱼审案。雍子把自己的女儿送
给叔鱼，于是叔鱼判邢侯败诉。邢侯一气之下杀了叔鱼和雍子。
韩宣子就此询问叔向，叔向说，三个人都有罪：雍子罪在行贿，

　　①　刘清平：《父子相隐、君臣相讳与即行报官——儒家"亲亲相隐"观
念刍议》，《人文杂志》2009 年第 5 期。
　　②　《左传·昭公十四年》。《左传》：《十三经注疏·春秋左传正义》，中
华书局 1980 年影印本。

邢侯罪在杀人，叔鱼罪在枉法，都是死罪。

孔子对叔向的评价，看起来属于行为正义的问题，即叔向是根据当时的现行法律来对三人的行为进行判断；值得注意的是，注与疏均否认了这一点。关于叔向的行为，杜预注："于义未安，直则有之。"孔颖达疏："人皆曰叔向是'义'，妄也。""杜读此文，言'犹义也夫？'言不是义也，故言以直伤义，谓叔向非是义也。……义者，于事合宜，所为得理；直者，唯无阿曲，未能圆通。……是义之与直，二者不同。……'夫'是疑怪之辞，故杜以为非义，裁可谓之直矣。故仲尼云叔向'古之遗直'，不云'遗义'，是直与义别。"这就是说，按注与疏的观点，孔子对叔向的评价，并不是在谈他是否"义"，而是在谈他是否"直"。这与孔子和叶公的对话是一样的，即并不是在讨论正义、伦理道德、法律的问题，而是在讨论"何谓'直'"的问题。孔颖达说"直与义别"，即"直"与"义"不是一回事，其实是意识到了：在孔子心目中，两者并非同一个观念层级上的问题。

孔颖达认为叔向"不隐于亲"的行为是"以直伤义"，这种看法却是有问题的。孔子明明是在赞扬叔向，而不是批评他。孔颖达只看到了两个层级的观念之间的区别，却未能理解两者之间的奠基关系（详下）。这样的理解会使孔子陷入自相矛盾：时而主张"亲亲相隐"，时而主张"不隐于亲"。其实，这并不是孔子此处所关心的问题；按照孔子的思想，不论是叔向的"不隐于亲"，还是本文讨论的"子为父隐"，同样是"直"的表现。

　　至于"直"的情感反应与伦理、道德、法律之间的奠基关系，其实是本真情感与社会规范建构及其制度安排之间的奠基关系。对于这种复杂的关系，我已在"中国正义论"中给予了详尽的分析，这里简述如下：

　　从观念的层级看，"隐"作为一种"直"的情感反应，是前伦理、前道德、前主体性的事情，而非伦理、道德范畴的事情，即非制度规范建构的事情。对亲人错误行为或犯罪行为的"隐"，显然是源于对亲人的爱，而这种爱属于儒家所说的"仁爱"。仁爱的情感亦分两个层级：本源性的仁爱情感乃是前伦理、前道德的事情，乃是不假思索的、直接的情感显现，故谓之"直"；主体性的仁爱情感则是关乎伦理、道德、制度规范建构的事情，于是就有儒家所讲的仁爱的两个方面，即"差等之爱"和"一体之仁"[1]。"差等之爱"意味着爱自己胜过爱他人，爱亲人胜过爱外人，爱人类胜过爱物类；"一体之仁"却意味着一视同仁。在儒家看来，这两个方面适用于两个不同的领域："差等之爱"适用于私人领域，"一体之仁"适用于公共领域，这就是《礼记》讲的"门内之治恩掩义，门外之治义断恩"[2]。正义论的问题，即关于社会规范建构及其制度安排的问题，正是公共领域的问题，因此，这里适用的并非差等之爱，而是一

---

　　[1]　王守仁：《大学问》，《王阳明全集》，吴光等编校，上海古籍出版社1992年版。

　　[2]　《礼记·丧服四制》。《礼记》：《十三经注疏·礼记正义》，中华书局1980年影印本。

体之仁，这就是中国正义论的第一条正义原则——正当性原则的要求，即社会规范建构及其制度安排必须超越差等之爱、寻求一体之仁。至于中国法制史上、儒家思想史上关于亲属的"容隐制度"，则是中国正义论的第二条原则——适宜性原则的要求，即社会规范建构及其制度安排必须适应特定历史时代的共同生活方式。"容隐制度"作为宗族时代和家族时代的立法，有其时代生活方式的适宜性，然而并没有超越的普遍性。

第四章

孔子论"文"与"礼"

【作者按】此文节选自《"文化"新论——"文化儒学"商兑》,《探索与争鸣》2019 年第 9 期;收入作者文集《生活儒学与当代思想》,四川人民出版社 2020 年版,第 79~96 页。

"文"是与未画之前的"质"或"素"相对而言的。

关于"质",孔子说:"质胜文则野,文胜质则史。文质彬彬,然后君子。"① 朱熹解释:"彬彬,犹班班,物相杂而适均之貌。……杨氏曰:'……质之胜文,犹之甘可以受和,白可以受采也。文胜而至于灭质,则其本亡矣,虽有文,将安施乎?然则与其史也,宁野。'"② 杨氏"白可以受采"的说法,也是以绘画为喻;他的以"质"为"本"的看法,颇为深刻,故后世

---

① 《论语·雍也》。
② 朱熹:《论语章句集注·雍也》,《四书章句集注》,中华书局 1983 年版。

有"本质"一词。

关于"素"，孔子以之与"绘"相对，"绘"就是"纹"，也就是"文"。《说文解字》尚无"纹"字，"文"就是"纹"；解释"绘"字："绘：会五采绣也。……《论语》曰：'绘事后素。'"《玉篇》解释"纹"字："纹，绫纹也。"① 这就是说，"文"之为"纹"或"绘"，指丝织品的纹理。但是，孔子所说的"文"还是用的绘画的比喻：

> 子夏问曰："'巧笑倩兮，美目盼兮，素以为绚兮'，何谓也？"子曰："绘事后素。"曰："礼后乎？"子曰："起予者商也，始可与言《诗》已矣！"②

郑注："绘，画文也。凡绘画，先布众色，然后以素分布其间，以成其文；喻美女虽有情盼美质，亦须礼以成之。"③ 此说不够确切。朱熹的解释更为准确："素，粉地，画之质也；绚，采色，画之饰也。言人有此倩盼之美质，而又加以华采之饰，如有素地而加采色也。子夏疑其反谓以素为饰，故问之。……绘事，绘画之事也。后素，后于素也。《考工记》曰：'绘画之事后素功。'谓先以粉地为质，而后施五采，犹人有美质，然后

---

① ［南朝梁］顾野王：《玉篇·糸部》，胡吉宣《玉篇校释》，上海古籍出版社 1989 年版。

② 《论语·八佾》。

③ 《论语注疏·八佾》，《十三经注疏》本，中华书局 1980 年影印本。

可加文饰。礼必以忠信为质，犹绘事必以粉素为先。……杨氏曰：'甘受和，白受采，忠信之人可以学礼；苟无其质，礼不虚行。此"绘事后素"之说也。'"①

……

作为"人文"的"文"，主要指礼乐，尤其指礼。孔子赞叹周代之"文"："周监于二代，郁郁乎文哉！吾从周。"② 邢昺疏："此章言周之礼文犹备也"；"言以今周代之礼法文章，回视夏商二代，则周代郁郁乎有文章哉"。③ 这就是将"文"解释为"礼文"或"礼法文章"。朱熹更直接以"礼"释"文"，说："言其视二代之礼而损益之。……尹氏曰：'三代之礼，至周大备，夫子美其文而从之。'"④ 这样的"文"之为"礼"，又如《诗经·大雅·大明》："文定厥祥，亲迎于渭。"朱熹解释："文：礼。……言卜得吉，而以纳币之礼定其祥也。"⑤

作为礼的"文"，主要就是一套社会规范及其制度。史称周公"制礼作乐"，就是建构了一套制度规范。孔子曾说："文王既没，文不在兹乎？天之将丧斯文也，后死者不得与于斯文也；天之未丧斯文也，匡人其如予何？"⑥ 朱子释："道之显者谓之

---

① 朱熹：《论语章句集注·八佾》。
② 《论语·八佾》。
③ 《论语注疏·八佾》。
④ 朱熹：《论语章句集注·八佾》。
⑤ 朱熹：《诗集传·大雅·大明》，上海古籍出版社 1980 年新 1 版。
⑥ 《论语·子罕》。

'文'，盖礼乐制度之谓。"①

关于《论语》所载的孔子语"君子博学于文，约之以礼"②、颜渊语"博我以文，约我以礼"③，《注疏》《集注》的解释并不确切。其实，这里的"文"与"礼"是密切相关的："礼"指制度，"文"则指记载这些制度的文献，亦即所谓"典章"，所以合称"典章制度"。

《礼记》谈到，"大同"之世固然很好，却是未文明的自然状态；"小康"之世才进入文明社会，其特征便是礼：

> 孔子曰："……大人世及以为礼……礼义以为纪……以设制度……禹、汤、文、武、成王、周公，由此其选也。此六君子者，未有不谨于礼者也。……"言偃复问曰："如此乎，礼之急也?"孔子曰："夫礼，先王以承天之道，以治人之情。……故圣人以礼示之，故天下国家可得而正也。"④

值得注意的是，孔子在这里特别提到"以设制度"。人类社会文明的一个普遍的基本特征，就是建立了一套社会规范及其制度，也就是所谓"礼"。当然，制度规范并非一成不变的，而

---

① 朱熹：《论语集注·子罕》。
② 《论语·雍也》。
③ 《论语·子罕》。
④ 《礼记·礼运》，《十三经注疏·礼记正义》，中华书局 1980 年影印本。

是随社会的发展而变化的，此即孔子所说的礼有"损益"①；但无论如何，对于人类社会来说，作为制度规范的"礼"意味着"文"——"文化"而"文明"。

……

那么，什么是"文"的状态？孔子讲得很明确，就是"文之以礼乐"②，朱熹释为"节之以礼，和之以乐"③。因此，如果说所谓"文化"就是使社会从不文明的状态转变为文明的状态，那么，这里的关键就是社会的有序化、规范化、制度化，也就是"礼乐"，首先是"礼"的建构。

……

事实上，儒家对中国文化进行过两次大规模的解构，发生在中国社会的两次大转型时期。

第一次是在"周秦之变"，即中国社会从宗族王权时代转变为家族皇权时代之际的"轴心时期"——春秋战国时期，孔子解构了三代之礼。长期以来，人们有一种误解，以为孔子要恢复"周礼"。这是大谬不然的，既不符合历史事实，也不符合孔子的思想。孔子指出：

> 夏礼，吾能言之，杞不足征也；殷礼，吾能言之，宋

① 《论语·为政》。
② 《论语·宪问》。
③ 朱熹：《论语章句集注·宪问》。

不足征也。文献不足故也，足则吾能征之矣。①

　　殷因于夏礼，所损益可知也；周因于殷礼，所损益可知也；其或继周者，虽百世可知也。②

　　在孔子看来，夏商乃至周之礼，"文献不足征"，即现存文献不足为证，我们根本搞不清其原貌；而且，即便能弄清楚、"能言"，它们也必须被"损益"。不论"损"还是"益"，这种变革都是一种解构，即对三代之礼的原貌整体的一种有因有革的"破坏"。

　　第二次解构，发生在中国社会第二次大转型时期，伴随着中国社会的"内源性现代性"的历史进程，儒家便开始对帝国儒学进行自我解构。对此，我已撰文加以阐述。③ 这种解构在新文化运动中达到高潮，从而催生了现代新儒家的现代性的文化观。④ 当然，这项历史任务至今尚未最终完成。

　　……

　　文化的解构、还原，意在"文化重构"。前面谈到中国社会的两次大转型；在文化形态上，这也是两次重大的文化重构：

---

　　① 《论语·八佾》。

　　② 《论语·为政》。

　　③ 参见黄玉顺：《论"重写儒学史"与"儒学现代化版本"问题》，《现代哲学》2015年第3期；《论儒学的现代性》，《社会科学研究》2016年第6期。

　　④ 参见黄玉顺：《新文化运动百年祭：论儒学与人权——驳"反孔非儒"说》，《社会科学研究》2015年第4期。

通过"周秦之变"的文化重构，建构了帝国文化、包括帝国时代的儒家文化；如今正在通过"三千年未有之变局"的文化重构，建构现代文化包括现代的儒家文化。

文化重构的基本方式，还是孔子讲的对既有文化形态的"损益"："损"的意思是去掉一些旧的、不合时宜的文化因素，"益"的意思是增加一些新的、切合时代需要的文化因素，其结果是建构了一种新型的文化。仍以上文的建筑之喻而论，旧房拆卸下来的一些材料尚可利用，但大量材料已不再有用了，必须抛弃。

第五章

孔子的义利之辨

【作者按】此文节选自《义不谋利：作为最高政治伦理——董仲舒与儒家"义利之辨"的正本清源》，《衡水学院学报》2021 年第 3 期。

事实上，孔子当初提出义利之辨的政治伦理，便有其清晰的主体划界：

君子喻于义，小人喻于利。①

这里所谓"君子"与"小人"并不是道德人格概念，而是身份地位概念："君子"指"士"以上的贵族、官吏乃至君主②，"小

---

① 《论语·里仁》，见《十三经注疏·论语注疏》，第 2472 页。
② 按照孟子的看法，不仅公卿大夫，天子也是一种"人爵"而已："天子一位，公一位，侯一位，伯一位，子、男同一位，凡五等也。"（《孟子·万章下》，见《十三经注疏·孟子注疏》，第 2741 页）

人"指"士"以下的民众。

汉语"君子"概念，伴随着中国社会的第一次大转型即"周秦之变"而发生了转变：由指社会地位而转为指道德人格。古代《诗》《书》所谓"君子"皆指社会地位而言。《今文尚书》4 次提到"君子"，皆指国君：《酒诰》"庶士有正越庶伯君子，其尔典听朕教"、《召诰》"敢以王之雠民百君子，越友民，保受王威命明德"、《无逸》"君子所其无逸"、《秦誓》"惟截截善谝（piǎn）言，俾君子易辞"①。孔颖达对《诗经》的解释，《国风·关雎》"君子好逑"指天子，《国风·汝坟》"未见君子"指大夫，《鲁颂·有駜》"君子有谷"指国君僖公。② 特别是《国风·大东》"君子所履，小人所视"，将"君子"与"小人"对举，孔颖达明确指出："此言君子、小人，在位与民庶相对。"③ 直到春秋时期，这种用法仍然存在，例如《左传·襄公九年》说："君子劳心，小人劳力，先王之制也。"④ 甚至战国时期依然如此，例如《孟子·尽心下》"说大人，则藐之"，赵岐注："大人，谓当时之尊贵者也。"⑤ 蒙培元先生也指出："这里所谓'大人'，不是人格上的大人，而是统治者。"⑥

---

① 《尚书》，见《十三经注疏·尚书正义》，中华书局 1980 年影印版，第 206、213、221、256 页。

② 《诗经》，见《十三经注疏·毛诗正义》，中华书局 1980 年影印版，第 273、282、610 页。

③ 《诗经·国风·大东》，见《十三经注疏·毛诗正义》，第 460 页。

④ 《左传·襄公九年》，见《十三经注疏·春秋左传正义》本，中华书局 1980 年影印版，第 1943 页。

⑤ 《孟子·尽心下》，见《十三经注疏·孟子注疏》，第 2779 页。

⑥ 蒙培元：《蒙培元讲孟子》，北京大学出版社 2006 年版，第 209 页。

在《论语》中，"君子"与"小人"有时指社会地位，有时则指道德人格，或者两种用法兼有。具体到"君子喻于义，小人喻于利"这句话，"君子"乃特指作为政治权力主体的卿大夫，刘宝楠《论语正义》指出：

> 包氏慎言《温故录》："《大雅·瞻卬》：'如贾三倍，君子是识。'《笺》云：'贾物而有三倍之利者，小人所宜知也。君子知之，非其宜也。孔子曰："君子喻于义，小人喻于利。"'"按：如郑氏说，则《论语》此章，盖为卿大夫之专利者而发，君子、小人以位言。①

刘宝楠接着指出，"皇侃《义疏》，与郑《笺》意同"；再接着便引证了董仲舒《天人三策》的"义不谋利"之说；接着又引焦循之说：

> "无恒产而有恒心者，惟士为能"，"君子喻于义"也；"若民则无恒产，因无恒心"，"小人喻于利"也。惟小人喻于利，则治小人者必"因民之所利而利之"……此教必本于富，趋而之善，"必使仰足以事父母，俯足以畜妻子"。儒者知义利之辨，而舍利不言，可以守己，而不可以治天

---

① 刘宝楠：《论语正义》，第154页。

下之小人。小人利而后可义，君子以利天下为义。①

焦循之说，皆据孔孟："恒产"、"必使仰足以事父母，俯足以畜妻子"出自孟子《孟子·梁惠王上》②；"因民之所利而利之"出自《论语·尧曰》③；"此教必本于富，趋而之善"出自《论语·子路》孔子论"庶、富、教"④，上文已有讨论。

总之，"君子喻于义，小人喻于利"确实是孔子对两种不同主体的义务与权利的划分，即"喻于义"是政治权力的责任与义务，而"喻于利"则是民众的天性与权利。这正是董仲舒要求权力主体"义不谋利"的经典依据。

综上所述，董仲舒的"正其义不谋其利，明其道不计其功"常被误解为对社会全体成员的普遍的道德要求，而事实上它是特别针对权力主体与政治精英阶层的特定的政治伦理。"义"与"利"之间的对立，基于两种主体——"君"与"民"或"官"与"民"之间的对置。这样的对置意味着：谋利乃是民众的天然权利，而权力谋利则是不义；为民谋利乃是权力的最高正义，而权力的最大不义则是与民争利。因此，"义不谋利"作为儒家"义利之辨"的一种鲜明表达，乃是孔子所确立而董仲舒所坚持的一条最高政治伦理原则。

---

① 刘宝楠：《论语正义》，第 154~155 页。
② 见《十三经注疏·孟子注疏》，第 2672 页。
③ 见《十三经注疏·论语注疏》，第 2535 页。
④ 见《十三经注疏·论语注疏》，第 2507 页。

第六章

自由与"从心所欲不逾矩"

【作者按】此文原为 2014 年 10 月 5 日信件；收入作者文集《时代与思想——儒学与哲学诸问题》，山东人民出版社 2017 年版，第 349~350 页。

某某：

你所提的问题总是很深刻的，呵呵！确实，"从心所欲不逾矩"一语，至少从字面上看，并不是一种很好的表达，它似乎具有保守倾向，蕴涵着恪守既有制度规范的意味。这样的"自由"，有可能是"洗脑"的结果。你这个洞察是非常重要的。

设想：一个奴才，可能心甘情愿地服从他的主子，发自内心地忠于他的主子，甚至情不自禁地爱他的主子，而他的行为正是"不逾"主奴关系之"矩"的。那么，这是不是自由？

这个问题，令我想到萨特的基本观点：自由意味着自主选择，而不论其所选择的是什么。在这个意义上，那个奴才的选择也是自由的体现。萨特这个观点的最大意谓就是：人总是自由的，人不可能不自由，即便想不自由也不可能。但萨特这种"自由"观念并不是、至少不完全匹配于我们这里讨论的"自由"概念。设想一个人自主选择了一种侵犯他人权利、甚至是危害他人生命财产安全的行为，这是自由吗？显然不是。自由并非为所欲为；自由蕴涵着"群己权界"。

所以，"自由"是一个政治哲学概念，即指社会层面上的主体权利。这就是说，自由的本质其实并非字面上的"由己"——遵从自己的意愿，而是实质上的意识到并行使、捍卫自己的主体权利。这里的两个关键词是："主体"；"权利"。关键词并不是"意愿"。

这样一来，我们也就进入了历史哲学的领域。主体及其权利乃是历史的概念：不同的社会生活方式，有其不同的社会主体及其权利，有其不同的社会规范及其制度，有其不同的"群己权界"。

因此，上面那个关于主奴自由的问题，是不能抽象化地讨论的，不能脱离历史语境。我们知道，主奴社会的制度规范在某种生活方式下曾经是正当的和适宜的；后来，在生活方式发生转变以后，就丧失了正义性。所以，自愿服从主子、忠于主子的行为，曾经也是自由的体现，因为这是符合其主体性及其应有的权利的；而在今天则是不自由的体现，即便是出于自愿的、"由己"的，因为这已经不符合其主体性及其应有的权利。在现代性的生活方式下，主奴道德是自由的对立面。同理，今天，臣民意识是自由的桎梏，君主意识是自由的敌人。

回到"从心所欲不逾矩"上。这句话必须被理解为"克己复礼"和"礼有损益"的合题（并且后者乃是前者的前提条件），才是可以成立的。这就是说，这里的"矩"或"礼"应当有两层不同的意义：当其本身具有正义性时，"矩"乃指既有的旧的制度规范，此时"从心所欲不逾矩"确实是自由的体现；然而当其丧失正义性之后，则"矩"应指新的制度规范，因而"从心所欲不逾矩"同样是自由的体现。否则此话不能成立，"不逾矩"就是服从不正义的制度规范，而"从心所欲"就可能是"洗脑"之后的奴性的体现。

我这个分析，与我那天对超越主体性与自由之关系问题的分析是一致的：新的主体性创造新的"矩"、并且"不逾"此"矩"。

第七章

论自由与正义

——孔子自由观及其正义论基础

【作者按】此文原载《四川大学学报（哲学社会科学版）》2023 年第 1 期。

【提要】贡斯当关于古代人的自由与现代人的自由的区分，逻辑地蕴含着作为上位概念的普遍"自由"概念，其内涵是：个人的意志行为在正义的社会规范内不受他人干预。按照这个普遍概念，孔子具有自己的自由观念。这种观念不是境界论的自由观，而是人性论的自由观。"个人的意志行为不受他人干预"是这种自由观的主体性维度，即个体主体具有天然的自由意志；"正义的社会规范"（礼）是这种自由观的规范性维度，即它是以孔子的正义论为基础的。这就是说，自由的规范条件来自两条正义原则，即源出于博爱精神（仁）的正当性原则和适应于特定时代基本生活方式的适宜性原则（义）。因此，孔子的自由观念具有两个层面，即：遵守规范是保守性的自由，而重建规范是建设性的自由。

毫无疑问，"自由"与"正义"都是人类共同的价值观。不过，两者之间的关系如何，尚待揭示。本文将通过分析孔子的自由观及其正义论根据，呈现"自由"与"正义"的内在关系。

引论：普遍的"自由"概念

在讨论人类共同价值的时候，人们往往只着眼于共时性（synchronic）维度，如中国和西方的价值观念之间的共同性，而忽视了历时性（diachronic）维度，即古人和今人的价值观念之间的共同性。然而，贡斯当（Benjamin Constant）讨论古代人的自由（the liberty of the ancients）与现代人的自由（the liberty of the moderns）[1]，就是一种历时性的眼光（尽管他的着眼点不是古今之间的共同性，而是差异性）。事实上，既然古代自由与现代自由都命名为"自由"，这就已经逻辑地蕴含着一个观念：存在着一种作为上位概念而涵盖古代自由与现代自由的普遍"自由"概念（尽管贡斯当本人并未对此加以揭示）。诚如学者所说："自由是人类永恒的追求，它并不仅仅属于'现代'。"[2] 显

---

[1] 贡斯当：《古代人的自由与现代人的自由——贡斯当政治论文选》，阎克文、刘满贵译，上海人民出版社 2003 年版，第 31、41 页。

[2] 李海超：《儒家自由观的新开展》，《当代儒学》第 12 辑，广西师范大学出版社 2017 年版，第 225 页。

然，讨论孔子的自由观，所需要的正是这样一个普遍"自由"概念，因为孔子是古代人，不可能有现代的自由观念。只有在这种历时性考察之后，才能够进行恰当的共时性考察，即考察普遍自由概念之下的中西差异，进而揭示儒家对于自由的"现代性诉求的民族性表达"①。

（一）两类"自由"观念的辨析

在讨论中国古代的自由观时，人们常说孔子的"从心所欲不逾矩"、庄子的"逍遥"达到了"自由境界"②；有学者说，"自由是修炼而成的"，是一种"功夫"③。诸如此类的说法，可以称之为"境界论自由观"，即认为自由是一种精神境界，它需要经过修养或修炼才能够达到。例如，按照冯友兰先生的境界论，"自然境界""功利境界""道德境界"都是不自由的，自由唯在于最高的"天地境界"④；按照蒙培元先生的境界论，自然情感之"诚"和道德情感之"仁"都是不自由的，自由唯在

---

① 参见黄玉顺：《"儒学"与"仁学"及"生活儒学"问题——与李幼蒸先生商榷》，《四川大学学报（哲学社会科学版）》2008年第1期；《反应·对应·回应——现代儒家对"西学东渐"之态度》，《上海师范大学学报》2009年第5期。

② 参见谢扬举：《逍遥与自由——以西方概念阐释中国哲学的个案分析》，《哲学研究》2004年第2期；朱承：《在规矩中自在——由"从心所欲不逾矩"看儒家自由观念》，《现代哲学》2008年第6期；刘鹤丹：《自觉于规矩——由"从心所欲不逾矩"看孔子的自由观》，《孔子研究》2013年第5期；邓联合：《"逍遥游"与自由》，《中国哲学史》2009年第2期。

③ 倪培民：《修炼而成的自发性——以伯林为镜看儒家自由观》，《哲学分析》2021年第1期，第73~97页。

④ 冯友兰：《新原人》，第三章"境界"，《三松堂全集》第四卷，河南人民出版社2001年版，第496~509页。

于形而上的超越之"乐"①；按照笔者的境界论，"自发境界""自为境界"都是不自由的，自由唯在于"自如境界"②。这样的"自由"观念将会导致严重的问题：

1. 这种境界论自由观，实为"自由的等级分配"观念，将导致否定普通人的自由权利，因为：不论道德境界还是知识境界，按照境界论自由观的逻辑，普通民众当然很难达到较高的境界，更达不到最高的境界，因此，他们理当不自由，或者说不配享有自由；唯有"君子"甚至"圣人""至人""神人"③，才有享受自由的资格。

境界论自由观认为，唯有达到了"天人合一"的境界，才能获得真正的自由。这其实是混淆了两类不同的"自由"概念：一类是与"必然"相对的、认识论范畴的"自由"概念，主体所面对的是必然性，即所谓"天"。例如"人固有一死"④，不存在"不死"的自由选项；纵然有时可以"制天命而用之"⑤，

---

① 蒙培元：《从孔子的境界说看儒学的基本精神》，《中国哲学史》1992年第1期；《心灵与境界——朱熹哲学再探讨》，《中国社会科学院研究生院学报》1993年第1期；《主体·心灵·境界——我的中国哲学研究》，载《今日中国哲学》，广西人民出版社1996年版，第841~859页；《心灵超越与境界》，人民出版社1998年版，第21~24页。

② 黄玉顺：《爱与思——生活儒学的观念》（增补本），四川人民出版社2017年版，第167~186页。

③ 《庄子·逍遥游》，王先谦：《庄子集解》，成都古籍书店1988年影印版，第3页。

④ 司马迁：《报任安书》，见《汉书·司马迁传》，中华书局1962年版，第2732页。

⑤ 王先谦：《荀子集解·天论》，中华书局1988年版，第317页。

也不意味着可以自由地改变"天命",所以孔子才"畏天命"①。
另一类则是与"奴役""被控制"或"受干预"等相对的、伦
理学以及政治哲学范畴的"自由"概念,主体所面对的是"他
者"(other)的意志。我们这里所要讨论的是后一类"自由"
概念,"自由"意味着主体的意志行为不受他者的干预。这实际
上就是伯林(Isaiah Berlin)所说的"消极自由"(negative liber-
ty)②。

2. 境界论自由观还蕴含着另一种危险,即"自由的心态解
释",认为对自由的追求无需致力于改变外部的社会条件,只需
努力改变自己的心理状态即可。例如,奴隶的自由不需要废除
奴隶制,只需要奴隶们改变自己的心态。这显然是荒谬的。更
有甚者,还有人对自由采取鄙夷的态度。这其实是鲁迅笔下的
"阿 Q 精神",伯林称之为"酸葡萄学说"(sour grapes)③。显
然,今天讨论自由价值观,作为一种"现代性诉求",必须警惕
境界论自由观。

为此,必须将"自由"与"境界"加以断然切割,即自由
与境界无关。事实上,孔子的自由观并不等于境界论自由观。
最显著的例证就是他讲的"匹夫不可夺志",显然是在强调普通

---

① 《论语注疏·季氏》,《十三经注疏》,第 2522 页。

② 伯林:《自由论》,第 189~195、200~201 页。参见马华灵:《被误读
的与被误解的:中国语境中的伯林》,《天府新论》2017 年第 2 期。但孔子的
自由观并不限于消极自由,也不等于伯林的"积极自由"(positive freedom)。

③ 伯林:《自由论》,胡传胜译,译林出版社 2003 年版,第 189 页。

人的自由意志（关于"自由意志"，详下）。邢昺解释："匹夫，谓庶人也"；尽管"庶人贱，但夫妇相匹配而已，故云'匹夫'"；但"匹夫虽微，苟守其志，不可得而夺也"。①普通民众当然谈不上有多么高的境界，但其自由意志是不可剥夺的。承认这种普遍存在的、不可能被夺去的自由意志，这就是"人性论自由观"②，犹如孟子所说的"人之所不学而能者，其良能也"③。所以，胡适曾引用孔子"匹夫不可夺志"这句话，以证明：孔子作为"中国思想界的先锋"，"也可以说是自由主义者"。④当然，这里的"自由"只能被理解为涵盖古今的普遍"自由"概念。

（二）普遍的"自由"概念

本文尝试给出一个普遍的"自由"概念，这个概念蕴含着"正义"价值："自由"指个人的意志行为在正义的社会规范内不受他人干预。这个定义包含两个不可或缺的基本方面：

1. "个人的意志行为不受他人干预"。冯友兰先生就曾指出，"自由意志"的含义即意志"不受决定"或"不受限制"⑤。

---

① 《论语注疏·子罕》，《十三经注疏》，中华书局 1980 年影印版，第 2491 页。

② 郭萍：《儒家的自由观念及其人性论基础》，《国际儒学论丛》2016 年第 2 期，社会科学文献出版社 2016 年版，第 73~86 页；《超越与自由——儒家超越观念的自由人性意蕴》，《探索与争鸣》2021 年第 12 期。

③ 《孟子·尽心上》，《十三经注疏》，第 2765 页。

④ 胡适：《中国文化里的自由传统》，《胡适之先生年谱长编初稿》第六册，（台北）联经出版事业公司 1984 年版，第 2080 页。

⑤ 冯友兰：《新原人》，三联书店 2007 年版，第 199 页。

这里包含三层含义：（1）自由的主体是个人（person）；或者说，我们将"自由"这个词语用于个人。当然，某种群体或集体的自由也是可以讨论的，因为他们也是某种主体；不过，我们讨论普遍"自由"概念的最终目的，毕竟是要关注现代人的自由，而这里作为社会基元的主体就是个体。① （2）这里的"行为"包括思想行为，即思想自由。（3）不受他人干预，这既是西语"自由"（freedom）这个词语的基本语义，即"免于"（free from ……)②，也是汉语"自由"的基本语义，即孔子所说的"由己"而不"由人"③。

2."在正义的社会规范内"。这里给出了两个层次的规定：

（1）自由的前提条件是遵守社会规范（norms），包括道德规范、法律规范等。显然，真正的自由并非那种被庸俗化甚至被污名化的为所欲为，而是在社会规范下的自由。这里似乎存在着一种直觉的印象："个人的意志行为不受他人干预"与"遵守社会规范"是相互矛盾的。两者唯有在这样一种情况下没有冲突，那就是这种社会规范本身就是个人意志的一种实现，即个人要么参与制定、要么同意这种规范。

---

① 黄玉顺：《论儒学的现代性》，《社会科学研究》2016年第6期；《论"儒家启蒙主义"》，《战略与管理》2017年第1期，中国发展出版社2017年版，第221~250页；《论阳明心学与现代价值体系——关于儒家个体主义的一点思考》，《衡水学院学报》2017年第3期。

② 参见黄玉顺、杨虎：《儒学与生活——黄玉顺教授访谈录》，载《当代儒学》第8辑，广西师范大学出版社2015年版，第300~310页。

③ 《论语注疏·颜渊》，《十三经注疏》，第2502页。

但是，这里的"同意"亦非泛泛的"认同"。例如，宦官通常也都认同太监制度，但这并不意味着他是自由的。因此，"自由"概念的进一步规定是：

（2）遵守社会规范的前提条件是这种社会规范本身是正义的（just），即这种规范是正当的（公正的、公平的）并且适宜的。① 如果社会规范本身并不正义，那么，遵守社会规范恰恰是不自由的表现。于是，我们就进入了正义论（the theory of justice）的论域，即正确的自由观必须以正义论作为基础。

（三）"从心所欲不逾矩"与"自由"的概念

上文谈到，关于孔子的自由观，人们经常引证他所说的"从心所欲不逾矩"。这看起来很合理："从心所欲"对应"个人的意志行为不受他人干预"；"不逾矩"对应"遵守社会规范"。但必须注意的是，孔子这番话乃是境界论的表述，所以他才强调年龄："吾十有五而志于学，三十而立，四十而不惑，五十而知天命，六十而耳顺，七十而从心所欲不逾矩。"② 假如直到"七十而从心所欲不逾矩"才算是自由的，那么，七十岁之前的孔子就是不自由的。圣人孔子尚且如此，何况常人！显然，这并非我们这里要讨论的人人享有的自由。所以，必须再次明确："自由"并非境界概念，而是一个权利概念。

但这并不是说"从心所欲不逾矩"对于"自由"问题的讨

---

① 参见黄玉顺：《中国正义论纲要》，《四川大学学报（哲学社会科学版）》2009 年第 5 期。

② 《论语注疏·为政》，《十三经注疏》，第 2461 页。

论毫无意义。刚才谈到"从心所欲"而又"不逾矩"与"个人的意志行为不受他人干预"而又"遵守社会规范"之间的对应关系，已然表明"从心所欲不逾矩"这个命题是有自由观意义的。但是，这种意义的揭示，首先必须去除境界的观念、年龄的条件。这就是说，如果要将"从心所欲不逾矩"理解为对"自由"观念的表述，那就不能说"七十而从心所欲不逾矩"，而应当说"人皆从心所欲而不逾矩"。在这种意义上，就可以说"'从心所欲'之欲……不是为所欲为，而是自由意志"①。

不仅如此，正如上文所说，"不逾矩"或"遵守社会规范"是有前提的，即这种社会规范本身是正义的。这就表明："自由"价值以"正义"价值为前提，必须先行讨论"正义"问题。

一、孔子自由观的正义论基础

罗尔斯说："正义是社会制度的首要价值。"② 笔者曾指出：社会制度其实是社会规范的制度化，但并非所有社会规范都可以制度化，因此毋宁说：正义是社会规范的首要价值。③ 那么，从正义为自由奠基的角度来看，我们也可以说：正义是自由的首要价值。这是因为：自由作为不受他人干预的意志行为，乃

---

① 蒙培元：《从孔子的境界说看儒学的基本精神》，《中国哲学史》1992年第 1 期。

② 罗尔斯：《正义论》，何怀宏等译，中国社会科学出版社 1988 年版，第 3 页。

③ 参见黄玉顺：《作为基础伦理学的正义论——罗尔斯正义论批判》，《社会科学战线》2013 年第 8 期。

是在社会规范内的行为，因此，如果没有社会规范及其制度的正义，那就没有真正的自由。

那么，何谓"正义"？这里首先要区分"制度正义"与"行为正义"。① 人们的行为符合社会规范，这是"行为正义"范畴，如孔子说"非礼勿视，非礼勿听，非礼勿言，非礼勿动"②；其前提是这种社会规范本身符合更高的价值原则——正义原则，这是"制度正义"范畴，这才是正义论的课题。如孔子说"殷因于夏礼，所损益可知也；周因于殷礼，所损益可知也；其或继周者，虽百世可知也"③，这就叫作"礼有损益"④，即根据正义原则来改变不正义或不再适宜的社会规范。⑤

（一）孔子正义论的一般理论结构

孔子的正义论思想是一个复杂的立体的理论系统，其中最核心的理论结构就是"仁→义→礼"之间的奠基关系：根据博爱情感（仁）来确立正义原则（义），根据正义原则（义）来

---

① 参见黄玉顺：《论"行为正义"与"制度正义"——儒家"正义"概念辨析》，《东岳论丛》2021 年第 4 期。

② 《论语注疏·颜渊》，《十三经注疏》，第 2502 页。

③ 《论语注疏·为政》，《十三经注疏》，第 2462 页。

④ 黄玉顺：《中国正义论的形成——周孔孟荀的制度伦理学传统》，第 344 页。

⑤ 黄玉顺：《孔子的正义论》，《中国社会科学院研究生院学报》2010 年第 2 期；《中国正义论的形成——周孔孟荀的制度伦理学传统》，东方出版社 2015 年版，第二编"孔子思想与中国正义论基本内涵的阐明"，第 107~198 页。

建构社会规范（礼）。①

1. 仁：博爱情感。 "博爱"是韩愈的用语"博爱之谓仁"②，孔子谓之"泛爱"③。这里涉及儒家"仁爱"情感的两个方面：一是属于私域（private sphere）的"差等之爱"必然导致利益冲突，所以才需要建立规范（礼）④；二是解决这种冲突的情感路径只能是超越"差等之爱"而走向属于公域（public sphere）的"一体之仁"，此即"博爱"（仁）。

2. 义：正义原则。博爱情感是普遍而抽象的；这种情感的落实或实现方式则是特殊而具体的，这取决于不同时代的基本生活方式的特点。所以孔子强调"义以为上"⑤、"无适也，无莫也，义之与比"⑥。由此可以说明社会规范及其制度的历史变迁。

根据以上两点，孔子的思想蕴含着儒家的两条正义原则：（1）正当性原则：这是博爱情感的普遍性的体现，即唯有根据"一体之仁"的精神建立起来的社会规范才是正当的。故孟子说

---

① 黄玉顺：《孔子的正义论》，《中国社会科学院研究生院学报》2010年第2期，第136~144页；《孟子正义论新解》，《人文杂志》2009年第5期。
② 韩愈：《原道》，《韩昌黎文集校注》，上海古籍出版社1986年版，第13页。
③ 《论语注疏·学而》，《十三经注疏》，第2458页。
④ 参见黄玉顺：《荀子的社会正义理论》，《社会科学研究》2012年第3期。
⑤ 《论语注疏·阳货》，《十三经注疏》，第2527页。
⑥ 《论语注疏·里仁》，《十三经注疏》，第2471页。

"义，人之正路也"①。（2）适宜性原则：这是博爱情感的具体
性的体现，即唯有根据特定历史时代的基本生活方式建构起来
的社会规范才是适宜的。故《中庸》说"义者，宜也"②。两条
正义原则的内涵，正是韩愈《原道》开宗明义的命题"博爱之
谓仁，行而宜之之谓义"③。这是"仁→义"的理论结构。

3. 礼：社会规范及其制度。孔子的正义论要求根据上述两
条正义原则来进行社会规范建构及其制度安排：体现博爱精神
的"礼"才是正当的；适应特定时代基本生活方式的"礼"才
是适宜的，这是发展的观念、文明进步的观念，即孔子讲的
"礼有损益"。

这种"义→礼"结构，就是孔子所说的"义以为质，礼以
行之"④，即以"义"为实质性的价值原则，而以"礼"为这种
原则的规范性的实行形式。这是古代文献常见的"礼义"表达
的真切内涵，冯友兰先生曾指出："礼之'义'即礼之普通原
理。"⑤《左传》也说："义以出礼"⑥，"礼以行义"⑦。

上述"仁→义"结构与"义→礼"结构之综合，就是孔子

---

① 《孟子·离娄上》，《十三经注疏》，第 2721 页。
② 《礼记·中庸》，《十三经注疏》，第 1629 页。
③ 韩愈：《原道》，《韩昌黎文集校注》，第 13 页。
④ 《论语注疏·卫灵公》，《十三经注疏》，第 2518 页。
⑤ 冯友兰：《中国哲学史》，中华书局 1961 年版，第 414 页。
⑥ 《左传·桓公二年》，《十三经注疏·春秋左氏传注疏》，中华书局
1980 年影印本。
⑦ 《左传·僖公二十八年》。

正义论的核心结构"仁→义→礼",故孔子说:"人而不仁,如礼何?"① 这就是孔子的"轴心突破"(The Axial Breakthrough),即"以仁释礼"②。

(二)孔子正义论的自由价值效应

上述原理蕴含着自由观的正义论前提:遵守社会规范的前提是社会规范的正义;社会规范正义的前提是符合正义原则;确立正义原则的前提是具有博爱精神。

1. 自由与博爱精神(仁)。对"自由"的最庸俗的理解之一,是自私自利,对他人漠不关心。其实,这正是儒家所批评的"麻木不仁"③、缺乏"一体之仁"④。

西方启蒙时代的著名口号"自由·平等·博爱",将"博爱"排列于"自由"之外、之后,极为不妥。事实上,真正的自由蕴含着博爱,博爱的情感是自由的前提:(1)自由的情感前提是"自爱"(the love for oneself),绝对不能设想不自爱而能够自由。儒家亦然,"自爱才是儒家仁爱的逻辑起点"⑤。在孔子

---

① 《论语注疏·八佾》,《十三经注疏》,第 2466 页。

② 黄玉顺:《儒学反思:儒家·权力·超越》,《当代儒学》第 18 辑,四川人民出版社 2020 年版,第 3~10 页。

③ 黎靖德编:《朱子语类》卷第二十五,中华书局 1986 年版,第 604 页。

④ 王守仁:《大学问》,《王阳明全集》,浙江古籍出版社 2010 年版,第 1014~1016 页。

⑤ 郭萍:《自由儒学的先声——张君劢自由观研究》,齐鲁书社 2017 年版,第 393 页。

那里，这就叫"为己之学"①。荀子后来将"仁"分为三个等级，并将"自爱"列为最高等级。② 这就是说，"自爱"乃是"博爱"的前提，不能设想不自爱而能够博爱、能够自由。（2）自由的情感内涵是"他者之爱"（the love for others）。假如没有"他者之爱"，就不可能尊重他者的自由，最终会在原则上否定自我的自由。总之，博爱乃是自由的情感本源，或者说是自由的情感内涵；用儒家的话语讲，就是"无仁即无自由"。

2. 自由与正义原则（义）。既然自由源于由自爱而博爱的精神，那么，自由当然就意味着要遵从以博爱精神为内涵的正当性原则。用儒家的话语讲，就是"无义即无自由"。不能设想"不仁不义"的自由，因为"不仁不义"导致否定正义原则，进而导致否定自由的社会规范条件，最终导致否定自由本身。

3. 自由与社会规范（礼）。上文谈过，自由是指在社会规范内的意志行为。因此，正义的社会规范是自由的必要条件，即自由的保障；假如没有正义的规范，那就是"丛林"，就只是强力（power）的自由，而不是每个人的自由。用儒家的话语讲，就是"无礼即无自由"。

关于这个问题，这段对话值得分析："颜渊问仁。子曰：'克己复礼为仁。一日克己复礼，天下归仁焉。为仁由己，而由人乎哉？'"③ 这里的前后两个"己"，即"克己"与"由己"，

---

① 《论语注疏·宪问》，《十三经注疏》，第 2512 页。
② 王先谦：《荀子集解·子道》，第 533 页。
③ 《论语注疏·颜渊》，《十三经注疏》，第 2502 页。

是同一个主体，看起来互相矛盾，其实并不冲突："由己"正是
说的"个人的意志行为不受他人干预"，即朱熹说的"其机之在
我"，"非他人所能预"①；"克己复礼"则正是说的"在正义的
社会规范内"；两者之合，正是"自由"的真义。显然，这个
"己"即自由主体：他一方面遵从自己的意志，即"由己"；另
一方面遵从正义的社会规范，即"克己"。

二、孔子自由观的主体性维度

上文说过，普遍"自由"概念的一个基本方面是"个人的
意志行为不受他人干预"或"从心所欲"。那么，这一点是如何
体现于孔子的自由观之中的？

（一）孔子的自由主体观念

其实，"自由"与"主体性"，很难说哪一个是奠基性的、
哪一个是被奠基的，因为自由总是主体的自由，主体总是自由
的主体，"自由与主体的存在具有直接同一性"②。但是，毕竟
"主体"是实体概念，"自由"是属性概念，即主体是自由的实
体基础。正如黑格尔所说，尽管"自由是意志的根本规定，正
如重量是物体的根本规定一样"，"意志而没有自由，只是一句

---

① 朱熹：《论语集注·颜渊》，《四书章句集注》，中华书局 1983 年版，
第 132 页。
② 郭萍：《"自由儒学"导论——面向自由问题本身的儒家哲学建构》，
《孔子研究》2018 年第 1 期。

空话"；但是"自由只有作为意志，作为主体，才是现实的"。①
因此，应当首先讨论主体的观念。

关于"主体"（subject）与"主体性"（subjectivity）概念，
尽管哲学家们并没有统一的理解与界定，但不难从中寻绎出一
些共同的基本特征：

1. 心灵存在。主体性是一种心灵现象，其前提当然是心灵
存在。蒙培元先生指出：中国哲学是"心灵哲学"，它"把人作
为有理性、有情感、有意志的生命主体去对待"②；"以孔、孟为
代表的道德主体论"，"不仅讨论人的存在、价值和意义等根本
性问题，而且讨论人的心灵、主体性、主体精神及其超越问题
和形上问题"③。确实如此，例如上文讨论的"从心所欲不逾
矩"，作为意志的"欲"附着于"心"，即意志隶属于心灵存在。

据《论语》载："子击磬于卫。有荷蒉而过孔氏之门者，
曰：'有心哉！击磬乎！'既而曰：'鄙哉！硁硁乎！莫己知也，
斯己而已矣。"深则厉，浅则揭。"'子曰：'果哉，末之难
矣！'"④ 朱熹集注："此荷蒉者，亦隐士也。圣人之心未尝忘
天下，此人闻其磬声而知之"，"讥孔子人不知己而不止，不能

---

① 黑格尔：《法哲学原理》，范扬、张企泰译，商务印书馆 1961 年版，
第 11~12 页。
② 蒙培元：《中国的心灵哲学与超越问题》，《学术论丛》1994 年第 1
期。
③ 蒙培元：《主体·心灵·境界——我的中国哲学研究》，载《今日中国
哲学》，广西人民出版社 1996 年版，第 841~859 页。
④ 《论语注疏·宪问》，《十三经注疏》，第 2513 页。

适浅深之宜"；孔子"闻荷蓧之言，而难其果于忘世"。① 注意这里的"有心"：孔子有"入世"之心，而隐者有"忘世"之心，这是两种不同的主体性；谓之"心"，就是心灵存在。

这种心灵主体性的实践运用，就是"用心"。孔子说："饱食终日，无所用心，难矣哉！"② 所谓"用心"，就是发挥其既有的心灵主体性。朱熹解释："心若有用，则心有所主。只看如今才读书，心便主于读书；才写字，心便主于写字；若是悠悠荡荡，未有不入于邪僻。"③ 这就是说，"用心"是说"心有所主"，即心灵具有恒定的主体性。

所以，孔子称赞颜回："回也，其心三月不违仁；其馀，则日月至焉而已矣。"④ 朱熹集注："三月，言其久。仁者，心之德。心不违仁者，无私欲而有其德也。"⑤ 所谓"有其德"，也是说心灵具有其主体性；"三月不违"，则是说这种主体性的恒定性。

当然，孔子及儒家强调仁德或善性；但是，心灵的主体性并非只有仁德或善性。实际上，"主体性"是一个价值中性的概念，或者说是"前伦理的"概念：无论善恶，心灵主体的存在标志乃是自我意识。

---

① 朱熹：《论语集注·宪问》，《四书章句集注》，第 159 页。
② 《论语注疏·阳货》，《十三经注疏》，第 2526 页。
③ 黎靖德：《朱子语类》卷第四十七，王星贤点校，中华书局 1986 年版，第 1191 页。
④ 《论语注疏·雍也》，《十三经注疏》，第 2478 页。
⑤ 朱熹：《论语集注·雍也》，《四书章句集注》，第 86 页。

2. 自我意识。主体意识的首要特征是"自我意识"（self-consciousness），即意识到自我存在的同一性与独立性。同一性（identity）实质上是个体自我的身份识别（identification），这是对自我的辨认与确认，即意识到自我与他者的区别。独立性（independence）并不是说个体与群体无关，而是说个体尽管是群体的一个成员，但绝非某个整体的一个部分。个体与群体的关系，并非部分与整体的关系；前者如一棵树离开森林也可以存在，后者如一片叶子离开树就不能存活。

孔子具有强烈的自我独立意识。鲁昭公有违礼之事，孔子却称其"知礼"，于是陈司败批评孔子"相助匿非"，而孔子接受了这个批评，承认应当遵循一个原则："君子不党。"① 这个原则与孔子的另一个原则是相通的："和而不同"，何晏解释为"君子心和，然其所见各异，故曰不同"。② "不党"并非"不群"，而是"群而不党"③，即虽然"和以处众"，但"无阿比之意"，而是"庄以持己"④，坚持自我。不论"不党"还是"和而不同"，都是自我独立意识的体现。

尽管"不党"并非"不群"，但毕竟"物以群分"⑤，人亦如此。因此，对于不问世事的隐者，孔子说："鸟兽不可与同

---

① 《论语注疏·述而》，《十三经注疏》，第 2484 页。
② 《论语注疏·子路》，《十三经注疏》，第 2509 页。
③ 《论语注疏·卫灵公》，《十三经注疏》，第 2518 页。
④ 朱熹：《论语集注·卫灵公》，《四书章句集注》，第 166 页。
⑤ 《周易·系辞上传》，《十三经注疏》，第 76 页。

群，吾非斯人之徒与而谁与？天下有道，丘不与易也。"意思是："吾自当与此天下人同群"，而非"隐于山林是同群"。① 这同样是自我独立意识的一种体现。

不仅对于隐者，而且对于古代"节行超逸"的"逸民贤者"，诸如"伯夷、叔齐、虞仲、夷逸、朱张、柳下惠、少连"，孔子也说"我则异于是，无可无不可"，意思是："我之所行，则与此逸民异，亦不必进，亦不必退，唯义所在。"② 这显然同样是鲜明的自我独立意识。孔子这种自我独立意识，正如《礼记》所说："儒有……同弗与，异弗非也，其特立独行有如此者。"③

3. 能动性。主体性的根本特征就是"能动性"（initiative）。汉语"能动"出自《孟子》："至诚而不动者，未之有也；不诚，未有能动者也。"④ 如何才能够"诚"呢？孟子说："反身而诚，乐莫大焉。"孙奭解释："能反己，思之以诚，不为物之丧己，是有得于内矣；有得于内，则为乐亦莫大焉。以其外物为乐，则所乐在物，不在于我，故为乐也小；以内为乐，则所乐在己，不在物，其为乐也大。"⑤ 这就是说，能动性首先是返回内在的自我主体意识。

---

① 《论语注疏·微子》，《十三经注疏》，第 2529 页。
② 《论语注疏·微子》，《十三经注疏》，第 2529~2530 页。
③ 《礼记·儒行》，《十三经注疏》，第 1670 页。
④ 《孟子·离娄上》，《十三经注疏》，第 2721 页。
⑤ 《孟子·尽心上》，《十三经注疏》，第 2764 页。

孔子说："不患人之不己知，患其不能也"①；"君子病无能焉，不病人之不己知也"②。这里的"能"不仅指"能力"，而且指能动性。例如，弟子冉求说："非不说（悦）子之道，力不足也。"孔子批评道："力不足者，中道而废。今女（汝）画。"③ 朱熹指出："力不足者，欲进而不能；画者，能进而不欲。谓之'画'者，如画地以自限也。"④ "欲进而不能"是说有这样的能动性，却没有这样的能力；"能进而不欲"是说有这样的能力，却没有这样的能动性。孔子认为冉求属于后者，即自我"画地为牢"，这不是缺乏这种能力，而是缺乏主体自我的能动性。在孔子看来，人人都具有这样的能力："有能一日用其力于仁矣乎？我未见力不足者。"⑤ 因此，孔子强调，要发挥主体自我的能动性："人能弘道，非道弘人。"⑥ 朱熹解释："人心有觉，而道体无为，故人能大其道，道不能大其人也。"⑦ 这是充分肯定人的主体能动性。

4. 选择性。主体性的一个鲜明特征是选择性（selectivity），即主体自我的选择能力（ability to choose）。许多哲学家都将选择性作为主体自由的标志，这是很有道理的。

---

① 《论语注疏·宪问》，《十三经注疏》，第 2512 页。
② 《论语注疏·卫灵公》，《十三经注疏》，第 2518 页。
③ 《论语注疏·雍也》，《十三经注疏》，第 2478 页。
④ 朱熹：《论语集注·雍也》，《四书章句集注》，第 87 页。
⑤ 《论语注疏·里仁》，《十三经注疏》，第 2471 页。
⑥ 《论语注疏·卫灵公》，《十三经注疏》，第 2518 页。
⑦ 朱熹：《论语集注·卫灵公》，《四书章句集注》，第 167 页。

　　孔子关于选择性的论述极多，兹举数例："麻冕，礼也；今也纯，俭。吾从众。拜下，礼也；今拜乎上，泰也。虽违众，吾从下。"① "先进于礼乐，野人也；后进于礼乐，君子也。如用之，则吾从先进。"② "周监于二代，郁郁乎文哉！吾从周。"③ "富而可求也，虽执鞭之士，吾亦为之。如不可求，从吾所好。"④ "夫子喟然叹曰：'吾与点也！'"⑤ 等等。

　　孔子尤其注重政治价值的选择。他主张：如果政治缺乏正义，就应当选择离开，不予合作。例如："齐人归女乐，季桓子受之，三日不朝，孔子行。"⑥ "齐景公待孔子，曰：'若季氏，则吾不能。以季、孟之间待之。'曰：'吾老矣，不能用也。'孔子行。"⑦ "卫灵公问陈（阵）于孔子。孔子对曰：'俎豆之事，则尝闻之矣。军旅之事，未之学也。'明日遂行。"⑧ 孔子的选择原则是："危邦不入，乱邦不居；天下有道则见，无道则隐"⑨；"邦有道，则仕；邦无道，则可卷而怀之"⑩。给人印象最深刻的是，由于对当时中原政治状况的失望，孔子甚至萌生了"移民"

---

① 《论语注疏·子罕》，《十三经注疏》，第 2489 页。
② 《论语注疏·先进》，《十三经注疏》，第 2498 页。
③ 《论语注疏·八佾》，《十三经注疏》，第 2467 页。
④ 《论语注疏·述而》，《十三经注疏》，第 2482 页。
⑤ 《论语注疏·先进》，《十三经注疏》，第 2501 页。
⑥ 《论语注疏·微子》，《十三经注疏》，第 2529 页。
⑦ 《论语注疏·微子》，《十三经注疏》，第 2528~2529 页。
⑧ 《论语注疏·卫灵公》，《十三经注疏》，第 2516 页。
⑨ 《论语注疏·泰伯》，《十三经注疏》，第 2487 页。
⑩ 《论语注疏·卫灵公》，《十三经注疏》，第 2517 页。

的想法，即"子欲居九夷"①。他说："道不行，乘桴浮于海。"②孔子认为，不必怀恋乡土，他说："君子怀德，小人怀土。"③ 总之，"君子之于天下也，无适也，无莫也，义之与比"，即"无择于富厚与穷薄者，但有义者则与相亲也"④，亦即以正义原则为选择的唯一标准。

（二）孔子的自由意志观念

人是否有自由意志，哲学家们并无定论。不过，假如没有自由意志，就谈不上自由；反之，要谈自由，那就必然预设自由意志的存在。这种预设（presupposition）⑤，影响最大的当属康德的观点，他将自由意志视为"实践理性"的一个"公设"（postulate）⑥。孔子那里当然不是这样的"公设"观念，而是有他自己的自由意志观念。

自由是主体的意志行为，主体的意志即自由意志。杜维明说："仁爱的'仁'是指个人的主体性，这类似于康德说的'自由意志'"；"'三军可夺帅也，匹夫不可夺志也'，就是孔子主

---

① 《论语注疏·子罕》，《十三经注疏》，第 2490 页。

② 《论语注疏·公冶长》，《十三经注疏》，第 2473 页。

③ 《论语注疏·里仁》，《十三经注疏》，第 2471 页。

④ 《论语注疏·里仁》，《十三经注疏》，第 2471 页。

⑤ 布斯曼（Hadumod Bussmann）、于尔（George Yule）：《预设的概念》，黄玉顺译，载《儒教问题研究》，黄玉顺著，人民出版社 2012 年版，第 179~192 页。

⑥ 康德：《实践理性批判》，韩水法译，商务印书馆 1999 版，第 136~153 页。

动自觉的'我欲仁斯仁至矣'"。① 这里提到"个人的主体性"
与"自由意志"的关系，非常精准；但将"匹夫"之"志"直
接等同于"我"之"欲仁"，值得商榷。且不说"我"是否
"匹夫"，将自由意志观念归结为"仁"，既不确切，亦不充分：

1. "仁"首先是一种情感，而非意志，正如"爱"是一种
情感，而非意志。在"我欲仁"这个表述中，表征意志的不是
"仁"，而是"欲"，即"志"。蒙培元先生曾在谈到孟子的
"志"概念时指出："志就是所谓道德论上的'自由意志'。"②
这同样适用于孔子的"志"概念。

2. 固然可以说"欲仁"是自由意志的一种表现，却不能说
自由意志就是"欲仁"。这里需要注意具体的语境："仁远乎哉？
我欲仁，斯仁至矣！"③ 孔子此刻是在讨论"仁"这个话题"仁
远乎哉"，所以才讲"我欲仁"，"这个'欲'，既是情感需要，
也是自由意志"④。这并不意味着排除"仁"之外的其他"欲"。

其实，按照普遍的"自由"概念，在正义的社会规范内的
一切"欲""志"均属自由意志；当然，这并不是为所欲为，而
是社会规范之下的意欲，亦即孟子所说的"可欲"⑤，此"可"

① 杜维明：《以精神人文主义应对全球伦理困境》，《精神文明导刊》
2018 年第 1 期。

② 蒙培元：《理学范畴系统》，人民出版社 1989 年版，第 244 页。

③ 《论语注疏·述而》，《十三经注疏》，第 2483 页。

④ 蒙培元：《从孔子的境界说看儒学的基本精神》，《中国哲学史》1992
年第 1 期。

⑤ 《孟子·尽心下》，《十三经注疏》，第 2777 页。

就是自由意志的规范条件，即"发乎情，合乎礼义"①。固然，孔子重视"欲仁"的意志，但他并不排除其他的"志欲"，例如："富而可求也，虽执鞭之士，吾亦为之。"② 这里只有一个标准，即"可"。所以，所谓"子绝四：毋意，毋必，毋固，毋我"③，这并不是否定自我的自由意志，而是强调自由意志的规范条件。

三、孔子自由观的规范性维度

上文说过，普遍"自由"概念的另一个方面是"遵守正义的社会规范"或"不逾矩"。那么，这一点是如何体现于孔子的自由观之中的？

作为伦理学及政治哲学的概念，"自由"并非实证性（empirical）概念，而是规范性（normative）概念，即人不是作为动物"是"什么，而是作为人"应当"（ought）怎样。④ 真正的自由只能是规范性的自由。英语"规范"（norm）的语义，与汉语的"规矩"是相通的，孔子讲"从心所欲不逾矩"，孟子讲"不以规矩，不能成方员（圆）"、"继之以规矩准绳，以为方员平直"⑤，这里的"矩"或"规矩"即指社会规范，也就是儒家所谓"礼"。

---

① 《毛诗正义·周南·关雎·序》，《十三经注疏》，第 272 页。
② 《论语注疏·述而》，《十三经注疏》，第 2482 页。
③ 《论语注疏·子罕》，《十三经注疏》，第 2490 页。
④ 刘松青：《什么是规范性？》，《中国社会科学报》2018 年 7 月 24 日。
⑤ 《孟子·离娄上》，《十三经注疏》，第 2717 页。

但应注意：单是"遵守社会规范"或"不逾矩"的提法，容易给人一种错误的印象，似乎不论怎样的规范，都应遵守。这不符合上文讨论过的孔子自由观的正义论基础：遵守社会规范的前提，是这种社会规范本身是正义的。正义的规范是自由的前提，不正义的规范则是对自由的侵害。为此，本文提出"保守性自由"（conservative freedom）与"建设性自由"（constructive freedom）的区分。这并非伯林的"消极自由"与"积极自由"的区分。① 所谓"保守性自由"是指"在正义的规范内"的自由；"建设性自由"则指"重建规范"的自由，这种"建设"显然首先意味着"破坏"，即对不正当或不再适宜的规范的否定。孔子自由观的规范性维度当中的这两个层面，是与孔子的正义观相呼应的。

（一）孔子自由观的保守性层面

保守性自由当然是一种保守主义态度。这些年来，"保守主义"（conservatism）这个词语常被滥用，往往被泛泛地理解为保持"传统"，而不问是怎样的传统。最典型的是所谓"文化保守主义"②。这与"保守主义"这个短语本身的复杂歧义有关。问题的关键在于保守什么，即保守什么样的规范。孔子主张保守

① 伯林：《自由论》，第 189~195、200~201 页。
② 参见黄玉顺：《"文化保守主义"评议——与〈原道〉主编陈明之商榷》，《学术界》2004 年第 5 期；《文化保守主义与现代新儒家》，《读书时报》2005 年 11 月 30 日；《当前儒学复兴运动与现代新儒家——再评"文化保守主义"》，《学术界》2006 年第 5 期。

的是正义的规范，即正当而适宜的规范，就此而论，可以说孔子是一个保守主义者。

1. 保守性自由的内涵：合礼的自由

本文所说的"保守"，其对象是正义的社会规范，即行为要合乎正当而适宜的"礼"，才是可欲的自由。这是孔子自由观的保守性维度的基本内涵。孔子在这方面的最典型的表述，就是上文分析过的"克己复礼"："非礼勿视，非礼勿听，非礼勿言，非礼勿动"。视听言动，一切意志行为都要"合礼"，这就是自由的规范性。例如孝行，即对双亲的行为，应当"生，事之以礼；死，葬之以礼，祭之以礼"①。否则就是"无礼""非礼"，导致"恭而无礼则劳，慎而无礼则葸，勇而无礼则乱，直而无礼则绞"②。

这是因为：礼，即社会规范，对于个人来说，是立身行事的条件，从而也是个人自由的条件，故孔子说"不患无位，患所以立"③、"不学礼，无以立"④、"不知礼，无以立也"⑤；对于社会来说，是群体秩序的保障，即人伦之道的保障，从而也是所有人的自由的保障，故孔子说"约之以礼，亦可以弗畔矣夫"⑥，否则"礼乐不兴则刑罚不中，刑罚不中则民无所错

① 《论语注疏·为政》，《十三经注疏》，第 2462 页。
② 《论语注疏·泰伯》，《十三经注疏》，第 2486 页。
③ 《论语注疏·里仁》，《十三经注疏》，第 2471 页。
④ 《论语注疏·季氏》，《十三经注疏》，第 2522 页。
⑤ 《论语注疏·尧曰》，《十三经注疏》，第 2536 页。
⑥ 《论语注疏·雍也》，《十三经注疏》，第 2479 页。

（措）手足"①。

孔子所谓"君子矜而不争"②，并非排斥一切竞争，而是排斥那种无礼的、非规范性的恶性竞争。如孔子说："君子无所争，必也射乎！揖让而升，下而饮，其争也君子。"③ 这显然是在说："其争"应如射礼那样的有礼的竞争。这就是说，有序的"自由竞争"是规范性的竞争。

保守的问题，在社会转型时期是最为凸显的。孔子所处的春秋战国时代就是如此，那是从"封建"的贵族时代转向"大一统"的帝制时代的转型时期。此时，孔子鲜明地表达了他的保守立场："吾从周"④，即保守西周的封建规范，如"天下有道，则礼乐征伐自天子出"；因此，他批判现实的"天下无道，则礼乐征伐自诸侯出"。⑤ 前者是封建的规范，后者则是通过诸侯争霸与兼并战争而走向"大一统"专制。这样一种体现自由意志的政治选择表明，作为保守主义者的孔子是 2500 年前的"先知"。

2. 保守性自由的根据：自由的恕道

上述"合礼的自由"，即规范性自由，有其更高的价值根据，即孔子的"道"。孔子自陈"吾道一以贯之"，曾子认为：

---

① 《论语注疏·子路》，《十三经注疏》，第 2506 页。

② 《论语注疏·卫灵公》，《十三经注疏》，第 2518 页。

③ 《论语注疏·八佾》，《十三经注疏》，第 2466 页。

④ 《论语注疏·八佾》，《十三经注疏》，第 2467 页。

⑤ 《论语注疏·季氏》，《十三经注疏》，第 2521 页。

"夫子之道，忠恕而已矣!"① 朱熹指出："尽己之谓忠，推己之谓恕。"② 这是非常精当的解释："忠"是对自己的态度，而"恕"才是对他者的态度，这才是自由问题。所以，曾子用两个字"忠恕"来概括孔子之"道"，孔子本人则只有一个"恕"字："子贡问曰：'有一言而可以终身行之者乎?'子曰：'其"恕"乎! 己所不欲，勿施于人。'"③ 这个"恕"，可译为"tolerance"，乃是自由的涵项。

所谓"恕"，即"推己及人"，其积极表述是"己欲立而立人，己欲达而达人"④，即"君子成人之美，不成人之恶"⑤；其消极表述是"己所不欲，勿施于人"。在自由问题上，前者意味着"我欲自由，则应使他人自由"；后者意味着"我不欲他人侵犯我的自由，则我不应侵犯他人的自由"。所以孔子赞赏子贡的这个说法："我不欲人之加诸我也，吾亦欲无加诸人。"⑥ 学者认为这"类似于伯林的'消极自由'的观念"⑦，确乎其然。

当然，"己欲立而立人"，即"我欲自由，则应使他人自由"，这样的表达太过"积极"（positive），因为：如果"人是

---

① 《论语注疏·里仁》，《十三经注疏》，第 2471 页。
② 朱熹：《论语集注·里仁》，《四书章句集注》，第 72 页。
③ 《论语注疏·卫灵公》，《十三经注疏》，第 2518 页。
④ 《论语注疏·雍也》，《十三经注疏》，第 2479 页。
⑤ 《论语注疏·颜渊》，《十三经注疏》，第 2504 页。
⑥ 《论语注疏·公冶长》，《十三经注疏》，第 2474 页。
⑦ 倪培民：《修炼而成的自发性——以伯林为镜看儒家自由观》，《哲学分析》2021 年第 1 期。

生而自由的"①，那就无需"使他人自由""让他人自由"，而只需"承认""尊重"他人的自由；否则就有人"自以为是其他一切人的主人"②。但是，如果仅就自由的建设性维度而论，那么，这种积极性也是应当肯定的。

（二）孔子自由观的建设性层面

建设性自由的诉求是：如果社会规范不正当（根据正当性原则）或不再适宜（根据适宜性原则），那么，自由恰恰不是遵守规范，而是重建规范，即建构一种正当而适宜的规范。这里再次强调：这不同于伯林的"积极自由"。孔子所关注的是社会规范的重建，即"礼"的重建。孔子自由观的建设性层面表明，不能简单地说孔子就是一个保守主义者；毋宁说，孔子也是一个"革命者"。

因此，孔子曾将他所接触之人分为三个层次："可与共学，未可与适道；可与适道，未可与立；可与立，未可与权。"③ 朱熹指出："可与共学，知所以求之也。可与适道，知所往也。可与立者，笃志固执而不变也。权，秤锤也，所以称物而知轻重者也。可与权，谓能权轻重，使合义也。"④ 这里的"立""权""经""义"等，都涉及"礼"即社会规范的正义问题。上文引

① 卢梭：《社会契约论》，商务印书馆 2009 年版，第 4 页。
② 卢梭：《社会契约论》，第 4 页。
③ 《论语注疏·子罕》，《十三经注疏》，第 2491 页。
④ 朱熹：《论语集注·子罕》，《四书章句集注》，第 116 页。

孔子说"不知礼，无以立"，他还说"立于礼"①，可见"立"是谈"礼"的问题。如果既有的礼并不正当，或不再适宜，则不可"固执而不变"，而应当"权轻重，使合义"，即孔子讲的"义以为质，礼以行之"②，也就是遵循儒家正义论的"义→礼"结构原理，否定旧的礼制，建构新的礼制。否则，既有的礼就成为自由的桎梏。

这就叫"先进于礼乐"。孔子说："先进于礼乐，野人也；后进于礼乐，君子也。如用之，则吾从先进。"③ 朱熹引程子的话，比较合乎孔子的原意："先进于礼乐，文质得宜，今反谓之质朴，而以为野人；后进于礼乐，文过其质，今反谓之彬彬，而以为君子。盖周末文胜，故时人之言如此，不自知其过于文也。"④ "文胜"或"过于文"是说既有的"礼"已经是"过犹不及"⑤。显然，孔子选择"吾从先进"，就是"吾从野人"，而所谓"野"即"质胜文则野"⑥，意味着"义"先于"礼"，这正是孔子所说的"义以为质，礼以行之"⑦，即以正义原则（义）为内涵，才能"文质得宜"，从而建构起新的、正义的社会规范（礼），最终才能获得"在正义的社会规范内"的自由。

---

① 《论语注疏·泰伯》，《十三经注疏》，第 2487 页。
② 《论语注疏·卫灵公》，《十三经注疏》，第 2518 页。
③ 《论语注疏·先进》，《十三经注疏》，第 2498 页。
④ 朱熹：《论语集注·先进》，《四书章句集注》，第 123 页。
⑤ 《论语注疏·先进》，《十三经注疏》，第 2499 页。
⑥ 《论语注疏·雍也》，《十三经注疏》，第 2479 页。
⑦ 《论语注疏·卫灵公》，《十三经注疏》，第 2518 页。

伍　超越论

第一章

君子三畏

【作者按】此文原载《宜宾学院学报》2016 年第 2 期；收入作者文集《生活儒学与现代性问题》，四川人民出版社 2019 年版，第 24~33 页。

【提要】孔子曰："君子有三畏：畏天命，畏大人，畏圣人之言"。孔子所说的"畏"，不是"惧"（惧怕），而是敬畏。所敬畏的不是大人、圣人本身，甚至也不是圣人之言，而是圣人之言所传达的"天命"，即仁爱之道的无声之音。"圣"就是倾听良知的呼唤并宣讲这种本真的情感。君子意味着拥有政治权力。因此，古代社会君子少，现代社会君子多；唯有真正的现代社会，才有可能人人都是君子甚至圣人。但是，没有敬畏感，就不是君子。

　　同学们，下午好！非常高兴有机会和大家分享一下我对孔子关于"君子三畏"的三句话的感想。"君子三畏"这个题目不是我起的，而是主办方起的，是"命题作文"，呵呵！这个命题作文有个好处，就是：这个题目我以前从来没有讲过，那么，通过这次讲座，我一边琢磨一边讲，可能会获得一些新的体会，这是很好的事情。还有一个好处，就是：由于是命题作文，我事先没有准备，这就像我们四川话说的"散打"。"散打"知道吗？就是不按套路来打拳。我们今天的"散打"，就是聊天，没有事先准备的套路。这样可以避免我以前经常犯的一个错误，就是容易讲得太学术化。当然，讲孔子的东西，必须有学术。但是，鉴于听众的背景不同，我经常出去做报告，感到很困惑的一个问题是：面对不同的听众，我发现我这人有一个毛病，就是满口都是哲学术语。所以，我们今天采取"散打"这个办法，随口讲，不按照文本来，这样就随意一点，更具有感受性、感悟性。

一

今天这个题目，涉及一个什么样的问题呢？我们从刚才主持人念的孔子那几句话开始。孔子说："君子有三畏：畏天命，畏大人，畏圣人之言。"① 从这几句话，我们很容易想到一个词语，就是"敬畏感"，我们就从这里开始谈起。

敬畏感是一种感觉。我们中国人，现在 GDP 上去了，经济搞上去了，但是，我们缺乏一些应有的感觉。我碰到的我身边

---

① 《论语·季氏》。

的人，他们富裕起来了，但是，我总觉得他们不快乐、不幸福。我们没有幸福感。我经常想：这是什么原因？我也问过很多人，他们说不出来。我们中国在经济上崛起了，成为一个经济大国，但为什么会不快乐、不幸福呢？这当然有外在的原因，比如今天大家到这里来，你看到这满天的雾霾，怎么快乐得起来呢？这么大的雾霾，怎么可能感觉幸福呢？那是不可能的。但是，这些都是外在的原因。幸福感是一种感觉，是内在的东西。这说明：除了外在的东西，我们还缺乏一些内在的东西；或者说，我们曾经拥有的一些内在的东西，现在失落了。这些肯定不是物质上的东西，因为：说到物质上的东西，今天我们已经创造了中国历史上从未有过的很多东西——所谓"物质文明"。我们已经跻身于世界经济大国之列，然而不幸福，那肯定是失落了一些精神层面的东西。那么，究竟是一些什么东西呢？

那是一些感觉。我们缺乏一些应有的感觉；我们失落了一些宝贵的感觉。今天这个题目，我刚才讲了，我们很容易想到一种感觉，就是"敬畏感"；我刚才又讲了，我们感觉不幸福，没有"幸福感"。物质文明上去了，腰包鼓起来了，其实你未必感到幸福，这是一个很严重的问题。不仅如此，其实，我们还丧失了很多感觉。比如说，我不知道大家有没有这样的感受，你经常会觉得你对未来缺乏一种踏实感，所以，我发明了一个词，叫"踏空感"。你总觉得不是踏实的，而是踏空的。为什么会有踏空感呢？原因很多。再比如说，还有一种感觉，我们也丧失了。有一种说法，说西方文化是一种"罪感文化"，中国文化是"耻感文化"，也就是说，按照我们的传统，我们应该有"羞耻感"，但这种感觉现在也丧失了。我们过去有一种说法，叫作"满口仁义道德，一肚子男盗女娼"，也就是说，"男盗女娼"的事情毕竟不敢拿到台面上来讲，否则你会感到羞耻；我们今天的中国人却不是这样，今天我们在酒桌上讲的那些段子，在微信上说的那些段子，那都是拿到台面上讲的，而且津津乐道，这说明我们已经丧失了羞耻感。此外，还有很多感觉，诸如正义感、崇高感等，我们都丧失了。因为丧失了这些感觉，所以，虽然我们富起来了，但是我们不踏实，我们踏空，我们不幸福。

我刚才讲了很多感觉，那么，孔子这几句话呢，他是集中在讲一种感觉，也就是我们今天已经失落了的敬畏感。

二

我们就来学习一下孔子的这段话。

因为我没有专题讲过这一段，所以，我今天早上起来，特意又把《十三经注疏》这一段的解释找出来看了看，结果发现它的讲法是不对的。[①] 我又把朱熹《四书集注》的解释找出来看了一下，结果发现它的讲法也不对。[②] 我们知道，《十三经注疏》和《四书集注》是皇权时代、帝国时代的东西，有很多解释是

[①] 《十三经注疏·论语注疏》，何晏注，邢昺疏，中华书局 1980 年影印本。

[②] 朱熹：《四书集注·论语集注》，中华书局 1983 年版。

那个时代的产物，不适用于我们今天的中国人。

顺便说一下，今天的国学热，大家读古书，读经典，一定要注意"扬弃"，要注意到有些东西不能照搬到今天来。我们要学的是中国文化的真精神，这是我这些年研究儒学一直非常注意的。今天的国学热、儒学热，出现了很多"原教旨主义"的东西，把儒学搞得面目可憎。近一段时间以来，我对这些现象有许多批评。

书归正传，我们回到孔子的话。我们读儒家的书，比如读《论语》，过去的很多解释都是有问题的；包括我刚才讲的必读的两本书，《十三经注疏》是帝国时代前半期的东西，《四书集注》是帝国时代后半期的东西，今天看来都是有问题的，未必是孔子本来的意思。所以，我特别希望，我今天给大家讲了我的看法之后，你们会赞同我的看法。这一点我是有经验的，我经常出去讲儒学，别人听了以后，感觉是：黄老师讲的儒学跟我们平常听到的好像不是一回事儿？呵呵！这正是我希望达到的一种效果。

孔子这三句话，我们首先应当理解的是什么呢？就是这个"畏"字。我刚才讲了，这就是敬畏感的问题，这是用现代汉语来讲的："畏"字用一个双音节词来表示，那就是"敬畏"。要注意的是，敬畏并不是害怕，并不是惧怕。在孔子的话语系统当中，"畏"与"惧"是有非常明确的区分的。你可以怕很多东西，但你未必就有敬畏感；反过来讲，如果你真正有敬畏感，很多东西你都会不怕。所以，孔子讲君子的"三达德"①，这样说："仁者不忧，智者不惑，勇者不惧。"② 所以我在这里首先强调一点：孔子讲的"畏"，不是说的"惧"，不是惧怕、害怕，与此毫无关系。孔子讲的是敬畏感。那么，什么是敬畏感呢？这正是需要通过孔子这三句话来理解的。

三

这三句话，我们一条一条来看。第一条"畏天命"是最难理解的：什么叫"天命"啊？是不是占卦、算命那样的玩意儿就是天命呢？这是很复杂的一个问题，我们放到下面再讲。我先讲后面两个概念："大人"和"圣人"。

什么叫"大人"呢？我们现在看古装戏，看电影，就会发现"大人"实在太多了，小小一个芝麻官，老百姓见了他都称"大人怎样怎样"。孔子讲的"大人"肯定不是这个意思。"大人"这个词语出现得很早，在《周易》古经当中就出现了，也就是在殷周之际就出现了。当时的文本当中出现的"大人"，是指的比"君子"更高一等的人，但不是讲他的思想道德修养的境界，而是讲他的社会地位。简单来讲，当时的用法，"君子"是指的贵族，比如说诸侯国君就是君子；而"大人"是指的天子那一级的人。那是当时的用法。后来，随着中国社会的历史

---

① 《礼记·中庸》："知、仁、勇三者，天下之达德也。"
② 《论语·宪问》。

转型，以及观念的转型，也就是中国的"轴心期"——春秋战国时期诸子百家兴起之后，这个语义发生了转变。比如孔子和孟子，他们就不再认为天子、贵族这些人是"大人"了，反倒往往认为这些人是"小人"。以孟子为例，在《孟子》的文本当中，"大人"有两种用法，体现了这种历史转变。

一种用法是传统意义上的"大人"，就是说的天子啊、国君啊，反正是官当得很大的人。孟子怎么看这些人呢？这些"大人"，在他看来全是小人，所以他有一句很著名的话："春秋无义战。"① 春秋战国时期，诸侯战争，那都是那些"大人"在打仗，孟子就讲：这些所谓的"大人"都是"无义"的，没有一个是正义的，没一个好东西。所以，对这样的人，孟子的态度是什么呢？他还有一句话："说大人，则藐之，勿视其巍巍然。"② 看到这些"大人"，这些 big men，你不要觉得他们有什么了不起，你要藐视他们。为什么呢？因为他们骨子里都是小人。这时候你就能发现，在儒家孔孟这里，随着社会的转型，观念发生了很大的变化，这些观念变化落实到最后，连"大人""君子"这些词语的含义都发生了转变。

孟子在另外一个地方用了"大人"这个词，就和刚才说的他要藐视的"大人"完全不是一回事儿了。孟子这句话也是很有名的，他讲，什么叫"大人"呢？"大人者，不失其赤子之心

---

① 《孟子·尽心下》。
② 《孟子·尽心下》。

者也。"① 这是非常高的评价。什么叫作"不失其赤子之心"呢？就是说，一个人本来是天真烂漫的，是很赤诚的，但是，被这个社会所污染，随着知识的增长、阅历的增长、年龄的增长，这家伙越来越坏，越来越成了后来孔孟所讲的"小人"，这个时候就需要"做工夫"，需要修养，超越这一切，重新回到那个本真的状态去，重新回到像小孩子那样的赤诚的状态去，这才叫作"大人"，真正的大人。用现代汉语来表达，这是一个"思想道德修养"达到了最高境界的人，这其实不太准确，因为这不是什么"思想道德"问题。"大人"说的是超越了世俗的人格；而世俗的人格，就像冯友兰先生所讲的，不管你是处在"功利境界"，还是处在"道德境界"，其实都还没有达到"大人"的境界。孔子讲的"畏大人"，是指的这样的"大人"，和下面说的"圣人"是同义词。

四

那么，"圣人"又是什么意思呢？我们回到"圣"字最早的用法上去，这也是非常有意思的。繁体的"圣"字写作"聖"，你们看甲骨文的话，它下面画的是一个很小的人形，我们不管它；上面画的是一个大大的耳朵，另外还有一张嘴巴。耳朵是用来听事儿的，嘴巴是用来说事儿的。显然，孔子讲的这个"圣"是说：他听到了什么，然后把他所听到的说出来、传达出

---

① 《孟子·离娄下》。

来，告诉大家。这就是"圣"。那么，他听到的是什么呢？

　　我先讲一个西方的情况，来做一个对比。不知道在座的同学有没有学哲学的？哲学领域里有一门分支学科，叫作"Hermeneutics"——诠释学，相当于我们中国的训诂学。Hermeneutics 这个词语，它的词根词源是 Hermes，那是希腊神话里的一个神——赫尔墨斯。赫尔墨斯是干什么的呢？他是宙斯的信使，为宙斯传送消息；也是宙斯和诸神的使者和传译，向人间传达神的信息。他是一个中介。显然，他的基本的角色，就是靠一双耳朵，一张嘴巴，对不对？他首先得用耳朵听神讲，然后再讲出来，讲给其他的神或人听。这就是诠释学的来历，它是有西方古代文化的来源的。举个例子来讲，一个神学家，他在诠释《圣经》，基本上也是这个角色：《圣经》是神的声音，他把它诠释出来，告诉那些信众，就起了一个中介的作用。

　　我刚才讲，相当于西方的 Hermeneutics——诠释学的，我们中国的是训诂学。训诂学是我们古代的儒家学者理解圣人之言，然后加以解释，把它告诉给其他人，这在功能上是和 Hermeneutics 具有同构性的。当然，实际上，"圣"不是指的普通的诠释者，而是说的圣人，他和赫尔墨斯一样，听到了某种声音，并且向人间传达。但是，孔子所说的"圣人"，他听到的肯定不是神的声音，这是跟西方文化不同的地方。孔子，我们都知道，他"敬鬼神而远之"①、"不语怪、力、乱、神"②，即使去参加祭祀，他也只说"祭神如神在"③，而不是肯定"神在"。他是不信神的，至少是采取一种敬而远之的态度，他当然不会去倾听神的旨意，传达神的信息。但他、圣人也在倾听。

所以，我们就会想到，孔子讲过大家很熟悉的一段话。他从"吾十有五而志于学"，一直讲到"五十而知天命"；我们这里讲"三畏"，其中也有"天命"。孔子说他"五十而知天命，六十而耳顺，七十而从心所欲不逾矩"④。"不逾矩"是真正的自由，真正的大自在、大自由。他是怎么做到的呢？中间有一个环节：他倾听到了什么。这就是他所说的"耳顺"的意思。倾听到了什么呢？倾听到了"天命"。

那么，"天命"是什么东西啊？按照一般人的理解，很容易将它理解为一个"命运"那样的东西——destiny，好像我们生来就被命运注定了，甚至说有一个老天爷在那里发号施令，因为汉字的"命"字、天命的"命"字是由两个部分组成的："口""令"。这很容易让人想到，有一个老天爷在那里发号施令，然后圣人听他发号施令，听老天爷的。这么讲，就讲成了基督教了，或者讲成了古希腊神话了，那还是儒学吗？还是中国文化吗？"天命"不是这个意思。

---

① 《论语·雍也》。
② 《论语·述而》。
③ 《论语·八佾》。
④ 《论语·为政》。

　　关于"天命"，说起来是比较"神秘"的。"命"这个字，是表示有某种口令、某种声音，但是，大家知道，孔子还有一段话说："天何言哉？四时行焉，百物生焉，天何言哉！"① 天其实不说话，是无声的；但是，尽管天不说话，我们中国的先民还是把这种事情领悟为一种声音，称之为"命"——发号施令，这是相当深刻的，也可以说是相当"玄乎"的。到底怎么回事呢？圣人究竟听到了什么，然后把它讲出来，告诉我们？要理解这一点，你必须理解儒家对自己的角色功能的一个最基本的定位。

　　孟子有一次谈到，子贡说，儒者之"圣"到底是怎么回事呢？就两方面——"仁且智"②。仁爱的"仁"，智慧的"智"。这就是说，所谓"圣人"，或者说"圣"这种境界，就是"仁爱"与"智慧"这两个方面，缺一不可。"仁爱"这个方面，我们先放下，我们先看"智"是什么意思。

　　我们今天写的这个智慧的"智"，在汉代以前不是这么写的，而是写作"知"——知道的"知"，读"智"。这个"知"字是一个形声字，左边的"矢"是没有意义的，是它的读音；它的意义在哪里呢？就是那个"口"字——说话。于是你就能想到，它所对应的正好是"圣"字的"口"那边；也就是说，"圣"这个境界的一个方面，就是能够向人间传达什么事情，这

<hr>

① 《论语·阳货》。
② 《孟子·公孙丑上》。原文："仁且智，夫子既圣矣。"

就是智慧。然后，我们再回到"圣"字的另外一个方面"耳"，耳朵倾听什么呢？它所对应的，显然就是"仁且智"当中的"仁"；也就是说，圣人所倾听的是仁爱。圣人倾听的不是老天爷的发号施令，不是上帝的声音，也不是奥林匹斯山上的诸神的声音；圣人倾听的是仁爱的声音。这种仁爱的声音，我们把它理解成"天命"，把它说成是一种"发号施令"，这有点像一种比喻的说法，就是说，它本身"天何言哉"，是没有声音的，但我们似乎确实听到一些什么。

正因为听到了仁爱的声音，我们才能把它说出来，才能说话，才有智慧。现代哲学界有一个说法，是两个哲学家，索绪尔（F. Saussure）和海德格尔（Martin Heidegger），他们不约而同地有一个说法：不是人在说话，而是话在说人。意思是：语言、说话，有两种。一种是"人言"——人在说话，比如孔子这三句话里面的"圣人之言"，圣人也是人，圣人之言就是"人言"，就是人在说话。但是，当圣人用耳朵去听的时候，他所听到的可不是"人言"，而是"道言"——"道"在说话，这也就是所谓"天命"。正因为你倾听到了"道言"的声音——这种无声的声音，然后你才能把它说出来，你才能说话，才能说"人言"。所以，表面上看起来，是圣人在说话，实际上他是在传达某种声音。这个时候，你就会发现：确实不是人在说话，而是话在说人。"话在说人"中的"话"指的是什么呢？不是人言，是道言。这也是我们儒学、中国哲学的一个很突出的特征：我们把那种本体性或者说本源性的存在，那种最本源的事情、决定了一切事物的那种事情，理解成一种"说话"——"道"。这样的"道"，其实就是仁爱之道。圣人所倾听的、所言说的，其实就是仁爱的声音、仁爱的呼唤。这就是"天命"，就是"道"。

我们中国哲学最喜欢讲"道"。"道"是什么意思呢？所谓"能说会道"，"道"就是"说话"的意思。当然，"道"还有"走路"的意思；在我们先民的意识中，走路和说话是一回事，但不是人在走路、人在说话，而是道在走路、道在说话。所以，我们说，圣人所听到的，你可以把它叫作"天命"，也可以把它叫作"道言"。所谓"道言"，就是大道的自己显现、自己"走路"——自己开辟道路。比如我刚才提到的"四书"，其中之一的《中庸》，把"道"这样的本源性的存在，叫作"诚"，因为"诚"字也有一个"言"字旁，也是"说话"的意思。《中庸》里面有一句话，"诚者自成也，而道自道也"，那就是说："诚"就是"道"自己在说话，在这种"自道"中"自成"。

我们回到"圣人之言"这个"圣"字上来。孔子讲的"大人"和"圣人"，是指的倾听到了仁爱之道、大道之言的人；他听到了大道之言，并且能够把它说出来，告诉我们，具有这样的智慧的人，叫作"圣人"。这跟我们刚才讲到的"圣人""大人"最早的用法，比如社会地位什么的，毫无关系；他甚至超越了功利、道德这样的境界，他倾听的是"道言""天命"。进一步讲，究竟什么叫作"天命"？我刚才讲了，"命"后来被理解为或者可以说是误解为一种冥冥之中决定着我们每一个人命运的东西，甚至于把它人格化，诸如老天爷那样的东西，像基督教的上帝一样，这其实不是"命"本来的意思。"命"是什么意思呢？就是一种无声的声音，像是某种说话的声音一样，它在告诉我们一些消息。什么消息呢？我刚才讲"仁且智"，"命"就是仁爱的消息。这就是儒家的根本的思想、根本的精神，即：所谓的"圣"，他所倾听的，他所言说的，说一千道一万，归根结底就是仁爱。

现在，我们回过头来看孔子讲的"三畏"之间的关系。孔子这三句话是连贯起来的，不能分开讲。这种敬畏，并不是敬畏现实中的任何一个对象性的东西，也不是敬畏任何人。那么，我们为什么要敬畏大人、圣人？并不是因为他是大人，并不是因为他的地位有多高，并不是因为他是天子、诸侯、贵族，而是因为"圣人之言"，就是因为他传达着一种非常本真的消息；这种消息，在儒家这里，很简单，那就是仁爱的精神。所以，我们要敬畏的是仁爱，我们要敬畏的是我们的一种本真的情感。这一点是儒学和其他宗教比如基督教之间的一个根本的区别。比如基督徒，他要敬畏的是上帝那个人格神；而儒家让我们敬畏的是什么呢？很简单，就是你的本真的情感、本真的仁爱。

五

回到孔子说的"君子有三畏"，他的意思很明显：君子必定有敬畏感；如果你没有这样的敬畏感，你就不是君子。所以，我得给大家解释一下什么叫作"君子"。在这个问题上，现在有很多误解。

大家看这个"君"字怎么写的？它是一个"尹"字，加上一个"口"字。那"尹"字是什么意思呢？是画的一只手，拿着一根棍子。手拿一根棍子，这是原始时代的情况，就是说，有一个拥有权力的人，他在那里发号施令，而他拿着的那根棍子，就是他的权力的象征。[①]后来演化了，比如一个国王，他人模狗样地坐在那里，手上拿着一根拐棍一样的东西，那就是他的权杖。"君"字最早就是这么一种形象：一个统治者坐那里，他拿着一根权杖，用他的嘴巴发号施令。这是"君"字最早的含义，就跟刚才讲的"大人"一样，是指的一种社会地位、政治地位。

由此，我们可以得出一个很有意思的结论：古代社会君子很少，现代社会君子多。这可能和很多人的想法截然不同。我为什么这样讲呢？你想：如果只有手握权杖、掌握着权力的人，才叫作"君子"，那在古代，这样的人当然是很少的啦。比如说，在秦汉之前，封建诸侯的时代，只有天子、诸侯、贵族才是这样的人；在这之后，到了帝国时代、皇权时代，那就更不得了，天下只有一个人是这样的人，这个"乾纲独断"的人就是皇上。所以，这样看来，我的判断是：古代君子很少，现代君子很多。"现代君子很多"是什么意思呢？大家想想，只有在真正的现代社会当中，才可能每一个人都拥有这种权力和权杖：

---

①　许慎《说文解字·口部》："君：尊也。从尹；发号，故从口。"（中华书局1963年版）徐中舒《甲骨文字典》"尹"字条："甲骨文从又持丨，丨象杖，以手持杖，示握有权力以任事者。"（四川辞书出版社1990年版）

你是一个公民，于是乎你就有政治权力，你手上有一根权杖，可以来实现你的权力。这显然正是那个"君"字的一个很形象的体现：如果每一个人都是公民，那么，每一个人都是国王，都拿着一根权杖，都有一张嘴巴，都可以发表意见，可以发号施令。所以，我的结论很简单：古代社会君子很少，现代社会君子很多；唯有现代社会，才有可能人人都是君子。

不过，孔子讲，虽然人人都可能是君子，但事实上未必如此，因为这有一个条件。按照孔子这段话的意思，这个条件很简单，就是：你要有敬畏感。如果你不具有敬畏感，没有仁爱之心，你就肯定不是君子；即便你拥有权力，也不是君子，因为你可能滥用你的权力，那就不是君子。反过来讲，你具有敬畏感，具有对仁爱的敬畏，你才可能成为一个君子。而现代社会给你提供了这样一个可能条件：你可以成为一个君子。

不仅如此，按我的判断，现代社会不仅人人可能成为君子，而且人人可能成为圣人。这是因为：人人都有一双耳朵、一张嘴巴，你不仅可以倾听仁爱的呼唤、良知的呼唤，而且可以把它讲出来，你甚至可以大声疾呼，并且在实现你的权力的过程当中体现它、实现它。这就是我最后的结论，也是我与大家的一个共勉吧。我希望我们在座的人，个个都是君子，个个都是圣人，也就是说，都具有敬畏感，都有对仁爱的敬畏，并且通过你的嘴巴去宣讲它，凭借你的权杖去实现它。

这就是我今天的简短的报告，是感想性的，就谈到这儿吧。谢谢大家！

第二章

孔子的外在超越者观念及其神圣性

【作者按】此文节选自《生活儒学的内在转向——神圣外在超越的重建》，《东岳论丛》2020 年第 3 期；人大复印报刊资料《中国哲学》2020 年第 5 期转载。

孔子虽然通过"以仁释礼"实现了"轴心突破"，但他那里仍然保留着外在的超越者及其神圣性。孔子思想的根本结构是：天—德—仁。内在的"仁"统率人道，包括开出"礼"即社会规范及其制度的建构；外在的"天"则是天道，是神圣的超越者；"德"则是天人之际、内外之际的转枢，所谓"德者得也"，"德"乃"得"自外在之"天"，即孔子所说的"天生德于予"①，它与《中庸》"天命之谓性"的表达是同构的。

---

① 《论语·述而》。

1. 孔子的鬼神观念

孔子的人格性的"天"属于"神"的范畴，与孔子的"鬼神"观念密切相关。不少学者以为孔子的"鬼神"观念是很淡漠的，这是一种误解。

最著名的一句话是《论语》记载的"子不语怪、力、乱、神"①。首先，这并不是孔子的话，而是《论语》编者的话。其次，这个说法并不符合实际，仅看《论语》，孔子谈"神"就有四次，岂是"不语"？只是"罕言"而已。又次，孔子为何罕言鬼神？何晏认为其原因有两类："或无益于教化，或所不忍言。"这是值得商榷的。朱熹认为："鬼神，造化之迹，虽非不正，然非穷理之至，有未易明者，故亦不轻以语人也。"② 这个解释虽然也存在理学化之嫌，但将"不语"理解为"不轻以语人"则是不错的。那么，孔子究竟为何不轻易谈鬼神之事？朱熹说是因为鬼神乃是"未易明者"，这显然是一个重要原因；这与孔子说"未能事人，焉能事鬼"同理，何晏引陈氏的解释为"鬼神及死事难明"③。另外一个原因，则可能与下面这个例子有关：

孔子说过"敬鬼神而远之"④。何晏注引包氏："敬鬼神而不渎"；邢昺疏："恭敬鬼神而疏远之，不亵渎。"可见"远"

---

① 《论语注疏·述而》。

② 朱熹：《论语集注·述而》，见《四书章句集注》，中华书局1983年版。

③ 《论语注疏·先进》。

④ 《论语注疏·雍也》。

并不是淡漠的意思，恰恰相反，是为了表示"恭敬"而"不亵渎"。可见孔子之所以对鬼神"远之"而"不轻以语人"，恰恰是出于对鬼神"恭敬"而"不亵渎"的态度。况且，鬼神之事既然"未易明"，那么，过多地谈论，显然是"不智"，这是回答"樊迟问知（智）"。

另一个常被人引证的例子："季路问事鬼神。子曰：'未能事人，焉能事鬼?'曰：'敢问死。'曰：'未知生，焉知死?'"① 何晏引陈氏说，这是因为"鬼神及死事难明，语之无益，故不答"。这与上文朱熹解释孔子何以"不语"鬼神的原因一样，是因为鬼神之事"有未易明者"。但朱熹对此还有更深刻的理解："死者，人之所必有，不可不知，皆切问也。然非诚敬足以事人，则必不能事神；非原始而知所以生，则必不能反终而知所以死。……程子曰：'昼夜者，死生之道也。知生之道，则知死之道；尽事人之道，则尽事鬼之道。死生人鬼，一而二、二而一者也。或言夫子不告子路，不知此乃所以深告之也。'"② 这不禁让我们想起海德格尔的"向死而在"，亦即"向死而生"（这里的"在"即"存在"［Sein］指人的"生存"［Existence］），就是从"先行到死"中追寻"存在的意义"，即在死亡中领会生存的意义；而孔子则反之，即"向生而死"，就是在生存中追寻死亡的意义，在生活中领会鬼神的意义。

---

① 《论语注疏·先进》。
② 朱熹：《论语集注·先进》。

下面这个例子亦如上例，亦即追寻存在的意义，却又是海德格尔式的"向死而在"，亦即从死亡、鬼神中追寻生存的意义："祭如在，祭神如神在。"① 邢昺指出："此章言孔子重祭礼。'祭如在'者，谓祭宗庙必致其敬，如其亲存。言事死如事生也。'祭神如神在'者，谓祭百神亦如神之存在而致敬也。"这是从鬼神的存在中领会我们生存的意义。因此，孔子非常重视祭祀鬼神，他盛赞大禹，而引为同道："禹，吾无间然矣。菲饮食，而致孝乎鬼神……"②

至于作为至上神的"天"，那也是"神"的范畴，孔子更是大谈特谈，这是下文所要讨论的事实。

2. 孔子之"天"的人格性

对于孔子的"天"观念，存在着各种不同的理解；其中最常见的一种误解，是认为孔子那里有几个不同的"天"概念。影响最大的是冯友兰的观点，认为中国古典的"天""至少有五种意义"，即"物质之天"（天空）、"主宰之天"或"意志之天"（天帝、天神）、"命运之天"（天命）、"自然之天"（天性、天然）和"义理之天"或"道德之天"（天理）。③ 然而，孔子那里只有一个天，那是一个外在而神圣的超越者。傅斯年曾指

① 《论语注疏·八佾》。
② 《论语·泰伯》。
③ 冯友兰：《中国哲学史新编》上卷，人民出版社 1998 年版，第 103 页。

出：“孔子所信之天命仍偏于宗教成分为多。”① 这个说法还是不够彻底的。其实，即便是倡导“内在超越”的牟宗三，也承认孔子之“天”乃是一个外在而神圣的超越者②：

> 孔子在他与天遥契的精神境界中，不但没有把天拉下来，而且把天推远一点。在其自己生命中可与天遥契，但是天仍然保持着它的超越性，高高在上而为人所敬畏。因此，孔子所说的天比较含有宗教上“人格神”的意味。而因宗教意识属于超越意识，我们可以称这种遥契为“超越的”（Transcendent）遥契。否则，“知我者其天”等话是无法理解的。我们可以说，在孔子践仁过程中，其所遥契的天实可有两重意义。从理上说，它是形上实体。从情上说，它是人格神。而孔子的超越遥契，则似乎偏重后者。这是圣者所必有的情绪。③

笔者赞同赵法生的一个判断：“孔子的天十分近似于周公的天，尽管人格化程度有所降低，但相当程度上仍然是一个具有

---

① 傅斯年：《性命古训辨证》，见《中国现代学术经典·傅斯年卷》，河北教育出版社 1996 年版，第 54 页。

② 他后来对此的看法又有所改变（参见赵法生：《儒家超越思想的起源》，中国社会科学出版社 2019 年版，第 7~8 页）。

③ 牟宗三：《中国哲学的特质》，上海古籍出版社 2007 年版，第 33~34页。

意志的人格神。"① 不仅如此，即在孔子心目中，天不仅有意志，还有智能、情感。

（1）天的情感性

《论语》载："子见南子，子路不说（悦）。夫子矢（誓）之曰：'予所否者，天厌之！天厌之！'"② 邢昺解释："厌，弃也"；朱熹解释："厌，弃绝也。"③ 孔子发誓：假如我见南子的做法"不合于礼，不由其道"，那么，天会厌恶而弃绝我！厌弃，这当然是一种强烈的情绪表达。

又《论语》载："……子曰：'不然。获罪于天，无所祷也。'"④ 邢昺解释："（我道之行否，由于时君，无求于众臣），如得罪于天，无所祷于众神。"天是众神之上的至上神，因此，如果得罪了天，那么，向众神祈祷也是没用的。所谓"得罪于天"，也就是受到天的怪罪，这种怪罪当然带有强烈的情绪。

天能怪罪人、厌弃人，这当然表明天是有情感的。

（2）天的智能性

又《论语》载："子曰：'不怨天，不尤人；下学而上达。知我者，其天乎！'"⑤ 邢昺解释："下学人事，上知天命……

---

① 赵法生：《儒家超越思想的起源》，第9页。但赵法生认为孔子的超越既有外在面向、亦有内在面向，谓之"中道超越"（第14~15页），这是可以讨论的。

② 《论语注疏·雍也》。

③ 朱熹：《论语集注·雍也》。

④ 《论语注疏·八佾》。

⑤ 《论语注疏·宪问》。

唯天知己志也。"笔者的理解：只要下尽人事，自然上达天听，天一定知道并理解自己。这正如俗话说的"人在做，天在看"，表明天是无所不知的，犹如说 God 是全知全能的。

又《论语》载："子疾病，子路使门人为臣。病间，曰：'久矣哉，由之行诈也！无臣而为有臣。吾谁欺？欺天乎？……'"① 邢昺解释："既人不可欺，乃欲远欺天乎？"朱熹解释："我之不当有家臣，人皆知之，不可欺也；而为有臣，则是欺天而已。"② 欺，指欺骗。天是不可欺骗的，因为天是无所不知的。

天能知人并理解人，这表明天是有智能的。宋儒乃将天的智能非人格化，谓之"天理"；又进而将其内在化，讲"性即理"③、"心即理"④。于是，天在丧失其外在超越性的同时，也丧失了神圣性。这其实是人的僭越、理的狂妄。

（3）天的意志性

又《论语》载："子畏于匡，曰：'文王既没，文不在兹乎？天之将丧斯文也，后死者不得与于斯文也；天之未丧斯文也，匡人其如予何？'"⑤ 邢昺解释："天将丧此文者，本不当使我与知之；今既使我知之，是天未欲丧此文也。"邢昺注明这是天

① 《论语注疏·子罕》。
② 朱熹：《论语集注·子罕》。
③ 《二程遗书》卷二十二上，中华书局 1981 年版；《朱子语类》卷五，中华书局 1988 年版。
④ 陆九渊：《与李宰》，见《陆九渊集》卷十一，中华书局 1980 年版。
⑤ 《论语注疏·子罕》。

之所"欲"，即天的意愿、意志。

又《论语》载："颜渊死。子曰：'噫！天丧予！天丧予！'"① 邢昺解释："孔子痛惜颜渊死，言若天丧己也。"朱熹解释："悼道无传，若天丧己也。"② "天丧予"的意思是：天要我的命。这当然是指的天的意志。

天可以使斯文、人"丧"，这表明天是有意志的。

以上表明，孔子之"天"作为至上神，乃是一个人格神。

3. 孔子"天命"观念的神圣性

学者称孔子那里有所谓"自然之天"，常引证这一段对话："子曰：'予欲无言。'子贡曰：'子如不言，则小子何述焉？'子曰：'天何言哉？四时行焉，百物生焉，天何言哉？'"③ 此处之"天"，朱熹释之以"天理"④，实属理学家之言。其实，天"无言"并不意味着天没有人格，正如孔子说他自己"予欲无言"并不意味着孔子没有人格。

在古人、孔子心目中，天虽"无言"，却能无声地"发号施令"，所以才称之为"天命"。"命"字的结构，从"口"、从"令"，其本义即发号施令，许慎解释为"命，使也"⑤，朱骏声纠正道："命，当训'发号也'。"⑥ 孔子说自己"五十而知天

---

① 《论语注疏·先进》。
② 朱熹：《论语集注·先进》。
③ 《论语·阳货》。
④ 朱熹：《论语集注·阳货》。
⑤ 许慎：《说文解字·口部》，大徐本，中华书局1963年版。
⑥ 朱骏声：《说文通训定声·口部》，中华书局1984年版，第845页。

命，六十而耳顺"①，即已达到了"圣"的境界。"聖"字的结构，从"耳"、从"口"，即能够倾听（耳）天命而言说（口）天命。对于"四时行焉，百物生焉，天何言哉"，"圣人"能够倾听而言说之，这就犹如古希腊的神的信使赫耳墨斯（Hermes）将神的旨意传达给人间，故后世有所谓"诠释学"（hermeneutics）；神旨同样是无声的号令，犹如 God 用无声的语言来创造世界，海德格尔谓之"默然无声的道说"②、"寂静之音"③，这是中西相通的观念。④

因此，孔子强调："君子有三畏：畏天命，畏大人，畏圣人之言。"（此"大人"即"圣人"。⑤）邢昺解释"天命"："天命无不报，故可畏之。""作善，降之百祥；作不善，降之百殃。顺吉逆凶，天之命也，故君子畏之。"⑥ 可见"天命"乃是外在超越的"天"的神圣性的体现。圣人、圣人之言之所以应当敬畏，就因为圣人所倾听而言说的正是神圣的天命。

---

① 《论语·为政》。
② 海德格尔：《〈今日神学中一种非客观化的思与言问题〉的神学谈话中主要观点的若干提示》，孙周兴译，见《海德格尔与有限性思想》，刘小枫选编，华夏出版社 2002 年版，第 19 页。
③ 海德格尔：《在通向语言的途中》，孙周兴译，商务印书馆 1997 年版，第 183 页。
④ 参见黄玉顺：《生活儒学的"生活"观念》，载《儒家思想与当代生活——"生活儒学"论集》，光明日报出版社 2009 年版，第 71~73 页。
⑤ 《论语注疏·季氏》。
⑥ 《论语注疏·季氏》。

4. 孔子的天人之际观念

显然，在孔子那里，天是外在而神圣的超越者。孔子说："天生德于予。"① 这是讲天人之际的问题，即天与人的关系问题。这里蕴涵着三层意味：

（1）天人分离。外在超越之天的存在，意味着天人之际的分离。孔子之后，才有了"天人合一"之说；尤其是到了宋明理学，才有所谓"天人本无二，不必言'合'"、"只心便是天"② 之类的"内在超越"的论调。

（2）天命赋予人性。笔者曾经写道："这就是《易传》所说的'乾道变化，各正性命'：乾道即是天道，应该从本源上被理解为天命，人得之而有人性（性理），物得之而有物性（物理）；这也就是《中庸》所说的'天命之谓性'，人与万物之性皆由天命生成。"③ 这与 God 以"命名"的方式来创造世界是一个道理。

（3）人应遵从天命。孔子赞叹："大哉，尧之为君也！巍巍乎！唯天为大，唯尧则之。"邢昺解释："巍巍然有形之中，唯天为大，万物资始，四时行焉，唯尧能法此天道而行其化焉。"④ 这就是说，人要效法天道、遵循天命。

---

① 《论语·述而》。
② 《二程语录二》，见《二程集》。
③ 黄玉顺：《爱与思——生活儒学的观念》，增补本，四川人民出版社2017年版，第257页。
④ 《论语注疏·泰伯》。

第三章

孔子论敬畏感与神圣超越者

【作者按】此文节选自《"情感超越"对"内在超越"的超越——论情感儒学的超越观念》，《哲学动态》2020年第10期。

这个道理当然同样适用于关于超越者的问题。神圣超越者也是一种存在者，就是一个形而上的存在者；而且不是内在的超越者，是外在的超越者；不是哲学上的理性的存在者，而是信仰中的神性的存在者。按照上述道理，我们就可以这样来思考问题：不是神圣超越者使我们产生了某种情感，而是某种情感给出了这个神圣超越者。于是，我们可以追问：究竟是怎样的情感生成了神圣超越者？

怎样的情感给出了神圣超越者，这当然是一个非常复杂的问题。但毫无疑问，"敬畏"（awe）是一种尤其重要的情感。这种敬畏并非海德格尔所说的"畏"，更不是他所说的"怕"。关于这种敬畏，我们不妨看看孔子的说法：

子曰："君子有三畏：畏天命，畏大人，畏圣人之言。"①

对这种"畏"，邢昺解释："心服曰'畏'"；"'畏天命'者，谓作善，降之百祥；作不善，降之百殃"；"天命无不报，故可畏之"。② 朱熹解释："畏者，严惮之意也"；"知其可畏，则其戒谨恐惧，自有不能已者"。③ 这些解释主要包含两层内容：一层讲"畏"的原因，即"天"能够奖善惩恶、赐福降灾，可见"天"是有意志的人格神，"天命"即其意志；一层讲"畏"的情感体验，即人对天的意志感到"心服"而"严惮"或"戒谨恐惧"，其实就是"敬畏"，因而不敢恣意妄为。

蒙先生也认为，孔子所说的"畏"即敬畏。他说："'畏天命'则是对自然界的神圣性的敬畏。"④ 尽管这里"自然界"的说法可以商榷，因为孔子之"天"分明就是一个纯粹外在的神圣超越者；但将"畏"理解为对"神圣性"的"敬畏"则无疑是确切的。所以，蒙先生也说过，孔子的"'天命'既有道德含义，又有宗教意义……从这个意义上说，孔子是一位宗教改革

---

① 《十三经注疏·论语注疏·季氏》，中华书局 1980 年影印版。
② 《论语注疏·季氏》。
③ 朱熹：《四书章句集注·论语·季氏》，中华书局 1983 年版。
④ 蒙培元：《"天人合一论"对人类未来发展的意义》，《齐鲁学刊》2000 年第 1 期。

家……"① "'敬畏天命'就是儒家的宗教精神的集中表现"②；"中国哲学有敬畏天命的思想，有报本的思想。这就是中国哲学中的宗教精神"③。蒙先生还在其专著《人与自然》里专列了一章"儒家生态观中的宗教问题"，提出"儒学是自然宗教"。④

孔子所说的"大人"和"圣人"是同一个意思。何晏注："大人，即圣人。"⑤ 那么，为什么要敬畏圣人、圣人之言呢？那是因为圣人乃是神圣超越者的世俗代言人，正如"聖"字的结构透露出来的信息：圣人以"耳"倾听天命，以"口"言说天命。因此，敬畏圣人之言其实并非敬畏其"人"其"言"，而是敬畏"天命"。

这里必须指出：这类传统的解释固然没错，但已经是存在者化的理解了，就是先已相信"天"这样的神圣超越者的存在，然后才对"天"产生敬畏的情感体验。这样一来，情感并不具有本源的意义。然而我们也可以按上文所讲的前存在者、前主体性的观念加以理解。事实上，人类从原始时代一直到今天，不论其宗教信仰是什么，甚至也不论其是否具有宗教信仰，都

---

① 蒙培元：《从孔子的境界说看儒学的基本精神》，《中国哲学史》1992年第1期。

② 蒙培元：《为什么说中国哲学是深层生态学》，《新视野》2002年第6期。

③ 蒙培元：《中国学术的特征及发展走向》，《天津社会科学》2004年第1期。

④ 蒙培元：《人与自然——中国哲学生态观》，人民出版社2004年版，第85页。

⑤ 《论语注疏·季氏》。

会在某些生活情境中产生一种情感体验，即感到某种"莫名"的畏怯而敬服，从而恐惧戒慎，因而不敢为所欲为；然而这种情感体验未必指向某个具体的对象，既非某个形而下者，亦非某个形而上者，而恰恰是未知的。这种情感体验类似《中庸》所说的"戒慎乎其所不睹，恐惧乎其所不闻"，郑玄解释为"虽视之无人，听之无声，犹戒慎恐惧"[1]；朱熹解释为"君子之心，常存敬畏，虽不见闻，亦不敢忽"[2]。尤其朱熹，点出了"敬畏"二字。这样的情感体验，即"敬畏感"（the sense of awe）。

这就是说，作为一种情感体验的敬畏感乃是先于敬畏对象而存在的；换言之，作为敬畏对象的神圣超越者乃是敬畏情感的对象化的结果。这也可以从另一种生活实情中得到印证：一个原来没有宗教信仰的无神论者之所以皈依宗教、相信神圣超越者，通常都是因为他在某种生活情境中产生了某种情感体验、特别是敬畏感。这就表明，对于他这个人来说，神圣超越者的存在是由敬畏的情感给出的。这也符合当代最前沿的思想观念，即对"存在者何以可能"、"主体性何以可能"这样的追问的回答：是存在给出了存在者，是生活造就了主体性。

唯其如此，我们才能理解何以不同时代、不同地域的人们会有不同的神祇，那是因为不同的生活方式会有不同的情感对象化的方式，会有不同的神圣超越者的建构。即以刚才所举的

---

① 《十三经注疏·礼记正义·中庸》。
② 朱熹：《四书章句集注·中庸》。

"戒慎乎其所不睹，恐惧乎其所不闻"为例，轴心时代的《中庸》作者将其领悟为"道"，而理学时代的朱熹将其领悟为"理"（天理）。不仅如此，两者皆属于轴心时代发生"哲学突破"（Philosophic Breakthrough）以后的"内向超越"（Inward Transcendence）的理性化的"天"，即不同于周公、孔子对神圣超越者的领会，因为"孔子的天十分近似于周公的天，尽管人格化程度有所降低，但相当程度上仍然是一个具有意志的人格神"①。

这就涉及神圣超越者的时代性问题了。现代性的神圣超越者乃是在现代性的生活方式、生活情境、生活情感、生活领悟中生成的。即以西方而论，宗教改革之前与之后的"God"其实并非同一个超越者。再就中国而论，现代性的神圣超越者必定既不是殷墟卜辞的"帝"，也不是西周时代的"天"，更绝不是秦汉以来纷纷扰扰的"众神"。关于现代性的神圣超越者，这是需要另文讨论的问题。

---

① 赵法生：《儒家超越思想的起源》，中国社会科学出版社 2019 年版，第 9 页。

第四章

人是什么？

——孔子面对"攸关技术"的回答

【作者按】 此文原载《孔子研究》2021 年第 4 期；收入作者文集《唯天为大——生活儒学的超越本体论》，河北人民出版社 2022 年 12 月版，第 263~282 页。

【提要】 攸关技术正在挑战关于"人是什么"的基本价值观念。所谓"攸关技术"，是指那些关乎人的存在与本质、从而导致人伦忧患的技术，例如可以在肉体"硬件"方面造人的基因工程，可以在心灵"软件"方面造人的人工智能，乃至可以灵肉一体地造人的人类克隆。可见，不论是肉体还是心灵的存在，人本身都不足以保证人之为人的独特本质；恰恰相反，正是近代以来的人本主义导致了技术的狂悖。唯有孔子的"天本主义"才是人类防止人性沦亡、人道泯灭的最后防线。这就是说，人之存在及其本质的根本保证不在"人为"，而在"天然"的"自然"。鉴于攸关技术不断突破底线，今天必须发出一道最强有力的戒令：敬畏天命，禁止造人！

在攸关技术的刺激下，一个问题赫然逼显出来：人是什么？所谓"攸关技术"（TCH：the technologies concerning humanity）是指那些关乎人的存在与本质、从而导致人伦忧患的技术。汉语"攸关"通常与"性命"联系在一起，故有成语"性命攸关"。但"性命"并不仅仅指"生命"："性"指"人性"，"命"指"天命"，两者其实是一回事，即人的存在与本质是天所赋予的。然而今天，攸关技术的发展正在改变这一点：正在走向"人造人"的境地。那么，如果孔子生活在今天，面对攸关技术，他会怎样回答"人是什么"这个问题？

一、人的肉体与攸关技术

既然这里的话题是自然人（natural man）与人造人（artificial man）的分辨，我们所讨论的"人"当然就不涉及人的社会地位或精神境界的划分，即不涉及诸如圣人、君子、小人之类的分别，而只关注人之为人的共性，即作为"类存在"（a species being）的"人"。孔子在类存在的意义上谈到"人"的时候尽管不多，但并非完全没有；他的其他言论也往往蕴涵着类存在的意谓（详下）。

孔子对作为类存在的人是非常关切的。《论语》载有一个著名的例子："厩焚。子退朝，曰：'伤人乎？'不问马。"邢昺解释："不问伤马与否，是其重人贱畜之意。"① 所谓"重人"，是说不论贵贱，人的生命都应当珍视。至于"贱畜"，是将动物与人比较而言的，并非完全不关心动物。朱熹解释："非不爱马，然恐伤人之意多，故未暇问。"② 这是说，比起动物来，孔子当然更关心人。这是儒家一贯的态度，即"爱有差等"，正如孟子所说："亲亲而仁民，仁民而爱物。"③ 这当然可以说是一种"人类中心主义"。

在这些年的生态伦理思潮中，有一些学者尝试破除人类中心主义，赋予动物与人类平等的价值主体地位，但始终无法提出真正能够令人信服的论证。而孔子及儒家的"仁爱"观念一方面是"差等之爱"，一方面是一视同仁的"一体之仁"；不仅如此，这种仁爱背后还有更高的价值根据，即并非所谓"人类中心主义""人本主义"，而是"天本主义"（Tianism）（详下）。

人的生命存在是由两个方面构成的，即肉体与心灵，或肉体与灵魂。因此，我们的讨论就从孔子关于肉体的观念谈起。

（一）孔子论人的肉体生命存在

肉体在古代汉语中叫"身"或"体"。不过，"体"更多指

---

① 《论语注疏·乡党》，《十三经注疏》，中华书局 1980 年影印版，第2495 页。

② 朱熹：《论语集注·乡党》，《四书章句集注》，中华书局 1983 年版，第 121 页。

③ 《孟子注疏·尽心上》，《十三经注疏》，中华书局 1980 年影印版，第2771 页。

身体的器官，例如《论语》荷蓧丈人所说的"四体不勤"①，孟子所说的"体有贵贱"、"从其大体为大人，从其小体为小人"。② 整部《论语》，孔子本人没有谈到过"体"，而只谈"身"。

孔子所说的"身"，有两种用法：

一种用法并不仅仅指身体，而是指灵肉一体的自我存在，即指"自身"（oneself），例如："不使不仁者加乎其身"③；"其身正，不令而行""不能正其身，如正人何"④；"不降其志，不辱其身"⑤。

另一种用法即特指的肉体，但实际上也是指的个体生命的存在，这正是我们这里要讨论的话题。如孔子说："志士仁人，无求生以害仁，有杀身以成仁。"⑥ 这里的"求生"是说的保存生命，"杀身"是说的牺牲生命，即"身"与"生"互文同义，皆指个体生命存在。

显然，这里蕴涵着一种观念：灵肉一体的整个生命存在是依赖于肉体存在的，肉体的死亡也就意味着整个生命的不复存在。唯其如此，孔子非常重视肉体之"身"的生命存在。例如，他说："一朝之忿，忘其身以及其亲，非惑与？"邢昺解释："若

---

① 《论语注疏·微子》，第 2529 页。

② 《孟子注疏·告子上》，第 2752、2753 页。

③ 《论语注疏·里仁》，第 2471 页。

④ 《论语注疏·子路》，第 2507 页。

⑤ 《论语注疏·微子》，第 2529 页。

⑥ 《论语注疏·卫灵公》，第 2517 页。

人有犯己，一朝忿之，不思其难，则忘身也；辱其身，则羞其亲。"① 意思是：因一时的忿怒而"忘身"，从而危及自己的生命，这是羞辱自己的父母。

孔子为什么这样讲？后来《孝经》引孔子的话，加以解释："身体发肤，受之父母，不敢毁伤，孝之始也。"② 连头发和皮肤都不敢毁伤，何况生命！身体之所以可贵，就因为它是父母给予的，因此，爱敬父母也就意味着必须爱护自己的身体，否则就是不孝之子。《论语》记载："曾子有疾，召门弟子曰：'启予足！启予手！《诗》云："战战兢兢，如临深渊，如履薄冰。"'"邢昺解释："曾子以为受身体于父母，不敢毁伤，故使弟子开衾而视之也。"③ 至于"父母给予肉体生命"背后的更为深刻的形上超越意义，下文还会讨论。

但应注意，以上并不表明孔子赞同"贪生怕死"；相反，孔子主张"杀身成仁"④，正如孟子主张"舍生取义"，因为存在着比个人生命更高的价值："生，我所欲，所欲有甚于生者"；"死，亦我所恶，所恶有甚于死者"。⑤ 这个话题超出了本文的讨论范围。无论如何，在孔子看来，个人的肉体生命具有崇高的

---

① 《论语注疏·颜渊》，第 2504 页。
② 《孝经注疏·开宗明义》，《十三经注疏》，中华书局 1980 年影印版，第 2545 页。
③ 《论语注疏·泰伯》，第 2486 页。
④ 《论语注疏·卫灵公》，第 2517 页。
⑤ 《孟子注疏·告子上》，第 2752 页。

价值，因此，他说："未知生，焉知死?"①

（二）攸关技术的肉体生命突破

上文谈道，孔子之所以重视肉体生命，是因为肉体乃是父母给予的，因而具有特别重要的价值。但是，如果肉体生命可以不由父母给予呢?

这正是攸关技术所提出的严峻问题。攸关技术不仅能够部分地制造出人的肉体，例如部分地由人造的肢体、器官等"义体"（prosthesis）构成所谓"义体人类"（cyborg）；而且能够整体地制造出人的肉体，最极端的例证就是将属于基因技术的克隆技术（cloning technology）用于人类克隆（human cloning）而造成所谓"克隆人"（cloned human）。这就是攸关技术在肉体"硬件"方面造人。

这就表明，肉体的存在并不足以保证人之为人的独特存在，即不能界定人的本质，因为：动物也有肉体的存在；不仅如此，基因技术使得人造的肉体生命存在成为可能，如克隆人。近年来，在梅洛·庞蒂（Maurice Merleau Ponty）的"身体现象学"（phenomenology of body）影响下，人们都时髦地大谈"身体"，乃至赋予身体以本体论的地位；但攸关技术表明，对于确定人的本质来说，身体并非那么重要。

总之，对于"人是什么"这个问题来说，肉体生命的存在远非孔子的最终回答。

———————————

① 《论语注疏·先进》，第 2499 页。

二、人的心灵与攸关技术

上节的讨论表明，人类与非人类的本质区别并不在肉体方面；那么，在心灵方面吗？过去的观点认为，技术纵然能造出人的肉体，却不能造出人的心灵。但是，这一点也正在被今天的攸关技术突破，人工智能正在具备甚至超越人类心灵的能力，这些能力不仅关乎认知方面的智能（intelligence），而且关乎包括情感与意志在内的整个心灵。

与本文的话题密切相关，儒学中有一个极为重要的论题，即"人禽之辨"。[①] 最著名的是荀子的说法："水火有气而无生，草木有生而无知，禽兽有知而无义，人有气、有生、有知，亦且有义，故最为天下贵也。"[②] 他所说的"义"或"分义"是指的"礼义"，是指向"礼"（社会规范）的。但礼是外在的东西，并不内在于心灵。

将"人禽之辨"内在化的是孟子。他的思想基于"类"的观念，以揭示作为类存在的人的本质：一方面，"犬马之与我不同类也"；而另一方面，"凡同类者，举相似也，何独至于人而疑之？圣人与我同类者。……口之于味也，有同嗜焉；耳之于声也，有同听焉；目之于色也，有同美焉。至于心，独无所同

---

① 参见陈科华：《先秦儒家的"人禽之辨"》，《伦理学研究》2019 年第 3 期。

② 《荀子·王制》，王先谦《荀子集解》，中华书局 1988 年版，第 164 页。

然乎？心之所同然者何也？谓理也，义也。"① 而他所说的
"义"与荀子不同，是内在的。② 这就是他所说的"人之所以异
于禽兽者几希"③，也就是"仁义而已"④。

那么，孔子的"人禽之辨"思想如何呢？人们最容易想到
的就是作为"德"的"仁"。但事实上，孔子乃至后世许多儒家
学者都不仅仅以"仁"论证人的独特性。首先是"类"意识，
孔子说："鸟兽不可与同群。"⑤ 所谓"人禽之辨"其实也就是
"类别"，即人类与非人类的辨别。然后指出：这种本质区别不
能仅仅以"仁"之"德"来论，因为"德"之为"得"，乃得
乎天，人类与非人类皆然，各有其"德"。如孔子说"骥不称其
力，称其德也"⑥，即马亦有其"德"。

所以，问题在于人之"德"与动物之"德"的区别。孔子
是从知、情、意三个方面来综合地阐明人之"德"进而揭示
"人禽之辨"的。

（一）人的认知能力与攸关技术

人虽然并不能"生而知之"⑦（孔子甚至自谦"无知"⑧），

① 《孟子注疏·告子上》，第 2749 页。
② 《孟子注疏·告子上》，第 2748 页。
③ 《孟子注疏·离娄下》，第 2727 页。
④ 《孟子注疏·梁惠王上》，第 2665 页。
⑤ 《论语注疏·微子》，第 2529 页。
⑥ 《论语注疏·宪问》，第 2512 页。
⑦ 《论语注疏·述而》，第 2483 页。
⑧ 朱熹：《论语集注·子罕》，第 110 页。

但是先天地具有能知的智能。孔子说："君子不可小知，而可大受也；小人不可大受，而可小知也。"朱熹解释："盖君子于细事未必可观，而材德足以任重；小人虽器量浅狭，而未必无一长可取。"① 这也表明，撇开君子、小人的分别，人都具有获得某种知识的智能，说明人都是有先天的认知能力的。荀子后来加以发展，认为人都具有能知的智能："凡以知，人之性也；可以知，物之理也。"② 这里，荀子明确地将认知能力认定为每个人都具有的先天人性。③

但是，认知能力并不足以保证人之为人的特有本质。甚至荀子也说"禽兽有知"，更不用说今天不少科学家都认为动物也有不同程度的智能。因此，正如康德所说："理性对人类的用途如果也与本能对畜类的用途一样，那末人类虽然赋有理性，那也并不能把他的价值提高在纯粹畜类之上。"④ 由此可见，亚里士多德的命题"人是理性的动物"⑤，并不能揭示人的独特本质。

这就表明，智能并不能界定人的本质。当然，动物纵然具有智能，但其水平远不能与人类相比。然而，攸关技术对人类心灵能力的突破，首先就是在智能方面。人工智能不仅能够储

---

① 朱熹：《论语集注·卫灵公》，第 168 页。
② 《荀子·解蔽》，第 406 页。
③ 黄玉顺：《荀子的社会正义理论》，《社会科学研究》2012 年第 3 期。
④ 康德：《实践理性批判》，商务印书馆 1960 年版，第 62 页。
⑤ 亚里士多德：《政治学》，商务印书馆 1985 年版，第 385 页。

存、记忆知识，甚至能够"温故而知新"①，具有学习的能力。人工智能的认知能力不仅远超动物，而且在许多方面都远超人类。上文提到的关于"义体人类"（cyborg）的攸关技术，已经不仅在肉体上部分地造人，而且扩展到心灵上，尽管还只涉及智能方面，一个显著的例子就是近来沸沸扬扬的马斯克（Elon Musk）"脑机接口"技术（brain computer interface or brain-machine interface）。

（二）人的情感能力与攸关技术

鉴于人工智能的上述优越性，许多人认为，人与机器人的本质区别不在智能，而在情感。对情感的强调，正是孔子及儒家的一大特色。著名哲学家蒙培元先生甚至将儒家哲学乃至整个中国哲学界定为"情感哲学"②，指出"人是情感的存在"③，以揭示人的本质。

众所周知，孔子不仅广泛论述了人的种种情感（包括感触、情绪、感情）④，而且将一种特殊的情感规定为人的本质，从而规定为儒学的核心范畴，这就是"仁"。那么，什么是仁？"樊

---

① 《论语注疏·为政》，第 2462 页。
② 参见黄玉顺：《情感儒学：当代哲学家蒙培元的情感哲学》，《孔子研究》2020 年第 4 期。
③ 蒙培元：《人是情感的存在——儒家哲学再阐释》，《社会科学战线》2003 年第 2 期。
④ 参见黄玉顺：《爱与思——生活儒学的观念》（增补本），四川人民出版社 2017 年版，第 73~94 页。

迟问仁。子曰：'爱人。'"① 这就是说，仁就是爱的情感。

当然，孔子的许多言论，似乎将"仁"看得很高，并非人人都能达到的境界，看起来不是作为类存在的人的共性。他甚至说："若圣与仁，则吾岂敢？"② 其实，这是因为孔子区分了不同境界的"仁"。孔子实际上讲了三种境界：自发境界、自为境界、自如境界。③ 自为境界特别是自如境界的仁确实是很难达到的；然而自发境界的仁，则是人人都具有的天性。所以，孔子指出："民之于仁也，甚于水火。"④ 朱熹解释："民之于水火，所赖以生，不可一日无。其于仁也亦然。"⑤ 这就是说，仁爱的情感乃是人之生命存在的必要条件，也就是人的本质规定。孔子还说："有能一日用其力于仁矣乎？我未见力不足者。"⑥ 这就是说，人人都有仁爱的先天能力。

这也就是孟子所说的"不学而能"的"良能"。⑦ 正因为如此，孔子才会说："为仁由己，而由人乎哉？"⑧ "仁远乎哉？我欲仁，斯仁至矣。"⑨ 后来孟子加以发挥，指出这种自发境界的

---

① 《论语注疏·颜渊》，第 2504 页。
② 《论语注疏·述而》，第 2484 页。
③ 黄玉顺：《爱与思——生活儒学的观念》（增补本），第四讲第三节"境界问题"，第 167~186 页。
④ 《论语注疏·卫灵公》，第 2518 页。
⑤ 朱熹：《论语集注·卫灵公》，第 168 页。
⑥ 《论语注疏·里仁》，第 2471 页。
⑦ 《孟子注疏·尽心上》，第 2765 页。
⑧ 《论语注疏·颜渊》，第 2502 页。
⑨ 《论语注疏·述而》，第 2483 页。

仁爱情感就是"恻隐之心，人皆有之"①，"无恻隐之心，非人也"②。

然而，攸关技术的进展表明：情感未必能够界定人的存在与本质。人工智能不仅具有了认知能力，而且可以具有情感能力。目前，一些科学家正在研究"情感机器"（emotional machine）乃至于"情感机器人"（emotional robot），意在通过"感性工学"（kansei engineering）、"情感计算"（affective computing）等技术来创造"人工情感"（machine emotion），包括情感识别（emotion recognition）、情感理解（emotion understanding）或情感思维（emotion thinking）、情感表达（emotion representation）等。这方面最著名的进展，如美国的情感机器人"Nexi"，日本的情感机器人"Little IF"，英国的情感机器人"Heart Robot"，等等。

当然，"人工情感"最终究竟是否可能，存在着争议；然而这种争论限于人工智能领域，即机器人究竟能不能真正具有人的情感能力。那么，除了机器人，例如克隆人呢？试想：克隆人既然也是活生生的人，也就会像自然人一样地成长，从而会具有智能与情感，也会有爱的能力。所以，问题不仅在于"机器人是不是人"，而且在于"克隆人是不是人"。

---

① 《孟子注疏·告子上》，第 2749 页。
② 《孟子注疏·公孙丑上》，第 2691 页。

（三）人的意志能力与攸关技术

人不仅具有智能与情感，而且具有意志。一般说来，人的情感总是对象性、指向性的，会导致某种意欲（desire、wish），乃其意志（will、volition）的体现；进一步，意志又导致行动。可见意志问题与情感问题是密切相关的，皆属于意向性（intentionality）问题。

在儒家的话语中，意志属于"欲"的范畴。朱熹就认为，"欲"也是人性的表现："人生而静，天之性也；感于物而动，性之欲也。"① 孔子肯定"人欲"，他说："富与贵，是人之所欲也"；"贫与贱，是人之所恶也"。② 这就是说，作为类存在的人，都有一种基本的欲望：富贵。这是一种基本的生存意志。

而有一种哲学观点认为，人之为人的本质在于自由意志（free will）。那么，孔子是否具有自由意志的观念呢？这当然是可以讨论的。在我看来，如果自由意味着主体的自主选择，那么，孔子无疑具有自由意志的观念，因为孔子认为：人可以选择"欲"，也可以选择"不欲"。选择"欲"，例如"我欲仁，斯仁至矣"③，"从心所欲、不逾矩"④；而选择"不欲"，例如"禘，自既灌而往者，吾不欲观之矣"⑤，"公绰之不欲"（"廉如

---

① 朱熹：《诗集传·序》，上海古籍出版社 1980 年版，第 1 页。
② 《论语注疏·里仁》，第 2471 页。
③ 《论语注疏·述而》，第 2483 页。
④ 《论语注疏·为政》，第 2461 页。
⑤ 《论语注疏·八佾》，第 2466 页。

公绰")①。

　　欲或不欲,孔子的原则乃是"欲而不贪"②、"见利思义"③。这也就是通常所谓"无欲则刚",正如《论语》所载:"子曰:'吾未见刚者!'或对曰:'申枨。'子曰:'枨也欲,焉得刚?'"④ 这里的"欲"指过度的贪欲。孔子将欲与不欲的选择原则推广为普遍的伦理原则:"夫仁者,己欲立而立人,己欲达而达人"⑤;"己所不欲,勿施于人"⑥。所以,孔子肯定学生子贡的说法:"我不欲人之加诸我也,吾亦欲无加诸人。"⑦ 其实,"不欲"也是一种"欲",即也是自由意志的一种体现。

　　然而,攸关技术的进展表明,意志同样不能界定人之为人的本质,因为基于人工智能的机器人也可以具有意志能力。因此,学者指出:"自由意志乃是人工智能时代的科学和技术所带来的一系列棘手难题之中的硬核,人类在这个时代所面临的考验最终都会还原或归结为对其自由意志的挑战。"⑧ 霍金(Stephen Hawking)甚至发出警告:"人工智能未来还将发展出自己的意志,这种意志将与人类的意志产生冲突",因此,"人工智

---

　　① 《论语注疏·宪问》,第 2511 页。
　　② 《论语注疏·尧曰》,第 2535 页。
　　③ 《论语注疏·宪问》,第 2511 页。
　　④ 《论语注疏·公冶长》,第 2474 页。
　　⑤ 《论语注疏·雍也》,第 2480 页。
　　⑥ 《论语注疏·颜渊》,第 2502 页。
　　⑦ 《论语注疏·公冶长》,第 2474 页。
　　⑧ 韩水法:《人工智能时代的自由意志》,《社会科学战线》2019 年 11 期。

能的全面发展将宣告人类的灭亡"。① 其实，不只有基于人工智能的机器人的自由意志问题，更有基于基因工程的克隆人的自由意志问题：这样的"人类"当然也会随着成长而具有自己的意志。

综上所述，当出现人造人的时候，无论是肉体的存在，还是智能与意向（情感、意志）的心灵存在，都将不再是人的特有本质。这就是说，"意向性的智能存在者"并不足以成为"人"的定义。

那么，这是否意味着孔子对"人"的上述种种本质规定就站不住脚呢？其实不然，上述一切均非孔子的最终回答，因为在孔子那里，人之为人的上述种种规定背后还有其更为根本的根据，那就是"天"。

三、天的超凡性

关于"人是什么"的问题，孔子的最终回答乃是：人是天然的存在者，而不是什么人造的东西。为此，必须纠正长久以来对孔子的一种误解。自从西方的人本主义传入中国以来，孔子的思想就被视为一种人本主义。然而造成上述攸关技术之狂

---

① 霍金在剑桥大学利弗休姆未来智能研究中心（Leverhulme Centre for the Future of Intelligence）成立仪式上的演讲，见《霍金：人工智能未来将发展出自己的意志，与人类意志冲突》，见"腾讯科技"（https：//tech. qq. com/a/20161026/028155. htm）2016 年 10 月 26 日。

悖的重要原因之一，恰恰是近代以来的人本主义。① 其实，孔子所继承和发展的中国前轴心期的古老传统，并非人本主义，而是天本主义，犹如西方保守主义传统的神本主义。这涉及儒家哲学乃至整个中国哲学的最根本的关注点，即天人之际的问题。如果不解决天人之际的问题，就不能彻底揭示人的本质。所谓"天本主义"是说，一切皆出于天而归于天，此即孔子所说的"唯天为大"②。

（一）"天生"：天的创生性

通常认为，孔子及其儒家学说没有基督教式的上帝"创世"（genesis or the creation of the world）的观念。这其实是大可商榷的。孔子指出："天何言哉？四时行焉，百物生焉。"③ 这其实就是讲的天的创生性（creativeness）：万物皆由天所创生。这里的"焉"绝不是所谓"句末语气词"，而是"于此""由此"的意思。"四时行焉，百物生焉"即"四时于此而行，百物由此而生"，这里的"此"即上句的"天"。"百物生焉"即"万物生于天"的意思。

天所创生的万物包括人，所以孔子才会说"天生德于予"④。孔子的学生子夏说："死生有命，富贵在天。"邢昺解释道，"人

---

① 黄玉顺：《中国哲学"内在超越"的两个教条——关于人本主义的反思》，《学术界》2020 年第 2 期。

② 《论语注疏·泰伯》，第 2487 页。

③ 《论语注疏·阳货》，第 2526 页。

④ 《论语注疏·述而》，第 2483 页。

死生短长，各有所禀之命，财富位贵则在天之所予"①，即人的一切都是天所给予的。朱熹也说："命禀于有生之初，非今所能移；天莫之为而为，非我所能必，但当顺受而已。"② 这就是说，人应当顺从地接受天之所生与天之所命，亦即"天命"。

（二）"天命"：天的神格性

那么，天怎样创造人、创造世界？就是"天命"。邢昺解释"天何言哉"是"天亦不言而令行"③。天虽然"不言"，却能够"令行"，就是无言之令，此即"天命"的本义，乃是"天意"（The Will of Tian）的表达。"命"字由"口"和"令"组成，本义即发号施令。（许慎解释为"命，使也"④，朱骏声纠正道："命，当训'发号也'。"）⑤ 天能够"发号施令"，所以才叫作"天命"。

孔子自述"五十而知天命，六十而耳顺"⑥，即达到了"圣"的境界。"圣"字由"耳"和"口"组成，意思是能够倾听（耳）天命而言说（口）天命。圣人能够倾听而言说天命，犹如古希腊的神的信使赫耳墨斯（Hermes）能够传达神的旨意，这就是"诠释学"（hermeneutics）这个概念的来源。"天命"作为神旨，乃是无声的号令，犹如 God 用无声的语言来创造世界，

---

① 《论语注疏·颜渊》，第 2503 页。
② 朱熹：《论语集注·颜渊》，第 134 页。
③ 《论语注疏·阳货》，第 2526 页。
④ 许慎：《说文解字·口部》，大徐本，中华书局 1963 年版，第 32 页。
⑤ 朱骏声：《说文通训定声·口部》，中华书局 1984 年版。
⑥ 《论语注疏·为政》，第 2461 页。

海德格尔谓之"默然无声的道说"①、"寂静之音"②，这是中西相通的一种观念。③

　　因此，孔子强调"畏天命"，邢昺解释："天命无不报，故可畏之"；"作善，降之百祥；作不善，降之百殃"④。孔子赞叹帝尧："唯天为大，唯尧则之。"邢昺解释："巍巍然有形之中，唯天为大，万物资始，四时行焉，唯尧能法此天道而行其化焉。"⑤ 这就是说，人要敬畏天命、遵从天道。

　　那么，天是什么？孔子心目中的"天"之所以具有创生性，是因为具有超凡性（transcendent）与神格性（godhood），这与后来宋明理学的"天"观念是截然不同的。超凡性是说天是超越凡俗世界的、神格性是说天是具有人格的。然而最近数十年来，出于某种特定的思想背景，有些学者竟然将孔子描绘为一个无神论者乃至唯物主义者，这其实是大谬不然的。傅斯年曾指出，"孔子所信之天命仍偏于宗教成分为多"⑥；今有学者指

---

　　①　海德格尔：《〈今日神学中一种非客观化的思与言问题〉的神学谈话中主要观点的若干提示》，孙周兴译，见《海德格尔与有限性思想》，刘小枫选编，华夏出版社 2002 年版，第 19 页。

　　②　海德格尔：《在通向语言的途中》，孙周兴译，商务印书馆 1997 年版，第 183 页。

　　③　参见黄玉顺：《生活儒学的"生活"观念》，载《儒家思想与当代生活——"生活儒学"论集》，光明日报出版社 2009 年版，第 71~73 页。

　　④　《论语注疏·季氏》，第 2522 页。

　　⑤　《论语注疏·泰伯》，第 2487 页。

　　⑥　傅斯年：《性命古训辨证》，见《中国现代学术经典·傅斯年卷》，河北教育出版社 1996 年版，第 54 页。

出，孔子的天"相当程度上仍然是一个具有意志的人格神"①。中国的《诗》《书》时代，"天"也叫作"上帝"（the Paramount Emperor），是一个至上的超越者（the Supreme Transcendent），与西方的"God"一样是至上神（所以汉语用"上帝"去翻译"God"）。孔子所继承的"天"其实就是这样一个人格神。因此，孔子心目中的"天"具有"知、情、意"。②

1. 天的智能

孔子曾说："知我者，其天乎！"邢昺解释道："唯天知己志也。"③ 这就是说，天能"知"我。孔子又说："吾谁欺？欺天乎？"邢昺解释道："既人不可欺，乃欲远欺天乎？"④ 这就是说，天是不可能被欺骗的。为什么？因为天乃是无所不知的。这就说明，天是具有智能的。

2. 天的情感

《论语》记载："子见南子，子路不说（悦）。夫子矢（誓）之曰：'予所否者，天厌之！天厌之！'"⑤ 天对于某种行为的厌弃，显然是一种情绪表达。孔子还说："获罪于天，无所祷

---

① 赵法生：《儒家超越思想的起源》，中国社会科学出版社 2019 年版，第 9 页。但赵法生认为孔子的超越既有外在面向、亦有内在面向，谓之"中道超越"（第 14~15 页）。这是可以讨论的。

② 参见黄玉顺：《生活儒学的内在转向：神圣外在超越的重建》，《东岳论丛》2020 年第 3 期。

③ 《论语注疏·宪问》，第 2513 页。

④ 《论语注疏·子罕》，第 2490 页。

⑤ 《论语注疏·雍也》，第 2480 页。

也。"邢昺解释："如得罪于天，无所祷于众神。"①天是众神之中的至上神，因此，如果得罪了天，向众神祈祷是没用的。"得罪于天"，即受到天的怪罪，这当然也是一种情绪。天能厌弃人、怪罪人，说明天是具有情感的。

3. 天的意志

《论语》记载："子畏于匡，曰：'文王既没，文不在兹乎？天之将丧斯文也，后死者不得与于斯文也；天之未丧斯文也，匡人其如予何！'"邢昺解释："天将丧此文者，本不当使我与知之；今既使我知之，是天未欲丧此文也。"②这里所说的天之所"欲"，当然是天的意志。《论语》又载："颜渊死。子曰：'噫！天丧予！天丧予！'"③所谓"天丧予"，即"天要我的命"，这当然是说的天的意志。天可以使文丧、使人丧，这也说明天是具有意志的。

四、人的天然性

如果要给"人"下一个足以应对攸关技术挑战的定义，可以这样说：人是天然的意向性的智能存在者。这就是说，人之为人的本质不仅在于肉体与心灵，也不仅在于智能与意向（情感、意志），而在于另一个本质规定，即天然性。

那么，何谓"天然"？

---

① 《论语注疏·八佾》，第 2467 页。
② 《论语注疏·子罕》，第 2490 页。
③ 《论语注疏·先进》，第 2498 页。

（一）"天然"的概念

所谓"天然"，是说"天使之然"，即天令其如此这般。这里有必要对"天然"与"自然"这两个概念加以区分。其实，从本源上来看，所谓"自然"并非自然的，而是"天然的"。汉语"自然"与"天然"的侧重点不同："自然"意谓"自己如此"，通常是指人或事物的本性、固有的性状，可译为"self-given"（innate），这是"natural"的本义；"天然"则是进一步揭示这个"自己"本身的来源，即"天令其如此"，可译为"God-given"或"Tian-given"，而如果译为"natural"就不太确切。

例如，朱熹这一番话就特别值得分析："向见一女童，天然理会得音律，其歌唱皆出于自然，盖是禀得这一气之全者。"[①]这个女童善于歌唱，不是别人教她的，而是与生俱来的，所以叫"自然"，即她自己的本性如此；而她这种领悟音律的能力乃是"禀得"的，即得自"气"（这一点不同于孔子），实即"天赋"，所以叫"天然"，即天令她如此。这是宋儒对人性之来源的一种解释，即源于"理"与"气"，而孔子则归之于"天"。

（二）人的天然性

诚然，儒家"十三经"及《荀子》均无"天然"这个词语，《老子》《庄子》亦无；但两家实际上都有"天然"的观

---

① 《朱子语类》卷九十二，黎靖德编，王星贤点校，中华书局1986年版，第2349页。

念。孔子无疑亦有"天然"即"天令其如此"的观念，那就是上文谈过的天的创生性。孔子说"天生德于予"，这里的"天生"显然就是"天然"观念。对于天而言，人只是被创造者、被给予者（the given），就是"天生"的、"天然的"。这也就是《诗经》所说的"天生烝民，其命匪谌"，孔颖达解释："民生自有此性。"① "自有此性"即人性"自然"，"天生"即人性"天然"。

1. 人的肉体生命存在的天然性

在孔子看来，人的肉体生命当然是父母所给予的；然而实质上是天所给予的。《孝经》指出："子曰：'夫孝，天之经也，地之义也，民之行也。'天地之经，而民是则之。"② 这就是说，对父母的孝乃是天的法则。"子曰：'天地之性，人为贵。'人之行，莫大于孝。孝，莫大于严父。严父，莫大于配天。……其所因者，本也。……父母生之，续莫大焉。"③ 这就是说，父母生育子女乃是"续天"，其"本"其"因"乃天，所以，孝敬父母乃是"配天"。"事父孝，故事天明。"④ 这就是说，"事父"就是孟子所说的"事天"⑤。所以张载说"乾称父，坤称母"⑥，

---

① 《毛诗正义·大雅·荡》，《十三经注疏》，中华书局1980年影印版，第552页。
② 《孝经注疏·三才章》，第2549页。
③ 《孝经注疏·圣治章》，第2553~2554页。
④ 《孝经注疏·感应章》，第2559页。
⑤ 《孟子注疏·尽心上》，第2764页。
⑥ 张载：《正蒙·乾称篇》，《张载集》，中华书局1978年版，第62页。

即天地是最高最大的父母。

2. 人的心灵存在的天然性

孔子讲"天生德于予"①，《中庸》讲"天命之谓性"②，都是这个意思：人性或人的本质乃是天之所予。后来孟子讲人心的来源，也说"此天之所与我者"③。孔子曾经引证《诗经》："天生烝民，有物有则；民之秉彝，好是懿德。"孔颖达解释："天生其众民，使之心性有事物之象，情志有去就之法，既禀此灵气而有所依凭。"④ 孔子评论道："为此诗者，其知道乎！故有物必有则，民之秉彝也，故好是懿德。"孙奭解释："此章指言天之生人，皆有善性。"⑤ 朱熹指出："民所秉执之常性也，故人之情无不好此懿德者"⑥，"孟子引之，以证性善之说"⑦。

总之，无论肉体还是心灵，人的生命存在是"天然"的。

五、人的自然性

当然，并非所有人都承认天的神格性；特别是近代人本主义兴起以来，人们逐渐丧失了对天或神的敬畏。于是，人们往

---

① 《论语注疏·述而》，第 2483 页。
② 《礼记正义·中庸》，《十三经注疏·礼记正义》，中华书局 1980 年影印版，第 1625 页。
③ 《孟子注疏·告子上》，第 2753 页。
④ 《毛诗正义·大雅·烝民》，第 568 页。
⑤ 《孟子注疏·告子上》，第 2749 页。
⑥ 朱熹：《孟子集注·大雅·烝民》，第 329 页。
⑦ 朱熹：《诗集传·大雅·烝民》，第 214 页。

往将"天"理解为与神无关的"自然",并且狂妄地企图"征服自然",其后果是不仅破坏了"自然界",而且危及了"人"本身。

（一）孔子的"天性"观念

所谓"人性",作为一种"自然",在孔子看来,根本上乃是"天然",所以叫做"天性"。当然,"天性"这个概念在《论语》里没有出现,而首次出现于《孟子》:"形色,天性也。"① 朱熹解释:"人之有形有色,无不各有自然之理,所谓天性也。……程子曰:'……盖人得天地之正气而生,与万物不同。'"② 这里明确指出,人性的"自然"不仅是得之于天的"天性",而且具有"与万物不同"的独特性。我们也可以说,人的"天性"的独特性乃是"天然"的。

诚然,孔子没有"天性"的概念;但是,《论语》唯一出现的"性"概念实际上就是讲的天性:"性相近也,习相远也。"③朱熹说:"程子曰:'此言气质之性,非言性之本也。'"④ 这恐怕并不是孔子的本意,因为孔子本人并没有区分所谓"天命之性"与"气质之性"。值得注意的是刘宝楠所引戴震《孟子字义疏证》的说法,即以作为类存在的"类"概念加以解释:"气化生人、生物以后,各以类滋生久矣。……人物以类滋生,皆气化

① 《孟子注疏·尽心上》,第 2770 页。
② 朱熹:《孟子集注·尽心上》,第 360~361 页。
③ 《论语注疏·阳货》,第 2524 页。
④ 朱熹:《论语集注·阳货》,第 176 页。

之自然。……然性虽不同，大致以类为之区别，故《论语》曰
'性相近也'，此就人与人近言之也。孟子曰：'凡同类者举相似
也，何独至于人而疑之？圣人与我同类者。"① 这就是说，孔子
的"性"概念也就是孟子的"天性"概念，所强调的是"天"
所赋予的人之"类"本质，其实就是孔子所说的"天生德于
予"、《中庸》所说的"天命之谓性"。

（二）孔子的"自然"观念

这些年来，人们越来越多地将"天"与"自然"等同起来。
这其实是很成问题的，因为"自然"并不是一个名词，而是一
个形容词，其中"然"是形容词的词缀，表示"如此这般"。所
谓"自然"是说：人或物本质上自己如此。所以，将"自然"
译为名词"nature"是不对的，只能译为"natural"；即便要将
它名词化，也应当是"naturalness"（自然性）。因此，严格说
来，可以说"天是自然的""人是自然的"，却不能说"天是自
然""人是自然"。而且必须注意：在"人是自然的"中，这个
"自然的"前提乃是"天然的"。

当然，孔子和孟子那里都没有"自然"这个说法。道家
《老子》多讲"自然"，如"人法地，地法天，天法道（这个
'天'不同于孔子之'天'），道法自然"；"道之尊，德之贵，
夫莫之命，而常自然"。② 庄子两次谈到"自然"："不以好恶内

---

① 刘宝楠：《论语正义·阳货》，中华书局 1990 年版，第 676 页。
② 《老子》，王弼《老子道德经注》，《诸子集成》本，中华书局 1957 年
版，第二十五章、第五十一章。

伤其身，常因自然而不益生也"①；"顺物自然，而无容私焉，而
天下治矣"②。

至于儒家，从荀子开始讲"自然"："不事而自然谓之
性"③；"目好色，耳好声，口好味，心好利，骨体肤理好愉佚，
是皆生于人之情性者也，感而自然，不待事而后生之者也"④。
这是在讲人性的特征：按其本性"自己如此"。这里需要再次强
调：从根源上来讲，所谓"自己如此"首先是"天令其如此"。

至于孔子，虽然没有用过"自然"这个词语，但其实已具
有这种观念。他说："夫仁者，己欲立而立人，己欲达而达人。
能近取譬，可谓仁之方也已。"⑤ 朱熹解释："近取诸身，以己所
欲譬之他人，知其所欲亦犹是也。"⑥ 这是诉诸作为类存在的人
的普遍人性，即人人皆"自己如此"、自然而然，亦即朱熹所谓
"天理之公"，邢昺谓之"皆恕己所欲而施之于人，己所不欲弗
施于人"⑦。所以，孔子指出："为仁由己，而由人乎哉？"⑧ 朱
熹解释："仁者，心之德，非在外也"；"反而求之，则即此而在

①　《庄子·内篇·德充符》，王先谦《庄子集解》，成都古籍书店1988年
影印版，第35页。
②　《庄子·内篇·应帝王》，第46页。
③　《荀子·正名》，第412页。
④　《荀子·性恶》，第438页。
⑤　《论语注疏·雍也》，第2480页。
⑥　朱熹：《论语集注·雍也》，第92页。
⑦　《论语注疏·雍也》，第2480页。
⑧　《论语注疏·颜渊》，第2502页。

矣"。① 这就是说，"为仁"也是人的本性"自己如此"之"自然"。

作为这种"自然"观念在政治上的体现，不妨将孔子与《老子》的"自然无为"思想加以比较。《老子》说："圣人……以辅万物之自然，而不敢为"；"太上，下知有之……功成事遂，百姓皆谓我自然"。② 孔子说："无为而治者，其舜也与！夫何为哉？恭己正南面而已矣。"③ 显然，这种"无为"就是"自然"，即政治家同样应当遵循人类的普遍自然本性。

总之，人是自然的，因为人是天然的；反之，机器人或克隆人不是自然的，而是人为的，是逆天的、僭天的。

结　语

回到本文开头的问题：人是什么？以上讨论已经表明：人是天的创造物，即天然的存在者。因此，必须敬畏天命，即敬畏人的天然性与自然性。而人造人乃是反天然、反自然，亦是对天的僭越。所以，禁止人造人，乃是天的戒令（commandment）。对于防止人性沦亡、人道泯灭乃至人本身之存在危机来说，天的这种超越性乃是人类的最后一道防线。鉴于攸关技术的不断突破，今天亟需发出一道最强有力的道德律令（injunction）：敬畏天命，禁止造人！

---

① 朱熹：《论语集注·颜渊》，第 100 页。
② 《老子》，第六十四章、第十七章。
③ 《论语注疏·卫灵公》，第 2517 页。

　　当然，最后必须指出：以上讨论并非反对科技的发展。事实上，科技可以为人类带来福利，这是毫无疑问的。其实，问题之所在并非技术本身，而是攸关技术的运用，尤其是其背后的控制着技术运用的资本与权力：要么是资本所控制的权力，要么是权力所控制的资本。要记住的是，科学家、工程师通常没有权力；需要警惕的是他们所供职的公司、能够控制公司的权力。我打过一个比方："这就犹如有人以刀杀人，这并不是刀的问题，而是人的问题"；"一把菜刀之所以成其为菜刀，并非因为它已经是一把菜刀，然后我们用它去切菜；而是因为我们用它去切菜，它才成其为一把菜刀；假如用它去杀人，它就不成其为一把菜刀了"①。攸关技术亦然。

　　①　黄玉顺、李涛：《新科技时代的信仰重建与价值传播——黄玉顺先生访谈录》，《吉林师范大学学报》2020 年第 3 期。

第五章

孔子的超越观念

【作者按】此文节选自《"事天"还是"僭天"——儒家超越观念的两种范式》,《南京大学学报》2021 年第 5 期;收入作者文集《唯天为大——生活儒学的超越本体论》,河北人民出版社 2022 年 12 月版,第 283~313 页。

有学者说,孔子实现了"轴心突破"（Axial Breakthrough）。这个判断当然没错。但问题是:这个突破的内涵究竟如何?是否所谓的从"外向超越"（outward transcendence）转为"内向超越"（inward transcendence）,抑或转向"中道超越"①?笔者认为:"周公建立了宗法制'大一统'的世俗权力系统,神圣界的代言人'巫史'由于没有自己独立生命形态,而臣属于这个权力系统,因而实际上并没有话语权,这种话语权是被世俗权力

---

① 赵法生:《儒家超越思想的起源》,中国社会科学出版社 2019 年版,第 14~15 页。

垄断的。……孔子的'轴心突破',本质上是要打破这种格局。这主要是通过两种途径进行的:一是通过'以仁释礼'的方式,将由宗法权力体系垄断的外在的'礼'收归儒者内在的'仁',争取神圣界的话语权;二是通过在权力体系之外建立自己的'学派',以谋求自己的独立生命形态。"① 这就是说,孔子的突破乃是聚焦于内在的超验之"仁"即"德"的确立,而不是否定外在的超凡之"天"的存在。如果孔子取消了周公的外在超凡之"天",那么,强调连续性而非断裂性的"周孔之道"称谓就不能成立了。

1. 天的超凡性:外在超越

孔子的天人之际观念,最集中地体现在这个命题上:"天生德于予。"② 这个命题,后来《中庸》表达为"天命之谓性"③。在这个命题中,一方面是外在于人的超凡之"天",一方面是内在于人的超验之"德"或"性"。这里蕴含着两层意义:其一,天人关系绝非后儒所谓"天人合一"④,而恰恰是"天人二分"(学界通常认为儒家主张"天人合一",这其实并不适用于孔孟儒学);其二,天赋予人以德性,这是一种"形上→形下"的生

---

① 黄玉顺:《儒学反思:儒家·权力·超越》,《当代儒学》第 18 辑,四川人民出版社 2020 年 10 月版,第 3~10 页。

② 《论语·述而》,《十三经注疏》,中华书局 1980 年版,第 2483 页。

③ 《礼记·中庸》,《十三经注疏》,第 1625 页。

④ 《正蒙·乾称篇》《横渠易说·系辞上》,《张载集》,章锡琛点校,中华书局 1978 年版,第 65 页、第 183 页。

成关系、"奠基"关系①。

天不仅赋予人以德性，而且生成人本身，乃至生成万物，所以孔子指出："天何言哉？四时行焉，百物生焉。"② 这就是说，万物皆生于天；换言之，天乃是万物的本原、本体。所以孔子才说"唯天为大"，邢昺疏云："唯天为大，万物资始。"③ 这就是说，"天"乃是一个本体论范畴。唯其如此，孔子的思想绝非所谓"人本主义"，而是"天本主义"（tianism）④。

孔子的"天"，其实就是周公的"上帝"："孔子的天十分近似于周公的天……仍然是一个具有意志的人格神。"⑤ 唯其为人格神，天有情感，故孔子说"天厌之"⑥；天有智能，故孔子说"知我者，其天乎"⑦、"吾谁欺？欺天乎"⑧；天有意志，故孔子说"天丧予"⑨、"天之将丧斯文""天之未丧斯文"⑩；等等。

---

① 关于"奠基"（foundation-laying）概念，参见黄玉顺：《形而上学的奠基问题——儒学视域中的海德格尔及其所解释的康德哲学》，《四川大学学报（哲学社会科学版）》2004 年第 2 期。

② 《论语·阳货》，《十三经注疏》，第 2526 页。

③ 《论语注疏·泰伯》，《十三经注疏》，第 2487 页。

④ 黄玉顺：《"超验"还是"超凡"——儒家超越观念省思》，《探索与争鸣》2021 年第 5 期。

⑤ 赵法生：《儒家超越思想的起源》，第 9 页。

⑥ 《论语·雍也》，《十三经注疏》，第 2479 页。

⑦ 《论语·宪问》，《十三经注疏》，第 2513 页。

⑧ 《论语·子罕》，《十三经注疏》，第 2490 页。

⑨ 《论语·先进》，《十三经注疏》，第 2498 页。

⑩ 《论语·子罕》，《十三经注疏》，第 2490 页。

对此，牟宗三也指出："孔子在他与天遥契的精神境界中，不但没有把天拉下来，而且把天推远一点。……天仍然保持着它的超越性，高高在上而为人所敬畏。因此，孔子所说的天比较含有宗教上'人格神'的意味。而因宗教意识属于超越意识，我们可以称这种遥契为'超越的'（Transcendent）遥契。否则，'知我者其天'等话是无法理解的。……从理上说，它是形上实体。从情上说，它是人格神。"① 这就是说，孔子之"天"仍然是外在而超凡的神性之"天"。

2. 德的超验性：内在超越

这个超凡之"天"生成万物，包括赋予人以德性。孔子罕用"性"字，即"夫子之言性与天道，不可得而闻也"②；他用"德"字来表示德性，如上文所引"天生德于予"。

德性当然是内在的，所以孔子说："君子怀德。"③ 德性在"怀"，是内在的。孔子又说："吾未见好德如好色者也。"④ 朱熹引谢氏说："好好色，恶恶臭，诚也。好德如好色，斯诚好德矣。"⑤ 这是以"诚"释"德"，《大学》说"诚其意"乃"诚

---

① 牟宗三：《中国哲学的特质》，上海古籍出版社 2007 年版，第 33～34 页。

② 《论语·公冶长》，《十三经注疏》，第 2474 页。

③ 《论语·里仁》，《十三经注疏》，第 2471 页。

④ 《论语·子罕》，《十三经注疏》，第 2491 页。

⑤ 朱熹：《论语集注·子罕》，《四书章句集注》，中华书局 1983 年版，第 114 页。

于中"①，"中"即内在之义。这样的"德"，孔子更多地称之为"仁"，当然也是内在的：诸如"为仁由己"②，"我欲仁，斯仁至矣"③，"夫仁者，己欲立而立人，己欲达而达人"④，这里的"己""欲""我欲"，无非是揭示德性的内在性。

同时，孔子认为，德性是超验的。须注意的是，"德"或"德性"并不等于今天所谓"道德"（moral、morality），因为道德可以经验地习得，德性则是超越经验的。因此，孔子说，"知德者鲜矣"⑤，"道听而途说，德之弃也"⑥，"乡原，德之贼也"⑦，这些话都蕴含着对寻常经验的超越。但德性也不是纯粹"先天的"（innate、inborn），而是"性日生而日成"（王夫之语）⑧，需要"崇德""徙义"才能达至："先事后得，非崇德与?"⑨"徙义，崇德也。"⑩"德之不修，学之不讲，闻义不能徙，不善不能改，是吾忧也。"⑪ 注疏指出："徙，迁也"；"徙义，见义

---

① 《礼记·大学》，《十三经注疏》，第 1673 页。
② 《论语·颜渊》，《十三经注疏》，第 2502 页。
③ 《论语·述而》，《十三经注疏》，第 2483 页。
④ 《论语·雍也》，《十三经注疏》，第 2480 页。
⑤ 《论语·卫灵公》，《十三经注疏》，第 2517 页。
⑥ 《论语·阳货》，《十三经注疏》，第 2525 页。
⑦ 《论语·阳货》，《十三经注疏》，第 2525 页。
⑧ 王夫之：《尚书引义·太甲二》，《船山全书》第 2 册，岳麓书社 1988 年版，第 299 页。
⑨ 《论语·颜渊》，《十三经注疏》，第 2504 页。
⑩ 《论语·颜渊》，《十三经注疏》，第 2503 页。
⑪ 《论语·述而》，《十三经注疏》，第 2481 页。

则徙意而从之。"① 这个"崇德""徙义"的过程，其实就是从
经验到超验的内在超越过程，需要"修"，需要"讲"，需要
"功夫"。

3. 超验者与超凡者的关系：敬畏天命

德性既是内在的，又是超验的，这当然是所谓"内在超
越"。但是，这种内在的超验的德性并不能代替外在的超凡的
"天"，这是孔子所坚持的立场。在孔子心目中，天在上，人在
下，人追求超验性，不过是"下学而上达"，所以他说："莫我
知也夫！……下学而上达，知我者，其天乎！"② 邢昺解释："下
学人事，上知天命……唯天知己志也。"③ 这其实是继承了周公
"以德配天"的观念，周公强调"秉德，迪知天威"④、"用德，
惟典神天"⑤，都是在讲以内在超验之"德"达知、敬奉外在超
凡之"天"。

所谓"上知天命"，并不是要以人为天、以人僭天，而是要
视"天"为"人"所"敬畏"的对象。这正如牟宗三所说，在
孔子那里，"天"仍然"高高在上而为人所敬畏"。所以，孔子
讲"畏天命"，邢昺解释："天命无不报，故可畏之。……'天
网恢恢，疏而不失。'言天之网罗，恢恢疏远，刑淫赏善，不失

---

① 《论语注疏·颜渊》，《十三经注疏》，第 2503 页。
② 《论语·宪问》，《十三经注疏》，第 2513 页。
③ 《论语注疏·宪问》，《十三经注疏》，第 2513 页。
④ 《尚书·君奭》，《十三经注疏》，第 224 页。
⑤ 《尚书·多方》，《十三经注疏》，第 229 页。

毫分也。"① 蒙培元先生亦指出，"'敬畏天命'就是儒家的宗教精神的集中表现"②；孔子的"'天命'既有道德含义，又有宗教意义"，"从这个意义上说，孔子是一位宗教改革家"③；"中国哲学有敬畏天命的思想，有报本的思想，这就是中国哲学中的宗教精神。"④ 这也表明，孔子的超验德性不仅具有认知性方面的超越经验的理性内涵，而且更加具有意向性方面的超越感官情感的道德情感内涵，这样的"哲学"乃是一种"宗教哲学"。⑤

---

① 《论语注疏·季氏》，《十三经注疏》，第 2522 页。

② 蒙培元：《为什么说中国哲学是深层生态学》，《新视野》2002 年第 6 期。

③ 蒙培元：《从孔子的境界说看儒学的基本精神》，《中国哲学史》1992 年第 1 期。

④ 蒙培元：《中国学术的特征及发展走向》，《天津社会科学》2004 年第 1 期。

⑤ 参见蒙培元：《心灵超越与境界》，人民出版社 1998 年版，第 81 页；黄玉顺：《"情感超越"对"内在超越"的超越——论情感儒学的超越观念》，《哲学动态》2020 年第 10 期。

第六章

唯天为大：孔子"天教"略论

【作者按】此文原载《东南大学学报（哲学社会科学版)》2023 年第 2 期；收入作者文集《唯天为大——生活儒学的超越本体论》，河北人民出版社 2022 年 12 月版，第 333~353 页。

【提要】要理解孔子的超越观念，首先要区分两种不同主体的超越，即："超验"指"人"的内在的德性或理性超出感性经验的界限，此即孔子的"内在超越"；"超凡"则指外在的"天"超出整个凡俗世界的界限，此即孔子的"外在超越"。在孔子心目中，天具有神格性，即具有智能、情感与意志；天具有终极创生性，人与万物都是"天生"的，创生的方式就是"天命"。因此，天是万有之有、众神之神。所以，所谓"天人合一"在存在论意义上是不能成立的，仅仅在境界论意义上才可以成立，即人道要合乎天道，由"知天"而"事天"。圣人就是沟通天人的中介，但圣人仍是有限的人，而不是全能的天。孔子指出"唯天为大"，意在强调天是生成并统摄、高于并优于一切存在者的唯一超凡者。人的理性或德性可以超越经验，却永远无法超越这个凡俗世界；因此，"人"永远不能取代"天"。人对天的态度，应当是敬畏。所以，孔子的思想绝非"人本主义"，而是以天为本的"天本主义"；作为"儒教"，孔子的教义乃是"天教"。

近来，儒家"超越"（transcendence）观念问题成为人文学术研究的一个前沿课题。儒家的超越观念，乃是由儒学创始人孔子开启的。然而对于孔子的超越观念，学界长期存在着严重的误读，认为孔子突破了"外在超越"（external transcendence）、转向了"内在超越"（immanent transcendence）；更有甚者，乃至将孔子描绘成一个无神论者。本文旨在通过对孔子"天"概念的专题讨论，还原孔子超越观念的真相。

一、天的超凡性

孔子指出："唯天为大，唯尧则之。"① 这里的"唯天为大"，传统注疏未做充分阐发，其实乃是一个极其重大的命题，意谓"天"作为独一无二的绝对存在者，乃是生成并统摄、高于并优于一切存在者的超凡者（The Transcendent）。因此，"唯天为大"这个命题乃是孔子超越观念的总纲。显然，在孔子心

---

① 《论语·泰伯》，《十三经注疏》，中华书局 1980 年影印版，第 2487 页。

目中，天乃是超凡的，即不仅超出人的经验乃至人的存在，而且超出整个凡俗世界（the secular world）。

（一）超验主体与超凡主体的分辨："内在超越"与"外在超越"

要真正透彻理解孔子的超越观念，首先要严格区分超越的两种截然不同的主体，即"超验"与"超凡"[1]："超验"（transcendental）指"人"的超越性，即理性或德性超出感性经验的界限，但绝不可能超出人本身的存在，更不可能超出这个凡俗世界；而"超凡"（transcendent）则指"天"的超越性，即超出整个凡俗世界的界限。[2] 唯有如此明晰的分辨，才能避免目前学界的概念混乱。

然而20世纪70年代以来，一些儒家学者提出，中国哲学与文化是"内在超越"，西方哲学与宗教则是"外在超越"。[3] 牟宗三率先提出"内在超越"说："天道高高在上，有超越的意义。天道贯注于人身之时，又内在于人而为人的性，这时天道又是内在的。因此，我们可以康德喜用的字眼，说天道一方面是超越的，另一方面又是内在的。天道既超越又内在，此时可

---

[1] 这里的"超验的"（transcendental）或译为"先验的"，"超凡的"（transcendent）或译为"超验的"，这样的译法易致误解。

[2] 参见黄玉顺：《"超验"还是"超凡"——儒家超越观念省思》，《探索与争鸣》2021年第5期。

[3] 参见黄玉顺：《中国哲学"内在超越"的两个教条——关于人本主义的反思》，《学术界》2020年第2期。

谓兼具宗教与道德的意味，宗教重超越义，而道德重内在义。"①

"内在超越"之说获得许多学者的附议，但也不乏反对的声音。② 确实，"内在超越"之说并不符合孔子思想的实际；事实上，孔子"还保留着外在超越的'天'；它和西周时期的'天'或'上帝'一样，不仅是外在的、超越的，而且是神圣的"③。甚至提出"内在超越"之说的牟宗三自己也曾指出："孔子在他与天遥契的精神境界中，不但没有把天拉下来，而且把天推远一点。在其自己生命中可与天遥契，但是天仍然保持着它的超越性，高高在上而为人所敬畏。"④ 显然，"内在超越"的说法混淆了上文所说的两种不同主体的超越：在孔子那里，"德"固然是"超验的"，即超越经验的，但毕竟是内在的，即内在于人的心灵意识；"天"却是"超凡的"，即外在于人和凡俗世界，否则，孔子的很多言论都会令人无法理解（详下）。

（二）存在论与境界论的分辨："天人二分"与"天人合一"

中国哲学"内在超越"之说是与"天人合一"之说相匹配的，许多学者一致认为，中国哲学的基本特色之一就是"天人

---

① 牟宗三：《中国哲学的特质》，台湾学生书局1974年版，第30~31页。
② 安乐哲：《自我的圆成：中西互镜下的古典儒学与道家》，河北人民出版社2006年版，第43~48页；张汝伦：《论"内在超越"》，《哲学研究》2018年第3期。
③ 黄玉顺：《儒学反思：儒家·权力·超越》，《当代儒学》第18辑，四川人民出版社2020年版，第3~10页。
④ 牟宗三：《中国哲学的特质》，第33~34页。

合一"。张载最早明确提出"天人合一"①，随之得到普遍认可。二程甚至说，连"合"字都是多余的："天人本无二，不必言'合'。"② 然而，按照"超验"与"超凡"的划分，显然，孔子的天人之际观念恰恰不是"天人合一"，而是"天人二分"，人是人、天是天，两者并不是同一个实体。

　　问题究竟出在哪里呢？其实，蒙培元先生早已解决了这个困惑，那就是"实体论与境界论的区别"③，或者说是存在论与境界论的区别。只有在境界论的意义上，"天人合一"概念才是可以成立的，蒙先生谓之"天人合一境界论"④，即人通过"功夫"达到"天人合一"的境界。然而，在实体论或存在论的意义上，"天人合一"概念是根本不能成立的。蒙先生指出："不管是孔子的'天生德于予'，还是孟子的'尽心''知性''知天'，都以天为最高存在，以天为心性来源。"⑤ 这就是说，孔孟儒学的超越观念乃是天人二分的；"否则就很荒谬，似乎本来'天'是一个实体，'人'是另一个实体，而现在两者合并为一个实体了。其实，这里的'合'不能理解为'合并'，而只能理

---

　　① 《正蒙·乾称篇》《横渠易说·系辞上》，《张载集》，章锡琛点校，中华书局 1978 年版，第 65 页、第 183 页。

　　② 《河南程氏遗书》卷六，《二程集》，王孝鱼点校，中华书局 1981 年版，第 81 页。

　　③ 蒙培元：《心灵超越与境界》，人民出版社 1998 年版，第 72～79 页、第 74 页。

　　④ 蒙培元：《心灵超越与境界》，第 288 页。

　　⑤ 蒙培元：《中国心性论》，台湾学生书局 1990 年版，第 15 页。

解为'符合'，即人的心性通过修养功夫而达到了符合'天道'或'天意'的境界；但即便如此，人仍是人，天仍是天，两者仍是不同的实体"①。这就是说，"人"尽管可以达到超验的境界而"知天—事天"②，但仍然是凡俗的存在者；唯有"天"才是超凡的存在者。

二、天的神格性

不仅如此，在孔子心目中，"天"还具有神格性（godhood），乃是鬼神之中的至上神。傅斯年曾指出："孔子所信之天命仍偏于宗教成分为多。"③ 蒙培元先生也指出：孔子的境界说"既是道德的，又有超道德的一面。所谓超道德，是说它具有宗教精神，或者说是一种宗教境界。因此，不能把孔子的仁学仅仅归结为世俗的伦理主义"④；这是因为"孔子并没有完全否定宗教性的天"，"这里的天是能言而不必言的具有人格意志的神"⑤；"当他把天命当作外在的异己的力量进行解释时，确实

---

① 黄玉顺：《天吏：孟子的超越观念及其政治关切——孟子思想的系统还原》，《文史哲》2021 年第 3 期，第 86~103 页。
② 《孟子·尽心上》，《十三经注疏》，第 2764 页。
③ 傅斯年：《性命古训辨证》，见《中国现代学术经典·傅斯年卷》，河北教育出版社 1996 年版，第 54 页。
④ 蒙培元：《从孔子的境界说看儒学的基本精神》，《中国哲学史》1992 年第 1 期。
⑤ 蒙培元：《谈儒墨两种思维方式》，《中国社会科学院研究生院学报》1987 年第 1 期。

表现了宗教神学的倾向"①；"从这个意义上说，孔子是一位宗教改革家"②。

其所以如此，是因为孔子继承了《诗》《书》的观念。众所周知，《诗》《书》时代的"天"与"上帝"同义，与基督宗教的"God"同样是人格神的称谓；唯其如此，汉语才用"上帝"或"天"去翻译西语的"God"。所以，应当恢复孔子"天"概念的本义，即其所指的是一个人格神，具有智能、情感和意志。

（一）天的智能性

孔子曾说："不怨天，不尤人；下学而上达。知我者，其天乎！"关于"知我者，其天乎"，邢昺解释："唯天知己志也。"③朱熹解释："但知下学而自然上达……则见其中自有人不及知而天独知之之妙。"④ 刘宝楠解释："唯天知己"；"'下学而上达'为作《春秋》之旨，学通于天，故惟天知之"；并引刘向《说苑·至公篇》"夫子……上通于天而麟至，此天之知夫子也"。⑤程树德解释："不怨天者，知天之以己制作为后王法也；不尤人者，人事之厄，天所命也"；"圣人删订赞修，惓惓斯道之心上

---

① 蒙培元：《中国心性论》，第 24 页。

② 蒙培元：《从孔子的境界说看儒学的基本精神》，《中国哲学史》1992年第 1 期。

③ 《论语注疏·宪问》，《十三经注疏》，第 2513 页。

④ 朱熹：《论语集注·宪问》，《四书章句集注》，中华书局 1983 年版，第 157 页。

⑤ 刘宝楠：《论语正义·宪问》，中华书局 1990 年版，第 592、593 页。

通于天，而天自知之"。① 显然，孔子称"天"能够"知我"，表明天是具有智能的。

不仅如此，据《论语》载："子疾病，子路使门人为臣。病间，曰：'久矣哉，由之行诈也！无臣而为有臣。吾谁欺？欺天乎？……'"邢昺解释："既人不可欺，乃欲远欺天乎？"② 皇侃解释："我实无臣，今汝诈立之，持此诈欲欺谁乎？天下人皆知我无臣，则人不可欺。今日立之，此政（正）是远欲欺天，故云'欺天乎'。"③ 朱熹解释："我之不当有家臣，人皆知之，不可欺也；而为有臣，则是欺天而已。"④ 欺，指欺骗。孔子的意思是：天乃是不可欺骗的。天之不可欺，当然是因为天是"全知全能"（omniscient）、无所不知的。

（二）天的情感性

据《论语》载："子见南子，子路不说（悦）。夫子矢（誓）之曰：'予所否者，天厌之！天厌之！'"邢昺解释："厌，弃也。"⑤ 朱熹解释："厌，弃绝也。"⑥ 程树德说："孔云：'我见南子，所不为求行治道者，愿天厌弃我。'此一义也。郑氏汝谐……云：'灵公、南子相与为无道，而天未厌绝之，予其

---

① 程树德：《论语集释·宪问》，中华书局 1990 年版，第 1019、1021 页。
② 《论语注疏·子罕》，《十三经注疏》，第 2490 页。
③ 皇侃：《论语义疏·子罕》，中华书局 2013 年版，第 220 页。
④ 朱熹：《论语集注·子罕》，《四书章句集注》，第 112 页。
⑤ 《论语注疏·雍也》，《十三经注疏》，第 2480 页。
⑥ 朱熹：《论语集注·雍也》，《四书章句集注》，第 91 页。

厌绝之乎? 予之所不可者, 与天同心也。'此又一义也。"① 这是孔子对天发誓: 如果我见南子的行为 "不合于礼, 不由其道"②, 天一定会厌恶而弃绝我! 天对某个人厌恶而弃绝, 这显然是一种强烈的情绪表达。

另据《论语》记载: "王孙贾问曰: '"与其媚于奥, 宁媚于灶", 何谓也?'子曰: '不然。获罪于天, 无所祷告也。'"邢昺解释: "我道之行否, 由于时君, 无求于众臣; 如得罪于天, 无所祷于众神。"③ 皇侃解释: "言我不被时用, 是由君命, 何能细为曲情以求于汝辈? 譬如世人得罪于天, 亦无所祈祷众邪之神也"; "明天神无上, 王尊无二, 言当事尊, 卑不足媚也"④。"天神无上" 是说: 天乃是众神之中的至上神。因此, 一旦得罪了天, 那么, 向众神祈祷是没有用的。"得罪于天", 即受到天的怪罪。天能怪罪人, 说明天是有情感的。

又据《论语》记载, 孔子之为人, "迅雷风烈, 必变"。邢昺解释: "风疾雷为烈, 此阴阳气激, 为天之怒, 故孔子必变容以敬之也。"⑤ 所谓 "天之怒", 当然也是天的一种强烈的情绪表现。显然, 在孔子心目中, 天是具有喜怒哀乐的情感的。

---

① 程树德:《论语集释·雍也》, 第 419 页。
② 朱熹:《论语集注·雍也》,《四书章句集注》, 第 91 页。
③ 《论语注疏·八佾》,《十三经注疏》, 第 2467 页。
④ 皇侃:《论语义疏·八佾》, 第 64 页。
⑤ 《论语注疏·乡党》,《十三经注疏》, 第 2496 页。

（三）天的意志性

据《论语》载："颜渊死。子曰：'噫！天丧予！天丧予！'"邢昺解释："孔子痛惜颜渊死，言若天丧己也。"[①] 朱熹解释："悼道无传，若天丧己也。"[②] 两家的解释，"若"字其实都是多余的。刘宝楠解释："盖天生圣人，必有贤才为之辅佐。今天生德于夫子，复生颜子为圣人之耦，并不见用于世，而颜子不幸短命死矣，此亦天亡夫子之征，故曰'天丧予'。"[③] 另据《公羊传》载："颜渊死，子曰：'噫！天丧予。'子路死，子曰：'噫！天祝予。'西狩获麟，孔子曰：'吾道穷矣！'"何休注："天生颜渊、子路，为夫子辅佐；皆死者，天将亡夫子之证。"[④] 显然，所谓"天丧予"，是在讲天的一种意欲与意志行为。

又《论语》载："子畏于匡，曰：'文王既没，文不在兹乎？天之将丧斯文也，后死者不得与于斯文也；天之未丧斯文也，匡人其如予何！'"邢昺解释："天将丧此文者，本不当使我与知之；今既使我知之，是天未欲丧此文也。"[⑤] 此说出自皇侃引孔安国："言天将丧此文者，本不当使我知之；今使我知之，未欲丧也"；又引马融："天之未丧此文，则我当传之，匡人欲奈我何

---

① 《论语注疏·先进》，《十三经注疏》，第2498页。
② 朱熹：《论语集注·先进》，《四书章句集注》，第125页。
③ 刘宝楠：《论语正义·先进》，第448页。
④ 《春秋公羊传注疏·哀公十四年》，《十三经注疏》，第2353页。
⑤ 《论语注疏·子罕》，《十三经注疏》，第2490页。

也"。① 朱熹引马氏说："天若欲丧此文，则必不使我得与于此文；今我既得与于此文，则是天未欲丧此文也。天既未欲丧此文，则匡人其奈我何?"② 这是讲天之"欲"，即天的意欲、意志。

综上可知，孔子心目中的"天"确实是一个具有智能、情感和意志的人格神。

三、天的唯一性

孔子认为，天不仅超出这个凡俗世界之外，而且超出所有一切存在者包括"众神"。这里所谓"之外"，包含"之上"的意思，就是说，天是至上的存在者、至上神。这就是天的唯一性，即孔子讲"唯天为大"之"唯"的意旨所在。

（一）万有之有：天是至上的存在者

学界有一种误解，以为儒学之中存在着若干个"天"概念，即"天"是复数的。例如冯友兰先生就认为，"天""至少有五种意义"："物质之天"（天空）；"主宰之天"或"意志之天"（天帝、天神）；"命运之天"（天命）；"自然之天"（天性、天然）；"义理之天"或"道德之天"（天理）。③ 另外一方面，"1927 年 11 月 9 日，冯友兰在《燕京学报》上发表了一篇题为《孔子在中国历史中之地位》的文章……认为孔子在《论语》中

---

① 皇侃：《论语义疏·子罕》，第 211 页。
② 朱熹：《论语集注·子罕》，《四书章句集注》，第 110 页。
③ 冯友兰：《中国哲学史新编》上卷，人民出版社 1998 年版，第 103 页。

所说的天，完全是一个有意志的上帝、一个'主宰之天'。"① 确实，在孔孟那里，"天"是单数的，即只有一个"天"，乃是唯一的至上存在者。

这里的关键在于理解这样一种观念，即"示"的观念：作为实体的"天"是唯一的；其他关于"天"的言说都不过是天之"示"——天的某种显示方式、显现样态，如此而已。此乃汉字"示"的本义，正如许慎所说："示，神事也。"② 对此，孟子指出："天不言，以行与事示之而已矣。"赵岐解释："天不言语……以其事，从而示天下也。"③ 天之所"示"，也就是天之"行与事"，如孔子说："天何言哉？四时行焉，百物生焉，天何言哉！"④ 这就是说，"四时行""百物生"，即一切存在者之存在，都不过是天之"行与事"，即天之"示"而已。

此"示"乃是中国文化的一个极为重要的传统观念，如《易传》讲："天垂象，见（现）吉凶，圣人象之……《易》有四象，所以示也"⑤；"夫乾，确然示人易矣；夫坤，隤然示人简矣"⑥。所谓"天垂象"就是"天"之"示"，甲骨文作"示"或"丁"，金文作"示"，而有不同的解释：徐中舒等认为，"象以木表或石柱为神主之形"；"示即主，为庙主、神主之专用

---

① 程伟礼：《中国哲学史：从胡适到冯友兰》，《学术月刊》1995 年第 8 期。
② 许慎：《说文解字·示部》，中华书局 1963 年版，第 7 页。
③ 《孟子注疏·万章上》，《十三经注疏》，第 2737 页。
④ 《论语·阳货》，《十三经注疏》，第 2526 页。
⑤ 《周易·系辞上传》，《十三经注疏》，第 82 页。
⑥ 《周易·系辞下传》，《十三经注疏》，第 86 页。

字"；在"卜辞祭祀占卜中，示为天神、地祇、先公、先王之通称"①；许慎则认为是"天垂象，见吉凶，所以示人也。从二；三垂，日月星也"②（此处"二"是古文"上"字，指天）。无论哪种解释，"天垂象""所以示"都是说的天通过各种现象来显示、显现。简言之，复数的"天"不过是单数的"天"的种种显示而已，这是本质与现象或本体与现象的关系，天是唯一的至上存在者。③

（二）众神之神：天是唯一的至上神

上述"天"与"示"或"象"的关系，乃是"一"与"多"的关系，犹如宋儒所谓"理一分殊"④、"月印万川"⑤；但宋儒的"理"已经丧失了神格性，"宋明儒学的发展基本上是向内在化方面走，超越性的价值几乎丧失殆尽"⑥，孔子的"天"则是一个至上神。这就涉及"天"与"鬼神"的关系问题了。孔子的时代，神格性的"天"属于"神"的范畴，与"鬼神"观念相关。那么，孔子如何看待鬼神呢？

---

① 徐中舒主编：《甲骨文字典》，四川辞书出版社 1990 年版，第 10~11 页。

② 许慎：《说文解字·示部》，第 7 页。

③ 参见黄玉顺：《中国哲学的"现象"观念——〈周易〉"见象"与"观"的考察》，《河北学刊》2017 年第 5 期。

④ 《朱子语类》，黎靖德编，王星贤点校，中华书局 1986 年版，第 2、102、677、692、1829、2409、2457、2522~2528、3243 页。

⑤ 《朱子语类》，第 2409 页。

⑥ 郑家栋：《从"内在超越"说起》，《哲学动态》1998 年第 2 期。

众所周知，《论语》有这样一句话："子不语怪、力、乱、神。"① 但这句话并非孔子本人所说。有人据此认为孔子不谈鬼神，其实不然，仅《论语》就记载了孔子4次谈到"鬼"、3次谈到"神"，岂是"不语"！当然，孔子直接谈"鬼""神"并不多，但这只能说明他很谨慎，不肯轻易谈论。何以如此？皇侃解释："此四事言之无益于教训，故孔子语不及之也。"② 刘宝楠解释："或无益于教化，或所不忍言。"③ 这就是说，孔子并非否定鬼神的存在。程树德指出："此'不语'谓不与人辩诘也"；并引皇侃之说"谓不通答耳，非云不言也"。④ 这就是说，孔子并非不谈论鬼神，而是不与人辩论鬼神之事。其所以如此，朱熹解释道："鬼神，造化之迹，虽非不正，然非穷理之至，有未易明者，故亦不轻以语人也。"⑤ 这个解释是有道理的，即孔子是因为鬼神之事"有未易明者"，所以才"不轻以语人"。何晏也有类似的理解，他在解释"未能事人，焉能事鬼"时，引陈氏的解释为"鬼神及死事难明"⑥。

何晏这种解释，见于他对《论语》这段话的理解："季路问事鬼神。子曰：'未能事人，焉能事鬼？'曰：'敢问死。'曰：'未知生，焉知死？'"孔子并不直接回答子路关于"鬼神"及

① 《论语·述而》，《十三经注疏》，第2483页。
② 皇侃：《论语义疏·述而》，第169页。
③ 刘宝楠：《论语正义·述而》，第372页。
④ 程树德：《论语集释·述而》，第480页。
⑤ 朱熹：《论语集注·述而》，见《四书章句集注》，第98页。
⑥ 《论语注疏·先进》，《十三经注疏》，第2499页。

"死"的问题，而是引导子路思考"人"之"生"的问题。皇侃解释："鬼神在幽冥之中"；"人事易，汝尚未能，则何敢问幽冥之中乎?"① 何晏引陈氏说，这是由于"鬼神及死事难明，语之无益，故不答"②。这也并不是说关于"鬼神"与"死"的问题是不该问的，朱熹指出："死者，人之所必有，不可不知，皆切问也。然非诚敬足以事人，则必不能事神；非原始而知所以生，则必不能反终而知所以死。……程子曰：'昼夜者，死生之道也。知生之道，则知死之道；尽事人之道，则尽事鬼之道。……或言夫子不告子路，不知此乃所以深告之也。'"③

程朱的这种理解颇为深刻，"这不禁让我们想起海德格尔的'向死而在'，亦即'向死而生'……就是从'先行到死'中追寻'存在的意义'，即在死亡中领会生存的意义；而孔子则反之，即'向生而死'，就是在生存中追寻死亡的意义，在生活中领会鬼神的意义"④。

孔子的另外一句话，同样是追寻存在的意义，却是海德格尔式的"向死而在"，即从死亡、鬼神中追寻生存的意义："祭如在，祭神如神在。"邢昺指出："此章言孔子重祭礼。'祭如在'者，谓祭宗庙必致其敬，如其亲存。言事死如事生也。'祭

---

① 皇侃：《论语义疏·先进》，第 273 页。
② 《论语注疏·先进》，《十三经注疏》，第 2499 页。
③ 朱熹：《论语集注·先进》，《四书章句集注》，第 125 页。
④ 黄玉顺：《生活儒学的内在转向——神圣外在超越的重建》，《东岳论丛》2020 年第 3 期。

神如神在'者，谓祭百神亦如神之存在而致敬也。"① 这里的
"如神之存在"这个措辞易致误解。问题的关键在于正确理解
"如在"：如果理解为"犹如存在着"，则鬼神的存在就仅仅是假
设。实际上孔子不是这个意思。皇侃解释"祭神如神在"道：
"此谓祭天地山川百神也。神不可测，而必心期对之，如在此
也。"② 意思是：祭神的时候，犹如鬼神"在此"——就在眼
前；然而，尽管鬼神并不"在此"，却不意味着鬼神并不"存
在"，因为"在此"是在此岸，鬼神的存在却是在彼岸，这正是
基于凡俗世界与超越的鬼神世界的划分。

其实，祭祀活动本身就意味着对鬼神存在的信念。所以，
孔子对祭祀鬼神是极为重视的："子之所慎：斋、战、疾。"③
"斋"即祭祀之事，孔子对此总是郑重其事。因此，他盛赞道：
"禹，吾无间然矣，菲饮食而致孝乎鬼神。"④ 他之所以盛赞大禹
而引为同道，就因为大禹能"致孝乎鬼神"。

以上表明，孔子说"唯天为大"，其意显然是说："天"乃
是众多"鬼神"之中唯一的至上神，"唯"言其唯一性，"大"
言其至上性。正因为如此，孔子才强调：人应当"敬鬼神而远
之"。何晏引包氏说："敬鬼神而不渎。"邢昺亦解释道："恭敬

---

① 《论语注疏·八佾》，《十三经注疏》，第 2467 页。
② 皇侃：《论语义疏·八佾》，第 62 页。
③ 《论语注疏·述而》，《十三经注疏》，第 2482 页。
④ 《论语注疏·泰伯》，《十三经注疏》，第 2488 页。

鬼神而疏远之，不亵渎。"① 这就是说，所谓"远之"的意思，乃是表示"恭敬"而"不亵渎"的态度。上文谈到孔子对鬼神之事"不轻以语人"，同样是出于对鬼神的"恭敬"而"不亵渎"。这样的态度，当然也是孔子对至上神"天"的态度。

四、天的创生性

孔子认为，天具有终极创生性。所谓"创生性"（creativity）是说："天"是终极的造物者（the Creator），创造万物（the Creation）。

（一）万物的创生："天生"的概念

在孔子那里，天的创生性最鲜明地表达为"天生"这个概念。孔子说："天生德于予。"何晏引包氏说："'天生德'者，谓授我以圣性。"② 皇侃解释为："天生圣德于我。"③ 刘宝楠解释："《书·召诰》云：'今天命其哲。'是人之智愚皆天所生，夫子五十知天命，知己有德，为天所命"；"夫子圣性，是天所授"。④ 这就是说，孔子认为自己的德性乃是天之所生、天之所授。

不仅如此，其实，在儒家思想中，德性并不限于圣人的"圣性"，而是泛指所有人之所"得"的人性。如孟子说："形

---

① 《论语注疏·雍也》，《十三经注疏》，第 2479 页。
② 《论语注疏·述而》，《十三经注疏》，第 2483 页。
③ 皇侃：《论语义疏·述而》，第 171 页。
④ 刘宝楠：《论语正义·述而》，第 273 页。

色，天性也"①；"口之于味也，目之于色也，耳之于声也，鼻之于臭也，四肢之于安佚也，性也"②。刘宝楠说"人之智愚皆天所生"，也是这个意思。孟子谈道："乃若其情，则可以为善矣，乃所谓'善'也；若夫为不善，非才之罪也。……《诗》曰：'天生蒸民，有物有则。民之秉彝，好是懿德。'"紧接着便引孔子的话："为此诗者，其知道乎！故有物必有则，民之秉彝也，故好是懿德。"③ 这是说，人的本性并不就是善，而是自然倾向于善，这是"天生"的禀性。所以刘宝楠说："人受天地之中以生，赋气成形，故言人之性必本乎天。"④

进一步说，这个"天生"概念不限于人性，并且包括整体的人本身，此即所谓"天生蒸民"（天生众人）；而且不限于人，万物都是"天生"的。人与万物都是"天之所与"⑤（the givens by Tian），唯有天本身是"自身所与"（the self-given）。邢昺解释孔子所说的"唯天为大"，正是讲的天的这种普遍的创生性："唯天为大，万物资始，四时行焉。"⑥

"万物资始"出自《易传》："大哉，乾元！万物资始，乃统天。云行雨施，品物流形。……乾道变化，各正性命。……首出庶物……"孔颖达解释："元大始生万物，故曰'大哉乾

---

① 《孟子·尽心上》，《十三经注疏》，第 2770 页。
② 《孟子·尽心下》，《十三经注疏》，第 2777 页。
③ 《孟子·告子上》，《十三经注疏》，第 2749 页。
④ 刘宝楠：《论语正义·泰伯》，第 308 页。
⑤ 《孟子·告子上》，《十三经注疏》，第 2753 页。
⑥ 《论语·泰伯》，《十三经注疏》，第 2487 页。

元'。'万物资始'者，释其乾元称'大'之义，以万象之物，皆资取乾元，而各得始生。"① "乾"就是"天"："乾，天也"；"乾为天"。② 笔者曾经谈："这就是《易传》所说的'乾道变化，各正性命'：乾道即是天道，应该从本源上被理解为天命，人得之而有人性（性理），物得之而有物性（物理）；这也就是《中庸》所说的'天命之谓性'，人与万物之性皆由天命生成。"③ 因此，"大哉乾元"与孔子所说的"唯天为大"相一致。可见"大哉乾元，万物资始"正是在讲"天"的创生性。

"四时行焉"出自孔子："天何言哉？四时行焉，百物生焉，天何言哉！"④ 这里"焉"的意思是"于是""于此""于之"，此处就是"于天"之意，所以刘宝楠引郑玄之说："四时行，百物生，皆说天"；又引《春秋繁露·四时之副》："天之道，春暖以生，夏暑以养，秋清以杀，冬寒以藏。暖暑清寒，异气而同功，皆天之所以成岁也。"⑤ 可见这同样是在讲"天"的创生性：四时行于天，万物生于天。皇侃也指出："天既不言而事行，故我亦欲不言而教行。"⑥ 即"四时行""百物生"都是天之"事行"。程树德说："前云天何言哉，言天之所以为天者，不言也。后云天何

---

①　《周易·乾象传》，《十三经注疏》，第 14 页。

②　《周易·说卦传》，《十三经注疏》，第 94 页。

③　黄玉顺：《爱与思——生活儒学的观念》（增补本），四川人民出版社 2017 年版，第 257 页。

④　《论语·阳货》，《十三经注疏》，第 2526 页。

⑤　刘宝楠：《论语正义·阳货》，第 698、699 页。

⑥　皇侃：《论语义疏·阳货》，第 463 页。

言哉，言其生百物，行四时者，亦不在言也。"① 即 "四时行焉，
百物生焉" 是说：能够 "生百物，行四时" 的乃是天。

（二）创生的方式："天命" 的概念

孔子讲天的创生性时，强调 "天何言哉"，其实就是说，
"天" 创生万物的方式是 "无言" 之 "命"，即 "天命"。皇侃
说："天地之心见于不言；寒暑代序，则不言之令行乎四时。"②
"不言之令"，也就是天之 "命"。刘宝楠说："《诗·文王》云：
'上天之载，无声无臭。' 载者，事也。天不言而事成，故无声
无臭也。"③ 这是因为，"命" 是一种言说，但并不是有声的
"人言"，而是无声的 "道言"。④ 有意思的是："天道" 之
"道" 最古老的用法之一，正是 "言"；在这个意义上，"天道"
就是 "天言""道言"，亦即 "天命"。

这就是说，"天" 创生人与万物的方式，乃是 "命"，谓之
"天命"。"命" 字的结构，从 "口" 从 "令"，本义为发号施
令，所以朱骏声指出："命，当训 '发号也'。"⑤ 在孔子心目

---

① 程树德：《论语集释·阳货》，第 1228 页。
② 皇侃：《论语义疏·阳货》，第 464 页。
③ 刘宝楠：《论语正义·阳货》，第 699 页。
④ 参见黄玉顺：《我们的语言与我们的生存——驳所谓 "现代中国人
'失语'" 说》，《南京师范大学文学院学报》2004 年第 4 期；《爱与思——生
活儒学的观念》（增补本），四川人民出版社 2017 年版，第 180~182 页、第
257~260 页；《君子三畏》，《宜宾学院学报》2016 年第 2 期；《神圣超越的哲
学重建——〈周易〉与现象学的启示》，《周易研究》2020 年第 2 期。
⑤ 朱骏声：《说文通训定声·口部》，中华书局 1984 年版，第 845 页。

中，天虽然"无言"，却"发号施令"，所以谓之"天命"。"天"以"命"的方式来创造人与万物，就是天的创生性。

天以"命"的方式来创生万物，"这与 God 以'命名'的方式来创造世界是一个道理"①，即所谓"命名即创造"，如《圣经》说："1：1 起初，神创造天地。……1：3 神说：'要有光。'就有了光。……1：6 神说：'诸水之间要有空气，将水分为上下。'1：7 神就造出空气，将空气以下的水、空气以上的水分开了。事就这样成了。……"② 不仅如此，汉语的"命"大致可以对应于英文的"designation"，有命名、指明、标示、选定、指定、指派、委任、授权等含义，而这些也正是《诗》《书》时代的"天命"观念，而由孔子继承下来。

五、作为"天教"的儒教

近代以来，关于儒学是否宗教的问题争论不休。笔者虽然曾经主张历代儒学在整体上并非狭义的"宗教"（religion）③，但也指出，"《易经》是卜筮之书，既然是筮书，就意味着是神学形上学在支撑着它，有一个超越性存在者，这个超越性存在者也叫'上帝'。……实际上，《易经》是一种'神教'——

---

① 黄玉顺：《生活儒学的内在转向——神圣外在超越的重建》，《东岳论丛》2020 年第 3 期。

② 《圣经·创世记》，钦定英译本的中文和合本（King James Version, Chinese Union Version）。

③ 参见黄玉顺主编：《庚寅"儒教"问题争鸣录》，河南人民出版社 2011 年版；黄玉顺：《儒教问题研究》，人民出版社 2012 年版。

'神道设教'，它有一个神性形而上者的设定，就是上帝"①；并进一步指出，"鉴于形而上者具有两种不同的形态（神性的形而上者［位格性的绝对超越者］、理性的形而上者［非位格的绝对超越者］），所以，其理论表现也具有两种形态：神学形而上学、哲学形而上学"；"宗教性质的教化形式还是非常必要、甚至非常重要的。对于社会大众来说，'神道设教'之所以是必须的，是因为：一方面，你不能要求社会大众都具有很高深的关于'形而上者'的理性智识；但另一方面，你却可以为之诉诸对于另外一种'形而上者'的信仰，而他们在某些情境中实实在在是需要某种终极信仰的支撑的"②。

（一）"天教"的概念

鉴于孔子思想的神性"天本主义"（Tianism）③，孔子的"儒教"应当称为"天教"（Tian Religion）。汉语"天教"一词，最初见于西汉刘向编定的先秦文献《晏子春秋》："日暮，公西面望，睹彗星。召伯常謇，使禳去之。晏子曰：'不可，此天教也。'"④ 这里的"天教"虽然还不是我们这里所讨论的作

---

① 黄玉顺：《生活儒学的儒教观念》，见《儒教问题研究》，人民出版社2012年版，第116页。

② 黄玉顺：《儒教论纲——儒家之仁爱、信仰、教化及宗教观念》，载《儒学评论》第五辑，河北大学出版社2009年版，第99~106页。

③ 参见黄玉顺：《人是什么？——孔子面对"攸关技术"的回答》，《孔子研究》2021年第4期。

④ 《晏子春秋集释·谏上十八》（上），吴则虞集释，中华书局1982年版，第66页。

为名词或名词词组、意指一种宗教的"天教",但认为彗星的显现乃"天"之"教",即天的一种教示,也是具有宗教意涵的。

可惜这种名词的"天教"后世罕见;这与后世儒学逐渐偏离孔子"天本主义"的趋向有关。尽管如此,后世儒家偶尔提到的主谓结构的"天教",也与名词"天教"的观念一致。例如郑玄解释《诗经》"帝谓文王"为"天语文王曰……",孔颖达解释道:"郑必以为'天语文王'者,以下云'帝谓文王,予怀明德',是天之自我也;'帝谓文王,询尔仇方',是教人询谋也。尔我对谈之辞,故知是天之告语。"① 这里提到"天教语文王","教语"即"告语",意为"告诉""教导",是在肯定天的人格性或神格性。

朱熹至少三次谈到"天教":(1)"问'存心养性以事天'。曰:'天教你"父子有亲",你便用父子有亲;天教你"君臣有义",你便用君臣有义。不然,便是违天矣。'"② (2) "问:'"饥食渴饮,冬裘夏葛",何以谓之"天职"?'曰:'这是天教我如此。饥便食,渴便饮,只得顺他。穷口腹之欲,便不是。盖天只教我饥便食,渴便饮,何曾教我穷口腹之欲?'"③ (3)"如今人也须先立个志趣,始得。还当自家要做甚么人?是要做圣贤,是只要苟简做个人?天教自家做人,还只教恁地便是了?闲时也须思量着。圣贤还是元与自家一般,还是有两般?天地

① 《毛诗正义·大雅·文王》,《十三经注疏》,第521页。
② 《朱子语类》卷六十,第1428页。
③ 《朱子语类》卷九十六,第2473页。

交付许多与人，不独厚于圣贤而薄于自家，是有这四端，是无这四端？只管在尘俗里面羁，还曾见四端头面，还不曾见四端头面？且自去看。"① 朱熹的说法虽然不是名词的"天教"，却是名词"天教"的意涵，并且具有宗教的意谓：天是一个至上的超越者，并且具有神格性；天对人进行规训（discipline）；人对天应当顺服（obedience）。

不过，这毕竟并不是孔子的"天教"。有学者说："儒教是华夏特有的传统宗教，历代王朝都以儒教为国教，孔子为教主"；"儒教利用政教结合的优势得以成为国教，儒教的神权与皇权融为一体，不可分割"。② 这种说法自有道理，却也不无偏颇；而且这其实是秦汉以降的"儒教"，并非孔子的"天教"。

那么，何谓"天教"？本文暂不讨论它的其他层面，而只讨论它的观念形态层面，"天教"观念至少具有这样几个要点：（1）超越者的外在超凡性（transcendent），即"天"的观念③；（2）人的内在超验性（transcendental），即"德"的观念④；（3）从天人之际的维度看，一方面是天对人的生成与规训，另一方面就是人对天的敬畏与顺服；（4）从天人沟通的维度看，

① 《朱子语类》卷一百二十一，第 2943 页。
② 任继愈主编：《儒教问题争论集》，宗教文化出版社 2000 年版，第 402、404 页。
③ 参见黄玉顺：《生活儒学的内在转向——神圣外在超越的重建》，《东岳论丛》2020 年第 3 期。
④ 参见黄玉顺：《"超验"还是"超凡"——儒家超越观念省思》，《探索与争鸣》2021 年第 5 期。

天与人的中介是圣人（sage）、圣徒（saint），这就是"圣"（sagehood）的观念。

（二）人对天的态度：敬畏的态度

人不能代替天，只能由"知天"而"事天"。孟子指出："尽其心者，知其性也；知其性，则知天矣。存其心，养其性，所以事天也。"① "事天"，即侍奉天，其前提恰恰是天人相分，以天为至上神。②

为此，人对天首先要怀有"敬畏"的态度。孔子要求"敬鬼神而远之"，何晏解释为"敬鬼神而不渎"，邢昺解释为"恭敬鬼神而疏远之，不亵渎"③，这就是人对天的"敬"的态度。不仅如此，还要有"畏"的态度。因此，孔子强调"畏天命"。邢昺解释："心服曰'畏'"；"'畏天命'者，谓作善，降之百祥；作不善，降之百殃"；"天命无不报，故可畏之"。④ 朱熹解释："畏者，严惮之意也"；"知其可畏，则其戒谨恐惧，自有不能已者"。⑤

上文曾引《论语》记载孔子的为人，"迅雷风烈，必变"。皇侃解释："风疾而雷，此是阴阳气激为天之怒，故孔子必自整

① 《孟子·尽心上》，《十三经注疏》，第 2764 页。
② 参见黄玉顺：《天吏：孟子的超越观念及其政治关切——孟子思想的系统还原》，《文史哲》2021 年第 3 期。
③ 《论语注疏·雍也》，《十三经注疏》，第 2479 页。
④ 《论语注疏·季氏》，《十三经注疏》，第 2522 页。
⑤ 朱熹：《论语集注·季氏》，《四书章句集注》，第 172 页。

变颜容以敬之也。"① 程树德引郑玄之说："敬天之怒也。"② 这就是孔子对天的敬畏感的表现。蒙培元先生指出："孔子在讲到'迅雷风烈必变'时所表现的情感，就既有敬畏感，又有恐惧感"；"恐惧感的提出，是儒家情感哲学的一大贡献"；"这里有一种宗教情感"③；"迅雷、烈风是自然界的现象，孔子却表现出恐惧、严肃的神情"，因为"这种自然现象的出现似乎有神的作用，是对人类的一种警告"④。

因此，蒙培元先生说："'畏天命'则是对自然界的神圣性的敬畏。"⑤ 尽管"自然界"这个说法或可商榷，但将"畏"理解为"敬畏"则是确切的。所以，蒙先生说："'敬畏天命'就是儒家的宗教精神的集中表现"⑥；"中国哲学有敬畏天命的思想"，"这就是中国哲学中的宗教精神"。⑦

（三）人与天的沟通：圣人的位置

人对天的敬畏与顺服，使人萌生理解天的需要，即与天沟通的

---

① 皇侃：《论语义疏·乡党》，第 260 页。

② 程树德：《论语集释·乡党》，第 728 页。

③ 蒙培元：《情感与理性》，中国社会科学出版社 2002 年版，第 194、195 页。

④ 蒙培元：《蒙培元讲孔子》，北京大学出版社 2005 年版，第 55 页。

⑤ 蒙培元：《"天人合一论"对人类未来发展的意义》，《齐鲁学刊》2000 年第 1 期。

⑥ 蒙培元：《为什么说中国哲学是深层生态学》，《新视野》2002 年第 6 期。

⑦ 蒙培元：《中国学术的特征及发展走向》，《天津社会科学》2004 年第 1 期。

需要。这就是"圣"（sagehood）的境界，即："圣，通也。"① 这就是说，人与天沟通的中介是圣人（sage）、圣徒（saint）。

显然，"圣"的根本特征，在于"通"，即沟通天人。这一点，孔子的弟子还不是十分明白。如子夏说："有始有卒者，其惟圣人乎!"② 圣人固然能够始终如一，但这并非圣人的根本特征。子贡亦然："太宰问于子贡曰：'夫子圣者与？何其多能也？'子贡曰：'固天纵之将圣，又多能也。'" 何晏注：太宰"疑孔子多能于小艺"，似非圣人之德；子贡解释道，"天固纵大圣之德，又使多能也"，两者并不矛盾。③ 确实，"圣"不在"多能"；但是，子贡的回答也没有正面涉及"圣"的根本。

倒是子贡所说的"固天纵之将圣"透露了一点信息：孔子之为圣人，乃是天令其如此，是天的意志。那么，天让孔子做什么呢？其实就是"天下之无道也久矣，天将以夫子为木铎"，即"天将命孔子制作法度，以号令于天下，如木铎以振文教也"④。当时天下无道，孔子感叹"圣人，吾不得而见之矣"⑤；他自谦"若圣与仁，则吾岂敢?"⑥ 但实际上，孔子是以圣人自我期许的："子贡曰：'如有博施于民而能济众，何如？可谓仁乎？'子

---

① 许慎：《说文解字·耳部》，第250页。
② 《论语·子张》，《十三经注疏》，第2532页。
③ 《论语·子罕》，《十三经注疏》，第2490页。
④ 《论语·八佾》，《十三经注疏》，第2468页。
⑤ 《论语·述而》，《十三经注疏》，第2483页。
⑥ 《论语·述而》，《十三经注疏》，第2484页。

曰：'何事于仁？必也圣乎！……'"① 木铎是古代巡行振鸣、宣布政教法令的一种铃铛，而"天以夫子为木铎"是说：天要向人间宣布教令，把孔子作为木铎。这就是说，圣人是天的使者，其使命是代天行教，就是天的代言人。孔子有此自觉，所以自谓"五十而知天命，六十而耳顺"②，即已达到了"圣"的境界。

这里的"耳顺"值得留意。"圣"（聖）的结构从"耳"、从"口"，充分体现了"圣"的"通"——沟通天人的特征：圣人以"耳"倾听天命，以"口"宣讲天命。这就犹如古希腊的神的信使赫耳墨斯（Hermes）将神的旨意传达给人间，故有所谓"诠释学"（hermeneutics）；神旨同样是无声的号令，犹如 God 用无声的语言来创造世界，海德格尔谓之"默然无声的道说"③、"寂静之音"④，这是中西相通的观念。⑤

所以孔子说："君子有三畏：畏天命，畏大人，畏圣人之言。""大人"即圣人。⑥ 这"三畏"之间的逻辑关系是：所谓

---

① 《论语·雍也》，《十三经注疏》，第 2479 页。

② 《论语·为政》，《十三经注疏》，第 2461 页。

③ 海德格尔：《〈今日神学中一种非客观化的思与言问题〉的神学谈话中主要观点的若干提示》，孙周兴译，见《海德格尔与有限性思想》，刘小枫选编，华夏出版社 2002 年版，第 19 页。

④ 海德格尔：《在通向语言的途中》，孙周兴译，商务印书馆 1997 年版，第 183 页。

⑤ 参见黄玉顺：《生活儒学的"生活"观念》，载《儒家思想与当代生活——"生活儒学"论集》，光明日报出版社 2009 年版，第 71~73 页。

⑥ 《论语注疏·季氏》，《十三经注疏》，第 2522 页。

"畏圣人"，其实是"畏圣人之言"；所谓"畏圣人之言"，其实是"畏天命"，因为圣人是天的代言人，"圣人之言"乃是"天命"的传达。

圣人的"正名"也是如此。上文谈到，"天命"是天以"命名"的方式来创生万物；然而不仅天会命名，人也会命名，那就是圣人进行的"正名"活动——以"命名"的方式来"制礼作乐"，重新安排人间秩序。据《论语》载："子路曰：'卫君待子而为政，子将奚先?'子曰：'必也正名乎！……名不正则言不顺，言不顺则事不成，事不成则礼乐不兴，礼乐不兴则刑罚不中，刑罚不中则民无所错（措）手足……'"① 从"天命"到圣人的"正名"意味着："正名"本质上不是圣人在正名，而是天在正名，就是圣人代天正名、"替天行道"。

但是，最后有一点是必须强调的："圣人"毕竟还是人，不是神，更不是天；"圣"固然是超验的，但绝不是超凡的。

---

① 《论语·子路》，《十三经注疏》，第2506页。

陆　境界论

第一章

孔子的境界论

【**作者按**】本文节选自《爱与思——生活儒学的观念》，四川大学出版社 2006 年版，第 150~165 页；四川人民出版社 2017 年增补本，第 165~186 页。

下面，我就正式地来讲一下我所理解的"境界"。

通常我们谈"境界"的时候，应该说，孔夫子关于他自己的一生的回顾，一番"夫子自道"，是一种非常值得重视的表述。顺便说说：孔子虽然是按照年龄来陈述的，但是，这并不意味着境界跟年龄之间具有一种直接的对应关系。一个人可能在很年轻的时候就达到了很高的境界，而另一个人可能终身都处在很低的境界。

大家知道，孔子是这样讲的：

> 吾十有五而志于学，三十而立，四十而不惑，五十而知天命，六十而耳顺，七十而从心所欲、不逾矩。[①]

历代儒家对孔子这段话都是非常重视的，做出了很多解释。但是这些解释之间，有很大的出入。当然，这里有一个"阐释学"的问题，那就是说，在解释的时候，我们带了怎样的观念去理解、把握。

要透彻地理解境界问题，我们必须首先分辨清楚观念层级之间的"生成关系"和"奠基关系"；只有这样，我们才能真正理解境界层级之间的关系。这样三种关系，对照如下：

生成：①生活感悟→②相对存在者→③绝对存在者
奠基：①生活本源→③形而上学——→②形而下学
境界：①生活感悟→②相对存在者→③绝对存在者→①生活本源

生成关系：在生活本身的本源情境中，生活感悟显现出来；在生活感悟中，形而下的众多相对存在者、"万物"得以生成；又在对万物的终极根据的追问中，形而上的唯一绝对存在者、"道之为物"得以生成。——这是古今中外概莫能外的一般的观念层级生成关系，就是老子所说的"无中生有"。其实，这是我

[①] 《论语·为政》。

们每一个人都有的体验：我们在生活中原是"不知不觉"的；然后首先成为一个形而下的存在者，并且可能终身都是这么一个形而下的存在者，一个功利的人、道德的人，一个常人、君子；在此之后，我们中的某些人可能会有形而上存在者的追寻，追寻形上之"道"、天命之"性"、"天理"、"理念"、"纯粹意识"、"上帝"之类的"本体""终极实体"。

奠基关系：但是，因为在我们的追问中，形而上的唯一绝对物是作为形而下的众多相对物的根据而出现的，因此，在所谓"奠基关系"中，形而上与形而下之间的原来那种生成关系被颠倒了：形而上学反倒成了为形而下学奠基的东西。不论是康德，还是海德格尔，他们在追问奠基问题时，都是从这种颠倒的观念出发的：康德说，形而上学为科学奠基；海德格尔便接着说，源始的生存经验为形而上学奠基。在这种意义上，西方哲学的"奠基"观念乃是一种实实在在的"倒见"，因为，这样的叙述并不符合观念层级的生成过程的事情本身。当然，如果仅就形而上学与形而下学之间在观念上的支撑关系的角度来看，说"形而上学是为形而下学奠基的"也不算错，在这个意义上，"奠基"这个概念还是有其意义的。但我们须得注意："奠基"的观念可能妨碍我们对"境界"观念的理解。

境界关系：实际上，境界层级之间的关系是跟观念层级之间的生成关系一致的。区别仅仅在于：观念的生成关系到形而上的绝对存在者为止，不再推进，而只是就此回过头来解释形而下的相对存在者，这正是原创时期或轴心时期发生的事情，唯其如此，人们才会"遗忘存在本身"，或者"遗忘生活本身"；境界的追求则继续可以推进，由形而上学而重新回归生活本源。

在我看来，境界问题的实质，在于个体人格的回归。首先，一般来说，境界总是说的某个人、某个个体的境界；其次，这个人的境界，是说的他在观念层级上的回归。境界就是回归，这是一个极其重要的观念。为什么这样讲呢？这是因为：境界的进程，跟我们前面所说的观念层级的奠基关系的进程，正好是相反的过程。联系到孔子的自述、老子的观念，以及冯友兰的境界说，境界层级的提升进程和观念层级的奠基关系之间，是一种逆向关系，见下表：

区分 奠基	存在本身	形而上 存在者	形而下 存在者		存在本身	区分 境界
观念奠基 →	本源感悟	形而上学	形而下学			
	自如境界	自为境界			自发境界	境界层级 ←
孔子自述	五十知命 六十耳顺 七十从心	四十不惑	三十而立	十五志学		孔子自述
冯友兰说		天地境界	道德境界	功利境界	自然境界	冯友兰说
老子观念	复归无物	吾以观复	万物并作			老子观念

　　这样，我们才能够透彻地理解孔子的那番自述。孔子的自述，跟老子的说法也是具有对应性的："万物并作，吾以观复"①、"复归于无物"②。"万物并作"意味着众多相对的形而下存在者；"复"则意味着回归，首先是回归到那个唯一绝对的形而上存在者；最后"复归于无物"是更彻底的回归，回到"无"，回到存在本身。老子还有一段话，"大曰逝，逝曰远，远曰反（返）"③，过去人们说那是在说"物极必反"的所谓"辩证法"，其实，这里还是在说境界问题。首先，这个"大"是说的作为形而上存在者的道，"有物混成……为天下母，吾不知其名，强字之曰道，强为之名曰大"；其次，从观念层级的生成看，"道大、天大、地大、王（人）亦大"，这是从形而上到形而下的过程；最后，则是境界问题，就是这个过程的逆向回归，"人（王）法地，地法天，天法道，道法自然"。④

　　我们知道，在儒家的境界学说中，冯友兰的境界说是最著名的。我说过，在冯先生的新理学当中，我最喜欢的就是他的境界论。但是，在我看来，这样的境界论还是不够彻底的，没有突破形而上学的观念，没有真正地回到大本大源。区别于此，我在谈自己的境界观的时候，采取了另外的说法：自发、自为、自如。这些词语的含义，下面再具体地讲。

---

① 《老子》第 16 章。
② 《老子》第 14 章。
③ 《老子》第 25 章。
④ 《老子》第 25 章。

境界这件事情，也是由我所说的"生活本身的本源结构"——"在生活并且去生活"决定了的：我们首先在生活，我们一向就在"无意识""无觉解"地生活着，也就是说，我们自发地生活着；然后我们去生活，我们获得了"觉解""自我意识"，我们成为一个形而下的存在者，追寻形而上的存在者，也就是说，我们自为地生活着（不过，通常，一般人的自为地"去生活"，只是作为形而下的存在者的生活，达不到形而上的境界）；最终，我们大彻大悟，回归生活本身，回归纯真的生活情感，也就是说，我们终于自如地生活着。

一、自发境界：在生活

我首先做了一种区分。什么区分呢？我这是借用了冯友兰先生的一个词语："觉解"。我所说的区分，就是"有觉解"和"无觉解"的区分。实际上，在"十有五而志于学"之前，孔子就已经处在了一种境界之中，那就是冯先生所说的"自然境界"，就是没有觉解的境界。冯先生说，处在自然境界当中的人，无觉解。就像一个小孩，说得好听一点，是"天真烂漫"；说得不好听一点，就是"浑浑噩噩"。反正是：无觉解。然后，我们才进入了有觉解的境界，诸如"功利境界"、"道德境界"乃至"天地境界"什么的。①

---

① 冯友兰：《新原人·境界》，商务印书馆 1946 年版。下文同此，不再注明。

　　就孔子来看，大约在他十五岁的时候，有了一种觉解，一种自觉性。这种自觉性体现在什么地方呢？就是"志于学"。但是，我们不能说孔子在"志于学"之前就什么都没有，不能说孔子在这之前就没有生活感悟。那怎么可能呢？你不能说在这之前孔子就没有"在生活"，没有一种生活情感，一种生活领悟。这是不可能的。所以我会说：其实恰恰相反，对于孔子来说，冯先生所说的"自然境界"，"无觉解"的，那才是他的本源处。那个十五岁而"志于学"的孔子不是突然冒出来的，而是由生活本身所给出的。

　　可惜，现在这个方面的史料很少。比如，我们看《史记·孔子世家》，里面只是零零星星地对孔子早期的生活有一些记载，包括孔子和他的母亲、父亲的一些故事，很少。当然，司马迁在记载的时候，不会说孔子当时有什么"生活感悟"。但是，我们在读《孔子世家》的时候，是有那么一种"感觉"的，只是无法说清楚；就算说清楚了，可能也不是那么一回事。我承认，这个时候孔子是无觉解的。但是，这并不意味着他那时没有生活感悟。很多事情，我们是可以设身处地去体验的。比如，孔子从小就喜欢玩什么游戏，例如礼仪的游戏，他在这些游戏中领悟到了什么。还有，孔子从小不知道父亲是谁，而母亲是一位非常优秀的女性。如此等等。这些都是我们可以设身处地去体验的地方。假如让我去写孔子早年的一些事情，我无法用很学术化的方式去写。但是，我可以用今天所说的文学化的、诗化的方式去写，去传达我的一些"同感"。

我们不得不承认，恰恰是在早年的那么一种生活样式当中，尤其是那么一种情感生活当中，孔子这么一个人，才被给出来了；孔子这么一个"志于学""志"，才被给出来了。尤其是这个"志"，就跟"诗"有关。以前毛亨讲诗，这个"诗"被他形而上学化了，他说："诗者，志之所之也。"① 用我们今天的话语来表达，"志"表示的是心理的指向性。我们今天有很多类似的词语，比如说"意志"。意志就是一种心理指向性，就是心理学意义上的"意向性"（intention）。毛亨还说到"之"，就是"往哪里去"的意思，意味着有目的性。不仅如此，还是"所之"，这就是我刚讲过的"能—所"的结构："志"是"能"，是主体；而"所之"是"所"，是对象。所以，我会说，这样的一种心理状态，这样的一种境界，是有目的、有意志的。这就意味着：这是一种主体性的行为。所以，我说，你从毛亨这句话里面，看不出孔子所说的"兴于诗"。其实，这个"志"绝不是"诗"的前提，恰恰相反，"志"是被"诗"给出的。这也是我讲过的问题：主体性是被本源性的情感给出的。

因此，孔子必定从小就在读《诗》。这是肯定无疑的。孔子后来老是叫学生读诗，是有他自己的切身体验的。至于他晚年才开始整理《诗经》，那是一种学术化的工作。这种学术化的工作，离诗本身反而越来越远了，直到汉代建构起来的诗学，反而不行。

---

① 《毛诗·大序》。

我只是说，笼统地说，十五岁之前，孔子有他的生活感悟，这和《诗》是有关系的，和他个人的生活情感也是有关系的。正是在早年的这么一种生活当中，孔子之所以为孔子，这么一个存在者，这么一个"此在"，被给出来了。然后才有了主体性的自觉性，这就是"志于学"。孔子讲"学"的地方太多了，要学的东西也太多了，但是无论如何，在任何意义上，《论语》里面，孔子在讲到"学"的时候，那一定是一种目的性行为、主体性行为。总而言之，孔子在生活，他一向就在生活，那么，他就不能没有生活情感、生活领悟。

这类似于冯友兰所说的"自然境界"。但我不把这种境界称为"自然境界"。我称之为"自发的境界"。所谓"自发"，也可以叫"自在"。这是我给这种境界的一个我自己的对应性的说法：这就是"自在"的问题。不过，这不是西方人、比如康德所说的"自在之物"那个"自在"，而是我们中国人所说的"自由自在"的意思；也不是佛家所讲的那个"大自在"，而是日常口语当中的"自由自在"。这么一种"自在"，我们用冯先生所说的"觉解"这个观念去看它，当然是没有觉解的。因为，冯先生那里的觉解，要么是形而上学的，要么是形而下学的；它特别是一种认知的观念，知识的观念。那么，自在的境界当然是没有觉解的，一点儿都没有。这就是冯先生所说的"自然境界"，其实是很"本真"的境界。这样的境界也是一种自由境界，而且是本源性的、"自由自在"的自由。我经常这样讲"自由"：全部的自由的源泉——形而下的自由、形而上的自由的源泉，就在生活本源当中，就在生活本身的那种本源结构——
"在生活并且去生活"当中。我们"去生活"，去创造，去建构，
那是一种主体性的活动，当然是自由；但是，那首先是因为我
们"在生活"，我们这种主体性是被生活给出的。"在生活并且
去生活"，这是一切自由的本源。你自在，所以你自由；也可以
说：你自发，所以你自由。这就叫作"自由自在"：自在的自
由，自发的自由。

二、自为境界：去生活

对于孔子一生的境界的转进，跟冯友兰先生的说法相对照，
我一般是做这么一种划分：

1. 自发境界 —— 自然境界
2. 自为境界
    ① "志学" —— 功利境界
    ② "而立" —— 道德境界
    ③ "不惑" —— 天地境界
3. 自如境界
    ① "知命"
    ② "耳顺"
    ③ "从心所欲"

在自发境界之后，是自为的境界。"自为"意味着什么呢？

意味着：主体性、目的性。在冯先生的说法中，这是对应于"功利境界""道德境界"的，因为不论功利行为，还是道德行为，都是主体性、目的性的行为。在这种意义上，"君子"和"小人"或者"常人"并没有区别。

（一）志学

我刚才说了，"志"意味着一种自觉性，意味着目的性、主体性。不仅如此，"志"也意味着一种功利性。这就是我把它跟冯先生所说的"功利境界"相对应的理由所在。

"志"的功利性，应该说是不言而喻的。"功利"并不一定意味着"自私自利"，比如英国的功利主义，边沁的功利主义，那是大家知道的。以前毛泽东一边讲"大公无私"、"全心全意为人民服务"，一边坦然承认"我们是功利主义者"。他说的是"大功利"，不是个人的、私人的功利。过去人们总是以为儒家不讲功利，其实那是一种误解。《周易》里有一种说法，很有意思的："利者，义之和也。"①《周易》古经，几乎满篇都在说"利"。《尚书》还讲"正德、利用、厚生"。②《大学》所说的"亲民"，所说的"齐家治国平天下"，同样是一种功利。现代新儒家也很注重这一点，把"正德、利

---

① 《周易·乾文言》。
② 《尚书·大禹谟》。

用、厚生"跟"科学技术"联系起来。① 这些都是功利，而且是"大功利"。

孔子之"志于学"，就是一种功利。而且，在孔子那里，既有大功利，比如"博施于民而能济众"②、"因民之所利而利之"③；也有小功利，比如说，对"谷""禄"的正当谋求。孔子教子张学"干禄"，"多闻阙疑，慎言其余，则寡尤；多见阙殆，慎行其余，则寡悔。言寡尤，行寡悔，禄在其中矣"④，这就是小功利。孔子叫学生"无见小利"，"见小利则大事不成"⑤，那是谋"大事"、求"大利"。但是，孔子并不否认"小利"。在"己欲立而立人，己欲达而达人"⑥ 这个表述里，首先是"己欲立""己欲达"，这是小功利；然后才是"立人""达人"，这才是大功利。

（二）而立

如果说，"吾十有五而志于学"相当于"功利境界"，那么，"三十而立"是说的达到了另外一种境界，相当于冯先生所说的"道德境界"。当然，这里的"道德"要作广义的理解，泛指一

---

① 牟宗三、徐复观、张君劢、唐君毅：《为中国文化敬告世界人士宣言》。原文："儒家亦素有形上之道见于形下之器的思想，而重'正德''利用''厚生'。"

② 《论语·雍也》。

③ 《论语·尧曰》。

④ 《论语·为政》。

⑤ 《论语·子路》。

⑥ 《论语·雍也》。

切社会规范，也就是儒家所说的“礼”。我这样说，是有根据的。“三十而立”，你“立于”哪里呢？孔子说：“立于礼。”[1]《论语》里面，孔子在说到“立”的时候，通常都是说的“立于礼”的意思，不信你们自己去看。那时所谓“君子”，大约就是这个意思，就是遵循“礼”，即遵守道德规范、政治规范、法律规范等。按冯先生的意思，人首先是一个功利的人，然后才可能是一个道德的人。但是，严格来讲，所谓“功利境界”和“道德境界”并不是两个不同的境界层级，不能把“功利境界”跟“道德境界”对立起来。我刚才就说过，功利未必是不道德的，道德未必是不功利的。

再者，我说，不论是功利境界，还是道德境界，处于这种境界当中的人，在观念上都是形而下的存在者。在这一点上，这两种境界是完全没有区别的，都是形而下的境界。这是一个很重要的观念。我记得我谈到过的：不要把道德规范看得太高，“礼”都是可以“损益”的。当然，这并不是说我们就应该藐视道德、不要道德。只要有人群的地方，就需要道德。我们总是道德地生活着，也就是说，我们总是自觉或不自觉地遵循着某些道德原则。问题在于：那是怎样的一种道德原则？道德源于生活样式，它是历史地变动着的东西。康德把道德看得那么高，那是没有道理的。所以，我想说的是：先行于遵守道德的，首先是建构道德。这一点，对于我们今天的状况来说是特别要紧

---

[1] 《论语·泰伯》。

的：我们今天的一项重要任务，就是重建道德。

虽然如此，这样的形而下的境界却是我们"去生活"的开端。所谓"去生活"，就是一系列的超越：超越自发境界，进入自为境界；超越形而下的境界，进入形而上的境界。当然，我们还要继续超越：通达自如境界，回归生活本身。那么，我们首先是这样去生活的：成为一个功利的人、道德的人。

（三）不惑

"十五志学"，是"兴于诗"；"三十而立"，是"立于礼"。这时候，我们遵守着道德规范；但是，我们不一定明白为什么就该这样做。这就是"知其然、不知其所以然"的情况。就像前些年人们所讲的那样："理解的要执行，不理解的也要执行。"这就是纪律、规范、道德对于一般人的意义：遵守，但未必明白。不明白，就是"惑"。孔子说自己"四十而不惑"，那意思就是：到四十岁的时候，他对于"礼"，不仅"立"于它，"知其然"了，而且"知其所以然"了，"不惑"了。

那么，如何才能"不惑"呢？如何才能明白、理解"立于礼"这件事呢？让我们回到我一开始就讲的"观念的层级"上去。"礼"作为规范，那是众多相对的存在者的事情，是形而下的存在者的事情。我们要理解这样的形而下的存在者，那就要寻求这种众多相对存在者的终极根据，这个根据，就是形而上的存在者。这个唯一绝对的存在者，在中国传统的形而上学观念中，就是"天地"。

"天地"作为形而上的存在者，就是本体，就是万物的根据，这样一个观念，乃是中国哲学的形而上学的一个根本的观念。我刚发表的一篇文章，讲"绝地天通"的，就是讲的这个观念：天与地的分离，人与神的隔绝，叫作"绝地天通"，那是中国哲学的形而上学建构的开端。① 这也就是《易传》所说的："天尊地卑，乾坤定矣；卑高以陈，贵贱位矣。"②

所以，"不惑"的境界就相当于冯先生所说的"天地境界"。他称之为"天地"境界，那绝不是偶然的。在冯先生那里，功利境界和道德境界都是形而下的；按冯先生一向的观念，我们要达到最高的境界，形而上的境界。这个最高的境界，就是天地境界。

我的看法是，在现代新儒家这里，虽然冯友兰先生正式讲"境界"问题，但实际上所有新儒家都在讲这个问题，都是在说要达到一个至高的境界。这个至高的境界，不外乎就是与"本体"同一、"与道为一"的境界。这种境界，简单来说，就是超越分别相。但是，超越分别相并不意味着通达了本源。因为，不仅本源是超越分别相的，而且作为世界终极根据的本体也是超越分别相的。所以，我把冯先生所讲的"天地境界"归为形而上的一种境界。

其实，在我看来，这个境界不是最高的。轴心时期以后，古今中外的很多宗教神学家、哲学家都表达过这样的境界。比

---

① 黄玉顺：《绝地天通：从生活感悟到形上建构》，载《哲学动态》2005年第5期。
② 《周易·系辞上传》。

如基督教里面的"归于天国"之类；儒家也有什么"与天地参"①等表达。这种境界，其实就是李翱所讲的"复性"。这种观念，在宋明理学家那里有些表达，这些表达，我们可以对它进行不同层级的解释。比如，程子说："天人本无二，不必言合。"②对这个说法，可以有不同的解释。在哲学本体论意义上，它是说，这是唯一绝对的存在者，这就是未有"天""人"之分的状态。当然，你也可以很本源地去阐释，但我一般不这么看。我把它归属于形而上学的观念。那么，在境界论意义上，就是复归那么一种境界——天人同一的境界，也就是形而上的唯一存在者、绝对物的境界。

这样的境界，道家讲"成仙"，佛家讲"成佛"，不是谁都可以达到的。对于儒家来说，似乎就是成为"圣人"了？我并不这样看。我对"圣"有另外的看法。

三、自如境界：回归生活

我会说，"圣"是另一种境界：自如的境界。那是孔子"五十而知天命"以后的境界。在儒家的观念当中，我会把这个自如的境界理解为：那就是重新回到"自由自在"的本源情境，回到生活本身，回到纯真的生活情感本身。那么，怎么回到生活本身呢？孔子就是这样表达的："五十而知天命，六十而耳

---

① 《礼记·中庸》。
② 《二程遗书》卷六。

顺，七十而从心所欲不逾矩。"这里涉及几个很关键的词语："天命""耳""心""欲""矩"。我们一一来看：

（一）知命：领悟生活

首先是"知命"——"知天命"。那么，"天命"是什么意思？我首先要说："天命"不是"什么"。但是，一般后来的理解，包括"文革"中对孔子的批判，都是把"天命"理解为"上帝的意志"之类的。在我看来，这些都是形而上学思维模式的结果。

这首先涉及怎么来理解这个"天"。冯先生讲过很多"天"，讲了"天"的很多意义，分门别类的含义。① 那种谈法，其实是很糟糕的。那是把"天"把握为了各种各样的不同的存在者。还有李申写的《中国儒教史》，也把"天"理解为一种最高的意志。当然，也不是说这样的理解全然都是不对的，因为"天"确实曾经被这么理解了。老百姓甚至有一种很人格化的理解，比如我们日常口语里的说法："老天爷"。所以，"天"被理解为至高无上的存在者，这确实也是观念史上的一个事实。但是，问题在于：同样是在中国观念史上，"天"只能被这么理解吗？我们应该怎样更加本源地去理解"天"？我一再强调，儒家文本里面出现了很多词语，它们的含义是不能一概而论的。在不同的语境中，它们可能说的是不同的事情。比如"仁"这个概念，

---

① 冯友兰：《中国哲学史》，上册，华东师范大学出版社 2000 年版，第 35 页。

我说过，有的时候说的是形而上的东西，有的时候说的是形而下的道德原则，而有的时候说的是非常本源的事情。对此要做区分——观念层级的区分。"天"也是一样的要做区分。

怎么理解"天"？孔子有一个说法，很值得玩味。我从"命"字说起，再说孔子讲的"天"。"命"是一种言说，就是"口令"。这是很明白的，汉字"命"本来就是这样构造的。但是，这个"口令"难道就是"天"在那里"发号施令"吗？不然。孔子却说："天何言哉？"① "天"一边发"口令"，一边却又"无言"，这似乎是一种矛盾。我是说：孔子讲"天何言哉"，而他又称之为"命"，这似乎是一个矛盾。但是，我这样说是有前提的，这个前提是：我已经把"天"理解为一个存在者。我们说"天是要说话的"，意思是在说"老天爷""上帝"这样一个会说话的存在者。然后，我才能说："天何言哉"而又能"命"，这是一个矛盾。还有，很多人这样来理解孔子这句话，说：孔子这里说的"天"是"大自然"，nature，所以它不说话；然后又在"命"，那只是一种比喻。但是，所谓"大自然"还是一个存在者或者是一个存在者领域。这就是我所说的，我们过去这么理解，总是把"天"作为一个存在者。

我更愿意这么来理解"天"，就是"自然"；但不是什么"大自然"，而是中国人讲的"自然"。我经常讲这个话题。谈

---

① 《论语·阳货》。原文："子曰：'予欲无言。'子贡曰：'子如不言，则小子何述焉？'子曰：'天何言哉？四时行焉，百物生焉，天何言哉！'"

"自然"，儒家谈，道家也谈。在汉语当中，"自然"不是一个词，而是一个词组，就是"自己如此"的意思。① 当然，这样讲仍然会导致一些模糊之处。比如，我们在现象学语境当中谈"自己如此"的时候，仍然会有两种不同的理解。一种是在胡塞尔那里，"自己如此"可以理解为"自身所予性"（Selbstgegebenheit），那么，我会说：这个还有一个形而上的存在者。另外一种理解，是海德格尔式的理解，似乎是对应于"存在本身"、"生存领会"什么的。不过，海德格尔也有他的问题，也有他的不彻底性。这是我讲过很多次的了，就不再讲了。

我更愿意采取道家的说法："自然"是"无"。这就意味着：自然就是真正的存在本身。这就回到了我在第一次讲座上所讲的那个观念上去。自然不是什么"自身所予性"，而是"无"，就是"无物"；对于儒家来讲，自然就是先行于存在者的生活本身、情感本身。我说：有各种各样的爱的情感的显现样式，这些样式就是自然——自自然然、自然而然。这样的自然，就是自己存在，而与任何形而上的根据无关，也与任何形而下的东西无关。自然先行于这一切。这才是真正的"大自然"。

因此，"天"并不是任何意义上的存在者。所以，这个"天"之"命"，我会说，就是生活本身在说话，但是在无声地说话。虽然无声地说话，我们却倾听着。在中国的观念中，有

---

① 黄玉顺：《中西自然价值观差异之我见》，载《理论学刊》2004 年第 3 期。

很多词语，都和说话有关，这不是偶然的，这意味着，我们的远古先民，一定有那么一种领悟—— 这种领悟和认识无关，完全不是认识，而先行于任何认识。就是说，他似乎听到了什么。可是他什么都没有听到；但他确确实实感觉自己听到了什么，他感觉自己只有在这种倾听之中才能"去生活"。我们不能设想他没有这么一种领悟，否则他根本就造不出这些观念来，就不可能这样来用这些字。特别是"道"这个字，从一开始就有两个意义，一个是道路，一个是言说。怎么会是这样的呢？我们会感到很奇怪，没法解释，任何知识都无法告诉我们，训诂学、语言学都不行。我们只能说：它跟知识无关，而是先行于知识的，先行于认知的。这样的"天命"，我称之为"生活领悟"。如果我们一定要说"良知"的话，我更愿意在这样的本源意义上使用"良知"这个词语："良知"就是生活领悟，就是"听见"了生活情感尤其是爱的情感的无声的召唤。生活情感的这种无声的召唤，就是"天命"。

（二）耳顺：倾听生活

所以，孔子才说"耳顺"。也正因为如此，我会说，人到了这个自如境界，才算是真正的"圣人"。因为"圣"字从"耳"，就是倾听。"圣"是个形声字嘛，"圣"的繁体字是"聖"，从"耳"，读"呈"。[1] 因为你能倾听，你才成"圣"。所以，孔子才会特别说到"耳顺"。孔子特意说到"耳"，圣人之

---

[1] 许慎：《说文解字》。

"耳"用来做什么？倾听。倾听什么？倾听天命，而不是听上帝发号施令。这里没有上帝，也没有任何存在者。我说过了，这里的"天"不是实体，也不发号施令；但我们似乎确实倾听到了，所以，我们把这件事领悟为"命"——口令。"天"既然不是存在者，不是物，那就是存在本身，就是生活本身；"命"也就是生活本身的情感流行的某种"趋向""趋势""势头""动向"。所以，倾听什么？就是倾听生活本身，倾听生活情感。这样，你就成圣了。

我刚才谈到过，"圣"就是"仁且知"[①]。什么叫"仁且知"呢？这跟"圣"之"耳"的"倾听"有什么关联呢？"仁"就是"天命"，就是存在本身的无声的言说，也就是生活情感本身的流动；而"知"，就是"知天命"，就是"知道"了、倾听到了这样的"天命"。此时，不仅生活情感涌流着，而且我们倾听到了、"知道"了这种涌流，这就不再仅仅是自发境界、自然境界了，而有了"觉解"。这就叫"仁且知"，也就是我所说的"生活领悟"。

我们倾听"天命"，就是听到了生活本身的流水之声。生活之"活"，原来就是流水之声："活，水流声。"[②] 生活犹如《诗》云："河水洋洋，北流活活。"[③] 所以，生活犹如孟子所

---

① 《孟子·公孙丑上》。
② 许慎：《说文解字》。
③ 《诗经·卫风·硕人》。

说："源泉混混，不舍昼夜。"① 犹如孔子所说："逝者如斯夫，不舍昼夜！'"② 所以，我经常说：生活如水，情感如流。这就是"智者乐水""智者动"；然而生活本身，其实无所谓动不动，这就是"仁者乐山""仁者静"。③

这个时候，就叫"耳顺"。"耳"是倾听，"顺"是听见了。许慎解释"圣"字："通也。"④ 我们今天有一个词，叫作"通顺"。圣人"耳顺"，所以能"通"，就是"通顺"。通往哪里呢？通往生活本身、存在本身。这就是我所说的：通达本源。

大家都能注意到，汉语观念中有一系列的关键性的词语，在儒家、道家都非常核心的词语，都和我们的口、耳有关。诸如"命""名""哲""和""吉""君"；还有"诚""信""谊"；还有"圣"字（繁体从"耳"），等等。据说老子这个圣人，名"耳"，字"聃"，也跟耳朵有关。很有意思！这一切绝不是偶然的。从"口"或"言"，就是说话；从"耳"，就是倾听。可是"天"不说话，你听什么？但是天又能"命"，你确实是能够听见的。你回到本源上，谁告诉你什么？没有谁告诉你什么。但是唯其如此，你才"耳顺"，才能"通顺"，才能通达本源。否则，孔子突然说了一句"耳顺"，你会感到突兀，不明所以。他听什么呢？实际上，他是在听"无"。

---

① 《孟子·离娄下》。
② 《论语·子罕》。
③ 《论语·雍也》。
④ 许慎：《说文解字》。

　　还有一点，我要分辨一下：事实上，在第一个境界之中，在自发的境界之中，我们就已经在某种意义上"耳顺"了。我们一向就在倾听生活，一向就在倾听情感。我们向来就"在生活"，所以我们向来就在感悟生活、倾听生活。假如你听不见"活"——水声，你就没法"活"——没法生活。但是，这里缺少一点——我刚才讲了，我愿意理解为——真正本源意义上的"良知"。这样的良知，从知识论的角度看，是"无知"的。在认识论、知识论的意义上，良知无知。良知无知，因为其无"所知"。但良知又确实是一种"知"，所以才叫作"良知"，才有个"知"，那是"无所知之知"。"圣"之为"仁且知"之"知"，就是这样的良知。这才是真正意义上的作为生活领悟的"良知"。这跟传统形而上学所理解的"仁且智"的智是不同的。人们通常这样理解"仁且智"，就是：仁者爱人，有爱心，或者说遵守儒家的道德原则；然后他还很有智慧：于是就成了圣人了。更有甚者，把"良知"把握为什么"本体"。不是这样的，不能这么理解。"仁且知"固然是达到圣人的境界，但是圣人的境界就是倾听。倾听什么？听无。什么都不要听，不听知识，不听道德，不听上帝；只听"天命"，只听生活本身，只听生活情感。这才是"圣"，这才能达到"从心所欲不逾矩"的那么一种"自由自在"。圣，就是知道倾听爱的呼唤。

　　（三）从心所欲：生活

　　孔子说他自己："七十而从心所欲不逾矩。"对于这个表达，人们有很多的误解：又是"心"、又是"欲"、又是"矩"。太主体性了！所以，我想通过对这几个观念的解释，来说明孔子这种最高境界的本源性意义。

第一点，关于"心"。

从字面上看来，"从心所欲"的前提是"心"，于是，人们马上就想到形而上学的"心性论"，说：这个是良心，本心，本体。其实，这个"心"也就是"无心"。汉语的"心"也是有很多不同的用法的。所谓不同，是观念层级上的不同：有时是说的形而下的心，比如说，牟宗三所说的什么"道德心""知识心"[①]；有时是说的形而上的心，就是孟子所说的"本心""良心"，也就是绝对主体性；有时候却恰恰是说的无心，是说的本源之心：无心之心。此心即无。《增广贤文》上说："流水下滩非有意，白云出岫本无心。"生活情感的显现，本源性的爱的显现，就是"非有意""本无心"的事情，就是"自然"——"自然而然"的事情。所谓"从心"，就是随顺这样的自然。孔子之所以能这样随顺自然，是因为他已经"知天命"而"耳顺"，已经领悟了生活本身、倾听了生活情感。所以，对孔子所说的"从心所欲"，我们千万不能理解为心性论的那个"心"。

第二点，关于"欲"。

---

① 牟宗三把"知识心""知识主体"看作形而下的，而把"道德心""道德主体"看作形而上的，这才有他的所谓"良知坎陷"的设计，由绝对的道德主体性来开出相对的知识主体性。但我认为，这是站不住的。参见拙文：《"伦理学的本体论"如何可能？——牟宗三"道德的形上学"批判》，载《西南民院学报》2003 年第 7 期。

我在谈"七情"的时候就谈到过,"欲"一般来说是一个主体性范畴。我说过,"欲"是心理学意义上的"意向性"(intention)。① 甚至有时在谈到"仁"的时候,"欲"也是主体性、意向性的事情。比如,孔子说:"仁远乎哉?我欲仁,斯仁至矣!"② 显然,这里的"仁"是"欲"的对象,是一种道德情感方面的意愿,当然就是形而下存在者的一种主体性意向性了。但是,显而易见,孔子这里所谈的"从心所欲",却是自如境界的事情,那就绝不会是主体性意向性的事情了。这个问题,同样涉及我经常讲的一个话题,就是:孔子那里的词语往往是多层级的用法。"欲"也是这样的,在谈到自如境界的时候,孔子所说的"欲",一定不是说的主体性的意向性。这里的"欲",一定是回归了本源层级的事情。

这就使我想到关于"欲"的这样两种说法:"性之欲"和"情之欲"。首先需要指出:这不是现代汉语里所说的"性欲""情欲"。"性之欲"这个说法,例如朱子说:"人生而静,天之性也;感于物而动,性之欲也。"③ 我讲过,这是一种很典型的形而上学的"性—情"观念架构。④ 而"情之欲",我们可以这样理解:这里没有"性"——主体性的预设,而是从"情"——生活情感出发的。有情,就会有欲。当然,欲不是

① 参见第二讲第三节"一、本源之爱"。
② 《论语·述而》。
③ 朱熹:《诗集传·序》。
④ 参见第二讲第一节"一、性与情:儒家的形而上学架构"。

情；欲是从情感向意欲的观念递转，正是在这种递转中，主体性才得以生成。但是无论如何，这样的接近于本源性的"欲"毕竟还不是主体性。

我理解，孔子这里所说的"从心所欲"之"欲"，既然实质上是"无心"的，那么就是"无心之欲"，就是那种直接发源于生活情感的"欲"。这非常接近于我刚才谈"天命"的时候说到的：生活本身的情感流行的某种"趋向""趋势""势头""动向"。这种"欲"，恰恰是"无欲"。比如，孔子在领悟天命的时候，说："予欲无言。"① 这样的"欲"，恰恰是"无欲"。所以，"从心所欲"恰恰是说的无心、无欲。

第三点，关于"矩"。

所谓"不逾矩"，从字面上看，是说的不会逾越规矩，诸如不会犯法、不会违纪之类。那就是说，怎么做都不会"犯事"。但是，这样的理解是很不好的，是很形而下学的理解，而不再是超越了形而下学、形而上学的自如境界的事情了。我们知道，"矩"是说的"礼"，就是我谈到过的各种各样的规范。这样的规范的存在，那是形而下存在者的事情；可是，在这种自如境界上，我们不仅超越了形下之物，而且超越了形上之物。这里"无物"，也就无"矩"、无"礼"可言。孔子之所以能"不逾矩"，是因为在这样的境界当中，根本就没有什么"矩"：不仅超越了形而下的东西，而且超越了形而上的东西，真正回到了

---

① 《论语·阳货》。

生活本身、情感本身。

　　所以，我的理解是："从心所欲不逾矩"，就是说的生活而已。不过，需要注意：这里的"生活"是个动词，就是"生活着"，就是本源地"在生活并且去生活"着。所谓的"达到最高境界"，其实就是生活着——纯真地、质朴地生活着。

　　如此说来，这不是又回到了那个最低的境界去了吗？不是又回到了自发境界或者"自然境界"了吗？当然可以这么说。这就是老子所说的"复归于无物"①。所以我常说：最高的境界，就是回到最低的境界。但是，这里还是有个区分：这个最高的境界却又跟那个最低的境界有本质的不同，这个不同就是有无"觉解"，或者我刚才说的，有无"良知"。最低的自发境界是无觉解的，而最高的自如境界是有觉解的。所以，更确切地说：最高的境界，就是自觉地回到最低的境界。具体说来，最高的境界就是：自觉地回归生活本身，自觉地回归生活情感尤其是爱的情感，自觉地在生活并且去生活。

---

　　①　《老子》第 14 章。

第二章

"孔颜乐处"新诠

【作者按】本文节选自《爱与思——生活儒学的观念》，四川大学出版社 2006 年版，第 134~149 页；四川人民出版社 2017 年增补本，第 150~167 页。

另外一个跟"境界"问题有密切关系的话题，就是所谓"孔颜乐处"的问题。在我看来，"孔颜乐处"不仅是儒者的一种境界，而且是最高的一种境界。佳佳的毕业论文就是这个题目①，写得不错!

我们知道，在宋明理学里，最早提出"孔颜乐处"这个问题的是周敦颐。② 二程早年跟着他学习的时候，他出了这么一个

---

① 汪佳佳：四川大学哲学系 2005 级研究生。其本科毕业论文为《论"孔颜乐处"之究竟》。

② 在此之前，胡瑗主太学时，曾以"颜子所好何学"为题考试诸生。但是，他那里还没有明确地出现"乐"字。

问题来考他们：孔子、颜子，"所乐何事?"① 这确实是一个饶有趣味的问题，也是一个极为深刻的问题。

　　这个问题出自《论语》里面的两条记载，大家都很熟悉的：一条是孔子说自己"乐在其中"，原文是："饭蔬食饮水，曲肱而枕之，乐亦在其中矣。"② 另一条是称赞弟子颜渊"不改其乐"，原文是："贤哉，回也! 一箪食，一瓢饮，在陋巷，人不堪其忧，回也不改其乐。贤哉，回也!"③ 我们就来看看那究竟是什么意思。

一、安乐

　　后世对"孔颜乐处"的具体的解释很多，但大致来说是解释为"安贫乐道"那样的意思。周敦颐自己，就有这么个意思。④

　　"安贫乐道"这个说法，我觉得也不是毫无道理的。但是，这个"道"究竟是什么道? 那问题就大了。比如老子、庄子那里谈"道"，道有不同观念层级的不同用法。例如庄子说"盗亦

---

　　① 《二程遗书·二上》记载程颢回忆："昔受学于周茂叔，每令寻颜子、仲尼乐处，所乐何事。"

　　② 《论语·述而》。

　　③ 《论语·雍也》。

　　④ 《周敦颐集》，中华书局 1990 年版，《通书·颜子第二十三》："颜子'一箪食，一瓢饮，在陋巷，人不堪其忧，回也不改其乐'。夫富贵，人所爱也，颜子不爱不求，而乐于贫者，独何心哉? 天地间有至富、可爱可求而异乎彼者，见其大而忘其小焉尔。见其大，则心泰; 心泰，则无不足。"

有道"①，他还举了很多例子，就是说，有各种各样的道，众多的道，这些道是"并行不悖"的。这是形而下的道。形而下的道，最典型的表达，在儒家的文本里面，比如在《易传》里面有："《易》之为书也，广大悉备：有天道焉，有人道焉，有地道焉。"② 这是把三种道分开的，叫作"三才之道"③。这就不是"一"，而是"多"了。这里面有天、地、人，三种存在者。这就叫作"形下之道"。这样的形下之道，类似于今天的话语所说的，每一种事物都有其自身的"本质规律"。我们说，所谓科学不外乎就是寻求这样的形下之道。而老、庄会说，包括庄子在很多地方说得很明白的：这众多形下之道的根据是什么？当然就是"形上之道"，就是"道之为物"④ 那么一个"物"、一个存在者、一个东西。然而，不管你是众多的相对的物，还是唯一的绝对的物，都是物，都是关乎存在者的事情。但是，对于老、庄来说，"道"还有更本源的用法，就是"无"，或者说"无物"。用今天的话语来说，那就是先行于任何存在者的事情，就是存在本身的事情。这样的道，那才是本源之道。

这就意味着：当我们谈"孔颜乐处"的时候，后世的儒者把它归结为"安贫乐道"，这固然是可以的，但是很模糊的。你"乐道"，所乐的是什么"道"？是天道、地道，还是人道？还是

① 《庄子·胠箧》。
② 《周易·系辞下传》。
③ 《周易·系辞下传》。
④ 《老子》第 21 章。

"盗"之为"道"——强盗的道？还是另外的什么道？这都是需要阐释的。我今天就是想着重阐释一下这个问题。

再看前面这个"安贫"，这个表达也是很成问题的。这是把"贫"和"道"平行、对立起来的。这样的说法是常见的，人们都把它作为一个普遍观念来接受，比如说，"为富不仁"。就是说，人有了钱，就不是好东西。这样的观念，带出了很多误导别人的东西，那意思就是：人要求道，那就要贫；不贫，就谈不上得道。但关于富贵贫贱的问题，孔孟谈了很多，不是这个意思。例如刚才我们所引的孔子说他自己"乐在其中"，接下来还有一句话："不义而富且贵，于我如浮云。"这句话显然蕴涵了这样的意思：如果是"义"的，那么，何妨"富且贵"？所以，我是要说："安贫乐道"这个说法是很成问题的。

但这个"安"是很有意思的。我倒是觉着，把"贫"和"道"去掉，还好谈一点，那就是"安乐"。现在我们就专门来阐释"安乐"。显而易见，"安—乐"这个词语表明，"安"是"乐"的前提，不"安"就不可能"乐"。试想，一个人处在或者"怒"、或者"哀"、或者"惧"的情绪之中，或者处在"怵惕恻隐"的情绪之中，或者处在一种焦虑的情绪之中，总之处在一种"不安"的情绪当中，他怎么"乐"得起来？

这个"安"，我在第二次讲座的时候谈过的，我是说，"安"乃是一种极其重要的生活情绪，是儒家特别是孔子所特别重视的一种情绪。孔子回答宰予问三年之丧①，就是一个"安"的问题②；他还说"仁者安人，知者利人"③，这也是个"安"的问题。总之，在孔子那里，是非常强调安与不安这样一种生活情绪的。在《诗经》里面，有很多诗，比如在《国风》里面，也谈这么一种情绪。比如说，有这么一个人，他对于他的所爱者来说，所爱的人不安，他自己也就不安，然后他要使得自己所爱者安了，他自己才安。④ 这就是"安"的问题。由此可见，安与不安、由不安而求安，皆源于爱，也就是"仁"。这就叫作"仁者安仁"。

所以，当我们达到了"孔颜乐处"那么一种境界、那么一种心境的时候，那一定就是"安"的，是"安—乐"的。我在这种意义上来理解"安乐"，即理解为回归了本源情感的那么一种最高境界。在这样的境界中，不要说什么"贫"，甚至死也是安乐的，这就是"安乐死"。真正的安乐死不是一种逃避，而是这么一种境界，对生活的这么一种领悟：他去选择一种死，而感到安，而感到乐。什么叫"视死如归"？那就是把死看作一种回家。回家了，你会感到安乐。这么理解"安乐死"，可能更本

---

① 《论语·阳货》。
② 参见第二讲第三节"一、本源之爱（二）情绪"。
③ 《论语·里仁》。
④ 参见《诗经·小雅·谷风》："习习谷风，维风及雨。将恐将惧，维予与女；将安将乐，女转弃予。// 习习谷风，维风及颓。将恐将惧，置予于怀；将安将乐，弃予如遗。// 习习谷风，维山崔嵬。无草不死，无木不萎。忘我大德，思我小怨。"

源一些吧？或者说，是一种最高的境界吧？

二、有所乐与无所乐

这就表明，关于"孔颜乐处"这个话题，首要的一个问题，就涉及我们所说的"观念层级"的区分。就是说，这个问题跟我们整个观念层级当中的某个层级有一种对应性。

（一）有所乐之乐：有物之乐

但是，这种对应性总是遭遇到语言形式、言说方式带来的理解困难。一般来讲，我们所说的"孔颜乐处"，还有另外一种提法，叫作"所乐何事"。刚才提到过，周敦颐就是这样发问的。这里有一个"所乐"，有一个"所"，这是我们语法结构中的所谓"所字结构"。所字结构的特征是什么呢？就是给一个动词——是一个及物动词，一定是及物的，加上一个"所"字，使得这个动词变成一个名词，变成了这个动词所及的名词，意思是，它所指向的就是这个东西，这个存在者，这个物。比如，"思"是一个动词，加上一个"所"字，变成"所思"，就成了一个名词，这个名词指向一个"物"，它是"思"的对象。

这是一个很麻烦的问题，涉及整个人类自从轴心时期以来的一个基本的观念框架。这个问题非常关键，但是到现在为止，我没有看到有人专文来谈这个问题。以前佛教里面倒谈得比较多，现在谈得很少了。这个问题，这个基本的架构，就是"能—所"架构。我们后来的语言，在表达很多事情的时候，都不能通达本源，究其原因，很大程度上就在于语言本身的表达模式。我谈到过，索绪尔的语言学，一方面是"能指"，一方面是"所指"，也是这样的"能—所"结构。一般说来，我们可以把"能""所"后面加上各种各样的动词。比如说，从认知方面来说，就是"能知—所知"；从践行方面来说，就是"能行—所行"：都是"主—客"关系的架构。这就是认识论方面的"能—所"架构。以前王船山讨论过这种架构，他就明确地说："能"是"己"，"所"是"物"。① 这是典型的"主—客"关系的观念。他甚至还把"能—所"跟"体—用"联系起来，认为"能"是"用"，"所"是"体"②，那是企图为认识论的"主—客"架构寻求一个本体论的根据。

在本体论的层级上，比如佛教里面的唯识学，它就有这样的表达，叫作"心所有法"，意谓这样一种"主—客"关系：一方面是"心"或"心王"，是"能"；另一方则是"心所"，即"所"。③ 在"因缘"学说中，有"六因"，首先是"能作"；至于我们所谓"客观事物"，其实不过是其"所作"。④ 包括许慎

---

① 王夫之：《尚书引义·召诰无逸》。原文："所谓'能'者，即己也；所谓'所'者，即物也。"
② 王夫之：《尚书引义·召诰无逸》。原文："乃以俟用者为所，则必实有其体；以用乎俟用，而以可有功者为能，则必实有其用。体俟用，则因所以发能；用用乎体，则能必副其所。"
③ 《百法明门论忠疏》卷上："心所有法亦三义：一恒依心起，二与心相应，三系属于心。如属我物，立'心所'名，心家所有，立'心所有'。"
④ 《俱舍论》卷六："一切有为，唯除自体，以一切法为能作因，由彼生时无障住故。"

在解释"道"的时候，也是这么一种表达："道，所行道也。"①
这就是同语反复，其实他也可以说："道，所行也。"道就是所
行。道既然是"所行"，那就不是"能行"，这就是"能—所"
这样的表达所带来的麻烦。

　　从情感上来讲，则可以说"能爱—所爱"，这就是伦理学意
义上的"主—客"架构。这就是说，不光认识上有"主—客"
架构，一切形而下的言说，不管是伦理的，还是知识的，统统
都可以归结为"主—客"架构。之所以如此，是因为在本体论
层级上就有一个"物界"的划分。伦理学上就有一种基本的物
界：我与他者；认识论上也有一个基本的物界：我与对象。

　　所以，我们现在谈"孔颜乐处"，表达为"所乐何事"，哪
怕仅仅在表达上，就已经使我们很难通达本源了。在传统观念
上，我们会说：一个仁者，他"能乐"，他有其"所乐"。这样
一来，我们的全部思路就去思考那个"所乐"，那个东西，那个
对象，那个存在者，那个物。然后我们会问：孔颜到底乐什么？
语言就规定了你只能去思考这个对象。然后，你就会采取排除
法的思路——在宋明理学那里就是这样想的，不外乎是：这个
颜子，既然"居陋巷，人不堪其忧，回也不改其乐"，那
么——很多人就会很严肃地这样思考，颜子"所乐"的就一定
不是那个"贫"；既不是"贫"，那就是"道"了。他们的思路
就是这么来的，最后归结为"乐道"，而且是作为形而上存在者

---

　　①　许慎：《说文解字》。

的道。尽管宋明理学的各个派别对“道”的理解有所不同，但不管怎么说，宋明理学所理解的“道”有一个共同点，就是那个至高无上的、形而上的存在者。结果，所乐的还是一个存在者，一个物，一个被对象化打量的东西。

其实不仅“所乐何事”这样的提法，即使“孔颜乐处”这样的提法也是易致误解的，因为这里出现了一个“处”，而“处”和“所”是一个意思，所以才有“处所”这样的说法。这就是说，“乐处”意味着一个地方、一个处所，一个空间场所。这就麻烦了，仍然带出了“主客”的观念。其实，西方语言也有同样的麻烦。比如说，海德格尔讲“在世”——“在世界之中存在”（In-der-Welt-sein）[1]，也会带来这样的困扰，似乎存在着“此在”和“世界”之间的一种对待关系。其实，在存在本身的层级上，哪里有什么“此在”和“世界”？后期海德格尔也是这样，他讲“思”（denken），讲“所思”（Gedachten），自然而然就会带出什么“澄明”（Lichtung）之境、“林中空地”（Waldlichtung）之类的东西。[2] 这都是语言形式所带来的麻烦。

所以，我今天想提出来一个基本的层级划分，那就是说：有两种乐。我刚才讲的，都是讲的“有所乐”。这样的“有所乐

---

[1] 海德格尔：《存在与时间》，陈嘉映、王庆节译，三联书店 1999 年版，第一篇第二章。

[2] 海德格尔：《哲学的终结和思的任务》，见《面向思的事情》，陈小文、孙周兴译，商务印书馆 1999 年版。

之乐"，总是有一个对象、一个场所什么的。用儒家的传统形而上学的话语来讲，我们会说：一个"小人"，他有什么可"乐"的啊？小人所乐，就是乐一些形而下的东西，如打麻将，这当然就是"有所乐之乐"。按照传统的说法，这一定是"小人"。假如"小人"一定是一个道德概念，你也可以称之为"常人"，也行啊。就是说，这样的人是没有得"道"、守"道"的。然后，在宋明理学家看来，"孔颜乐处"乐的一定不是打麻将，也绝不会是口腹之欲。他们会说：孔颜所乐的，必定是形而上的东西。但我会说：即使照这么讲，不论孔颜、还是常人，他们的共同点是总之要"乐"一个"东西"。但我会说：这么来理解"孔颜乐处"，恐怕是大成问题的。其实不仅孔、颜那样的圣人、君子，即使一个常人，你也不能这么去理解他。我就认识这么一个人，一个平平常常的人，他没什么文化，也谈不上什么家财，就是一个普普通通的工人，却总是乐乐呵呵的，总是自然而然地带着笑、哼着歌。我不知道他乐什么，连他自己也不知道。他"无所乐"。这大概就是"无所乐之乐"。

所以，对于"孔颜乐处""所乐何事"，我们须得另寻解释。

（二）无所乐之乐：无物之乐

且不说颜子，我只说孔子的乐处。夫子的乐处在哪里？我想说的是：他是"无所乐"的，是"无所乐之乐"。孔子的"乐处"其实并没有一个"处"，没有"处所"，没有对象。最典型的例子，就是"吾与点"的故事。① 曾点的那段描绘，就像今天我们所说的春游。你或许会质疑："他不是乐的'暮春'的景色吗？他不是在'沂'和'舞雩'那样的处所吗？"但我要说：这样的处所、景色并不是对象性的，并不是作为存在者、物来看待的。严格来说，"孔颜乐处"是这么一种境界，就是王国维所说的那种境界："无我之境"——"不知何者为我、何者为物"。② 所以，孔子所乐的到底是什么呢？我实在说不上来。他没有乐"什么"。这就是"无所乐之乐"。孔子这里"能乐"而无"所乐"，也就没有"主—客"的观念架构。

孔子还有一种说法："知者乐水，仁者乐山。"③ 很多人理解这个话，都是把"仁者"和"智者"对立起来，比如说：智者乐水，像水一样没有确定性；而仁者有确定性，所以乐山。怎么能这样对立起来呢！孔子说过："未知（智），焉得仁？"④ 所

---

① 《论语·先进》。原文："子路、曾皙、冉有、公西华侍坐。子曰：'以吾一日长乎尔，毋吾以也！居则曰："不吾知也！"如或知尔，则何以哉？'子路率尔而对曰：'千乘之国，摄乎大国之间，加之以师旅，因之以饥馑，由也为之，比及三年，可使有勇，且知方也。'夫子哂之。'求，尔何如？'对曰：'方六七十，如五六十，求也为之，比及三年，可使足民；如其礼乐，以俟君子。''赤，尔何如？'对曰：'非曰能之，愿学焉！宗庙之事，如会同，端章甫，愿为小相焉。''点，尔何如？'鼓瑟希，铿尔，舍瑟而作。对曰：'异乎三子者之撰！'子曰：'何伤乎？亦各言其志也。'曰：'莫春者，春服既成；冠者五六人，童子六七人，浴乎沂，风乎舞雩，咏而归。'夫子喟然叹曰：'吾与点也！'"

② 王国维：《人间词话》。
③ 《论语·雍也》。
④ 《论语·公冶长》。

以，我会问：你说的仁者的确定性是什么意思呢？就是守住那个形而上的东西吗？再者，"智者乐水"就是这个意思吗？还是那句话："未知，焉得仁？"何况，孔子从来就不这么理解水。相反，在他看来，水是很好的，很妙的。所以，孔子一见到水，就会赞叹："水哉！水哉！"① 但他并没有说水究竟是什么东西，他至多只是说"不舍昼夜"地流啊流啊。倒是孟子替他解释了一番，"源泉"什么的，那也是说的生活本源的事情啊。②

　　对"仁者乐山""智者乐水"这个观念的理解，还应该联系到另外一个重要的观念：圣。"圣"是什么意思？那就是"仁且智"嘛。③ 所以，在我看来，"智者乐水，仁者乐山"就是在说这个"圣"，就是在说"圣"这么一种境界，一种最高的境界。当然，也可以说"智者乐水"确实是没有确定性的。有确定性的东西是什么？是知识。但是孔子所讲的没有确定性的"智"恰恰不是在说什么知识，孔子这里根本就不是在做一种什么对象性的把握。这样的乐，"乐水""乐山"，就是说的达到了"仁且智"这么一种"圣"的境界的乐，就是：无所乐之乐。

---

　　① 《孟子·离娄下》。

　　② 《孟子·离娄下》。原文："徐子曰：'仲尼亟称于水曰："水哉！水哉！"何取于水也？'孟子曰：'源泉混混，不舍昼夜，盈科而后进，放乎四海。有本者如是，是之取尔。苟为无本，七八月之间雨集，沟浍皆盈，其涸也可立而待也。'"参见第一讲第三节"三（二）生—活：生活"。

　　③ 《孟子·公孙丑上》。原文："昔者子贡问于孔子曰：'夫子圣矣乎？'孔子曰：'圣则吾不能，我学不厌而教不倦也。'子贡曰：'学不厌，智也；教不倦，仁也。仁且智，夫子既圣矣。'夫圣，孔子不居。"

再举一个例子，孔子还喜欢一种事情：唱歌。听到别人唱歌，唱得好，就要别人再唱一遍，他自己还要和一首。① 他当然自得其乐。可是他乐什么呢？说不上来。他特别地"乐"唱歌的这么一个人？并不是；他可能"乐"这首歌？也不是。其实，"诗歌""诗歌"，"歌"和"诗"是一回事，就是我所说的情感的言说，情感本身的显现。情感不是存在者，不是物，不是一个对象，不是一个东西。这就是我所领会的那么一种"无所乐之乐"。

这就让我想起孟子的一个表达，很有意思的："反身而诚，乐莫大焉。"② 当我们谈到"孔颜乐处"或孔子"所乐何事"的时候，自然会想起这句话。"乐莫大焉"，就是说，在孟子看来，这是最大的乐。理解这句话的关键，是那个"诚"，只有理解了这个"诚"，才能理解这个"乐"。那么，在孟子那里，以及在《中庸》那里，这个"诚"到底是什么意思呢？当然，我们可以做出一些不同的诠释。但我个人的理解，我始终会把思孟所说的"诚"把握为形上之物，一个本体，就是对"性"的设定，也就是孟子说这句话之前的那一句"万物皆备于我"。那么，"反身而诚"对于孟子来讲，就是"存心养性"③，或者就是刚才我们讲到的"复性"，回复到一个形而上的本体。这样的"乐"就不是"无所乐之乐"了，就不是本源之乐了。《中庸》

---

① 《论语·述而》。原文："子与人歌而善，必使反之，而后和之。"
② 《孟子·尽心上》。原文："万物皆备于我矣，反身而诚，乐莫大焉。"
③ 《孟子·尽心上》。

也是这样，讲"不诚无物"，就是说的天地万物、各种各样的形而下存在者是怎么被一个形而上存在者给出的。当然，你可以更加本源地去理解孟子这个"诚"，不过那是一种善意的理解了。

　　这种善意的理解也是可以的。为什么这么说呢？因为，在汉语当中，"诚"原本并不是说的什么形而上的本体。"诚"原来不是这个意思。我们现在读古文的话，你会发现：这个"诚"字，在很多时候被用作副词。诸葛亮在《出师表》里面说："此诚危急存亡之秋也。"就是用作副词。用作副词是什么意思呢？就是说：这是一种状态、一种情境。一种怎样的情境呢？就是我们现代汉语里面所说的，真真切切的、实实在在的，就是真实。但是，在观念的层级上，这个"真实"并不是说的什么"客观情况"，不是说的与主体相对的客体的事情，而是作为存在本身的"事情本身"。"诚"作为"事之情"，就是"情"——本源性的情。"诚"的这种用法，也是"情"的用法。所以，在古代汉语里，作为副词的"诚"，往往可以用"情"替代。我在第二次讲座里谈"情"的时候讲过，"情"就是"诚"；反过来说，"诚"就是"情"。我还讲过："情"就是指的本源情境，就是作为大本大源的生活情感、生活感悟。① 那就是说，当我们说"事情本身"的时候，可以用"情"字去说。"诚"也是这样的。

----

① 参见第二讲第二节"二、事之情"。

但是，我们今天理解"诚"，常见的有两种形而上学的理解：一种就是思孟那样把它把握为"性"本体；另一种就是把它把握为一种道德品质。比如说，近些年讲什么商业伦理，讲"诚信"，就是说的一种道德品质。这样两种讲法，一种是形而上的讲法，一种是形而下的讲法，当然也可以，但都是很不本源的讲法。本源的讲法这里就不再展开了，简单说，"诚"就是"情"，就是"事情本身""存在本身"，就是生活本身，就是纯真的生活情感本身。如果在这种意义上来理解"诚"，那么，孟子"反身而诚，乐莫大焉"那样的表达就是很不错的，就是说：至高无上的真正的"乐"，就是回到"诚"，回到"绝假纯真"的"最初一念"①。这也就是"生活儒学"一再强调的：回归生活本身。我想，所谓"孔颜乐处"就是这样的境界。

三、乐（lè）与乐（yuè）

刚才志明②问了一个问题："乐"字在汉语里有几个读音？我来把这个问题说一下。其实，"乐"不仅有几个读音，而且这几个读音的用法也不同。第一种，lè，通常用作不及物的动词、形容词或者名词，表示一种情绪。第二种读音，yào，通常用作及物动词，表示的也是那样的一种情绪；只是这个用法的意思比"lè"更进一步，有了"欲"的意思。朱熹认为"智者乐水，

---

① 李贽：《童心说》。
② 余志明：四川大学哲学系 2004 级研究生。

仁者乐山"里面的"乐"就应该读"yào"。① 不过，在现代汉语里，这两种用法都读"lè"了。我刚才讲的那些"乐"，都属于这两种用法，现在都读"lè"。第三种，yuè，就是音乐之"乐"。

"乐"（lè）和"乐"（yuè）的关系是我要着重讲一下的问题，因为这跟我们要讲的"境界"问题有密切的关系。

我们知道，人们称中国文化为"礼乐文化"。而对于"礼乐"里面的这个"乐"，过去有不同的理解。其中有的表达是非常好的；有的则带有形上学的观念，比如说什么："乐者，圣人之所乐也"②；或者说什么："乐者，乐也，君子乐得其道，小人乐得其欲"③。这样的表达，始终是以"人"这样的主体性为先行观念的。这和我关于这些文本的历时性的判断是吻合的：但凡这么去理解"乐"的文本，基本上都是中国轴心时期甚至轴心时期的晚期形成的，所以，我基本上判定其为形而上学的表达。而我更愿意回到那么一种更其本源的表达上去。

之所以称中国文化为"礼乐文化"，这跟孔子的一种说法有关系："立于礼，成于乐。"其实，孔子这两句话之前，还有一句，就是：

---

① 《论语集注·雍也》："'乐'上二字，并'五教'反。"
② 司马迁：《史记·乐书》。
③ 《白虎通义·礼乐》。

兴于诗，立于礼，成于乐。①

孔子这三句话非常重要，可以说是他的全部思想的一个总纲领。只要把这三句话讲清楚了，实际上可以把孔子的整个思想给端出来。当我们现在说"乐"（yuè）的时候，是在"成于乐"的层面上讲的；而当我们刚才说"乐"（lè）的时候，是在"兴于诗"的层面上讲的。为什么说这三句话跟我讲的"境界"问题有关呢？其原因就在这里："乐"——"成于乐"是一种境界。我先把这三句话的观念架构说一下：

首先是"兴于诗"。这句话是大有深意的。孔子老是问他的儿子："读诗了没有？"② 有一次，他问得更加具体："你读《国风》里面的《周南》《召南》了没有？"③ 那么，孔子为什么如此关注《诗》？为什么又尤其关注《国风》？这绝不是偶然的。我在第三讲的时候是讲过的：诗作为情感性的言说，是本源性的言说；在《诗经》里面，《国风》尤其典型。④ 因此，如果说，主体性是由生活情感所给出的，是在本源性的爱之中挺立

---

① 《论语·泰伯》。
② 《论语·季氏》。原文："尝独立，鲤趋而过庭。曰：'学《诗》乎？'对曰：'未也。''不学《诗》，无以言。'鲤退而学《诗》。他日，又独立，鲤趋而过庭。曰：'学礼乎？'对曰：'未也。' '不学礼，无以立！'鲤退而学礼。"
③ 《论语·阳货》。原文："子谓伯鱼曰：'女为《周南》、《召南》矣乎？人而不为《周南》、《召南》，其犹正墙面而立也与！'"
④ 参见第三讲第二节"三、思与诗的本源性言说"。

起来的，那么，"学诗"正是使主体性得以挺立起来的一条最佳途径。"兴于诗"的"兴"，意思是"起""立"，也就是站起来、挺立起来的意思。这是很常见的解释："兴，起也。"① 谁立起来？当然是人，是主体性。所以，"兴"就是主体站起来了，主体性挺立起来了。如果联系到孟子所说的，我们要进行一种形而上学的建构，首要的事情是"先立乎其大者"②，就是把"心性"那样的绝对主体性"立""起"来，那么，这个绝对主体性是怎么样"立""起"来的呢？孔子的答案就是"兴于诗"。为什么呢？这就涉及我刚才再次提到的另外一种观念：孔子重视《诗》、特别是《风》，是因为真正的诗歌是情感性的言说。正因为是情感性的言说，诗的言说方式才是可以直达本源的。而且，诗本身就是本源性的，因为诗是情感的显现。所以，我是这么理解"兴于诗"的，就是：一个人应该通过学诗来挺立自己的主体性。这就是孔子教人的入手处，就是"诗教"的真义。

然后是"立于礼"。主体性"立"起来以后，"立"在哪里呢？这就是说，人应该在哪里"立足"呢？这时，就有了其他的问题，形而上学、形而下学的问题；其中，形而下学的问题，也就是"礼"的问题。一般来说，绝对主体性的确立，意味着形而上存在者的成立；形而上存在者的成立，又意味着形而下

---

① 朱熹：《论语集注·泰伯》。
② 《孟子·告子上》。

存在者的成立。这是我一再指出的观念的层级性问题：形而上存在者作为唯一绝对物，是作为形而下存在者的众多相对物的终极根据。当这些形而下的存在者被给出后，马上就涉及"规范构造"的问题①，这就是"礼"的问题。所以，从"兴于诗"到"立于礼"是一种——用我的话来说——观念层级上的递转：从本源递转到形而上（兴于诗），又从形而上递转到形而下（立于礼）。

$$\text{兴于诗} \longrightarrow \text{立于礼}$$

本源情感 → 形而上主体性 → 形而下主体性

顺便说说，不仅"礼"，甚至"仁"，有时候说的也是形而下存在者的事情。我经常讲，"仁"有本源之仁、形上之仁、形下之仁。所以，我们在理解孔子所讲的"仁"的时候，一定要注意他具体地是在哪个层级上说的。比如，孔子说："克己复礼为仁。"② 在这个表达中，"礼"这种形而下的东西，是比"仁"还先行的观念，那么这就意味着，在这个层面上说，这里的"仁"只是一种道德原则，而不是从本源上说的。我们必须分辨清楚；否则，会导致从近代以来的那种情况：我们用科学的语言来分析"仁"的时候，总是说不清楚，就是因为我们总是从

---

① 参见第三讲第三节"思的建构性：从形而上到形而下"。

② 《论语·颜渊》。

某一个固定的观念层级上来把握这个"仁"，而事实上"仁"是涉及很多个不同的观念层级的。"克己复礼"的问题，也就是这里所谈的"立于礼"的问题。

　　但是，"立于礼"意味着"分别相"。实际上，"礼"的问题是一个——按传统的意义说 ——"伦理学"问题，涉及人与人之间关系的规范建构问题，比如道德、法律等规范的建构。这是基于人与人之间的划界。这种"物界"，庄子称之为"物际"。庄子在《外篇》里面谈到了"物际"的问题，很有意思。① 任何人与人之间的划界，都是这样的物际，这就导致了伦理规范的构造。还有一种，是人与自然物之间的划界，那是另外一种物际，意味着还有另外一种规范，我称之为"知识规范"，就是说，一种科学范式，里面是有严格的规范的。知识规范的历史性转换，意味着"范式"的转化。所以，知识也是有规范的。比如说，我们有的同学，很有学养，但你看他写的文章，怎么就不像呢？因为他不知道这种规范。这种规范也是一种物界，是存在者领域的划分，是对众多相对存在者的横向、纵向的划分，是非常严格的。一个时代的科学范式、知识规范的转换，就意味着存在者领域的划分方式的转换。所以，我们可以发现，在科学史上，一个划时代的科学家，一个划时代的发现，往往导致的是这么一个东西的变化：整个存在者领域划

---

　　① 《庄子·知北游》。原文："物物者，与物无际。而物有际者，所谓'物际'者也。不际之际，际之不际者也。"

界的转变。这样的划界，这样的"物界""物际"，在人与人之间的关系上，在伦理学意义上，也就是古人所说的"礼以别异"①。

最后是"成于乐"。当我们达到了这么一种"礼以别异"的境界的时候，我们进行了形而上的本体建构、形而下的规范构造，知识的、伦理的构造，这就意味着：我们现在很自觉地成为一个形而下的存在者，成为要么是"功利境界"中的"小人"，要么是"道德境界"中的"君子"。② 这就是说，我们现在处在这么一个境界，这个境界是一个很低的境界。于是，我们还要追求一种更高的境界，那就是"成于乐"。假如我们把孔子这三句话跟观念的三个层级加以对应，那就是这样一种关系：

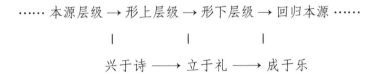

…… 本源层级 → 形上层级 → 形下层级 → 回归本源 ……

兴于诗 —— 立于礼 —— 成于乐

这就是说，"兴于诗"是从本源层级向形上层级的过渡，"立于礼"是从形上层级向形下层级的过渡，而"成于乐"乃是回归大本大源。正是在这种意义上，我说"成于乐"是一种境界，而且是最高的境界，也就是我在前面讲过的那种"无所乐

① 《礼记·乐记》。
② "功利境界""道德境界"是冯友兰先生的说法。详见下文。

之乐"的境界。所以,"乐"(yuè)就应该是一种"乐"(lè)——无所乐之乐。

因此,"成于乐"跟"立于礼"是不同层级的事情。但是,在传统的形而上学理解当中,人们直接地把"成于乐"和"立于礼"平行并列起来。例如这么一种典型的表达:"礼以别异,乐以和同。"① 这是不对的。这样的把握方式,把"乐"仍然把握为一种很形而下的东西,一种手段。我们要超越对乐(yuè)的这么一种理解,那就回到了刚才那么一个话题"孔颜乐处"。乐(yuè)当然是一种乐(lè),但那是哪一种乐(lè)呢?那不是形下之乐,甚至也不是形上之乐,而是本源之乐;不是有所乐之乐,而是无所乐之乐。

这个"乐"(yuè)到底是什么?"礼乐"文化这样的事情,在中国文化当中,最早是从祭祀当中来的。但是,在祭祀之"礼"当中,假如我们把"乐"(yuè)仅仅理解为钟鼓那样的"乐器",那样的器物,那样的形而下的存在者,就会面临孔子的质问,孔子问:"礼云礼云,玉帛云乎哉?乐云乐云,钟鼓云乎哉?"② 孔子的意思是:"乐"难道就是这样的玩意儿吗?孔子的意思是:把祭祀当中的音乐理解为这样一些乐器,那是一种很形而下的理解。这样的理解意味着:乐是隶属于礼的。当然,从表面上看来,在祭祀当中,整个祭祀活动是一场"礼"

---

① 《礼记·乐记》。原文:"乐者为同,礼者为异。"
② 《论语·阳货》。

的仪式，而"乐"仅仅是其中的一个方面。我上次在西安参观的时候，就看到了很多礼器包括乐器放在一起。但是，孔子的意思是：要观礼，不是要观这些东西、仪式。观礼也不是去欣赏音乐，否则就是"有所乐"了，就是形而下的事情了。

这就涉及"观"的问题了，这个问题我是讲过的。"观礼"观什么？无所观。如果你观的是物、东西，就说明你没有进入本源的境界。祭祀本身是一种情感性的事情。比如孔子观"禘"这种祭祀的时候，观的就是情感性的事情。他说："禘，自既灌而往者，吾不欲观之矣。"① "禘"这种祭祀，是以本国的祖先来配上帝。鲁国的祖先是谁？周公。上帝是谁？这里就是文王。这是以周公配文王。但周公和文王，本来就是一家。所以，对于鲁国的贵族来讲，这种祭祀是有血亲关系的，这是"亲亲"。"亲亲，仁也。"② "仁"就是这么一种情感，是一种爱。所以，孔子说，"既灌而往"的祭祀不过是一种外在的仪式，是不值得观的。因为，这么一种观，就是有所观、有所乐的了，那就对象化了。孔子要观的是"无"，没有东西；孔子观的是情感本身的显现。在"亲亲仁也"之中，可以带出很多情感性的事情——比如亲爱呀、敬畏呀什么的出来的。③

从孔子这句话，我理解，真正的"乐"（yuè），就是回归了纯真的生活情感。我是从这么一个观念层级上去把握"乐"

---

① 《论语·八佾》。
② 《孟子·告子下》。
③ 以上参见附论《汉语"观念"论》下篇"三、本源之观"。

的，就是说，这样的"乐"（yuè）就是要我们回到那本源性的"乐"（lè）去。在我看来，这就是最高境界的音乐，就是回到那最纯真的情感，最本源的情感。比如，在祭祖的仪式中，我是在听音乐，但其实我什么也没有听，而是在"观"，在观情感的显现，我本身也在情感的涌流中。

我们把这样的"乐"（yuè）的观念放到"修齐治平"的事情当中去，也必须这么理解。并不是说要天下的百姓都喜欢音乐——当然，我想，任何时代的人都喜欢音乐，也就是"有所乐"的，但那只是表面的形式，而是说，要天下的百姓都回到纯真的情感，这样的话，天下当然就太平了。《论语》里有一段记载，很有意思，是说孔子到了武城这个地方，听见音乐，就笑道："割鸡焉用牛刀！"一个学生立即就用孔子自己的话来反驳他："君子学道则爱人，小人学道则易使。"结果孔子承认是自己错了，刚才的说法是开玩笑的。① 这件事情的意义在于：闻乐乃是学道，学道在于爱人；爱人，也就是爱这样的本源情感的显现。

所以，以孔子这么一种眼光来理解"乐"的观念层级，那并不是跟现实的"治国平天下"无关的事情。这是一种社会理想，这种理想并不是要大家都去喜欢什么"东西"。不是那么回事。以前讲"三代之治"，讲"王道"，我们看早期的文本当中，

---

① 《论语·阳货》。原文："子之武城，闻弦歌之声。夫子莞尔而笑曰：'割鸡焉用牛刀？'子游对曰：'昔者偃也闻诸夫子曰："君子学道则爱人，小人学道则易使也。"'子曰：'二三子！偃之言是也。前言戏之耳！'"

这个"乐"，就叫作"亲诸侯"。"亲诸侯"这个说法，按后来的形而上学的理解，是很成问题的。这种理解是什么呢？那就是说："哦，我们要亲近诸侯!"或者：要诸侯亲近我们。那是不对的。为什么呢？因为，按照当时的宗法社会的生活样式，诸侯和天子本来就是有血缘关系的。这就是"亲"。什么叫"亲诸侯"？那就是刚才说到的"亲亲，仁也"。仁就是爱。"亲诸侯"就是爱诸侯，因为，尽管你和诸侯本来就有血亲关系，但爱的情感未必就显现出来了。所以，对于一个政治家、一个天子，你要做的，无外乎就是让"亲亲，仁也"这么一种情感显现出来。这就是"乐者，和也"①，就是儒家的"和"的观念。《中庸》讲，"和也者，天下之达道也"，就是这个意思。这是当时的一种观念。所以，不管对于一个族群、还是一个国家来讲，"乐"是一种境界，一种至高无上的境界。这种境界和"礼"是不同的，不是一个层级上的事情。这个最高境界，就是有"觉解"地回到最低境界去，回到纯真的生活情感当中去，回到本源性的爱当中去。

---

① 《礼记·乐记》。原文："乐者，天地之和也。"《庄子·天道》成玄英疏："乐者，和也。"

第三章

孔子的境界

【作者按】此文节选自超星数字图书馆"超星学术视频"字幕《生活儒学》，载作者文集《生活儒学讲录》，安徽人民出版社 2012 年版，第 42~53 页。

第三方面，我想讲一下生活的境界。这个问题是特别有意思、对我们每一个人的生活来讲特别有意义的一个话题，就是说：我们的生活观念的生成的层级、奠基的层级，如何落实、体现在我们每一个个体的精神生活当中？通常，我们把这样的问题——就是我们的精神生活达到了某一个层级，我们把它叫作一种"境界"。但这个"境界"是广义的，它不仅仅是指的你的道德境界。道德境界只是所有的生活境界当中的一种境界。整个的境界是很多的。

关于这个问题，我想，一个方面是我们集中地来分析一下孔子的一段著名的自述，另一个方面我们可以参照一下或者说跟它做一个对比，就是很多人都知道的，冯友兰先生有一个"境界说"①，我们可以跟它做一个对比参照，这样可能就比较清楚一些。

首先是孔子有一段自述，是很著名的，总结他这一生。这一生是什么呢？就是说：

> 吾十有五而志于学，三十而立，四十而不惑，五十而知天命，六十而耳顺，七十而从心所欲、不逾矩。②

就是这么一段自述，很著名的。但是，历代对这段话的理解和解释很不同，五花八门的都有。我自己的理解、或者说生活儒学的理解是：孔子的这段话是在讲一个问题，就是境界或者生活境界的问题。他通过一种自述的方式来讲了一个非常普遍的、非常具有普世性的境界的架构。我按我自己的理解，把孔子的这一段话从境界论的角度做了一个梳理。在我看起来，人生的生活境界可以分成三个层级，我对它们分别地有一个命名，叫做：第一、"自发的境界"；第二、"自为的境界"，就是积极有为的"自为"的境界；第三、"自如的境界"，就是"挥洒自如"那个"自如"——"自如"的境界。我们一个一个地来看。

---

① 冯友兰：《新原人·境界》，商务印书馆（上海）1946年版。
② 《论语·为政》，《十三经注疏》本，中华书局1980年影印本。

顺便我也想说一下：前面我曾经引用老子的话，我认为老子有一句话，把他的全部思想的基本框架和盘端出了，就是"天下万物生于有，有生于无"；那么同样的，在孔子这里，我认为孔子有一段话，把他的全部思想的基本架构都概括起来了。这段话也是非常著名的，孔子讲：

兴于诗，立于礼，成于乐。①

就这么三句话。把孔子这三句话——这么一段话做一个详尽的阐释，其实可以说你就把孔子的全部思想都讲清楚了。所以，我现在讲境界的时候，我会把它配合起来、联系起来讲。

1. 自发境界	兴于诗		生活感悟	自然境界
2. 自为境界	立于礼	十五志学	形而下者	功利境界
		三十而立		道德境界
		四十不惑	形而上者	天地境界
3. 自如境界	成于乐	五十知命 六十耳顺 七十从心	回归本真	

1. 自发境界

先说第一个境界：自发境界。这个自发境界，在冯友兰先

---

① 《论语·泰伯》。

生那里，他有一个命名，叫做"自然境界"。冯友兰把它叫作"自然境界"，他说第一个——人生第一个境界：自然境界。自然境界，说得好听呢，就是"天真烂漫"的，不想事儿；说得难听一点，就是"浑浑噩噩"的。通常一个小孩子，在他具有非常明晰的自我意识、非常明确的主体意识之前，会处在这么一种境界。

刚才我们说的孔子那一段自述当中，孔子第一句，上来就讲"吾十有五而志于学"，那么，"十有五而志于学"之前呢？孔子在做什么呢？当然，我们可以去读《史记·孔子世家》①，考察他早年的生活、早年的情感，特别是他跟他的母亲颜徵在之间的那么一种共同生活。比如说，我们去读《孔子世家》，那么有两点可以得到一种解释：

第一点，孔子为什么后来成为儒家的开创者、儒宗？我们知道，他的目标是要面对当时的"礼坏乐崩""名实淆乱"那么一种状态，来收拾天下、收拾河山、重建秩序。这个重建秩序，简单来讲，就是像孔子讲的他要继承周公"制礼作乐"，具体来讲是"礼"的问题。首先是"礼"的问题。"礼"就是指的社会规范及其制度安排。② 那么我们可以说：孔子开创儒学，他的关注点就是"礼"的问题。所以，儒家特别重"礼"的研究。然后我们会想：他为什么会这样？孔子为什么会这样呢？你去

① 司马迁：《史记》，中华书局1982年版。

② 黄玉顺：《中国正义论纲要》，《四川大学学报（哲学社会科学版）》2009年第5期。

看看《孔子世家》：小时候他玩"过家家"的游戏，那就是
"设礼容"①。谁教他的？他母亲。这跟他早年的生活有关。但那
个时候，他还不是一个有志于学之人，一个小孩子嘛，对不对？
"十有五"才"志于学"，那之前，他是很自发的一种境界，是
天真烂漫的、小孩子"过家家"那种境界。但这种境界会给他
很多生活感悟，这种生活感悟会成为他后来的"礼学"的来源。
而这一切跟他的母亲对他的教育、他母亲对他的爱是有密切的
关联的。

再比如说第二点，孔子的儒学叫"仁学"，讲"仁爱"。在孔
子那里，乃至整个儒学从孔子开始，仁爱是大本大源。在孔子之
前，"仁"这个概念从来没有被放到这么高的地位上去。在这个问
题上孔子是一位开创者。为什么？你读《孔子世家》，显然，这就
是他的母亲对他的爱、他和他母亲的情感关系所给他的一种生活
感悟。事情肯定是这样的，你不可能有其他的解释。

所以我们会说，人生的第一境界——冯友兰先生把它叫作
"自然境界"、我把它叫作"自发境界"的，你说它"浑浑噩
噩"也好，"天真烂漫"也好，好像没有什么意义；或者说像孔
子讲"吾十有五而志于学"这个自述，在这之前的事情他都不
提它；但其实这是很重要的一个阶段、一种境界，是人生、每
一个人必然要经历的一个境界。

不仅如此，其实我们后来进入更高的境界的时候，我们也

---

① 司马迁：《史记·孔子世家》："孔子为儿嬉戏，常陈俎豆，设礼容。"

还在不断地回复到这个境界去：我们每一个人，在我们生活当中，经常会有非常本真的这么一种表现、这么一种境界；就是说，他不是说十五岁之前才会有这个境界或者小孩子才会有这个境界，以后就没了。不是这样的。人生在很多时候也都像小孩子一样的，是非常本真的。

这是一个问题：第一个境界。

2. 自为境界

然后孔子讲："吾十有五而志于学，三十而立，四十而不惑。"这三句话，我把它们归结到第二个大的境界，就是自为境界。

（1）十五志学

自为境界这里面"十有五而志于学"很有意思，有两个关键词：

一个是"学"。你读《论语》，孔子学什么？学很多东西，但是不外乎就是我刚才讲的两个大的方向：知识论的、伦理学的；或者知识的、伦理的。学这些东西。而且对孔子、对儒家来讲，伦理的这一块是尤其重要尤其在先的。这是他的"学"。

另一个是"志"。他的"学"是基于他的一种"志"，这是一种立志——"志于学"。志，或者称为一种目的性。目的性是主体性的事情。因此，在这个时候，我们可以说，孔子成为一个形而下者。他首先成为一个形而下者，达到这么一种境界：一个形而下者的境界。

于是，他在社会上安身立命——"立于礼"："兴于诗→立于礼"。

（2）三十而立

儒学非常重视礼——制度规范的研究。一方面，要求人们必须做人不能作奸犯科，要遵守礼仪，遵守制度规范，遵守游戏规则。这就是孔子讲的什么呢？叫做"克己复礼为仁"①。这是一方面。另外一方面，孔子又讲，礼——制度规范是需要我们去建构、去创建、去改变的，叫做"礼有损益"②。这是孔子关于礼的思想的两个方面。总的来讲呢，这些都是属于"三十而立"。

"十五志学"→"三十而立"，这是作为一个形而下者。这个时候，对应于冯友兰先生讲的两个境界：功利境界、道德境界。但冯先生说的这个"功利"和"道德"，这种对举、对立，不是我们通常意义上那个意思。通常意义，就是说：冯先生认为一个人不是功利的、就是道德的，这两者是对立的：如果你是道德的人，你肯定不是功利的人；如果你是功利的人，你肯定不是道德的人。你这样去理解就搞错了，冯先生没有这个意思，绝对没有这个意思！就通常的功利与道德之间的关系来讲，我们每一个人——社会上的每一个人，你都同时是一个功利的人和道德的人；或者这么说：你同时有时候很功利、有时候不

---

① 《论语·颜渊》。
② 《论语·为政》。

功利；你同时有时候很道德、有时候未必那么道德。生活当中的个别的人，即现实经验中的人，他往往是这样的。但总的来讲，这也是一个形而下者，你面对"他者"——面对自我之外的其他的存在者，你来处理这些关系。而孔子、儒学所要求的，就是在道德问题上、在功利问题上，一个君子、一个小人、一个贤者应该是什么样子的，把这个问题讲清楚。这是讲这么一个问题的：不管怎么讲，你是君子也好，你是小人也好，就境界来讲——就你生活的境界来讲，你是在自为境界当中的第一个小层级：一个形而下者的层级。

（3）四十不惑

然后再接下来，才是孔子进一步地说：我"四十而不惑"。

所谓"不惑"，就是说：没有什么东西我不明白，没有什么事情我不明白。我们很容易对此表示怀疑：有这样的人吗，无所不知？或像庄子说的，"吾生也有涯，而知也无涯"①，知识无穷无尽。所以，我想强调的是：孔子讲的"四十而不惑"、无所不知，绝非是说的知识问题。他不是在谈知识。知识一定是形而下学的问题：我现在有物理学的知识了，我有化学的知识了，我有什么什么……都是一个一个的形下的存在者领域，我们对它们的一个了解、一个认知，是形下学的。这个方面，我们刚才讲了，那是不可能的："不惑"怎么可能呢？你再博学，也还是有惑的。所以，孔子讲的肯定不是形下学的知识论问题。

---

① 《庄子·养生主》。

　　如果不是形下学，他只能是谈的形上学的问题。所谓"不惑"，就是说：我们在思想上对世界的理解、对人生的理解上达到了一个境界，就是我们遇到任何事情、任何东西，我们都知道怎么去处理。这是一种儒家讲的"圣人"的境界："仁且智"①。我们解释这个境界是一种"智"：它是一种智慧、而不是知识，是智慧、而不是理智。这是一种很高的智慧。这种智慧是另外一个意义上的"无"，像孔子讲的"有鄙夫问于我，空空如也"②。智慧是"空"的，它是无，不是知识那样一个领域、一个领域地充实、吸纳。它就是"空"的。因为它是"无"，所以它可以应对"万有"。这其实是我们获得的一种态度，是一种对世界的很高的智慧——以前所谓的"得道"了、"以一驭万"、"以不变应万变"那么一种很高的智慧。那当然是很不容易达到的。

　　"四十不惑"，孔子讲的，我想强调：就是这么一种境界，它不再是前面说的"十五志学""三十而立"的形下的层级，而是一种形上的层级。这个形上的层级，在冯友兰先生的"境界说"当中，对应于"天地境界"。这个境界相当高。

　　而且对儒家来讲，儒家讲人是一种很独特的存在者，那跟西方的思想不同，就是什么呢？一方面，他不是人类中心主义者，不是人类至上的。儒家的思想不是"人本主义"，不会以人

---

① 《孟子·公孙丑上》："仁且智，夫子既圣矣。"
② 《论语·子罕》。

为本体；我们姑且可以说是"天本主义"，以天为本体的。天地是大父母，人是儿女。你以为你是谁啊？你要孝敬大父母；孝敬小父母、大父母。别把自己看得那么高。那跟西方的"人本主义"所谓的"人"是很不同的。但是另一方面，儒家同时还有一种观念：人是有很高的地位的：万物之灵。为什么呢？因为他可以"上下与天地同流"、"与天地参"——与天地并列为三；他有崇高的使命，他要继承父母——大父母的事业，做这样的工作，地位是非常高的。

在这种意义上，它跟西方的观念不同。比如说，西方还有一种对人的理解，除了一种人类中心主义、把人拔得很高以外，另外一种，把人搞得很低的，比如说还原主义的态度，最后把人搞成了——特别是在一些科学当中把人搞成跟毛毛虫一样的东西，把人理解为仅仅就是——达尔文主义也是那样的——一条毛毛虫一样的：趋利避害，"生存竞争""适者生存"。这么去理解人，那其实是把人动物化了。儒家恰恰会说：人不是这样的，"人之所以异于禽兽者"①，那是很不同的，那不是一个动物伦理学的问题，他是人。在这种意义上，我们可以说：儒家是"人文"主义的，而不是"人本"。这是天本主义的人文主义。人有非常高的一种地位，具有重大的使命。你的使命就是什么？"天地之大德曰生"②，"生生之谓易"③，你要做的就是去"生

① 《孟子·离娄下》。
② 《周易·系辞下传》。
③ 《周易·系辞上传》。

生"。面对整个世界，面对整个自然界，面对整个"天下万物"，你要做的就是"生生"。"生生之德"，这是继承大父母的事业、未尽的遗志。这是一个跟西方人很不同的观念。

这就是我说的，在自为的境界当中，实际上有两种境界：一个形下的境界、一个形上的境界。冯友兰先生讲的"天地境界"，就是指的这个形上的境界——非常高的一种境界。

但是，这种境界毕竟还是一个存在者的境界。

3. 自如境界

按我自己对孔子的思想或者他的境界的理解，我会说：孔子进一步地讲到"五十而知天命，六十而耳顺，七十而从心所欲不逾矩"，这三句话是在从不同的侧面、不同的角度来谈一种最高的境界。这个最高的境界，我把它叫作"自如境界"。

自如的境界，这是最高的境界。什么叫"最高"的境界呢？最高境界就是自觉地回到"最低"的境界去。自如的境界，它跟自发的境界有共同点，就是重新回到我们的本源情境当中、本真的仁爱当中，重新回到一种"无分别智"的状态：人和人之间的非常本真的"无分别相"、人和自然界之间的非常本真的关系——非常和谐的那种关系。这是非常高的境界，但是实际上就它的内容来讲，它跟第一个自发境界、自然境界其实是一样的；区别仅仅在于，自发的境界，它不是自觉的。而现在我们经过了形下的、形上的境界以后，重新回到无的状态，重新回到存在本身，重新回到生活本身，自觉地重新回到仁爱本身，回到我们的大本大源上去，这个时候，人才真正达到了最高的境界。

（1）五十知命

这么一种境界，孔子讲"五十而知天命"，或者叫"成于乐"。乐者，和也，就是高度的和谐，它是对"礼以别异"的区分性、差异性的一种克服、一种超越，回到一种和谐、一种"和"的状态。

"五十知命"这个"命"，我这就不展开讲了，它会涉及今天哲学上的很多很前沿的、很难理解的问题，只简单说一下："命"不是说的落实在我们个体身上的、你的命运——你的 destiny，不是那个东西；它是说的"天命"。孔子讲"畏"——"君子有三畏"，首先是"畏天命"①。这个"天命"也不是被存在者化的，似乎有一个"老天爷"、有一个形而上者，他在那里发号施令。孔子讲："天何言哉？四时行焉，百物生焉，天何言哉！"② 天不说话，但是它给出一切——"四时行焉，百物生焉"。因此，这个"命"一定是说的那给出"百物"、给出"万物"的事情，就是"不诚无物"、诚者"成己""成物"之"诚"。诚本身不是物，命本身不是物，它一定不是存在者；那一定是存在本身、生活本身的显现。这就是仁爱；在儒家那里，就是本真的、大本大源的仁爱，是无，是在本身。它不说话，但是我们必须倾听它。它确实在发号施令，所以叫"命"。命者，口令也。③

① 《论语·季氏》。
② 《论语·阳货》。
③ 许慎：《说文解字·口部》："命：……从口、从令。"

（2）六十耳顺

一个人要倾听的，就是生活情感——仁爱。所以孔子讲"六十而耳顺"。"耳顺"就是：我听得很清楚了。听什么？听"天命"：听生活情感、仁爱的呼唤，听你良知的呼唤。这种"耳顺"就是一个很高的境界——就是圣人的境界了。这个圣人的"圣"字，繁体字（聖）就是一个耳朵——大耳朵；然后这边一个"口"；下面从甲骨文来讲是一个"人"字，不管它。圣人首先是有一只大耳朵，干什么？倾听。倾听什么？倾听爱：倾听仁爱，倾听"天命"。然后把它说出来：不是还有一张"口"吗？这就是圣人，"六十而耳顺"，他不是随便说的，它跟那个圣人的"聖"字、那个境界是密切相关的、完全相通的。

说到这里，我想起我前面讲"存""在""生"几个字，还有一个字我没讲，就是"活"字。这也是很有意思的。"活"字：三点"水"；这边"舌"是没有意义的，是它的读音。"活"字的意思跟这个"水"有关。"活"字的本义，许慎《说文解字》的解释是"水流声"："活：水流声。"① 我们会觉得很有趣：我们远古的先民，为什么会想到用"水流声"来说我们的"生活"？那是很有意思的，因为"生活"就如我们刚才讲的"天命"一样的，你必须要倾听它：倾听生活，倾听这"水流声"，倾听"天命"的发号施令，倾听这个"口令"。在儒家来讲，圣人的境界"仁且智"，首先就是这只耳朵倾听仁爱。这就

---

① 许慎：《说文解字·水部》。

是一种非常非常高的境界。这就是"活"字，顺便也讲一下，要不然我们觉得很奇怪：水流声和生活有什么关系呢？生活如水。我经常讲"生活如水，情感如流"。我们倾听它"活活"的水流声①，就是倾听生活、倾听仁爱。自觉地去倾听，这就是非常高的、最高的、自如的境界。

（3）七十从心

由此，我们就可以做到"从心所欲、不逾矩"。因为你现在所"从"的这颗"心"就是你自觉地要去倾听仁爱、倾听生活之心，有这样的心，你是无往而不"顺"的、无往而不自如的，外在的规矩对你来讲、规则对你来讲不存在，你游刃有余，社会的规则对你来讲，比如说道德的规范对你来讲不是一个外在的强加给你的东西，而是你这颗"心"本身生出的东西。

而这颗心是什么心呢？不是说你作为一个主体性的那个心，而恰恰是说的我们前面讲的圣人所倾听的这么一颗心。这颗心实际上也可以说就是无心。他达到非常高的一种境界，就是我经常讲的，比如说我们养生，我经常讲那两句话："养生不如养心，养心不如无心。"无心就是最本真的心——无心之心。这是无心之心，就是说，你不要有一个很主体性的、很自我的、很"我执"的、很固执的、自我本位的那么一颗心。怀着这么一个主体性存在者的心，然后你去面对其他东西，那你就不是最高的境界。最高的境界，那就是无心之心——"白云出岫本无

———————
① 《诗经·卫风·硕人》："河水洋洋，北流活活。"

心"。这个"白云出岫本无心"接着"流水下滩非有意"："活活"地流下来——那生活，你去倾听。这就是仁爱情感，你去倾听，你去把它说出来；你如此这般行事，一切游刃有余，是很自如的。这就是一种非常高的、自如的境界。

所以我想：孔子最后这三句话"五十而知天命，六十而耳顺，七十而从心所欲不逾矩"，他就是想讲——从不同的角度来讲——我们达到的自如的这么一个最高的境界。这种最高的境界，其实就是有"觉解"地、有意识地、自觉地回到那个最本真的自发境界去，回到最本真的仁爱情感去，如此去行事、行为、生活。

这就是我所理解的孔子的那段自述：他所表达的是人生的生活境界的观念。

大致来讲，生活儒学的层级展开，我们可以从这么三个不同的角度去把握它：

一个角度就是观念是如何生成的：我们从一种最本真的本源情境当中，如何成为一个形而下的存在者，然后如何可能在某种形式上成为一个形而上的存在者。

另外一个角度就是我们的思想观念如何解释这个世界，这是一种奠基关系：我们如何用形上学为形下学奠基——用形上学、用本体论为知识论、为伦理学奠基，并且进一步地如何回到大本大源的存在感悟来为形而上学本身奠基——这也是我们当今世界的一个哲学前沿课题。

最后一个角度就是：这么两种不同的层级关系，落实到我们一个个体的精神生活当中的时候，它们表现为我们所达到的一个一个不同的境界的层级，这就是生活的境界。生活的境界，简单说就是：我们会经过自发的、自然的境界；然后我们会成为一个形而下者，然后有可能成为一个形而上者，这就是自为的境界；最后，真正最高的境界是我们应该进一步地超越这些形而上的、存在者化的东西，自觉地重新回归到最本真的生活情感，回归到最本真的生活情境。

第四章

孔子思想与"六经之教"

【作者按】此文节选自《生活儒学：只有爱能拯救我们》，原文为山东教育电视台"孔子大学堂"栏目录制的节目"儒学与生活"讲辞的字幕，播出于 2016 年 1 月中下旬；收入作者文集《从"生活儒学"到"中国正义论"》，中国社会科学出版社 2017 年版，第 163~174 页。

这是儒家的最早的一批经典：六经。那么，按照儒家的教化理论、教化观念，这六部经典——六经，各有其教化功能：《诗经》的教化叫作"诗教"，《尚书》的教化叫作"书教"，《周易》的教化、《易经》的教化叫作"易教"，礼的教化叫作"礼教"，乐的教化叫作"乐教"，《春秋经》的教化叫作"春秋教"。这就是"六经之教"。那么，我们就具体来看一下这"六经之教"各自具有什么特色、什么特征、什么特点。我们发现，六经各自具有特征、特点，因此它们所体现的教化的功能也有各自的特点。

简单地归纳一下，我们可以把六经之教分为三个大类，或者说分为三个大的层级。这三个大的层级，以及我们前面讲的思想观念的层级，和我们前面讲的境界的层级——精神境界、生活境界的层级，都是一一对应的。

关于这种思想观念的层级，我们怎么来划分？它怎么落实在六经之教上面？我们来看一看孔子的一段话，很简洁的一段话。我经常讲，孔子、《论语》的全部的思想，可以用这三句话来概括。孔子讲："兴于诗，立于礼，成于乐。"① 什么意思呢？简单解释一下。

"兴于诗"，其中这个"兴"字：兴，起也。所以，我们现代汉语有一个词叫"兴起"。"兴，起也"，它是说的什么在"兴"、什么在"起"呢？"兴于诗，立于礼，成于乐"这三句话，有同样的一个主语，没有讲出来的：都是在说人——说一个人；或者用哲学的话语来讲，即一个主体。他是怎么立起来的？人的主体性是怎么确立起来的？是怎么挺立起来的？而且，在儒家的思想当中，这样的主体性，他是特有所指的：是指的仁者，就是"仁者爱人"那个仁者，也就是具有仁爱精神的人。所以，第一句话就是说"兴于诗"，意思是：一个仁者这样的主体，他是怎么成为仁者的？他是通过一种教化。什么样的教化呢？诗教——"兴于诗"。

---

① 《论语·泰伯》。

　　进一步的"立于礼"，它的主体也是说的人这样的主体。一个人，他是怎么立起来的呢？靠的是社会规范及其制度。比如说，我们对一个人进行社会规范的教化，包括各种各样的社会规范：家庭的伦理规范、社会其他方面的伦理规范——包括一般的社会道德规范、政治的规范、法律的规范，等等。通过这样的教化，让这个人不仅成为一个仁者，而且更具体地成为一个伦理主体、一个道德主体。这就叫作"立于礼"。

　　"成于乐"，它的主词、主语也是说的人这样的主体。大家注意这个"成"字。儒家讲，真正的"成人"，就是说，你前面"兴于诗、立于礼"了，但还没有真正"成人"；真正"成人"还需要"成于乐"。

　　这和我们前面讲的境界的观念相对应。大致是这么一个对应关系：

　　前面讲第一个境界"自发的境界"，也就是孔子讲他"十有五而志于学"之前的那么一种状况，或者是冯友兰先生讲的"自然境界"，这个时候还谈不上"兴于诗"，他还没有"志于学"，还没有自觉地进行教化。

　　"兴于诗"是对应于第二个境界"自为的境界"，也就是孔子讲的开始"志于学"、进行教化。因为教化可以有两种方式：一种是别人、学校、社会来教育他；另外一种是他自己可以进行自我教育、自我教化，这就是我们常说的自身的修养。"志于学"是说自己有这么一个志向，然后去实现这个志向，这是一种自觉的自我教育、自我教化。所以，"兴于诗"所对应的，是说：一个这样的自觉的主体，他是怎么确立起来的？是通过诗教。这是一个自为的境界。

同样的，"立于礼"，我们前边讲过，"礼"作为社会规范及其制度，也是形而下的东西。"不学礼，无以立"是讲的一个人如何通过遵守并且认同社会规范及其制度，来在社会上立足，甚至进而去重建社会规范、社会制度。这样，他仍然是形而下的。所以，他所对应的仍然是我们的境界说、境界论当中的"自为的境界"。

而"成于乐"，那就不同了：最终的"成人"甚至成为圣人，这所对应的是境界论当中的"自如的境界"，它所对应的是孔子讲的、"夫子自道"的最后三句话："五十而知天命，六十而耳顺，七十而从心所欲不逾矩。"这是属于"成于乐"的阶段。

所以，我们再强调一下：孔子的全部的思想，包括他对整个思想观念的不同层级的概括把握，包括他对人生境界的不同层级的把握，包括他对教化的方式、教化的水平的不同层级的把握，都可以通过这么三句话来理解："兴于诗，立于礼，成于乐。"

那么，具体来讲，这三句话，和我们刚才讲的"六经"以及"六经之教"，这两者之间又是怎么样的一种对应关系呢？我们一个一个来看。

先说"兴于诗"。

我们知道，在中国的先秦时代，当时的经典——当时的贵族子弟所熟知的经典，其实是不多的。那个时候的文本，那个时候的古书，你翻开来看，基本上谈两个东西，叫作"诗书"。我刚才讲到，传统文化是"礼乐"文化；现在我又讲，先秦时代，当时人真正作为最高经典的，通常就是"诗书"并提。合起来讲，我们经常看到古人讲"诗书礼乐"。

实际上，在现在的儒家的"十三经"当中，时代最早的只有三部经典，这三部经典就是《诗》《书》《易》——就是《诗经》《尚书》《周易》。但是呢，《周易》就其最早的文本、就是《周易》古经来讲，它其实当时不是作为一个我们今天讲的"经典"意义上的东西。为什么这么讲呢？因为《周易》古经最早的功能是用来占卦的；只是经过战国时代的后世儒者们的改造，才把它哲学化了、义理化了；然后到了汉代、到了汉儒那里，才成为儒家的经典之首。所以我刚才讲，从纯粹传世文本来讲，最早的是《诗》《书》《易》，而由于《易》最早是占卜之书，所以过去的先秦的文本里面，通常是讲《诗》《书》；也就是说，那个时代对贵族子弟进行教育，或者对人进行教化，如果说有什么文本的、经典的依据，主要就是这么两种经典：《诗经》和《尚书》，叫"诗书"。

"六经"这个说法出现得是比较晚的：我们现在能查到的"六经"这个概括，最早是出现在《庄子》的文本当中①，也就

---

①　《庄子·天运》："孔子谓老聃曰：'丘治诗、书、礼、乐、易、春秋六经……'老子曰：'……夫六经，先王之陈迹也，岂其所以迹哉！……'"

是在战国的中后期了，是比较晚的了。所以，我们现在讲儒家的教化，最早的教化跟"六经"发生一种对应关系的，首先就是《诗》《书》。

1. 兴于诗：本源性的情感教化——诗教

我们现在来谈谈《诗经》。我们知道，孔子——如果你去读《论语》就会发现，孔子特别重视《诗经》，或者说孔子特别重视诗。那个时代的诗是可以演唱的，孔子经常和他的学生演唱《诗经》、演唱诗歌。不仅如此，我们现在还查得到孔子自己作的诗，他本人就是一个诗人。

那么，孔子为什么这么重视诗呢？那就是因为诗有它的特征，有它的特定的功能，特别是特定的教化功能。有一次，他告诉他的学生说：你最近学诗了没有？然后他就说：

> 小子！何莫学夫《诗》？《诗》可以兴，可以观，可以群，可以怨；迩之事父，远之事君；多识于鸟兽草木之名。①

这段话是很有意思的。他谈了三层意思，谈诗的教化作用：

最后一层意思说"多识于鸟兽草木之名"，这就是我们经常说的"学知识"，包括自然的、博物的知识。但是，这在孔子看起来并不是根本的，不是最重要的，他把它放到最后。

---

① 《论语·阳货》。

中间一层意思讲"迩之事父,远之事君",就是说,对君、父应该采取怎么样的一种态度,这是可以用诗来进行教化的,是可以从诗中学到的;但是,这仍然不是诗的根本。在孔子看起来,这样的教化——事父、事君这样的伦理规范的教化,严格来讲,是属于"礼教"、而不是"诗教"的内容。这是我们下面要讲的。

前面讲"《诗》可以兴,可以观,可以群,可以怨"这些,大家注意,孔子把它放在第一位。兴、观、群、怨,这都是讲的一种情感上的表现。

诗是什么啊?诗是情感的表达。诗作为一种艺术——作为一种语言艺术,它是表达情感的。所以,我们今天读《诗经》的解释、注释文本,通常我们读《十三经注疏》里面的《毛诗》,就是汉代的大儒毛亨对《诗》的注释。注释之前,他写了一篇序,叫作《毛诗序》,或者叫作《诗大序》。《诗大序》里面怎么讲诗呢?他说——这是毛亨讲的:"诗者,志之所之也……"这是说的你的思想情感,你的一种心理指向:"诗者,志之所之也:在心为志,发言为诗;情动于中,而形于言。"大家注意这句话,他说:诗是什么呢?是情、情感。"情动于中而形于言"就是情感:在心里面有了情感,然后把它"形于言"——表现在语言当中,表现在诗的语言当中,就成为诗歌了。所以,这话说得很清楚的:诗就是情感的表达。

我再举个例子来讲,六朝的时候,有一篇很重要的文学理论作品,叫《文赋》。《文赋》里面有两句话,说:"诗缘情而绮靡，赋体物而浏亮。"注意，它一上来就讲"诗缘情"：诗是怎么来的？是由于情感。

诗是由于情感；没有情感就没有诗。诗是表达情感的，因此，所谓"诗教"，并不是说让我们去学习如何作诗，并不是说我们背一些诗就完了；"诗教"的本质是"情教"，是情感教育，是情感教化。

这个情感当然是很广泛的，我们读《诗经》或者历代诗歌，就会发现，有各种各样的情感的表达。比如说，我们古代有"七情"的说法——"喜怒哀惧爱恶欲"。再比如说，像"四书"之一的《中庸》，开篇就讲"喜怒哀乐之未发，谓之中"。喜怒哀乐也是情感。

但是，我们要注意，儒家讲情感，孔子讲情感，特别重视的是什么情感呢？仁爱的情感，"仁者爱人"的情感。这是儒家的根本，儒学的核心。在孔子看来，在儒家看来，诗是仁爱情感的表现；或者说，诗是爱的表现。正因为如此，所以我们可以通过学诗来学到爱的情感。

那么，这儒家的思想——爱的情感，就是：一个人是能够爱别人的，是能爱的；用孟子的话来讲，这叫"良能"——"不学而能"的良能。孟子讲："人之所不学而能者，其良能也；所不虑而知者，其良知也。"① 就是：这样的能力，是你天然地固有的。

———————————————

① 《孟子·尽心上》。

　　比如我多次提到的，孟子讲："今人乍见孺子将入于井，皆有怵惕恻隐之心。"这样的"怵惕恻隐之心""不忍之心"是人人都具有的，但是呢，在现实经验的环境当中，我们由于受到外物的、外界的各种浸染，可能会遮蔽——多多少少地遮蔽这样的良能，这样的本真的、本然的情感，本然的爱的能力。这种情况，用孟子的话来讲，叫"茅塞其心"①，所以需要"顿开茅塞"；或者用荀子的话来讲，这叫作"物蔽"——受到外物的遮蔽，叫作"物蔽"，所以荀子专门写了《解蔽篇》，就是要"解蔽"——把它解开，把它打开，打开这个遮蔽，恢复到你的本然的良知、本然的良能。

　　我们为什么需要进行教育？为什么需要对人进行教化？为什么需要诗教？根本原因就是：通过诗教，通过这样的教化，重新唤醒人的爱，唤起他的爱的能力。所以我们说：诗教，本质上它其实就是情感教育或者情感的教化这样一种教化方式。

　　2. 立于礼：形下到形上的主体教化——礼教、书教、春秋教和易教

　　刚才是讲的"诗教"——"兴于诗"。下面我们讲"立于礼"。与"立于礼"有关的有这么几种教化，涉及《书经》——《尚书》的"书教"、涉及"礼"的"礼教"、涉及《春秋》的"春秋教"和涉及《周易》的"易教"。

――――――――――

　　① 《孟子·尽心下》。

（1）形而下的礼教、书教和春秋教

我们前面讲过，"礼"在儒家的话语当中所指的是什么呢？是社会规范及其制度，或者讲，是社会的伦理规范以及它的制度化。所以，"礼教"的重要的内容，是指的社会规范的教育、伦理的教育。

另外有一种教化"书教"，它所涉及的儒家经典，就是我们刚才讲的《尚书》。《尚书》是一部什么书呢？用今天的话语来讲，它是一本历史的著作。这个历史的著作，它主要的内容，是记载了虞、夏、商、周历代的历史的文档、历史的文献。这些历史文档、历史文献，所涉及的最重要、最主要的内容，也涉及伦理规范，但同时涉及它记录的很多政治活动，涉及政治哲学。所以，我们可以这么讲："书教"这么一种教化，主要内容是伦理的教化、政治的教化。

"春秋教"也是这样的，《春秋》也是一部历史著作，是孔子所作的；它通过记载历史，所传达的主要的观念也是政治哲学的观念。所以，我们可以说："春秋教"，它的主要的功能也是政治教化。《春秋》是讲什么的呢？是讲王道政治的。这个王道政治，其实就是说的我们前面讲过的：中国社会从王权时代转向皇权时代，这么一个时代转型当中，我们要建构一种什么样的政治哲学？建构一种什么样的政治理念？是讲这个问题的。王道政治，或者说孟子讲的"仁政"，主要讲这个内容的。

所以，我前面讲的关于《尚书》的"书教"，关于礼的"礼教"，关于《春秋经》的"春秋教"，它们所涉及的主要的教化内容，都是指的伦理规范和政治规范的教化，是伦理教育，是政治教育。那么，我们知道，这样的伦理教育、政治教育，也是属于形而下的范畴，不是形而上的范畴。

（2）形而上的易教

再接下来是《周易》。关于《周易》的"易教"，这个问题就要复杂一点了。我们刚才提到，《周易》这个书，最早的时候，它是占卜用的，是占卦之书、占筮之书；然后呢，经过战国时代的儒者的集体改编、集体创造，把它改造成了一部哲学的著作、义理的著作。因此，我们今天看到的传世的《周易》这个文本，它是由两个部分构成的：一部分是《易经》，一部分是《易传》；我们叫作《周易》古经、《周易》大传。

A. 易教中的神教

《周易》古经时代是最早的，多数学者认为应该是在殷周之际、商周之际成书的。它本身的功能，就是我们刚才讲的占卦用的。简单来讲，那个时候的人，在生活中，特别在国家大事中，遇到了问题，拿不定主意，那么怎么办呢？自己没法做出决策、做出决断，就问神，向神卜问。问神，怎么问呢？有两种方式：一种是什么呢？龟卜。另外一种就是跟《周易》有关的：占筮，或叫蓍筮，就是占卦。所以说，《周易》这本书，《周易》古经这个部分，它是占卦、占筮之书。

那问题是：这样的占筮之书，它在思想观念上最重要的特征是什么呢？很显然，它设定了一个至上神；换句话说，它和宗教有密切的关系。我们在生活中遇到了疑难问题，没法解决，我们问神，通过占卦这么一种方式去问神；神通过这个占卦的结果，告诉我们应该怎么办，告诉我们：这个事做了或者不做，它的吉凶休咎会怎么样。然后我们按照神的旨意去执行、去做。这是《周易》古经占卦的一个基本的观念。

所以，如果说我们所说的与《周易》相关的"易教"是指的《周易》古经这个部分，那么，我们会说：这其实是一种宗教的教化，是一种"神道设教"①。

B. 易教中的理教

但是，我们刚才讲了，我们今天看到的《周易》还有另外一个部分，它是经过儒家——战国时代的儒者改造的，就是《周易》大传这个部分——《易传》这个部分。这个部分就不再是宗教意义的，不再是占筮之书；是儒家把它改造成了义理之书，就是讲道理的，讲哲理的，讲哲学的。《易传》里面所讲的"神"，不是说的我们今天讲的那么一种神，而是什么神呢？"阴阳不测之谓神"②，是说的"阴阳"。

《周易》是讲阴阳的，阴阳是说的有一种普遍的、形而上的规律性的东西，它决定了一切事物。这其实是哲学上的本体概念。《周易》讲"一阴一阳之谓道"③、"阴阳不测之谓神"，所以，它和《周易》古经——占卦的那个古经讲的那个"神"不是一回事，这是哲学化了、理性化了的。

---

① 《周易·观象传》。
② 《周易·系辞上传》。
③ 《周易·系辞上传》。

那么，具体来讲，《周易》大传——哲学化的《周易》大传，它所涉及的内容有两个层面。它建构了一整套的思想观念，这套思想观念包括两个层面：一个层面，就是它首先建构了一套形上学，建构了一套本体论的形上学，建构了一个宇宙论的模式，用来解释一切东西、宇宙世界、万世万物。那么，它建构这套形上学来干什么的呢？还是为了解决形而下的问题。而这些形而下的问题，简单来讲，也不外乎：它主要是讲的伦理政治的问题。所以，我们读《周易》大传，你会发现，它有一个基本的思维模式，这个思维模式就是讲的：天道如何，所以人道也应当如何；人道应该效法天道。大概就是这么一种模式。

那么，天道如何？天道就是刚才讲的"一阴一阳之谓道"。这就是天道："一阴一阳之谓道"；还有一个表达："天地之大德曰生"①。天地的最高的德行，世界的本体的最高的德行，就是"生"。什么"生"呢？就是《周易》的"生生之谓易"②。那么，因为《周易》的《易传》是儒家的作品，它讲的这个"生生"，讲的"天地之大德曰生"，其实说白了，还是讲的儒家的仁爱；只不过它是把我们原来所理解的人的一种本真的本然的情感，提升到了一个形而上者的高度。

简单来讲，按照《周易》大传的思想，就是仁爱。我们前面讲到，这个"仁"字的结构是说的两人之间的一种情感关系；

---

① 《周易·系辞下传》。
② 《周易·系辞上传》。

两者之间的这个关系，现在转化为阴阳之间的关系。《周易》里面甚至讲到男女之间的这种情、夫妇之间的这种情如何"化生万物"①。这是儒家的一种非常重要的思想：仁爱创造万物。"仁爱创造万物"这么一种思想，这是我们前面讲过的：我们讲《中庸》"诚"的时候讲过这个意思。

所以，从教化的角度看，我们刚才讲的作为占卜之书的《周易》古经这个"易教"是一种"神教"——神学的"神"、宗教的"教"——神学宗教；如果说《周易》古经所涉及的教化是一种神教，那么，《周易》大传这个哲学化、义理化了的文本，它所涉及的教化，它的形上学、形下学，都在讲一套道理，我们可以把它叫作"理教"。但是，这是道理的"理"，不是仁义礼智的那个"礼"：理教。换句话说，《周易》——整个的《周易》，作为一套易教的文本，它的教化所涉及的，有神教，是宗教性的；有理教，是哲学化的。

从另外一个维度来分析，它既涉及形而上者，也涉及形而下者。那么，就形而上者来讲，它有两种形而上者：《周易》古经，占卜之书，它所涉及的形而上者是一个神性的存在者，就是上帝这样的存在者；而《周易》大传，它所涉及的形而上者，就不再是神性的，而是理性的存在者，它的本体是理性的本体，是哲学的本体。这就是神教、理教。

由此看来，与《周易》——整部《周易》相关的"易教"

①　见《易传》之《咸象传》与《系辞下传》。

情况非常复杂，它涉及我们前面讲的伦理政治这样的形下的教
化，也涉及形而上者——本体的存在甚至神的存在这样的一种
教化。

由此我们想到一个问题，这个问题具有很强的现实意义，
就是宗教问题。这些年，我们发现，宗教好像在中国正在复兴。
那么，在这个复兴的过程当中，也出现了非常多的问题。宗教
是要进行教化的。我们知道，它是要进行教化的；但在这样的
教化过程当中，也会出现问题。所以，我们今天要重新研究、
仔细研究儒家的教化理论、教化思想。

3. 成于乐：溯源性的情感教化——乐教

刚才我们讲了儒家的几种教化，它们所涉及、所对应的是
孔子讲的"兴于诗，立于礼，成于乐"里面的"立于礼"这么
一个层面；孔子还讲了一句话"成于乐"。"成于乐"，这叫作
"乐教"。

我刚才讲，历史上是不是真的存在过《乐经》这么一部文
本、一部经典，这不重要；重要的是我们的文化传统是"礼乐"
文化，我们始终重视"礼乐"、强调"礼乐"。那么，礼和乐是
什么关系呢？

"礼"，我们前面讲了，它是指的社会规范及其制度。但是，
现在我们把它和乐联系起来分析的时候，你会发现，礼和乐各
有其侧重点：礼的功能叫作"别异"，乐的功能叫作"合同"。

"礼别异，乐合同"①，什么意思呢？就是说：礼所关注的问题，是我们的一个社会共同体的群体生存的秩序。为了维护这个秩序，我们才需要建构一套社会规范、社会制度。但你会发现，我们建构社会规范、社会制度，它有一个特征，就是对人进行区分、划分、分类。只有通过对人加以横向的、纵向的分类，对群体加以分类，才可能让这个群体有序化，才可能建构一种秩序。这就是礼的一个特征。

举例来讲，我们现代社会主张人是平等的，平等固然是平等，这个观点当然是正确的，是我们今天应该普及、贯彻的；但是，平等不等于是乌合之众、没有秩序的，平等不等于是没有科层区分的。它是有层级区分的。就拿我现在的职业来讲，你笼统地讲我是大学教师，当然也可以，但是实际上，大学教师是分了十多个档次的，大家熟悉的，分得简单一点：从助教到讲师，到副教授，然后到教授；教授里面又分四级，等等。这就是科层制度。

任何一个有序化的系统，它都面对着一个基本问题，就是层级的划分；没有这个科层的划分，就不可能有系统的存在，就不可能有秩序。所以，在这种意义上，礼，它的特征就是区分性的，把人加以区分，对人进行划分，包括你的职位，包括你的方方面面的角色，都进行划分。

但是，划分的结果，是把人和人之间区隔开来。这个取向，

---

① 见《荀子·乐论》："乐合同，礼别异。"

它其实是与和谐相悖的，因为不同角色之间会发生冲突：发生利益的冲突，或者心理上的冲突。所以，需要"乐"来加以调整："乐合同"；"乐者，和也"①。

"乐"不仅仅是指的音乐，扩大开来讲，广义的"乐"是说的任何一种艺术形式；更广义地讲，是指的任何一种达成和谐状态的手段，都叫"乐"，它是非常广义的。我们在礼的基础上，在对人进行划分、区分的基础上，要求得和谐，就需要一种特定的形式。当然，这种特定的形式，最典型的是艺术。所以，儒家特别重视乐教，特别重视艺术。这是儒家的一个传统，这就是"礼乐"文化——礼和乐之间的关系。

这个"乐"落实到教化上，它所突出的、它所强调的乐教的功能，就是"和"："乐者，和也"；"乐（yuè）者，乐（lè）也"②。所以我们说"乐和""和乐"。这是它突出的、它要达到的效果："乐者，和也"；"乐者，乐也"。

"和乐"其实也是一种情绪，是一种情感。于是乎你就会发现：我们开头讲"诗教"的时候，说诗教其实是一种"情教"，是一种情感的教化、情感的教育；现在我们说"乐教"，其实也是一种情感的教化、情感的教育，乐教也是一种"情教"。那么，这两者有什么区别呢？有什么区分呢？

"诗教""兴于诗"，那是开端，它是培养我们最朴素的爱的

---

① 见《礼记·乐记》："乐者，天地之和也。"
② 《荀子·乐论》。

情感。这样的教育特别适合于小孩子：青少年、儿童。所以我们说，对小孩子的教育，最重要的其实不是知识，最重要的甚至不是伦理，更不是法制教育；对小孩子的教育，最重要的而且最有效的，是情感教育，是诗教。

但是，这并不意味着有这样一种对小孩子的朴素的情感教育、艺术教育就够了；我们还是要对他们进行伦理的教育、道德的教育、社会规范的教育、政治的教育、历史的教育，甚至宗教的教育，等等。这说明，仅仅有开始的情教——诗教是不够的。但是呢，当我们进行了后面这些教育的时候，特别是进行礼教——就是仁义礼智这个"礼"这么一种礼教之后，进行伦理教育的时候，我们对社会进行划分，对人的角色进行划分，对人的身份进行划分，分层分级，等等，这其实也会造成一些不好的后果；它固然是必要的，但它不是究竟，它其实会造成人和人之间的疏离感甚至是冲突。所以，我们还需要在更高的层次上重新回到情感教育上去。"乐教"，就是孔子讲的"成于乐"，这才是教化的最终的完成——"成"于"乐"。

所以，"兴于诗，立于礼，成于乐"，孔子这三句话，和我们讲的六经之教，它们是有一种对应关系的。

柒　诠释论

第一章

孔子的对话模式

【作者按】此文为《前主体性对话：对话与人的解放问题——评哈贝马斯"对话伦理学"》的第四节"儒家的对话范式"，《江苏行政学院学报》2014年第5期；收入作者文集《时代与思想——儒学与哲学诸问题》，山东人民出版社2017年版，第279~293页。

关于儒家的对话范式，我们可以将对话体的《论语》中所记载的孔子与其弟子的对话作为典范。人们似乎很容易将它们概括为一种非常典型的对话范式，可以称之为"师生对话模式"，即一种角色性的对话。① 但这其实并不是《论语》唯一的对话模式，更不是其最重要的对话模式。事实上，《论语》对话模式可分为两种：主体间性对话——角色性对话（the dialogue of

----

① 关于角色问题，参见黄玉顺：《"角色"意识：〈易传〉之"定位"观念与正义问题——角色伦理学与生活儒学比较》，《齐鲁学刊》2014年第2期。

roles）；前主体性对话——非角色对话（the dialogue of non -role）。

（一）主体间性对话：角色性对话

在《论语》中，师生对话模式的典型，是孔子与颜回的对话。这是主体间性的对话——角色性对话，孔子是老师的角色，颜回是弟子的角色。颜回从来不质疑孔子的话，孔子曾说："吾与回言终日，不违如愚。"① 尽管颜回在孔门弟子中最得孔子赞赏，但孔子对他也有所不满：

　　　　子曰："回也，非助我者也，于吾言无所不说。"②

何晏注："助，益也。言回闻言即解，无发起、增益于己。"邢昺疏："助，益也。说，解也。凡师资问答，以相发起。若与子夏论《诗》，子曰：'起予者，商也。'如此是有益于己也。今回也，非增益于己者也，以其于吾之所言，皆默而识之，无所不解。言回闻言即解，无所发起、增益于己也。"

这里的关键在于：学生对于老师，应当有所"发起、增益于己"——激发甚至启发老师，而对老师有所助益。显然，当学生激发、启发老师之际，他已经不是学生的角色了，老师也就不是老师的角色了，因此，这并不是作为角色性对话的师生

---

① 《论语·为政》。
② 《论语·先进》。

对话模式，而是下文要谈的非角色对话模式。孔子对颜回的不满，就是认为颜回对自己"无所发起、增益于己"。

如果师生双方都能激发和启发对方，这就是儒家的"教学相长"原则：

> 学，然后知不足；教，然后知困。知不足，然后能自反也；知困，然后自强也。故曰：教学相长也。①

显然，这里的"教—学"双方可以说是互为师生的关系，但实质上已不是"师—生"关系了。在这种对话中，双方都"知不足""知困"，进而"自反""自强"，从而"相长"——互相促进对方的成长，即双方都获得新的主体性。相反，作为一种角色性对话的师生对话模式则没有这种效果，而是一种单向授受的关系。前面提到的苏格拉底的对话，其实质也属于这种师生对话模式。

（二）前主体性对话：非角色对话

在《论语》所载的孔子与其弟子的对话中，如果说与颜渊的对话是作为一种角色性对话的师生对话的典型，那么与宰予的对话则是作为前主体性对话的非角色对话的典型。宰予在孔门中是最有思想独立性的。孔子与宰予有一段著名的对话：

---

① 《礼记·学记》：《十三经注疏·礼记正义》，中华书局 1980 年影印本。

　　宰我问："三年之丧，期已久矣。君子三年不为礼，礼必坏；三年不为乐，乐必崩。旧谷既没，新谷既升，钻燧改火，期可已矣。"子曰："食夫稻，衣夫锦，于女安乎？"曰："安。""女安则为之！夫君子之居丧，食旨不甘，闻乐不乐，居处不安，故不为也。今女安，则为之！"宰我出。子曰："予之不仁也！子生三年，然后免于父母之怀。夫三年之丧，天下之通丧也。予也有三年之爱于其父母乎？"①

　　表面看来，在这段对话中，孔子是在批评宰予而他自己的观念并无改变。其实不然，正是宰予对于"三年之丧"的质疑，激发了孔子关于丧礼以至一般的"礼"的一种本源性思想：礼作为一套社会规范，并不是外在强加的规定，而是人们在特定生活方式下的本真情感的一种表达形式；"三年之丧"的礼制并非毫无来由，而是在当时的生活方式下人们对父母之"爱"或"仁"的情感、对父母之丧的"不乐"和"不安"情感的表达方式。或许孔子早已具有这种思想，但至少没有如此明白地阐发过。这种思想观念的阐发，是在孔子与宰予的这种非角色性对话的生活情境中激发的，这也就是上文所说的学生对于老师有所"发起、增益于己"。另一方面，宰予也在与孔子的经常对话中改变自身，所以才成为以"言语"著称而与子贡齐名的孔

----

　　① 《论语·阳货》。

门高足。①

　　在这种非角色性对话中，孔子自身得以提升。子曰："三人行，必有我师焉。择其善者而从之，其不善者而改之。"② 很难设想，孔子一生思想观念没有改变。事实上，孔子的思想观念一直在变化或提升，这里有一部个体思想史，正如他自己所说："吾十有五而志于学，三十而立，四十而不惑，五十而知天命，六十而耳顺，七十而从心所欲、不逾矩。"③ 孔子讲"君子不器"④，也包含这层意思。那么，孔子的这种自我改变是怎样发生的呢？当然是在他的生活之中，如其"入太庙，每事问"⑤。这也包括他与弟子们在一起的生活、对话。可以说，对话是孔子的一种基本的生活方式；换句话说，对于孔子来说，对话是一个"生存论"或"存在论"问题。这些对话当然大量地是角色性的师生对话，但也有很多非角色性对话，促使孔子自我改变的不是前者，而是后者。

　　因此，孔子"敏而好学，不耻下问"⑥，坦率地承认学生能够启发自己。例如：

　　　　子夏问曰："'巧笑倩兮，美目盼兮，素以为绚兮'，何

---

① 《论语·先进》。
② 《论语·述而》。
③ 《论语·为政》。
④ 《论语·为政》。
⑤ 《论语·乡党》。
⑥ 《论语·公冶长》。

谓也?"子曰:"绘事后素。"曰:"礼后乎?"子曰:"起予者商也，始可与言《诗》已矣!"①

这里的"起予"，注疏解释为"子夏能发明我意"，"能发明我意者，是子夏也"。这是不对的。朱熹的解释更为确切："起，犹发也。起予，言能起发我之志意。……所谓'起予'，则亦'相长'之义也。"② 按朱熹的意思，这段对话体现了"教学相长"的精神，而上文说过，"相长"的双方其实已经不再是"师—生"的角色了。

再看一个例子。一次，弟子子路、冉有、公西华和曾点"各言其志"。对前面三人之言，孔子逐一评点乃至"哂之"，均属角色性的师生对话模式。至于曾点:

"点，尔何如?"鼓瑟希，铿尔，舍瑟而作。对曰:"异乎三子者之撰!"子曰:"何伤乎? 亦各言其志也。"曰:"莫春者，春服既成，冠者五六人，童子六七人，浴乎沂，风乎舞雩，咏而归。"夫子喟然叹曰:"吾与点也!"③

显然，此时的对话已从师生角色的模式转入了非角色性模式，孔子放下了老师的身段，对曾点所描绘的情境心向往之。

---

① 《论语·八佾》。
② 朱熹:《四书章句集注·八佾》，中华书局 1983 年版。
③ 《论语·先进》。

再看两个例子：

> 仲弓（冉雍）问子桑伯子。子曰："可也，简。"仲弓
> 曰："居敬而行简，以临其民，不亦可乎？居简而行简，无
> 乃大简乎？"子曰："雍之言然。"①
>
> 子之武城，闻弦歌之声。夫子莞尔而笑曰："割鸡焉用
> 牛刀？"子游对曰："昔者偃也闻诸夫子曰：'君子学道则爱
> 人，小人学道则易使也。'"子曰："二三子！偃之言是也。
> 前言戏之耳！"②

在这些对话中，双方都改变了自身；换句话说，通过这些
对话，双方都获得了某种新的主体性。

---

① 《论语·雍也》。
② 《论语·阳货》。

第二章

孔子经典诠释学思想发微

【作者按】此文原载《社会科学研究》2023 年第 1 期。

【提要】孔子不仅开创了儒家的"经典诠释"实践，而且开创了儒家的"经典诠释学"理论。它不仅不同于西方诠释学，也不同于中国"汉学"与"宋学"的诠释学。它不仅回答了被诠释文本的新的意义怎样在诠释中生成的问题，还回答了诠释者的新的主体性怎样在诠释中生成的问题，即阐明了经典诠释怎样生成道德主体和知识主体。因此，通过揭示"存在者变易"，即作为存在者的主客双方都会在诠释中发生改变的事实，孔子的经典诠释学思想具有"前存在者"的存在论意义。

一、引论

本文旨在证明孔子的经典诠释学思想的存在，并且归纳出它的系统性。诠释学（hermeneutics）的理论，乃是对诠释（interpretation）实践的反思。这种分辨极为重要，然而目前尚未获得充分自觉。例如有学者说："我要讨论的儒家'经典诠释学'，不是指诠释学的理论形态，而是指早期儒家编定、解读、诠释文本并将之经典化、权威化的行为、表现及其经验。"① 这就容易导致"诠释学"与"诠释"概念的混淆。严格说来，我们可以说"一部中国哲学史就是一部诠释史"②，但显然不能说"一部中国哲学史就是一部诠释学史"。

孔子有丰富的经典诠释实践，这是毫无疑问的。仅据《论语》所载，便有他对《诗》《书》《易》《韶》《武》等经典文献的诠释，学界在这方面已经有不少研究成果。然而，孔子是否有经典诠释学的思想乃至理论系统？这似乎还是一个问题。有学者说："孔子对古代经典只是进行解释"，但并没有"诠释学"。③ 这个判断恐怕过于轻率。其实，孔子思想不仅是儒学的创始、儒家经典诠释实践的创始，也是儒家经典诠释学理论的创始。本文的分析将证明这一点。因此，有学者将"孔子诠释理论"视为"中国原有诠释理论的典型代表"④，笔者深以为然。

---

① 王中江：《儒家经典诠释学的起源》，《学术月刊》2009 年第 7 期。
② 蒙培元：《中国哲学的诠释问题——以仁为中心》，《人文杂志》2005 年第 4 期。
③ 汤一介：《再论创建中国解释学问题》，《中国社会科学》2000 年第 1 期。
④ 徐加利：《诠释与创造——西方诠释学视野下的孔子诠释理论》，硕士学位论文，山东师范大学，2007 年，第 2 页。

（一）中国经典诠释学的任务

当然，中国古代没有"hermeneutics"这个名目；但这并不能说明中国古代没有诠释学。这就正如中国古代没有"philosophy"和"metaphysics"之名，但这并不能说明中国古代没有哲学和形而上学之实。① 然而，有学者说："中国传统的资源多半只能划归到'前诠释学'的形态，不能和当代诠释学同日而语。"② 这显然是混淆了"诠释学"与"当代诠释学"的概念，因为：正如西方诠释学也有其从古代形态、近代形态向当代形态的转化发展一样③，中国古代当然没有"当代"诠释学的形态，但这并不能说明中国没有诠释学的古代形态。事实上，这些年来，学界也已经有这方面的研究成果。

由此可见，中国诠释学研究所面临的任务，绝非脱离传统的凭空构造，而是固有的传统形态的当代转化。汤一介先生较早提出了"能否创建中国的解释学"④，似乎中国诠释学尚待

① 参见黄玉顺：《论生活儒学与海德格尔思想——答张志伟教授》，《四川大学学报（哲学社会科学版）》2005 年第 4 期；《追溯哲学的源头活水——"中国哲学的合法性"问题再讨论》，《四川大学学报（哲学社会科学版）》2011 年第 4 期。
② 景海峰：《中国哲学的诠释学境遇及其维度》，《天津社会科学》2001 年第 6 期。
③ 张小星：《从西方"哲学诠释学"到中国"哲学训诂学"建构》，《浙江社会科学》2020 年第 12 期。
④ 汤一介：《能否创建中国的"解释学"?》，《学人》第十三辑，江苏文艺出版社 1998 年版，第 6~9 页。

"创建"①；但他又指出，中国不仅"有很长的解释经典的历史传统"，而且"形成了若干不同的对经典注释的原则和方法"②。那么，这些"经典注释的原则和方法"，岂不正是"经典诠释学"的范畴，而不仅仅是"经典诠释"？因此，笔者认为，学界提出的"创立我们自己具有中国特色的中国诠释学"③，这个提法并不十分恰当，因为中国诠释学所需要的不是"创立"，而是"转化"，即从传统诠释学形态转化为当代诠释学形态。

在这个问题上，孔子的经典诠释学思想具有深刻的启发性。

（二）儒家经典诠释学的开创

翻开《论语》，首篇首章首句，便直接切入了经典诠释学问题，即孔子说："学而时习之，不亦乐乎?"④ 分析如下：

1. 学什么？经典。孔子论"学"，所涉甚广，但首先是诵习经典。何晏注："学者以时诵习之"，"诵习以时，学无废业"；邢昺疏："学者而能以时诵习其经业。"⑤ 所谓"经业"，即指儒

① 汤一介先生后来提到，当时就有人对"创建"的提法提出异议，认为应该是"重建"。参见汤一介：《三论创建中国解释学问题》，《中国文化研究》2000 年第 2 期。

② 汤一介：《论创建中国解释学问题》，《学术界》2001 年第 4 期。

③ 傅永军：《应期望一种什么样的中国诠释学》，《浙江社会科学》2020 年第 12 期。

④ 《论语注疏·学而》，何晏注，邢昺疏，《十三经注疏》，中华书局1980 年版，第 2457 页。

⑤ 《论语注疏·学而》，《十三经注疏》，第 2457 页。

生诵习经典的学业，例如东汉郑玄"隐修经业，杜门不出"①，北魏谷浑"晚乃折节受经业，遂览群籍，被服类儒者"②。清代黄式三《论语后案》指出："'学'谓读书，王氏及程子说同。朱子注……引程子说'学'为读书，'时习'为既读而时思绎，则此章之正解。……此篇'行有馀力，则以学文'、'虽曰未学，必谓之学'，下篇'学''思'对言，'学''问'对言，'好学''忠信'对言，'博学''约礼'对言，'文学''德行'对言，'学《易》''学《诗》''学《礼》'，皆谓读书，而又斥'何必读书然后为学'之佞。盖学者，所以学圣人之道，而圣人往矣，道在方策（典籍）也。"③ 可见"学而时习之"之"学"乃是指诵习经典文献。

2. 如何学？讲习，亦即经典诠释。前面所谓"诵习"，其实是"习"的含义之一：讲习。"习"有二义：讲习、践习。此处乃指讲习。邢昺疏："有同门之朋从远方而来，与己讲习，不亦乐乎?"④ "讲习"一语，出自《易传》："君子以朋友讲习。"⑤ 孔子十分重视经典讲习，他说，"学之不讲"，"是吾忧也"；这是因为

① 范晔：《后汉书·郑玄传》，中华书局1965年版，第1207页。
② 魏收：《魏书·谷浑传》，中华书局1974年版，第780页。
③ 转引自程树德：《论语集释·学而上》，第一册，中华书局1990年版，第4页。
④ 《论语注疏·学而》，《十三经注疏》，第2457页。
⑤ 《周易正义·兑象传》，王弼、韩康伯注，孔颖达疏，《十三经注疏》，第69页。

"学须讲习"①，"学必讲而后明"②。讲习之际，当然伴随着思考、理解，所以朱熹引证程子对"时习"的解释："时复思绎，浃洽于中。"③（此"中"指心）这显然是经典诠释学的范畴，即对经典的理解与解释。

3. 不仅如此，"不亦说（悦）乎"还蕴含着经典诠释的存在论意味，正如朱熹所说："既学而又时时习之，则所学者熟而中心喜说，其进自不能已矣。程子曰：'时复思绎，浃洽于中，则说也。'"④ 这里涉及两个方面：一是被诠释对象的意义方面，通过诠释者"时复思绎"而达到"浃洽于中"（融汇于心），实则是生成了经典文本的新的意义；一是诠释者主体方面，"其进自不能已"，即其"日新其德"⑤，获得新的主体性。当然，经典诠释的这种存在论意义，《论语》本章尚未鲜明地展开；而在《论语》的其他篇章里，孔子明确地论述了经典诠释的这种存在论意义。

总之，《论语》开宗明义，便是讲习经典的问题，即典型的经典诠释学问题。经典（classics）是传世的权威性文本，包括孔子所诠释的《诗》《书》《易》等；诠释（interpretation）不仅是对经典的注释（annotation），而是更为广义的理解（under-

---

① 《论语注疏·述而》，《十三经注疏》，第2481页。

② 朱熹：《论语集注·述而》，《四书章句集注》，中华书局1983年版，第93页。

③ 朱熹：《论语集注·学而》，《四书章句集注》，第47页。

④ 朱熹：《论语集注·学而》，《四书章句集注》，第47页。

⑤ 《周易正义·大畜象传》，《十三经注疏》，第40页。

standing) 与解释（explanation），正如唐代颜师古所说："先圣设法，将不徒然，厥意如何，伫问诠释。"① 这是"诠释"一语的汉语出处。

（三）孔子经典诠释学思想的深蕴

孔子不仅有其经典诠释学思想，而且这种思想有其独具的深邃性。

1. 孔子的经典诠释学思想，远不止于古代"汉学"模式或"宋学"模式的"我注六经"或"六经注我"②（正如西方"自亚里士多德以降，作为形而上学的哲学的事情就是在存在论神学上思存在者之为存在者"③，中国自秦汉以降，儒家哲学的所思也是"存在者"，而不是"存在"），也不止于目前学界通俗理解的"经典诠释"④，而是一种"存在论诠释学"，即：经典诠释活动不只是"主客"架构之下的书斋之中的文本注释工作，而是一种"前存在者"（pre-being）、"前主体性"（pre-subjectivity）⑤、作为存在（Being）的生活方式。此"存在"如唐代孔颖达所说

---

① 颜师古：《策贤良问五道》，第一道；转引自张玉书等编：《佩文韵府》，上海书店出版社 2015 年版，第 3992 页。

② 陆九渊：《陆九渊集·语录上》，中华书局 1980 年版，第 395 页。

③ 海德格尔：《哲学的终结和思的任务》，《面向思的事情》，陈小文、孙周兴译，商务印书馆 1999 年版，第 83～84 页。

④ 参见黄玉顺：《中国学术从"经学"到"国学"的时代转型》，《中国哲学史》2012 年第 1 期。

⑤ 参见黄玉顺：《前主体性诠释：中国诠释学的奠基性观念》，《浙江社会科学》2020 年第 12 期；《如何获得新生？——再论"前主体性"概念》，《吉林师范大学学报（人文社会科学版）》2021 年第 2 期。

的"知礼乐所存在"① （这是"存在"的汉语出处），此"生活"如孟子所说的"民非水火不生活"②（这是"生活"的汉语出处）。③ 这里，作为主体的诠释者的新主体性，与作为对象的经典文本的新意义，都是在这种诠释活动之中生成的，故笔者称之为"注生我经"④。这种深邃的思想视域，是目前为止的中国经典诠释研究罕有触及、然而确属孔子所固有而为后儒所遮蔽的。

2. 孔子的经典诠释学思想，当然不是西方诠释学，例如不是目前学界热衷的伽达默尔（Hans-Georg Gadamer）的"哲学诠释学"（Philosophical Hermeneutics）⑤，而是中国的儒家诠释学，自有中国儒家的问题意识、话语体系。⑥ 例如，有学者根据德国诠释学家舒尔茨（Gunter Scholtz）对当代西方诠释学的三

---

① 《礼记正义·仲尼燕居》，郑玄注，孔颖达疏，《十三经注疏》，第1614页。

② 《孟子注疏·尽心上》，赵岐注，孙奭疏，《十三经注疏》，第2768页。

③ 参见黄玉顺：《生活儒学关键词语之诠释与翻译》，《现代哲学》2012年第1期。

④ 黄玉顺：《注生我经：论文本的理解与解释的生活渊源——孟子"论世知人"思想阐释》，《中国社会科学院研究生院学报》2008年第3期。

⑤ 参见黄玉顺：《前主体性诠释：主体性诠释的解构——评"东亚儒学"的经典诠释模式》，《哲学研究》2019年第1期；《"直"与"法"：情感与正义——与王庆节教授商榷"父子相隐"问题》，《社会科学研究》2017年第6期。

⑥ 参见张小星：《从西方"哲学诠释学"到中国"哲学训诂学"建构》，《浙江社会科学》2020年第12期；刘耘华：《先秦儒家诠释学的问题向度——以〈论语〉〈孟子〉〈荀子〉为个案》，《学术界》2002年第1期；黄玉顺：《生活儒学的话语理论——兼论中国哲学话语体系建构问题》，《周易研究》2021年第5期。

种类型划分①，认为技艺诠释学关注"正确理解"，诠释哲学关注"理解何为"，哲学诠释学则致力探究"理解的条件"。②显然，他们所关注的共同点是文本意义的"理解"问题，而不是意义的"生成"问题，更不是主体的"生成"问题。如伽达默尔说："所有的再现首先都是解释，而且要作为这样的解释，再现才是正确的。在这个意义上，再现也就是'理解'。"③ 在笔者看来，这不能说是真正彻底的"存在论诠释学"，因为"再现"着眼于旧意义的呈现，而不是新意义的生成，更不是新主体性的生成。

笔者的理解，"存在论诠释学"不是 ontological hermeneutics，而是 hermeneutics as Being theory：这里的"存在论"不是"ontology"（或译"本体论"），而是"Being theory"④；这里的"诠释"（interpretation），作为"存在"，不是作为本体的形而上"存在者"（the metaphysic Being），而是作为前存在者情境

---

① G. 舒尔茨：《诠释哲学》，潘德荣译，《安徽师范大学学报（哲学社会科学版）》1993 年第 2 期。

② 傅永军：《现代诠释学类型阐论》，《中国社会科学》2020 年第 3 期。

③ 伽达默尔：《真理与方法：补充和索引》，洪汉鼎等译，台北：时报文化出版公司，1999 年，"第二版序言"，第 487~488 页。

④ 参见黄玉顺：《爱与思——生活儒学的观念》（增补本），四川人民出版社 2017 年版，第 329 页；《前主体性对话：对话与人的解放问题——评哈贝马斯"对话伦理学"》，《江苏行政学院学报》2014 年第 5 期；《形而上学的黎明——生活儒学视域中的"变易本体论"建构》，《湖北大学学报》2015 年第 4 期；杨虎：《哲学的新生——新基础主义道路：传统基础主义和反基础主义之"后"》，《江汉论坛》2016 年第 10 期。

的"存在"（Being）或"生活"（Life）①。这就是说，不论"形而下者"还是"形而上者"②，不论被诠释对象的新义还是诠释者的新主体性，都是由作为存在或生活的诠释活动生成的。③

本文将证明：以这样的视域来理解孔子的经典诠释学思想，绝非什么"过度诠释"。

二、经典诠释活动的前存在者性质

按照经验主义的"常识"，经典诠释的对象是经典，而经典是一种文献。孔子谈到了"文献"（这是汉语"文献"的最早出处），他说："夏礼，吾能言之，杞不足征也；殷礼，吾能言之，宋不足征也。文献不足故也，足则吾能征之矣。"④ 朱熹集注："文，典籍也。献，贤也。"⑤ "文"指典籍，"献"指贤者，这是"文献"的古义，今则泛指典籍，因为："献"其实并不是指贤者其人，而是指贤者之言；把它们记录下来，也就成为一种文献，这是"文献"今义的内在根据。所以，宋代马端临

---

① 参见黄玉顺：《"本体"与"存在"——与成中英先生商榷》，黄玉顺：《时代与思想——儒学与哲学诸问题》，山东人民出版社 2017 年版。

② 《周易正义·系辞上传》，《十三经注疏》，第 83 页。

③ 参见黄玉顺：《前主体性对话：对话与人的解放问题——评哈贝马斯"对话伦理学"》，《江苏行政学院学报》2014 年第 5 期；《形而上学的黎明——生活儒学视域中的"变易本体论"建构》，《湖北大学学报（哲学社会科学版）》2015 年第 4 期。

④ 《论语注疏·八佾》，《十三经注疏》，第 2466 页。

⑤ 朱熹：《论语集注·八佾》，《四书章句集注》，第 63 页。

《文献通考》说："凡论事，则先取当时臣僚之奏疏，次及近代诸儒之评论，以至名流之燕谈，稗官之纪录，凡一话一言，可以订典故之得失，证史传之是非者，则采而录之，所谓'献'也。"① 可见不仅贤者的这些"话""言"本身是对经典的诠释，即"订典故之得失，证史传之是非"，而且它们既经"采而录之"，本身即成为一种文献。

引证文献，如所谓"引经据典"，其实是一种诠释。朱熹说"征，证也"，即"征"是引证的意思。他译解孔子语："二代之礼，我能言之，而二国不足取以为证，以其文献不足故也。文献若足，则我能取之，以证君言矣。"② 这个解释大致不差，只是"以证君言"不妥，孔子分明是说的"吾能言之"，而非"君言"。孔子是说：我能讨论夏、商两代的礼制，只可惜杞、宋两国的文献不足以引证。

那么，孔子是如何谈论夏商之礼的呢？他说："殷因于夏礼，所损益可知也；周因于殷礼，所损益可知也；其或继周者，虽百世可知也。"③ 这里，孔子提出了一种非常重要的思想：礼有损益——历代礼制（社会规范及其制度），既有继承性（引证），也有变革性（损益）。④ "损益"作为取舍、增减，本身就

---

① 马端临：《文献通考·总序》，中华书局 2011 年版，第 2 页。
② 朱熹：《论语集注·八佾》，《四书章句集注》，第 63～64 页。
③ 《论语注疏·为政》，《十三经注疏》，第 2464 页。
④ 参见黄玉顺：《孔子的正义论》，《中国社会科学院研究生院学报》2010 年第 2 期。

是一种诠释。孔子指出：礼制的建构，必须引证文献，并进行取舍和增减，即通过经典诠释来进行。这里，文献的引证是经典的旧义，文献的损益则是经典的新义；这种意义转换的发生，就在诠释之中。

由此可见，引证文献并非通常理解的"有诗为证""有书为证"而已，而是在经典诠释中生成文献的新意义；不仅如此，经典诠释还能同时生成诠释者的新的主体性。此即经典诠释活动的前存在者性质。

（一）经典文献的新意义的生成：温故而知新

关于孔子的经典诠释学思想，最容易导致误解的是孔子的这个说法："述而不作，信而好古，窃比于我老彭。"邢昺疏："此章记仲尼著述之谦也。……老彭，殷贤大夫也。老彭于时，但述修先王之道，而不自制作，笃信而好古事。孔子言：今我亦尔。"① 这就是说，"述而不作"其实只是孔子的自谦之辞。

然而有学者说，"述而不作，信而好古"是一个"独断论诠释学"命题，因为孔子"没有给出逻辑的论证"，而是与"西方基督教的释经学关于《圣经》的诠释"一样，"把'六经'负载的意义在绝对的遵循中诠释为绝对真理"。② 其实，这种评论本身恰恰就是一种"独断"，即不符合孔子的实际。朱熹尽管一

---

① 《论语注疏·述而》，《十三经注疏》，第 2481 页。
② 杨乃乔：《中国经学诠释学及其释经的自解原则——论孔子"述而不作，信而好古"的独断论诠释学思想》，《中国比较文学》2015 年第 2 期。

方面说，"孔子删《诗》《书》，定礼乐，赞《周易》，修《春秋》，皆传先王之旧，而未尝有所作也"，但他另一方面又说，"夫子盖集群圣之大成而折衷之"。① 孔子既然"集群圣之大成而折衷之"，即显然已经不仅仅是"述"，而是一种"作"，因为所谓"折衷"，正是上文所说的作为取舍、增减的"损益"，就是一种诠释。由此可见，孔子的经典诠释并非"述而不作"，甚至不仅仅是所谓"寓作于述"②，而是"述中有作"③、述而作之，本质上是经典诠释。

这方面最突出的事例，就是孔子"因鲁史记"而"作《春秋》"④（注意"作"字），正如孟子所说："晋之《乘》，楚之《梼杌》，鲁之《春秋》，一也。其事则齐桓、晋文，其文则史。孔子曰：'其义，则丘窃取之矣。'"赵岐注："孔子人臣，不受君命，私作之。"孙奭疏："盖《春秋》以义断之，则赏罚之意于是乎在。"⑤ 孔子根据鲁史《春秋》，参考晋史《乘》和楚史《梼杌》而"私作之"，这样的"改编"，显然不是简单的"述"，而是"作"，即已经是一种诠释；孔子所谓"其义"，乃

---

① 朱熹：《论语集注·述而》，《四书章句集注》，第 93 页。
② 周光庆：《中国古典解释学方法论反思——兼与杨润根先生商榷》，《学术界》2001 年第 4 期；《孔子创立的儒学解释学之核心精神》，《孔子研究》2005 年第 4 期。
③ 刘耘华：《孔子对古代传统的双重诠释》，《中国文化研究》2002 年第 2 期。
④ 《孟子注疏·滕文公下》，《十三经注疏》，第 2714 页。
⑤ 《孟子注疏·离娄下》，《十三经注疏》，第 2728 页。

是他赋予旧《春秋》的新意义，即孔子所著的《春秋》乃是"以义断之，则赏罚之意于是乎在"，这是旧《春秋》所没有的新义，这才使"乱臣贼子惧"①。

旧的经典，经过诠释，获得新的意义，孔子称之为"温故而知新"。他说："温故而知新，可以为师矣。"何晏注："温，寻也。寻释故者，又知新者，可以为人师矣。"邢昺疏引郑玄注："谓故学之熟矣，复时习之，谓之温。"② 朱熹集注："温，寻绎也。故者，旧所闻；新者，今所得。言学能时习旧闻，而每有新得，则所学在我，而其应不穷，故可以为人师。若夫记问之学，则无得于心，而所知有限，故《学记》讥其'不足以为人师'，正与此意互相发也。"③ 这里的"时习"和"寻释"，与上文谈到的《论语》开篇的"时习"及程子所解的"思绎"，是互相呼应的。孔子是在强调：学习并非仅仅记诵而已，而是通过"时习"（讲习）"寻释"而有"得于心"的"新得"。显然，这正是孔子经典诠释学的存在论诉求，即通过诠释活动而生成经典的新意义。

（二）诠释者的新主体性的生成：兴于《诗》

经典诠释不仅使经典文本获得新的意义，而且使诠释者获得新的主体性。孔子的这种经典诠释学思想，最鲜明地表达为

---

① 《孟子注疏·离娄下》，《十三经注疏》，第 2728 页。
② 《论语注疏·为政》，《十三经注疏》，第 2462 页。
③ 朱熹：《论语集注·为政》，《四书章句集注》，第 57 页。

"兴于《诗》"①。孔子说："兴于《诗》，立于礼，成于乐。"②
《诗》是古代的经典文献，这是毫无疑问的；至于"礼""乐"
所指的是否文本文献，存疑。因此，我们就集中讨论"兴于
《诗》"。

何晏注："兴，起也。言修身当先学《诗》。"③ 所谓"修
身"，当然就是要使自身发生某种改变；而"兴于《诗》"是
说，这种改变的发生，乃在于"学《诗》"，即对《诗》的理
解与解释。朱熹更进一步指出："学者之初，所以兴起其好善恶
恶之心。"④ 这就是说，"学《诗》"即《诗》的诠释，能够使
诠释者"兴起其好善恶恶之心"，即能够树立起道德主体性。

不仅对《诗》的诠释，一切经典诠释，都具有这种"兴起"
即确立主体性的意义。

（三）经典诠释中的存在者变易

上文的讨论表明，按照孔子的经典诠释学思想，这里的两
种存在者（the two beings），即作为主体的诠释者和作为对象的
被诠释文本及其意义，都是在诠释活动之中生成的。唯其如此，
诠释活动才具有前存在者的存在论意义。

---

① 参见黄玉顺：《面向生活本身的儒学——"生活儒学"问答》，《面向
生活本身的儒学——黄玉顺"生活儒学"自选集》，四川大学出版社 2006 年
版；《爱与思——生活儒学的观念》（增补本），第 129~130 页、第 161~165
页。

② 《论语注疏·泰伯》，《十三经注疏》，第 2487 页。

③ 《论语注疏·泰伯》，《十三经注疏》，第 2487 页。

④ 朱熹：《论语集注·泰伯》，《四书章句集注》，第 105 页。

但这并不是说，诠释活动开始之前，存在者不存在。其实，诠释活动发生之前，已经有两种存在者的存在，即已经存在着既有的主体和既有的文本。由此可见，经典诠释的意义，就是使这两种既有的存在者发生变易；否则，诠释活动毫无意义。图示如下：

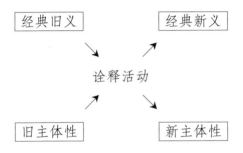

主客双方的这种双重改变，可以称之为经典诠释中的"存在者变易"（the change of the beings）。诠释活动之所以是"前存在者"的存在，这并不是针对旧的存在者而言的，而是针对新的存在者而言的：对于经典的新意义和诠释者的新主体性而言，诠释活动乃是先行的事情。

下面，孔子关于"经典文献的新意义的生成"与"诠释者的新主体性的生成"这两个方面的思想，我们展开更为详尽的分析。

三、经典新义在诠释中的生成

按孔子的经典诠释学思想，经典诠释的存在论意义的一个重要方面，是经典的新意义的生成。例如孔子说过："吾自卫反鲁，然后乐正，《雅》《颂》各得其所。"① 朱熹集注："是时周礼在鲁，然诗乐亦颇残阙失次。孔子周流四方，参互考订，以知其说。晚知道终不行，故归而正之。"② 这是指孔子整理与《诗》相配合的"乐"（朱熹所谓"诗乐"）中《雅》《颂》的"残阙"文本。这种整理，包括"参互考订"、从而"正之"，当然是一种诠释。这种诠释旨在"以知其说"，看起来是对《雅》《颂》固有意义的一种揭示，实际上是赋予某种新的意义，即形成并贯彻了孔子自己的诗学思想。孔子的诗学思想，绝非原来的《雅》《颂》固有的思想。

不过，关于经典诠释中的意义问题，孔子区分了两种情况，而提出了两条原则：共时性的（synchronic）"举一反三"，即经典的固有而隐晦的意义的显现；历时性的（diachronic）"告往知来"，即经典的新意义的生成。

（一）诠释中的"举一反三"：经典意义的共时性显现

所谓"经典意义的共时性显现"是说：这种意义是经典本身所蕴含的，但并没有鲜明地表现出来；正是诠释活动使之得以显现。

孔子说："不愤不启，不悱不发；举一隅不以三隅反，则不复也。"邢昺疏："凡物有四隅者，举一，则三隅从可知。学者

---

① 《论语注疏·子罕》，《十三经注疏》，第 2491 页。
② 朱熹：《论语集注·子罕》，《四书章句集注》，第 113 页。

当以三隅反类一隅以思之。"① 朱熹集注："愤者，心求通而未得
之意。悱者，口欲言而未能之貌。启，谓开其意。发，谓达其
辞。物之有四隅者，举一可知其三。反者，还以相证之义。"②
这是比喻：房间的四个角落都是雷同的，因此，已知一隅，则
可以通过"思之"来"还以相证"，而知其他三隅。四隅是同时
存在的，所以这是共时性的问题。唯见一隅，其他三隅需要
"思之"而"还以相证"才可能知道，这显然是理解问题，即诠
释问题。这里同时涉及主客两方：对于文本来说，这是"开其
意"，即开启意义；对于主体来说，也能够达到"心通"而"口
言"的境界。从孔子原话的语义来看，他所突出的是意义方面。

　　我们来看两个实例，看看孔子如何在诠释中揭示经典的
意义：

　　1. 据《论语》载："子所雅言：《诗》《书》、执礼，皆雅
言也。"何晏引郑玄注："读先王典法，必正言其音，然后义
全"；邢昺疏："先王典法，临文教学，读之必正言其音，然后
义全。"③ 所谓"雅言"，又称"通语"，犹今之"普通话"，以
区别于难以交流沟通的"方言"。"雅"通"夏"，"雅言"就是
夏文化区域的通用语言。这就正如荀子所说："越人安越，楚人
安楚，君子安雅。"④ 注疏所说的"然后义全"需要特别留意：

----

① 《论语注疏·述而》，《十三经注疏》，第 2482 页。
② 朱熹：《论语集注·述而》，《四书章句集注》，第 95 页。
③ 《论语注疏·述而》，《十三经注疏》，第 2482 页。
④ 王先谦：《荀子集解·荣辱》，中华书局 1988 年版，第 62 页。

"读先王典法"或"临文教学"之前，其义未全，即经典的意义尚未全部显现，仅见"一隅"；"正言"之后，才得"义全"，即经典的意义才得以全部显现出来，得见"三隅"。

2. 关于《尚书》记载的商王武丁"作其即位，乃或亮阴，三年不言"①，孔子给予解释："子张曰：'《书》云："高宗谅阴，三年不言。"何谓也？'子曰：'何必高宗？古之人皆然。君薨，百官总己以听于冢宰三年。'"邢昺疏："此章论天子诸侯居丧之礼也"；"言武丁居父忧，信任冢宰，默而不言三年矣"；"君既薨，新君即位，使百官各总己职，以听使于冢宰；三年丧毕，然后王自听政"。② 孔子的意思是："君薨，百官总己以听于冢宰三年"，这并不限于商王武丁，而是一种普遍的共时存在的礼制。但是，由于《尚书》这里只是记载武丁的事迹，这种礼制的普遍性并没有显现出来，只显现出"一隅"；正是孔子的诠释使这种普遍性显现出来，乃见"四隅"。

（二）诠释中的"告往知来"：经典意义的历时性生成

所谓"经典意义的历时性生成"是说：这种意义并非先前的经典所固有的，而是在当下的诠释之中生成的。

据《论语》载："（孔子）尝独立，鲤（孔子之子孔鲤——引者注）趋而过庭。曰：'学《诗》乎？'对曰：'未也。''不学《诗》，无以言。'鲤退而学《诗》。"邢昺疏："古者会同，

---

① 《尚书正义·无逸》，孔安国传，孔颖达疏，《十三经注疏》，第 221 页。

② 《论语注疏·宪问》，《十三经注疏》，第 2513 页。

皆赋《诗》见（现）意，若不学之，何以为言也？"① 这是当时
贵族的一种礼俗，《左传》多有记载：诸侯在朝见天子或相互会
见之际，表达思想感情，并不直言其意，而是通过"赋诗"（诵
《诗》）来表达其意。邢昺所说的"现意"，所"现"之"意"并
不纯粹是《诗》本身之意，而是为了表达赋《诗》者之意。这
种"赋诗"活动，乃是"断章取义"②，其"意"并非所赋之诗
的原意，而是诗意与赋诗者之意的合成，即构成一种新的意义，
因而本质上是一种经典诠释活动。③

  对经典的新意义在诠释中的这种历时性生成，孔子谓之
"告往知来"："往"指经典固有的旧义，"来"指经典获得的新
义。且看这段对话："子贡问曰：'贫而无谄，富而无骄，何
如？'子曰：'可也。未若贫而乐道、富而好礼者也。'子贡曰：
'《诗》云："如切如磋，如琢如磨。"其斯之谓与？'子曰：'赐
也，始可与言《诗》已矣！告诸往而知来者。'"邢昺疏："此
章言贫之与富皆当乐道自修也"；"子贡知引《诗》以成孔子义，
善取类"；"谓告之往以贫而乐道、富而好礼，则知来者切磋琢

---

① 《论语注疏·季氏》，《十三经注疏》，第 2523 页。
② 《春秋左传正义·昭公八年》，杜预注，孔颖达疏，《十三经注疏》，第
2052 页。参见张小星：《〈左传〉"赋诗断章"的存在论诠释学分析——作为
"哲学训诂学"的探索》，《当代儒学》第 19 辑，四川人民出版社，2021 年，
第 77~133 页。
③ 参见张小星：《〈左传〉"赋诗断章"的存在论诠释学研究》，博士论
文，山东大学，2022 年，第 1~3 页。

磨，所以可与言《诗》也"。① 本来，《诗经》的"如切如磋，
如琢如磨"②，虽然也是比喻的"其德之修饬，有进而无已"③，
即与此处的"乐道自修"同类（是为旧义，即"往"），但毕
竟并不涉及人们面对"贫富"的态度问题；子贡论及"贫富"，
邢昺说是"成孔子义"，实际上是孔子与子贡共同赋予了"如切
如磋，如琢如磨"以新的意义（是为新义，即"来"）；孔子
更进一步总结为"告往知来"，即提出了一条经典诠释学原则。

我们来看几个实例，看看孔子如何在经典诠释中引申出新
的意义：

1. 孔子说："《诗》三百，一言以蔽之，曰：'思无
邪。'"④ "思无邪"出自《鲁颂·駉》。《诗经》此诗，共有四
章，均有同类句式："思无疆，思马斯臧"；"思无期，思马斯
才"；"思无斁，思马斯作"；"思无邪，思马斯徂"。⑤ 这里至少
值得注意两点：

（1）孔子赋予"思"以全新的意义。程树德引宋代项安世
《项氏家说》："思，语辞也。用之句末，如'不可求思''不可
泳思''不可度思''天惟显思'；用之句首，如'思齐大任'

① 《论语注疏·学而》，《十三经注疏》，第 2460 页。
② 《毛诗正义·卫风·淇澳》，毛亨传，郑玄笺，孔颖达等疏，《十三经
注疏》，第 321 页。
③ 朱熹：《诗集传·卫风·淇澳》，上海古籍出版社 1980 年版，第 34
页。
④ 《论语注疏·为政》，《十三经注疏》，第 2461 页。
⑤ 《毛诗正义·鲁颂·駉》，《十三经注疏》，第 610 页。

'思媚周姜''思文后稷''思乐泮水'，皆语辞也。说者必以为思虑之思，则过矣。"并引清代俞樾《曲园杂纂》："项此说是也。惜其未及'思无邪'句。按《駉篇》八'思'字并语辞。"① 所以，杨伯峻指出："'思'字在《駉篇》本是无义的语首词，孔子引用它却当思想解，自是断章取义。"② 这就是说，在原诗中，"思"是一个并无实义的虚词；但在孔子的表达中，"思"是一个实词，作为主语，泛指广义的"思想"，包括情感、意欲与思维等。③

（2）用一句诗来概括整部《诗经》全部诗篇的主题，这并非"思无邪"一语的原意，而是孔子独树一帜的创意，即如朱熹集注："夫子言《诗》三百篇，而惟此一言足以尽盖其义，其示人之意亦深切矣。"④

2. 孔子与子夏的一段对话也是极为典型的："子夏问曰：'"巧笑倩兮，美目盼兮，素以为绚兮"，何谓也？'子曰：'绘事后素。'曰：'礼后乎？'子曰：'起予者商也，始可与言《诗》已矣！'"邢昺疏："孔子言，能发明我意者，是子夏

---

① 程树德：《论语集释·为政上》，第一册，第 65 页。俞樾认为孔子本人并未将"思"作为实词，而是注疏误解了孔子之意。这其实是为圣人讳，大可不必，乃因其不明白：诠释之旨，在出新意。

② 杨伯峻：《论语译注·为政篇第二》，中华书局 1980 年版，第 11 页。

③ 参见黄玉顺：《爱与思——生活儒学的观念》（增补本），第 106~133 页。

④ 朱熹：《论语集注·为政》，《四书章句集注》，第 54 页。

也。"① 这是孔子对子夏的称赞。实际上，不仅子夏"发明我意"，而且孔子自己已经先行"发明诗意"：《诗经》的"巧笑倩兮……"②，本来并不涉及孔子所说的绘画问题，更未涉及子夏所说的制礼问题，朱熹指出原诗只是形容庄姜"容貌之美"③，如此而已；"绘事后素"与"礼后"，显然都是在孔子与子夏的诠释中生成的新的意义。④

3. 据《论语》载："'唐棣之华，偏其反而。岂不尔思？室是远而。'子曰：'未之思也，夫何远之有？'"⑤ 这是一首"逸诗"，即不见于传世《诗经》。由于只是"断章"，故其原义不详，但从字面来看，应是一首情诗。原诗的意思是："哪里是我不思念你？只是你我的居室相距太远。"孔子却说："你根本没有思念嘛，哪里是相距太远？"朱熹指出："夫子借其言而反之，盖前篇'仁远乎哉'之意。"⑥ 所谓"借其言"，是说孔子并未完全脱离此诗的原意；"而反之"，则是说孔子对诗人的说法予以反驳，反其意而言之，从而引申出一种新的意义："仁远乎哉？我欲仁，斯仁至矣！"⑦

---

① 《论语注疏·八佾》，《十三经注疏》，第 2466 页。
② 《毛诗正义·卫风·硕人》，《十三经注疏》，第 323 页。
③ 朱熹：《诗集传·卫风·硕人》，第 36 页。
④ 参见黄玉顺：《爱与思——生活儒学的观念》（增补本），第 281~282、284 页；《中国正义论的形成——周孔孟荀的制度伦理学传统》，东方出版社 2015 年版，第 151~153 页。
⑤ 《论语注疏·子罕》，《十三经注疏》，第 2491 页。
⑥ 朱熹：《论语集注·子罕》，《四书章句集注》，第 116 页。
⑦ 《论语注疏·述而》，《十三经注疏》，第 2483 页。

四、新主体性在经典诠释中的生成

按孔子的经典诠释学思想，经典诠释的存在论意义的另一个重要方面，是诠释者的新主体性的生成。上文说过，西方的诠释学关注文本的意义方面，即关注诠释的对象方面，对于诠释的主体方面则缺乏足够充分的关注。

（一）新主体性的生成

上文讨论过孔子"兴于《诗》"的经典诠释学思想，即新的主体性如何在经典诠释中生成的问题。这里展开更为详尽的分析。孔子这种思想的另一种表达，是"《诗》可以兴"，他说："小子何莫学夫《诗》？《诗》可以兴，可以观，可以群，可以怨；迩之事父，远之事君；多识于鸟兽草木之名。"① 显而易见，这段话包含三个层次："多识于鸟兽草木之名"关乎知识，即关乎认知主体；"迩之事父，远之事君"关乎伦理政治，即关乎道德主体（广义的"道德"概念，伦理学与政治哲学均可归属道德哲学）。这两层意义，下文将讨论。那么，此前的"可以兴，可以观，可以群，可以怨"关乎什么问题呢？

就孔子这段话来看，不论道德主体的"事父""事君"，还是认知主体的"多识"，其前提当然都是主体性；而在孔子看来，主体性的确立就在"兴观群怨"之中。

---

① 《论语注疏·阳货》，《十三经注疏》，第 2525 页。

（1）兴。邢昺疏："《诗》可以令人能引譬连类，以为比兴也。"① 把"兴"解释为"比兴"，即认为不过是一种诗歌创作手法。这是不对的。显而易见，此处的"《诗》可以兴"之"兴"，与上文讨论的"兴于《诗》"之"兴"，乃是同义的："兴，起也。言人修身，当先起于《诗》也。"② 这就是说，"兴"的意思是"兴起"，是讲"修身"，是说的"确立起来"。确立起什么来？那就是主体性。因此，朱熹说，"兴"是"感发志意"③，"志意"即属于主体性。④ 所以，程树德引清代焦循《论语补疏》："《诗》之教，温柔敦厚，学之则轻薄嫉忌之习消，故可以群居相切磋。"⑤ 所谓"学之则轻薄嫉忌之习消"，就是一种"存在者变易"，即诠释者的主体性发生了改变。

（2）观。邢昺疏："'可以观'者，《诗》有诸国之风俗，盛衰可以观览知之也。"⑥（下同）"观览知之"这种行为，显然是"主客"架构中的事情，其前提当然是主体的确立，所以，"观"是"《诗》可以兴"之后的事情。

（3）群。邢昺疏："'可以群'者，《诗》有'如切如磋'，可以群居相切磋也。"所谓"群居相切磋"，当然是主体的事情；

---

① 《论语注疏·阳货》，《十三经注疏》，第 2525 页。
② 《论语注疏·泰伯》，《十三经注疏》，第 2487 页。
③ 朱熹：《论语集注·阳货》，《四书章句集注》，第 178 页。
④ 参见黄玉顺：《爱与思——生活儒学的观念》（增补本），第 126、129~130、161~163、173、207~208、313 页。
⑤ 程树德：《论语集释·阳货下》，第四册，第 1212 页。
⑥ 《论语注疏·阳货》，《十三经注疏》，第 2525 页。

不仅如此，"群"意味着这不只是单个的主体的事情，而是"主体间"的（inter-subjective）事情，其前提显然是单个主体的先行确立，就是先前的"《诗》可以兴"。

（4）怨。邢昺疏："'可以怨'者，《诗》有'君政不善则风（讽）刺之'，'言之者无罪，闻之者足以戒'，故可以怨刺上政。"显然，"讽刺"或"怨刺"也是主体行为，其前提也是主体的先行确立，即也是此前的"《诗》可以兴"。

以上分析表明，在"兴观群怨"中，"观群怨"都是主体行为，而其前提乃是主体的先行确立，即"兴"。这充分体现出孔子"《诗》可以兴"或"兴于《诗》"命题的存在论诠释学意义。将"《诗》可以兴"的经典诠释学意蕴推扩开来，涵括一切经典，那就是说，经典诠释可以生成某种主体。

举一个例子，孔子评论道："《关雎》乐而不淫，哀而不伤。"邢昺疏："此章言正乐之和也。"① 这是孔子对《关雎》情感特征的一种概括，是对《关雎》的一种诠释。朱熹集注："盖其忧虽深，而不害于和；其乐虽盛，而不失其正。"② 这又是朱熹对孔子的诠释所做的诠释，而归结为"正"与"和"。《关雎》其诗，描写了"淑女"对"君子"的情感：从"求之不得，寤寐思服""辗转反侧"之"哀"，到"琴瑟友之""钟鼓乐之"之"乐"。③ 通过孔子的这种经典诠释，不仅《关雎》的

---

① 《论语注疏·八佾》，《十三经注疏》，第 2468 页。
② 朱熹：《论语集注·八佾》，《四书章句集注》，第 66 页。
③ 《毛诗正义·周南·关雎》，《十三经注疏》，第 274 页。

诗意得到了一种提升，而且实际上孔子本人在对《关雎》的诠释中形成了自己的一种审美原则，在诠释中获得了主体方面的一种审美理念，即诗歌的情感表达应当是"乐而不淫，哀而不伤"。

下面分别对道德主体和认知主体在经典诠释中的确立展开更为具体的讨论。

（二）道德主体的确立

孔子认为，对《诗》的诠释，可以"迩之事父，远之事君"。邢昺认为，这是因为"人伦之道，《诗》无不备"①。这显然是关于道德主体的事情；这是继前面的"《诗》可以兴"而言的，即意味着对《诗》的诠释可以确立道德主体。

下面来看经典诠释确立道德主体的两个实例：

1. 孔子说："加我数年，五十以学《易》，可以无大过矣。"何晏注："《易》'穷理尽性以至于命'。年五十而知天命，以知命之年读至命之书，故可以无大过。"② 朱熹集注："学《易》则明乎吉凶消长之理，进退存亡之道，故可以无大过。"③ 程树德集释："'亦可以无大过矣'者，即'欲寡其过'意也"；并引清代惠栋《九经古义》："秉烛之明，尚可寡过"；又引元代胡炳文《四书通》："《易》占辞于吉凶悔吝之外，屡以'无咎'

---

① 《论语注疏·阳货》，《十三经注疏》，第 2525 页。
② 《论语注疏·述而》，《十三经注疏》，第 2482 页。
③ 朱熹：《论语集注·学而》，《四书章句集注》，第 97 页。

言之，大要只欲人无过，故曰'无咎者，善补过也'。"① 这就是说，通过对《易》的讲习、诠释，能够在道德上"补过""寡过""无过"，即补救、减少或避免过错。这当然是确立道德主体的问题。

2. 孔子说："诵《诗》三百，授之以政不达，使于四方不能专对，虽多，亦奚以为?"邢昺疏："此章言人之才学贵于适用。"② 朱熹也引程子说："穷经，将以致用也。"③ 这是将经典诠释的意义归结为"学以致用"，固然不错，但孔子这番话的意义不限于此，而更意味着：经典诠释应当改变主体，使之获得内政与外交上的某种必需的能力。这种政治能力亦属广义的道德能力，所以，这同样是通过经典诠释确立道德主体的问题。

(三) 知识主体的确立

孔子认为，对《诗》的诠释，还能够"多识于鸟兽草木之名"，即扩展和丰富自然知识。邢昺疏："其绪馀又足以资多识。"④ 这显然是认知主体的事情。这是继前面的"《诗》可以兴"而言的，即意味着对《诗》的经典诠释可以确立认知主体。程树德引宋代王应麟《困学纪闻》："格物之学，莫近于《诗》"；"引而伸之，触类而长之，有多识之益也"。⑤ 刘宝楠

---

① 程树德：《论语集释·述而下》，第二册，第471、473、474页。
② 《论语注疏·子路》，《十三经注疏》，第2507页。
③ 朱熹：《论语集注·子路》，《四书章句集注》，第143页。
④ 《论语注疏·阳货》，《十三经注疏》，第2525页。
⑤ 程树德：《论语集释·阳货下》，第四册，第1213页。

说："鸟兽草木，所以贵多识者，人饮食之宜，医药之备，必当识别，匪可妄施，故知其名，然后知其形，知其性。"① 他们都是在谈一个问题：通过经典诠释，例如对《诗》的讲习，可以获得新知，即生成新的认知主体性。

我们来看一个例子："子在齐闻《韶》，三月不知肉味，曰：'不图为乐之至于斯也！'"邢昺疏："《韶》，舜乐名。孔子在齐，闻习《韶》乐之盛美，故三月忽忘于肉味而不知也。"② 朱熹集注："《史记》'三月'上有'学之'二字。"③ 按《史记》载："孔子适齐……与齐太师语乐，闻《韶》音，学之，三月不知肉味，齐人称之。"④ 据此，孔子"三月不知肉味"并不仅仅是因为"闻《韶》"，而是因为"闻（太师）习《韶》"而"学之"，即也是一种讲习和诠释。孔子最后感叹"不图为乐之至于斯也"，"不图"是说没有料到，显然是说他自己现在获得了关于"乐"的一种新的认知，就是获得了新的认知主体性。

综上所述，孔子不仅是儒家经典诠释实践的开创者，也是儒家经典诠释学理论的开创者。孔子的经典诠释学思想，既不同于西方诠释学，也不同于中国"汉学"与"宋学"的诠释学，因为它不仅回答了被诠释文本的新意义的生成问题，而且回答

---

① 刘宝楠：《论语正义·阳货》，第二册，中华书局 1990 年版，第 689 页。

② 《论语注疏·述而》，《十三经注疏》，第 2482 页。

③ 朱熹：《论语集注·述而》，《四书章句集注》，第 96 页。

④ 司马迁：《史记·孔子世家》，中华书局 2014 年版，第 2315 页。

了诠释者的新主体性的生成问题，即阐明了道德主体和知识主体怎样在经典诠释中生成的问题。总之，通过揭示主体性存在者（诠释者）和对象性存在者（被诠释经典）双方的这种"存在者变易"，孔子的经典诠释学思想具有深邃的"前存在者"的存在论意义。

第三章

诠释与创生

——论孔子经典诠释学的创世论意义

【作者按】此文原载《东岳论丛》2023 年第 11 期。

【提要】孔子的经典诠释学思想，不仅具有"哲学诠释学"那样的世俗存在论意义，还具有创世论的超凡"创生"意义。这种思想深刻地蕴含在孔子的"天命"观念之中，可以称之为"天命诠释学"。"天"是超凡的绝对存在者、万物的创造者。"天命"是"天"的"号令"，意味着"天"是以一种无言的言说方式来创造万物。经典作为"圣人之言"，是对天命的诠释；而经典诠释又是对圣人之言的诠释，因而归根到底也是对天命的诠释。这种经典诠释不仅"后天而奉天时"，而且"先天而天弗违"，即"参赞化育"，参与到天的创生之中。

笔者已曾揭明：孔子不仅开创了儒家"经典诠释"（classic interpretation）的实践，而且开创了儒家"经典诠释学"（classic

hermeneutics）的理论。这种诠释学既不同于西方海德格尔
（Martin Heidegger）、伽达默尔（Hans-Georg Gadamer）"哲学诠
释学"（philosophical hermeneutics）那样的诠释学，也不同于中
国传统"汉学"与"宋学"的诠释学，因为它不仅回答了被诠
释经典的新意义的生成问题，还回答了诠释者的新主体性的生
成问题，即阐明了经典诠释怎样生成道德主体和知识主体。因
此，通过揭示这种"存在者变易"（change of the beings），即作
为存在者的主客双方都会在诠释中发生改变的事实，孔子的经
典诠释学思想具有"前存在者"（pre-being）的存在论意义。①
本文将进一步阐明：这种经典诠释学思想不仅具有上述世俗存
在论（secular ontology）意义，更具有超凡创世论（transcendent
creationism）意义。

一、天命的超凡言说性

孔子经典诠释学思想的创世论意义，即其"创生"（creation
of all things）意义，深刻地蕴含于他的"天命"观念之中，故可
称之为"天命诠释学"（Hermeneutics of Tian Nomination）。

（一）"天"的超凡性

谈到孔子的"天命"观念，首先得讨论孔子的"天"观念。
长期以来，由于受到宋明理学的影响，孔子的"天"观念被视

---

① 黄玉顺：《孔子经典诠释学思想发微》，《社会科学研究》2023 年第 1
期。

为一个心性概念；加之某种现代学术潮流的影响，孔子更被视为一个无神论者。这完全不符合孔子思想的实际。直到最近几年，学术界才开始对此进行正本清源，重新审视孔子的"超越"（transcendence）观念，肯定"天"的外在超凡性（transcendent）。

这里涉及的是关于中国哲学和文化"内在超越"（immanent transcendence）与西方宗教和哲学"外在超越"（external transcendence）的争论，牟宗三等认为前者区别于并且优越于后者，笔者将其判为"中国哲学'内在超越'的两个教条"①。严格来说，"外在超越"应指外在于人的"天"是超出凡俗世界的，即超凡的（transcendent）；"内在超越"应指内在于"人"的理性或心性是超出感性经验的，即超验的（transcendental）。② 孔子的儒学与宋明理学尽管都具有内在的超验向度，却是两种根本不同的超越范式：宋明理学以内在的超验心性取代了外在超凡之"天"，实属"僭天"；孔子并未取消外在超凡之"天"，而是如孟子所说，旨在通过超验的"尽性"以"事天"。③ 这是因为，孔子心目中的"天"继承了《诗》《书》、周公的"天帝"观念，"天"仍然是一个外在而神性的绝对超凡者（the absolute

① 黄玉顺：《中国哲学"内在超越"的两个教条——关于人本主义的反思》，《学术界》2020 年第 2 期。

② 黄玉顺：《"超验"还是"超凡"——儒家超越观念省思》，《探索与争鸣》2021 年第 5 期。

③ 黄玉顺：《"事天"还是"僭天"——儒家超越观念的两种范式》，《南京大学学报》2021 年第 5 期。

Transcendent）。①

（二）“命”的言说性

汉语的“天命”（the Nomination of Tian）所指的显然是一种言说，所以称之为“命”（号令）。汉语“命”的本义是一种“人言”，即号令。甲骨文“命”和“令”是同一个字，“象木铎形”；“古人振铎以发号令”。②《说文解字》解释：“令，发号也。”③ 例如孔子，“君命召，不俟驾行矣”④，“使于四方，不辱君命”⑤，所指的都是君主的号令。

然而不仅如此，早在上古文献中，“命”就已经不仅指“人言”，而且指“天言”，即“天命”；这类似于海德格尔所谓“道言”（die Sage des Ereignis），以区别于“人言”（Spreche）。⑥ 例如《易经》“有孚改命吉”⑦，“改命”犹言“革命”，意谓天帝改变自己的号令，将旧王朝的使命改授予新王

---

① 黄玉顺：《生活儒学的内在转向——神圣外在超越的重建》，《东岳论丛》2020 年第 3 期；《周公的神圣超越世界及其权力话语——〈尚书·金縢〉的政治哲学解读》，《东南大学学报（哲学社会科学版）》2020 年第 2 期。

② 徐中舒主编：《甲骨文字典》，四川辞书出版社 1989 年版，第 89、1000 页。

③ 许慎：《说文解字·卩部》，中华书局 1963 年版，第 187 页。

④ 《论语注疏·乡党》，《十三经注疏》，中华书局 1980 年影印版，第 2496 页。

⑤ 《论语注疏·子路》，《十三经注疏》，第 2508 页。

⑥ 参见黄玉顺：《我们的语言与我们的生存——驳所谓“现代中国人‘失语’”说》，《南京师范大学文学院学报》2004 年第 4 期；《生活儒学的话语理论——兼论中国哲学话语体系建构问题》，《周易研究》2021 年第 5 期。

⑦ 《周易正义·革卦》，《十三经注疏》，第 61 页。

朝，例如"汤武革命"①；《诗经》"天命不彻"，"言王不循天之政教"②，即批评王者不贯彻天帝的号令。这就是说，"天命"的本义是说的天帝授命，选派某人承担某事，尤其是选派某个宗族承担最高统治者的重任，例如《尚书》所说的"天命有德"③（这里"命"是动词，意思是天帝授命于有德之人），"乃命于帝庭，敷佑四方"；"天之降宝命，我先王亦永有依归"④。孔子继承了这样的"天命"观念，强调："不知命，无以为君子也。"⑤

（三）天命的无言之令

这里的"命"，作为"号令"，是强调天帝的这种选派所采取的方式是一种特殊的言说，即"天命"是天帝的言说。然而，"天命"又不同于"人言"：天帝虽然发号施令，却不像人那样说话。如《论语》载：

> 子曰："予欲无言。"子贡曰："子如不言，则小子何述焉?"子曰："天何言哉? 四时行焉，百物生焉，天何言哉!"⑥

---

① 《周易正义·革象传》，《十三经注疏》，第 60 页。
② 《毛诗正义·小雅·十月之交》，《十三经注疏》，第 447 页。
③ 《尚书正义·皋陶谟》，《十三经注疏》，第 139 页。
④ 《尚书正义·金縢》，《十三经注疏》，第 196 页。
⑤ 《论语注疏·尧曰》，《十三经注疏》，第 2536 页。
⑥ 《论语注疏·阳货》，《十三经注疏》，第 2526 页。

邢昺疏："天亦不言而令行。"① 孟子也曾谈到这层意思："天不言，以行与事示之而已矣。"② 所以，汉代刘熙"以显释天"："天，显也"。③ 我们可理解为：天的言说方式是显示。孔子的意思，天"无言"，却在"命"，却在言说，即在显示。

不仅如此，孔子的话还表明，天帝乃是以这种无言之令的言说方式来创造或生成宇宙世界，即孔子所说的"四时行焉，百物生焉"，意谓四时行于它，万物生于它（此处"焉"的意思是"于是""于此"④）。这就是"天命"的"创生"或"创世"意义。

二、天命的创世性

在孔子心目中，"天"是超凡的绝对存在者、万物的创造者；"天命"是"天"的"号令"，意味着"天"是以一种无言的言说方式来创造万物。

（一）"天命"之"易"的创世性

关于"天命"的"创生"或"创世"，孔子本人虽然有上述表达，但确实并没有加以更为详尽的说明。不过，孔子的后

---

① 《论语注疏·阳货》，《十三经注疏》，第 2526 页。
② 《孟子注疏·万章上》，《十三经注疏》，第 2737 页。参见黄玉顺：《天吏：孟子的超越观念及其政治关切——孟子思想的系统还原》，《文史哲》2021 年第 3 期。
③ 刘熙：《释名·释天》，中华书局 1985 年版，第 1 页。
④ 参见黄玉顺：《人是什么？——孔子面对"攸关技术"的回答》，《孔子研究》2021 年第 4 期。

学对此进行了发挥。例如《易传》是这样讲的：

    一阴一阳之谓道；继之者善也，成之者性也。[1]

    孔颖达疏："'继之者善也'者，道是生物开通，善是顺理养物，故继道之功者，唯善行也。'成之者性也'者，若能成就此道者，是人之本性。"[2] 这就是说，"道"是"天命"层级的宇宙本体，"生物开通"即其创生万物；但"道"创生万物，还需要人的"善""性"来"继之"而"成之"，才能最终"成就此道"，从而真正"生物开通"，创生万物。

    显然，这是将"天"义理化、哲学化了。如果将"天"还原为"天帝"，那就是说："天命"以无言之令的言说方式来创生万物，还需要人来"继之"而"成之"，才能最终完成"天命"。这就是说，人的活动，包括诠释活动，不仅"后天而奉天时"，即人合于天；而且"先天而天弗违"，即天合于人。[3]

    这就是孔子创世论思想的"天命即创造"（the Nomination of Tian is creation）观念，它与耶教创世论的"命名即创造"（Nomination is creation）观念之间，存在着相通之处。两者的区别在于：耶教那里是上帝创造，孔子这里则是天与人共同创造，即不仅有天的"一阴一阳之谓道"，而且有人的"继之者善也，

---

    ① 《周易正义·系辞上传》，《十三经注疏》，第 78 页。
    ② 《周易正义·系辞上传》，《十三经注疏》，第 78 页。
    ③ 《周易正义·乾文言传》，《十三经注疏》，第 17 页。

成之者性也”；耶教创世论的创造是一次性的，孔子创世论的创造则是连续性的。这种连续性，即《易传》的“生生”观念“生生之谓易”①。

（二）“天命”之“诚”的创世性

由此可见，关于“天命”创世的具体内涵，尽管孔子本人并没有展开充分论述，但我们可以从孔子后学的思想中发掘出来，然后由此反观孔子的言论，以揭示孔子创世论思想的意蕴。最典型的莫过于《中庸》之“诚”，尽管也已经是义理化、哲学化的表达：

1. “诚”通常被解释为一个形声字，其实不然，其中的“成”也是有实义的。这是汉字的一种现象，即“声兼义”，《说文解字》表述为“从某，某亦声”。按照这个规则，“诚”字应当这样解释：从言、从成，成亦声。“诚”与“成”，文字学上称之为“同源字”，词汇学上则称之为“词族”（word family）。汉字“诚”出现较晚，始见于战国；此前，“诚”即作“成”。例如孔子引《诗》“诚不以富”②，传世《诗经》即作“成不以富”③。后来加“言”为“诚”，大有深意，表明“诚”的意思是：由“言”而“成”。这正是上文讨论过的观念：以“命”的方式进行来创生万物，而“命”正是一种言说。

2. 《中庸》之“诚”并非形而下者，而是形而上者：“诚

---

① 《周易正义·系辞上传》，《十三经注疏》，第 78 页。
② 《论语注疏·颜渊》，《十三经注疏》，第 2503 页。
③ 《毛诗正义·小雅·我行其野》，《十三经注疏》，第 435 页。

者，天之道也。"① 天道由"言"而"成"，与上文所讲的作为"号令"的"天命"显然是一致的。同时，还有一点值得注意：汉字"道"有两种最古老的基本含义和用法，一是动词"行走"、名词"道路"，一是"言说"。在这种意义上，"天道"就是"天言"，亦即"天命"。

3. 由"言"而"成"，这显然就涉及了诠释问题：《中庸》说"诚者，天之道也；诚之者，人之道也"②，"天之道"即上文所讲的"天命"的言说，"人之道"即涉及上文所讲的人对"天命"的诠释。

4. "诚"甚至并非形而上者，即根本不是一个存在者。这个极为深邃的观念，鲜明地体现在《中庸》的这个命题中："不诚无物。"③ "物"泛指一切存在者，即荀子所谓"大共名"④。"不诚无物"是说：如果没有诚，那就没有任何存在者的存在。这表明，"诚"本身不是存在者，而是前存在者的存在。在这种意义上，"诚"不是一个实体词，而是一个状态词。

5. 因此，"诚"并非由任何既有的存在者成就的，而是"自己如此"（这是汉语"自然"的本义)⑤，即《中庸》所说

① 《礼记正义·中庸》，《十三经注疏》，第 1632 页。
② 《礼记正义·中庸》，《十三经注疏》，第 1632 页。
③ 《礼记正义·中庸》，《十三经注疏》，第 1633 页。
④ 王先谦：《荀子集解·正名》，中华书局 1988 年版，第 419 页。
⑤ 参见黄玉顺：《面向生活本身的儒学——"生活儒学"问答》，《面向生活本身的儒学——黄玉顺"生活儒学"自选集》，四川大学出版社 2006 年版，第 53~91 页。

的"诚者自成也，而道自道也"①。这类似于现象学所谓"自身所与"（self-given）。这意味着"诚"乃是"天"的自我诠释。

6. "诚"不仅不是任何存在者，而且能够生成所有存在者，即"诚者非自成己而已也，所以成物也"②。这是因为：纵观所有一切存在者，无非两类，即主体性存在者和对象性存在者；"成己"意味着生成主体，"成物"意味着生成对象，这就是"诚"的创世性，也就是"天命"的创世性，即创生一切存在者。

三、圣人之言：天命的诠释

在孔子的经典诠释学思想中，不仅经典诠释活动是一种诠释，而且经典本身就是一种诠释："天命"是一种言说，所以称之为"命"（号令）；而经典作为"圣人之言"③、"圣人之意"④，则是对"天命"的诠释。经典诠释在诠释着经典，而经典则在诠释着天命。如图所示：

$$\boxed{天命}\leftarrow诠释\leftarrow\boxed{经典}\leftarrow诠释\leftarrow\boxed{经典诠释}$$

这种诠释关系，在后世的儒家经典诠释中具有更为丰富的

---

① 《礼记正义·中庸》，《十三经注疏》，第 1633 页。
② 《礼记正义·中庸》，《十三经注疏》，第 1633 页。
③ 《论语注疏·季氏》，《十三经注疏》，第 2522 页。
④ 《周易正义·系辞上传》，《十三经注疏》，第 82 页。

层次。以《十三经注疏》为例，如图所示：

天命	←诠释←	经	←诠释←	传注	←诠释←	疏

经典之所以是对天命的诠释，是因为：既然是"命"（号令），也就是一种言说，那么，"天命"本身就可以被视为"一本大书"，就是一种特殊的文本，它是"天帝"陈述出来的文本；在这种意义上，"经典"作为圣人对"天命"的理解与解释的结果，也是一种特殊的诠释。

关于这个问题，据《论语》载：

> 仪封人请见，曰："君子之至于斯也，吾未尝不得见也。"从者见之。出，曰："二三子何患于丧乎？天下之无道也久矣，天将以夫子为木铎。"[1]

邢昺疏："木铎，金铃木舌，施政教时所振也。言天将命孔子制作法度，以号令于天下，如木铎以振文教也。"[2] 这里的"木铎"之说，正是"命"字的本义（详上）。这就是说，"天命"是通过"圣人之言"来传达的。然而圣人传达"天命"的前提，是"知命"，即对"天命"的理解与解释，亦即诠释。孔

---

[1] 《论语注疏·八佾》，《十三经注疏》，第 2468 页。
[2] 《论语注疏·八佾》，《十三经注疏》，第 2468 页。

子自述"五十而知天命"①，就是说，他已经能够理解与解释"天命"，即能够诠释"天命"。所以，孔子说：

君子有三畏：畏天命，畏大人，畏圣人之言。②

邢昺疏："大人即圣人也"；"天之命也，故君子畏之"。③朱熹集注："大人圣言，皆天命所当畏。知畏天命，则不得不畏之矣。"④ 这里揭示了"三畏"之间的因果关系：敬畏"圣人"，是因为敬畏"圣人之言"；而敬畏"圣人之言"，归根到底乃是因为敬畏"天命"。⑤ 这就是说，"圣人之言"成为经典，那么，经典诠释既然是对圣人之言的诠释，从而也就是对"天命"的诠释。

对于孔子本人来说，他所面对的"圣人之言"具载于上古经典文献之中，即孔子曾加以诠释的《诗》《书》《易》等。对于后世来说，孔子作为圣人，他所留下的经典，不论他所传的《诗》《书》，还是他所作的《春秋》，乃至其门人所编的《论语》，都是传达和诠释"天命"的"圣人之言"，都是应当敬畏的。

---

① 《论语注疏·为政》，《十三经注疏》，第 2461 页。
② 《论语注疏·季氏》，《十三经注疏》，第 2522 页。
③ 《论语注疏·季氏》，《十三经注疏》，第 2522 页。
④ 朱熹：《论语集注·季氏》，《四书章句集注》，中华书局 1983 年版，第 172 页。
⑤ 黄玉顺：《君子三畏》，《宜宾学院学报》2016 年第 2 期。

三、经典诠释：人与万物的创生

经典诠释是对圣人之言的诠释，因而归根到底是对天命的诠释。与此相应，经典诠释之所以具有创生的意义，归根到底，也是因为上文所论的"天命"的创生意义；换言之，经典诠释活动不仅"后天而奉天时"，而且"先天而天弗违"，即"参赞化育"，参与到天的创生之中。

对于诠释者来说，经典诠释的创生，可分为三个层次：成己、成人、成物。①

（一）在经典诠释中"成己"

孔子强调"成己"，即通过自我修养而成就自己，成为一个如此这般的主体。他说："不患人之不己知，患其不能也"②；"君子病无能焉，不病人之不己知也"③；"苟正其身矣，于从政乎何有？不能正其身，如正人何！"④ 《论语》记载："颜渊问仁。子曰：'克己复礼为仁。'"⑤ 这些论述都是在谈自我主体性的改变，即"成己"，亦即超越自身的旧的主体性，获得新的

---

① 黄玉顺：《未能成己，焉能成人？——论儒家文明的自新与全球文明的共建》，《甘肃社会科学》2018 年第 3 期。

② 《论语注疏·宪问》，《十三经注疏》，第 2512 页。

③ 《论语注疏·卫灵公》，《十三经注疏》，第 2518 页。

④ 《论语注疏·子路》，《十三经注疏》，第 2507 页。

⑤ 《论语注疏·颜渊》，《十三经注疏》，第 2502 页。

主体性，以使自己获得"新生"。①

那么，怎样"成己"呢？经典诠释可以创生自我。

程颐曾经讲到经典诠释的"成己"问题，他说："如读《论语》，未读时是此等人，读了后又只是此等人，便是不曾读。"②所谓"读《论语》"，就是对《论语》加以理解与解释，亦即诠释《论语》。如果读《论语》之前是"此等人"，之后依旧是"此等人"，即依旧是既有的主体性，那就等于"不曾读"，即等于真正的诠释活动根本没有发生；如果读了《论语》之后，读者发生了某种改变，即不再是"此等人"，这就意味着经典诠释活动使他获得了新的主体性，而成为一个新的存在者。

孔子的经典诠释思想亦然。例如《论语》记载：

　　子谓伯鱼曰："女为《周南》《召南》矣乎？人而不为《周南》《召南》，其犹正墙面而立也与！"③

邢昺疏："为，犹学也"；"人而不为，则如面正向墙而立，无所观见也"。④ 所谓"学"，也是理解与解释，即诠释。孔子之意，通过诠释《周南》《召南》之诗，就可以获得新的"观

---

① 黄玉顺：《如何获得新生？——再论"前主体性"概念》，《吉林师范大学学报》2021 年第 2 期。
② 朱熹：《论语集注·论语序说》，《四书章句集注》，第 43 页。
③ 《论语注疏·阳货》，《十三经注疏》，第 2525 页。
④ 《论语注疏·阳货》，《十三经注疏》，第 2525 页。

见"，即获得新的观念，从而使自己成为一个新的主体。

（二）在经典诠释中"成人"

所谓"成人"，即成就他人，使他人得以完善，即孔子所说的"成人之美"，邢昺疏："此章言君子之于人，嘉善而矜不能，又复仁恕，故成人之美，不成人之恶也。"① 孔子说"夫仁者，己欲立而立人，己欲达而达人"②，正是此意。《论语》记载：

> 子路问君子。子曰："修己以敬。"曰："如斯而已乎？"曰："修己以安人。"曰："如斯而已乎？"曰："修己以安百姓。修己以安百姓，尧、舜其犹病诸！"③

这里的"修己"就是"成己"，而"安人""安百姓"就是"成人"。④

那么，怎样"成人"呢？经典诠释可以成就他人。例如，孔子说：

> 默而识之，学而不厌，诲人不倦，何有于我哉？⑤

---

① 《论语注疏·颜渊》，《十三经注疏》，第 2504 页。
② 《论语注疏·雍也》，《十三经注疏》，第 2481 页。
③ 《论语注疏·宪问》，《十三经注疏》，第 2513~2514 页。
④ 参见黄玉顺：《未能成己，焉能成人？——论儒家文明的自新与全球文明的共建》，《甘肃社会科学》2018 年第 3 期。
⑤ 《论语注疏·述而》，《十三经注疏》，第 2482 页。

邢昺疏："学古而心不厌，教诲于人不有倦息。"① "诲人"当然也是一种"成人"的方式。显然，"诲人"的前提乃是"学古"。而所谓"学古"，当然只能通过研习古典文献，可见这也是经典诠释学问题。显然，孔子的意思是：经典诠释可以"诲人"，从而"成人"，使他人成为新的主体。《大学》"三纲领"中的"亲民"②，朱熹释为"新民"，也是这个意思，他说："程子曰：'亲，当作新。'……新者，革其旧之谓也，言既自明其明德，又当推以及人，使之亦有以去其旧染之污也。"③

（三）在经典诠释中"成物"

在孔子心目中，不仅应当"成己""成人"，而且应当"成物"，即成就万物，从而造就一个新世界。前引《中庸》指出："诚者，非自成己而已也，所以成物也。"孔颖达解释道："人有至诚，非但自成就己身而已，又能成就外物。"④《中庸》陈述了"成己""成人""成物"之间的关系秩序："唯天下至诚为能尽其性；能尽其性，则能尽人之性；能尽人之性，则能尽物之性；能尽物之性，则可以赞天地之化育；可以赞天地之化育，则可以与天地参矣。"⑤ 这里，"尽其性"是成己，"尽人之性"是成人，"尽物之性"是成物；"赞天地之化育"则是整个新世

---

① 《论语注疏·述而》，《十三经注疏》，第 2482 页。
② 《礼记正义·大学》，《十三经注疏》，第 1673 页。
③ 朱熹：《大学集注》第一章，《四书章句集注》，第 3 页。
④ 《礼记正义·中庸》，《十三经注疏》，第 1633 页。
⑤ 《礼记正义·中庸》，《十三经注疏》，第 1632 页。

界的创生。

孔子赞叹："大哉，尧之为君也！……巍巍乎，其有成功也！"所谓"成功"，是说"立文垂制"①，即改造社会。孔子虽然不以圣人自居，但他仍能自许："苟有用我者，期月而已可也，三年有成。"② 这是孔子"言诚有用我于政事者，期月而可以行其政教，必三年乃有成功"③。这些言论，无非是说改变既有的政治状态，从而创造一个新社会、新世界。

那么，怎样"成物"呢？经典诠释可以创生万物。孔子在这方面最典型的思想，就是"正名"。《论语》记载：

> 子路曰："卫君待子而为政，子将奚先？"子曰："必也正名乎！……名不正，则言不顺；言不顺，则事不成；事不成，则礼乐不兴；礼乐不兴，则刑罚不中；刑罚不中，则民无所错（措）手足。"④

显然，孔子是要改造社会，即创造一个新社会；其改造的途径，首先就是"正名"。所谓"正名"，其实也是一个经典诠释学问题，即根据现实的情况，通过审核既有经典文献的名物

---

① 《论语注疏·泰伯》，《十三经注疏》，第 2487 页。
② 《论语注疏·子路》，《十三经注疏》，第 2507 页。
③ 朱熹：《论语集注·子路》，《四书章句集注》，第 107 页。
④ 《论语注疏·子路》，《十三经注疏》，第 2506 页。

体系，从而"有循于旧名，有作于新名"，进而"名定而实辨"①，而最终实际地改造社会体系，即创造一个新世界。②

经典诠释的这种"创世"活动，初看起来，并不是物质性的，而只是精神性的，也就是说，不是实际地创造一个物质世界，而是观念性地创造一个"理念世界"。但是，人的精神性，包括情感、意志、理性，通过实践的活动，如人文的路径、社会科学的方式、科学技术的手段等，确确实实可以实际地改变物质的世界。纵观人类改造社会、改造自然的历史，正是这样一种由精神而物质的过程。因此，经典诠释的"创生"不仅是精神性的，也是物质性的。通俗地说，经典诠释可以通过改变观念世界而实际地改变现实世界，这就是孔子"天命诠释学"思想的现实意义。

---

① 王先谦：《荀子集解·正名》，第 414 页。
② 参见黄玉顺：《论社会契约与社会正义——荀子"约定俗成"思想诠释》，《曾子学刊》第三辑，三联书店（上海）2021 年版，第 44~59 页。

捌　杂论

第一章

孔子：人类的导师

——序 2009 中国（曲阜）国际孔子文化节
"时代与孔子"大型网络活动博文

【作者按】此文原为 2009 年中国（曲阜）国际孔子文化节
"时代与孔子的对话"大型网络活动而作；收入作者文集《生活
儒学讲录》，安徽人民出版社 2012 年版，第 117~118 页。

记得有一次给学生讲孔子，我提出一个问题：孔子究竟是
怎样的人物？怎样的称谓才足以概括孔子？同学们给孔子贴上
了各种各样的现代"标签"：思想家、教育家、政治家、社会活
动家……都觉得不到位。最后，我给出的一个概括是：人类的
导师。

的确，孔子乃是人类的导师：孔子不仅仅是中国的；孔子
是全人类的。

今天，当人类社会再一次面临"礼坏乐崩"失范局面的时

候，孔子教导我们：

如何规约社会？重建社会规范（礼）："为国以礼"——"道之以德，齐之以礼"。礼有"损益"，社会规范必须重建。只有这样，人们才能"博学于文，约之以礼"，"贫而乐道，富而好礼"，"非礼勿视，非礼勿听，非礼勿言，非礼勿动"。只有这样，人类才能"立于礼，成于乐"，建构一个和谐世界。

如何重建规范？确立正义原则（义）："义以为上"——"义以为质，礼以行之"。正义的核心，在于"务民之义"。这样的规范建构及其制度安排才是既正当又适宜的，才能"行义以达其道"。

如何确立正义？推扩博爱精神（仁）："爱人"——"人而不仁，如礼何？人而不仁，如乐何？"仁爱的推扩所要求的是："己欲立而立人，己欲达而达人"；"己所不欲，勿施于人"。这样建立起来的正义原则、制度规范才真正是公正的、公平的。

……

因此，值此孔子诞辰 2560 周年之际，2009 中国（曲阜）国际孔子文化节"时代与孔子"大型网络活动的开展、丰富多彩的博文的涌现，对于当今时代传播仁爱、确立正义、重建规范，无疑是具有非常重要的意义的。同时，作为本次活动所有专家尤其草根的言论集，这本书的编辑出版，集成了通过网络形成的对于儒家学说的新的、适应当代生活的感悟、理解与诠释，这也是一次新的、颇为成功的尝试。总之，本次大型网络活动作为孔子文化节 26 年来首次创设的新项目，是值得继续坚持下去的。

是为序。

己丑年癸酉月丙子日（2009 年 9 月 28 日）

序于四川大学竹林村

第二章

无忧的智慧

——孔子论"忧"

【作者按】此文原为 2008 年 12 月 31 日的信件；原载《文化大观》2015 年第 1 期；收入作者文集《生活儒学讲录》，安徽人民出版社 2012 年版，第 119~121 页。

现代社会中，出于种种原因，人们患得患失，充满着一种负面情绪——忧：忧虑、忧郁、忧愁、忧心忡忡、忧心如焚，如此等等。忧伤、忧伤，有忧则伤——伤身、害事。那么，怎样才能够摆脱这种忧呢？

其实，孔子说，按忧的对象，忧分为两种：

一种就是上面所说的忧——为自己而忧，是最伤身害事的。这种忧，孔子称之为"患得患失"的"鄙夫"之忧："其未得之也，患得之；既得之，患失之。苟患失之，无所不至矣！"孔子认为，这种患得患失之忧，是君子所不应该有的："君子不忧不惧。……内省不疚，夫何忧何惧？"问心无愧，胸怀坦荡，哪有什么忧惧？这就叫作"君子坦荡荡，小人长戚戚"。例如，孔子的一个弟子曾忧虑道："人皆有兄弟，我独亡（无）！"子夏回答他说："君子敬而无失，与人恭而有礼，四海之内，皆兄弟也。君子何患乎无兄弟也！"具有这样的博爱胸怀，自然就能"乐而不淫，哀而不伤"；否则，"不仁者，不可以久处约，不可以长处乐"——缺乏爱心的人，是不能长久地在贫困中坚持操守、享受快乐的。

这里最常见的一种情况就是怨天尤人，总觉得别人不理解自己，为此而忧，乃至不能自拔。鄙夫之忧，总是由于这样的怨天尤人。假如能够做到"不怨天，不尤人"，那么，"求仁而得仁，又何怨？"选择做一个富有爱心的人，又有什么可怨的呢？"择可劳而劳之，又谁怨？"选择做自己该做的事，又怎么会怨天尤人呢？

为此，孔子有几句话，意思连贯，发人深省。"不患莫己知，求为可知也。"别人不理解自己，那是因为自己还不是一个足以让人理解、"可知"之人。究其原因，乃是自己"不能""无能"："不患人之不己知，患其不能也"；"君子病无能焉，不病人之不己知也"。归根到底，自己之所以不能让人理解，那是因为自己"不知人"、不理解别人："不患人之不己知，患不知人也。"这里的关键就是"知人"、理解别人。知人的前提乃是"爱人"、关爱别人。所以："樊迟问仁。子曰：'爱人。'问知（智）。子曰：'知人。'"这就是说，只有关爱别人，才能理解别人。只有这样，才可能如孔子所说："仁者不忧，智者不惑。"这样就能"智者乐水，仁者乐山"；"智者乐，仁者寿"。

所以，还有另一种忧，那是仁者之忧，因关爱别人而为别人忧，这种忧是不会伤身害事的。如孔子所说："父母，唯其疾之忧。"为父母忧，为亲人忧，为师友忧，为生民忧，为家国忧，为天下忧，这就是仁者之忧，例如："君子忧道不忧贫"；"不患寡而患不均，不患贫而患不安"；"德之不修，学之不讲，闻义不能徙，不善不能改，是吾忧也"；等等。

这种仁者之忧，实乃大乐、至乐。《论语》开宗明义："学而时习之，不亦说乎？有朋自远方来，不亦乐乎？人不知而不愠，不亦君子乎？"例如，孔子称赞颜回的安贫乐道、乐天知命："贤哉，回也！一箪食，一瓢饮，在陋巷，人不堪其忧，回也不改其乐。贤哉，回也！"这样的"贫而乐道"，即使再生活清贫，乃至于"饭疏食、饮水，曲肱而枕之"，同样"乐亦在其中矣！"由于具有这种仁者之忧，自然能够消除那种患得患失的鄙夫之忧、而有君子之乐，以至"乐以忘忧，不知老之将至"。所以后来儒学大师周敦颐要二程兄弟集中思考"孔颜所乐何事"，这也成为儒学的一个重大主题。这里的根本是仁爱："人而不仁，如乐何？"做一个人而无仁爱之心，怎么可能快乐呢？

这当然是一种很高的生活境界——既仁且智的圣人境界："仁且智，夫子既圣矣！"但这种境界也并不是高不可攀的，而是人人都能努力做到的，正如孟子所说："人皆可以为尧舜。"

　　总之，鄙夫之忧的根本原因就是始终将注意力集中在他自己身上；然而仁者之忧，乃怀人而忘我；既忘我，何来我之忧？——我既不存，忧将焉附！因此，无忧必有忧，有忧乃无忧：无仁者之忧，必有鄙夫之忧；有仁者之忧，乃无鄙夫之忧。

第三章

跪拜文化：孔子的悲哀

——关于集体跪拜孔子的感言

【作者按】此文原载《衡水学院学报》2015 年第 3 期，第 34~36 页；收入作者文集《生活儒学与现代性问题》，四川人民出版社 2019 年版，第 212~217 页。

【提要】近年来所出现的集体跪拜孔子的现象，往往并非纯粹的个人信仰自由，而是某种裹挟乃至裹胁的结果；这种裹胁，往往来自某个握有权力的个人或组织机构。这种"跪拜心态"既违背了孔子本人的思想、儒学的基本原理，也体现了"跪拜文化"。这种跪拜文化既违背现代生活方式、现代文明价值，也侵犯人权。

前不久，《新京报》报道：河南省平顶山市宝丰县第一高级中学校方要求学生"集体跪拜孔子"。① 近日，《人民日报》刊发了张贺先生的文章（以下简称"张文"），批判这种"跪拜心态"。②

《新京报》的报道，有几点特别值得注意：（1）基本的事实：该校校长"向记者证实校方确实有组织过集体行跪拜礼仪式"；"罗校长称，学校会在教师节、孔子诞辰等传统节日，以及高考前誓师大会等时间节点组织学生集会，向孔子等传统文化先贤行礼"；"学校邀请道德模范举办传统文化论坛期间，开课前学生都被要求参加集体行礼仪式"。（2）校方对学生之反应的回应："没有跪拜的学生会被校方在大会上严厉批评"；"不能理解校方行为的同学还有很多"，"就学生提出的意见，罗校长回应称……'跪天跪地跪父母是文化传统，与封建无关'"。（3）校方的认识："罗校长还向记者表示，学校目前的做法与国家的教育理念吻合。"

《人民日报》的批评文章，将跪拜孔子现象归结为"跪拜心态"；认为这种心态尽管初衷是要"弘扬传统文化"，却陷入了认知的"误区"。文章特别指出几点：（1）"跪拜心态"违背了孔子本人的态度："像今天这样让学生对孔像顶礼膜拜完全违反了孔子教育思想"；"孔老夫子如果见到这番景象，一定会大摇

---

① 林斐然、张澍田：《河南一高中要求学生集体跪拜孔子》，2015年1月30日《新京报》。

② 张贺：《"跪拜心态"岂能弘扬传统文化》，2015年4月2日《人民日报》。

其头而不以为然"。（2）"跪拜心态"误读了传统文化："'跪拜心态'正是对传统文化缺乏认知的一种反映"；"中华传统文化固然博大精深，但其中也是优劣互现，精华与糟粕并存的"；"要克服'跪拜心态'就必须以科学的态度对待传统文化，加深对传统文化的认知"。（3）"跪拜心态"违背了现代文明的价值：这种心态及其做法"包含了一些培养奴性、罔顾人权的内容"，"完全不适合现代社会"；"结果孩子通过正常学校教育可以获得的社会化常识没有了，心智上也难以进步，成了只会背古书的书呆子"。

张文确实抓住了一些要害，我基本上赞成。可惜张文只是千字短文，未能充分展开；而且张文的一些观点也还不够透彻，甚至同样存在着一些"误区"。

一、跪拜孔子违背孔子思想

跪拜孔子现象远非违反了孔子的"教育思想"这么简单。

1. 跪拜孔子现象所违反的绝不只是孔子的"教育思想"，而是孔子的整个思想，特别是关于"礼有损益"的思想。孔子说过："殷因于夏礼，所损益可知也；周因于殷礼，所损益可知也；其或继周者，虽百世可知也。"[①] 意思是：作为社会规范及制度的"礼"，应当随时代的改变而改变。跪拜是一种"礼"，

---

① 《论语·为政》。《论语》：《十三经注疏·论语注疏》，中华书局1980年版。

更确切地说是一种"礼仪";礼仪背后却是一种"礼制",就是体现人际关系的社会制度;礼制背后更有"礼义",则是作为制度变革的价值尺度的正义原则。按照孔子"礼有损益"的思想,社会制度及其礼仪应当随时代而"损益"变革①;跪拜的礼仪即便曾经符合宗法时代的需要,也绝不再符合现代社会的需要。对于所谓"跪天跪地跪父母是文化传统",亦应作如是解;否则,女性缠足也曾经是一种"文化传统",难道今天的女性也该缠足不成?

2. 跪拜孔子现象其实体现了一种宗教偶像崇拜。这也使人想到这些年来甚嚣尘上的"儒教",即试图将儒学改造成基督教那样的宗教、甚至"国教"。张文提到:当年康有为等人的"孔教会大搞祭拜孔子",就连大儒辜鸿铭都不以为然,"认为孔教会只是形式上尊孔,不是真的遵行孔子学说,是典型的虚有其表、舍本逐末",还写了一首打油诗加以嘲讽:"监生拜孔子,孔子吓一跳;孔会拜孔子,孔子要上吊。"宗教问题当然是很复杂的;中国今天是否需要宗教,也不是这里要讨论的问题。但无论如何,将孔子作为一个宗教偶像来跪拜,这绝非孔子的本意;众所周知,孔子的态度乃是"不语怪力乱神"②、"敬鬼神而远之"③。

---

① 参见黄玉顺:《孔子的正义论》,《中国社会科学院研究生院学报》2010 年第 2 期。

② 《论语·述而》。

③ 《论语·雍也》。

二、跪拜孔子有悖儒学原理

跪拜孔子现象所涉及的并不是泛泛的"传统文化"，而是孔子创立的儒学。

儒学历经了两千多年的发展，当然是很复杂的，存在着各种各样的不同派别、不同观点。但就孔孟原典儒学而论，绝非基督教式的宗教，而是一种人文学术，具有一套包括上述"礼义→礼制→礼仪"在内的基本原理。这套原理，孟子概括为"仁→义→礼"①，即：根据仁爱精神（仁）来确立正义原则（义）；根据正义原则来建构社会制度（礼）及其礼仪。② 不仅如此，儒学原理之"义"（即其正义原则）还特别强调制度建构的适宜性，亦即《中庸》所谓"义者宜也"③，简言之就是：社会制度即"礼"及其礼仪的建构、变革，必须适应于当代的社会生活方式。④

什么是当代中国人的生活方式？我们的生活方式，正在由前现代的宗法社会生活方式转变为现代性的生活方式。相应地，社会主体也在发生转变，即由宗族或家族转变为独立自主的个体；政治主体或主权者也在发生转变，即由王族或皇族转变为

---

① 《孟子·公孙丑上》。《孟子》：《十三经注疏·孟子注疏》，中华书局1980年版。

② 参见黄玉顺：《孟子正义论新解》，《人文杂志》2009年第5期。

③ 《礼记》：《十三经注疏·礼记正义》，中华书局1980年版。

④ 参见黄玉顺：《中国正义论纲要》，《四川大学学报（哲学社会科学版）》2009年第5期。

公民。在这种生活方式中，个人不再是宗族或家族的附庸，而是独立自主的主体；女性也不再是男性的附庸，而是同样独立自主的主体。子女也不再是父母、家庭的附庸：未成年的子女拥有自己的独立人格，父母只是"监护人"，而不是"父要子亡、子不得不亡"的"家长"；已成年的子女更是拥有自己的自主权利，父母不得侵犯他们的这种权利。这些正是真正的孔子儒学原理的逻辑蕴涵。

可悲的是，跪拜孔子现象表明：这些人根本不懂儒学原理，尤其不懂孔子所倡导的"礼有损益"的道理。伴随着跪拜孔子现象的，是宗法观念的死灰复燃乃至在一些地方大行其道，甚至有学者为"三纲"——"君为臣纲，父为子纲，夫为妻纲"这样的"传统文化"招魂，大肆宣扬君权主义、父权主义、男权主义！今天被一些人津津乐道的所谓"儒学"，实实在在是伪儒学。

三、跪拜孔子现象体现"跪拜文化"

跪拜孔子现象绝不是简单的"心态"问题，它本身就是一种"传统文化"，可称之为"跪拜文化"。这种文化传统可谓"历史悠久"，以至"根深蒂固"。但是：

1. 跪拜文化违背现代生活方式。"跪拜文化"作为一种文化传统，产生于前现代的生活方式，即宗法社会的生活方式，亦即君权制、父权制和男权制的生活方式。在这种生活方式及其制度安排下，臣要向君跪拜，子要向父跪拜，妻要向夫跪拜；

卑贱者要向高贵者跪拜，百姓要向官员跪拜，下级要向上级跪拜，信徒要向偶像跪拜，如此等等。诸如此类的跪拜，所体现的是不平等的等级制。如果任由集体跪拜孔子现象蔓延，动辄跪倒一片，俨然时空穿越，将我们从 21 世纪拉回到前现代的宗法社会的生活，何来现代化？

2. 跪拜文化违反现代文明价值。该校长称"跪天跪地跪父母是文化传统，与封建无关"，实属懵懂。

跪拜这种"文化"，上文已经表明，它确实是一种"封建"文化；或者更确切地说、亦即在"封建"这个词的本来意义上说，跪拜文化起初是"封建文化"（在夏商周的封建贵族时代），后来又成为"专制文化"（在秦代至清代的君主专制时代），于是成为一种"文化传统"。

同时，我们不禁要问：传统的就是正当的吗？奇怪的是，近年来，"传统"这个中性词竟然变成了褒义词，似乎"传统"就是"好"的同义词，以至有些人一谈到"传统"，立马变得高度自信、振振有词。这其实是这些年来某种复古主义思潮的表现。然而按孔子的思想，"礼有损益"恰恰意味着对传统进行变革，即改变传统的"礼"。这正是一种"反传统"的精神。

为什么必须"反传统"？因为：如果"传统"意味着前现代性质的东西，那么，它就是违背现代文明价值的。什么是现代文明价值？就是自由、平等、民主、公正、法治……这些被列入"核心价值观"的价值。而跪拜文化所体现的正是前现代的"传统"价值观，对于这种价值观，我们作为现代人，必须像孔子那样"反传统"。

3. 跪拜文化侵犯人权。张文最深刻的一点，是指出了跪拜孔子现象乃是"培养奴性、罔顾人权"。

什么是奴性？上文所说的卑贱者要向高贵者跪拜、百姓要向官员跪拜、下级要向上级跪拜、信徒要向偶像跪拜，都是奴性的表现。这种奴性使许多人总是膝盖发软、不跪不乐，必跪之而后快。至于这种奴性是不是鲁迅所说的"国民性"，可以讨论；但无论如何，这种"奴性"绝非"人性"，至少绝非现代人的人性。人性并非什么先验的抽象，而是与时代生活密切相关的，即王船山所讲的"习与性成""日生日成"[1]。因此，现代人的人性是与人权一致的。

什么是人权？就是基于现代性的生活方式的、个人独立自主的自由平等权利，这种权利为宪法所保障，不是任何个人或组织、机构可以侵犯的，当然也绝不是任何"校方"可以侵犯的。

宪法所规定的"国家尊重和保障人权"，包括"宗教信仰自由"，即"任何国家机关、社会团体和个人不得强制公民信仰宗教或者不信仰宗教"。这里的"任何国家机关、社会团体和个人"当然包括任何"校方"。然而近年来，有学者不仅要建立宗教性的"儒教"，而且企图将它立为"国教"，也就是凭借国家的权力来强制推行。这显然是违宪的，因为根据宪法的精神，

---

① 王夫之：《尚书引义·太甲二》，中华书局 1962 年版。

任何个人和机关团体都无权强制任何公民信仰"儒教"或不信仰"儒教"。而那位校长坚持认为强制学生集体跪拜孔子的做法是"与国家的教育理念吻合"的，这无异是说我们国家的教育理念是违宪的。

信仰自由意味着：如果跪拜孔子仅仅是个人的私人行为，不侵犯他人的权利，那就是这个人的自由权利。我本人就曾经跪拜孔子：多年前，我第一次参观曲阜孔庙，当时已是黄昏时分，游人稀少，我独自跪拜了孔子。但我的行为（1）只是表示崇敬之情，并不以孔子为宗教偶像；（2）纯属个人行为，而非什么"集体跪拜"，更不受谁的强制；（3）也未侵犯他人的任何权利，当时就连一个旁观者也没有。事实上，我一向断然拒绝或者婉言谢绝任何形式的集体跪拜；但同时，我并不反对那种纯属个人信仰的跪拜。

然而，我们经常见到的集体跪拜活动，往往并非纯粹的个人信仰自由，而是某种裹挟乃至裹胁的结果。这种裹胁，往往来自某个握有权力的个人或组织机构。那所中学要求学生集体跪拜孔子，显然就是"校方"的裹胁；抗拒这种裹挟或裹胁，就会受到舆论的谴责或权力的惩罚，例如"在大会上严厉批评"乃至承担更为严重的后果。这显然是典型的侵犯人权。

呜呼！面对这种跪拜"文化传统"在今日之"弘扬"，孔子地下有知，岂不悲哀！